ISBN 978-1-334-94889-3
PIBN 10621943

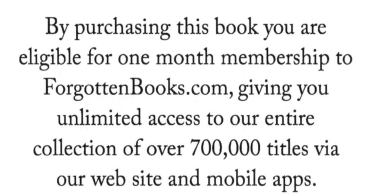

English
Français
Deutsche
Italiano
Español
Português

www.forgottenbooks.com

Mythology Photography **Fiction**
Fishing Christianity **Art** Cooking
Essays Buddhism Freemasonry
Medicine **Biology** Music **Ancient
Egypt** Evolution Carpentry Physics
Dance Geology **Mathematics** Fitness
Shakespeare **Folklore** Yoga Marketing
Confidence Immortality Biographies
Poetry **Psychology** Witchcraft
Electronics Chemistry History **Law**
Accounting **Philosophy** Anthropology
Alchemy Drama Quantum Mechanics
Atheism Sexual Health **Ancient History**
Entrepreneurship Languages Sport
Paleontology Needlework Islam
Metaphysics Investment Archaeology
Parenting Statistics Criminology
Motivational

THÉATRE

DE

J. F. BAYARD

PRÉCEDE D'UNE NOTICE

PAR M. EUGÈNE SCRIBE

DE L'ACADÉMIE FRANÇAISE.

TOME QUATRIÈME

PARIS,

L. HACHETTE ET Cⁱᵉ, LIBRAIRES-ÉDITEURS,

RUE PIERRE-SARRAZIN, 14.

1855

LA GRANDE DAME,

DRAME EN DEUX ACTES, MÊLÉ DE COUPLETS,

Représenté pour la première fois sur le théâtre du
Gymnase Dramatique, le 24 octobre 1831.

————

IV.

Personnages :

~⌒~

LA DUCHESSE DE NANGIS [1].

LÉON DE JARSY [2].

FERDINAND DUREUIL, secré-
taire d'ambassade [3].

AMÉLIE, sa femme [4].

LAROCHE, vieux serviteur de
Ferdinand (habit de ville) [5].

DOMESTIQUES en livrée.

DU MONDE.

La scène est, au premier acte, à Paris, dans l'hôtel de
madame la duchesse de Nangis ; au second acte, à Verrières, dans la maison de
campagne de madame Dureuil.

ACTEURS :

[1] Madame GRÉVEDON. — [2] M. ALLAN. — [3] M. PAUL. — [4] Mademoiselle LÉONTINE FAY. — [5] M. NUMA.

LA GRANDE DAME

ACTE PREMIER

Un salon élégant ; porte au fond, portes latérales. Sur le devant, à droite, une table
et des papiers ; à gauche, un petit guéridon.

SCÈNE PREMIÈRE.

FERDINAND, LAROCHE.

(Au lever du rideau, Ferdinand, en robe de chambre, assis auprès de la table, lit
un Journal ; Laroche, de l'autre côté, est occupé à ranger.)

LAROCHE, à part.

Il lit son journal, pourtant je voudrais bien lui parler.
(Il s'approche.) Monsieur, monsieur...

FERDINAND.

Ah ! c'est toi, Laroche ! bonjour. Es-tu un peu reposé du
voyage ?

LAROCHE.

Oui, monsieur, je n'y pense plus, (Avec intention.) et je ferais
encore deux ou trois lieues avec plaisir. (Ferdinand continue à lire
son Journal.) Est-ce que monsieur compte rester à Paris ?

FERDINAND.

Non ; nous partons demain.

LAROCHE.

Pour Verrières ?

FERDINAND.

Pour Nangis.

LAROCHE.

Comment, monsieur !...

FERDINAND.

J'entends du bruit; sors, laisse-moi.

LAROCHE, à part en sortant.

Pour Nangis!

SCÈNE II.

[FERDINAND, ensuite LA DUCHESSE, en toilette du matin.

FERDINAND, assis.

Comme c'est agréable de se voir dans le journal à son réveil,
quand on voulait cacher son retour à tout le monde!

Air: *On dit que je suis sans malice.*

Plus de mystère... c'est terrible!
L'incognito n'est plus possible;
Le secret, fût-il important,
Trente journaux, tambour battant,
A chaque nom un peu notoire,
Dispensent la vie et la gloire...
Et c'est d'autant plus généreux,
Qu'ils n'en gardent jamais pour eux.

C'est bien cela. (Lisant.) « M. Ferdinand Dureuil, attaché à
l'ambassade de... a passé par Bruxelles. »

LA DUCHESSE, qui est entrée et s'est placée derrière le fauteuil de Ferdinand.

Parle-t-on de moi?

FERDINAND.

De vous? pas le moins du monde.

LA DUCHESSE.

Cependant j'étais du voyage.

FERDINAND, se levant.

Heureusement. (Lui baisant la main.) Bonjour, Emma; comment
vous portez-vous ce matin?

LA DUCHESSE.

Très-bien. Mais il me tarde de quitter Paris ; je crains qu'au bruit de mon arrivée une nuée d'importuns ne vienne s'abattre autour de moi ; au lieu qu'à Nangis, toujours seuls, ensemble, comme pendant notre voyage...

FERDINAND.

Oui, ce sera charmant.

LA DUCHESSE.

Pour vous surtout, qui ce matin étiez triste, rêveur.

FERDINAND, avec embarras.

Moi !... Trouvez-vous, Emma ?

LA DUCHESSE.

Qu'était-ce donc ?

FERDINAND.

Que sais-je ? (Changeant de ton.) Peut-être l'idée que vous alliez vous retrouver parmi tous ces adorateurs qui vous entouraient autrefois.

LA DUCHESSE.

Et auxquels je vous ai préféré... jaloux.

FERDINAND.

C'est vrai... En entrant dans le monde, la première personne que j'y vis, que j'y connus, ce fut vous. Je n'avais pas encore aimé ; mais je sentais là que mon heure était venue. Cependant vous étiez si belle, si imposante, entourée de tout l'éclat que donnent la grandeur et la fortune, comment vos regards pouvaient-ils s'abaisser jusqu'à moi, qu'on accueillait souvent avec dédain ?... Aussi je n'osais approcher, et j'enviais de loin le sort de tous ceux qui avaient l'audace de vous parler, que vous honoriez d'un mot, d'un coup d'œil... Jugez de mon trouble, le jour où je fus remarqué par vous dans un coin du salon ; j'étais muet, immobile ; je me soutenais à peine... « Vous souffrez ? » me dites-vous, et pourtant mon cœur battait de joie, mes yeux pétillaient de bonheur... Vous me fîtes asseoir

auprès de vous ; vous m'aviez deviné... Et depuis ce jour, que
de bonté pour ce pauvre jeune homme, sans nom, sans fortune, sans mérite !

AIR du Piége.

Premier aveu, premier bonheur !
J'étais aimé, j'aimais avec ivresse,
Et pour jamais je vous donnai ce cœur
Qu'avait formé votre tendresse.

LA DUCHESSE.

Mon ami, c'est donc pour cela
Que j'y veux régner sans partage,
Car, je le sens, je tiens à ce cœur-la,
Comme l'on tient à son ouvrage.

FERDINAND.

Oh ! oui, c'est le vôtre ; mais alors, convenez-en, mon respect et ma timidité durent vous amuser beaucoup.

LA DUCHESSE.

J'aimais assez cela ; mais je vous aime mieux ainsi.

FERDINAND.

Et cet embarras que j'éprouvais, que j'éprouve quelquefois
encore auprès de vous...

LA DUCHESSE.

Je ne m'en aperçois plus... mais ce qui est mal, très-mal,
c'est que vous soyez jaloux... (L'observant.) car moi aussi je pourrais l'être.

FERDINAND.

Vous !

LA DUCHESSE.

Mais, non, je ne le suis pas... Les promesses que vous
m'avez faites, en partant pour la France, vous les tiendrez
toutes ?

FERDINAND, baissant les yeux.

Oui, toutes.

LA DUCHESSE.

Eh bien ! je tiendrai les miennes... et déjà j'ai parlé, j'ai écrit pour cette place que tant d'autres demandent et que nous obtiendrons. N'est-cc pas là ce que vous voulez?

FERDINAND.

Ah! que vous êtes bonne! Je l'avoue, tous ces jeunes gens au milieu desquels vous m'avez jeté sont si fiers de leur nom ou de leur titre, leur orgueil est quelquefois si humiliant, qu'ils m'ont rendu ambitieux. Il y avait surtout monsieur Léon de Jarsy, ce petit fat, qui se permettait de vous faire la cour et de me regarder avec un air de mépris. Je crois vraiment que s'il n'eût pas quitté l'ambassade, je me serais donné le plaisir de lui chercher querelle et de me couper la gorge avec lui, ne fût-ce que pour rétablir l'égalité entre nous.

LA DUCHESSE.

Y pensez-vous?... mon cousin!

FERDINAND.

N'importe... Tous ces petits messieurs, je les déteste, et pour être vengé d'eux...

LA DUCHESSE.

Eh! mais, ne l'êtes-vous pas déjà?

AIR : *Il n'est pas temps de nous quitter.*

D'abord, n'avez-vous pas mon cœur?
De plus, si mon œuvre s'achève,
Ils liront dans le *Moniteur*
Qu'au-dessus d'eux je vous élève.
Place, amour, tout vous vengera.

FERDINAND.

Oh! oui ; mais par malheur, je pense,
Le *Moniteur* ne leur dira
Que la moitié de la vengeance.

LA DUCHESSE, souriant.

Mais je l'espère bien... Adieu ; tout à l'heure je vous remettrai une lettre pour le ministre... le ministre lui-même. C'est convenu.

FERDINAND.

Ainsi, fortune, honneurs, espérances, je vous dois tout.

(Laroche entre, portant l'habit de Ferdinand. Il le depose sur le fauteuil auprès de la table.)

LA DUCHESSE, à Laroche.

Ah! Laroche, c'est vous; approchez... Pourquoi avez-vous retenu Deschamps à qui j'avais ordonné de commander des chevaux pour Nangis?

LAROCHE.

Permettez, madame, il les commandait pour ce soir.

LA DUCHESSE.

Que vous importe!

LAROCHE.

Monsieur m'avait dit : Demain.

FERDINAND.

En effet, je croyais...

LA DUCHESSE, à demi-voix.

Eh! non, cela ne se peut pas... nous partons ce soir; il le faut.

FERDINAND.

Mais...

LA DUCHESSE, avec impatience.

Je le veux.

FERDINAND, lui donnant la main.

Ce soir, madame la duchesse.

(Il l'accompagne jusqu'à la porte de sa chambre.)

LAROCHE, à part.

Toujours obéissant comme un écolier... au fait, c'est le sien.

SCÈNE III.

LAROCHE, FERDINAND.

FERDINAND, se croyant seul.

Ce soir, déjà!... Lorsque j'arrive à peine à Paris, il faut la

suivre à la campagne... Mais elle a tant d'amitié pour moi !
Cette lettre pour le ministre... cette place que j'espère... premier secrétaire d'ambassade !

LAROCHE, s'approchant.

Monsieur...

FERDINAND.

Ah ! tu étais là !... Qu'est-ce ? que me veux-tu ?

LAROCHE.

Il paraît que vous ne pouvez pas rester à Paris jusqu'à demain... c'est décidé.

FERDINAND.

Tu le vois bien.

LAROCHE.

Et vous allez à Nangis ?

FERDINAND.

Je te l'ai dit.

LAROCHE.

Et pourquoi pas à Verrières ?

FERDINAND.

Silence !

LAROCHE.

Non... c'est plus fort que moi... j'ai le cœur gros ; il faut que
je parle... Vous vous fâcherez, vous me chasserez peut-être...

FERDINAND.

Toi, Laroche !... le vieil ami de ma famille ! toi qui ne m'as
jamais quitté !

AIR *de la Robe et des Bottes.*

Non, je n'ai pas un ami plus sincère,
Et tes conseils sont tendres et discrets ;
Ce sont toujours ceux d'un ami, d'un père.

LAROCHE.

C'est donc pour ça qu'on ne les suit jamais.
J'écoute trop le zèle qui m'inspire...
Mais des sermons, j'ai, cela se conçoit,
Le droit d'en taire, et vous le droit d'en rire,
Et nous usons tous deux de notre droit.

FERDINAND.

Et si je voulais les écouter ?

LAROCHE.

Alors, monsieur, vous partiriez pour Verrières, non pas ce soir, non pas demain, mais aujourd'hui, à l'instant même... Oui, monsieur, il y a là quelqu'un qui gémit de votre absence, qui fait des vœux pour votre retour, qui vous aime...

FERDINAND.

Qui m'aime !... Non, non, ne me parle pas ainsi... Je ne la verrai pas... je l'ai juré !

LAROCHE.

Vous l'avez juré !... Mais elle a aussi reçu des serments ; les avez-vous tenus ? (Mouvement de Ferdinand.) Oh! je le sais, ce mariage, ce n'est pas vous qui l'avez recherché. On voulait vous marier ; une jeune femme spirituelle et brillante vous eût arraché peut-être à l'empire de madame la duchesse ; elle vous en a choisi une autre ; elle avait ses raisons pour ça... et du moins, en donnant votre nom à une enfant simple, timide, d'une naissance commune, d'une éducation négligée, elle vous a enrichi sans vous perdre, et votre cœur lui est resté...

FERDINAND.

Mais, Laroche, y pensez-vous ? Madame de Nangis, en me mariant, pouvait-elle prévoir qu'Amélie serait toujours gauche et timide?

LAROCHE.

Ah ! vous étiez plus juste envers elle lorsque après votre mariage elle nous parut à tous si bonne, si aimable... Je me souviens que vous me dites un jour avec émotion : « Ah ! Laroche ! je n'ai jamais été aimé ainsi ! » (Entre les dents.) La duchesse n'était pas là.

FERDINAND, qui est devenu rêveur.

Pauvre Amélie ! c'est vrai... que son amour était tendre, naïf !

LAROCHE.

Ça n'allait pas mal... aussi ça ne dura pas longtemps... Ce

fut alors qu'on vous enleva à votre femme pour vous attacher à je ne sais quelle ambassade, à deux cents lieues de Paris. Il fallut partir seul... c'est-à-dire avec... l'autre ; et depuis dix-huit mois elle a bien regagné ce qu'elle avait perdu... Jamais despote...

FERDINAND, sortant de sa rêverie.

Malheureux ! que dis-tu ?

LAROCHE.

Je dis que c'est une despote... C'est tout simple ; une grande dame si belle, si adroite, si impérieuse, qui vous a reçu enfant, pour faire de vous un esclave... l'habitude de lui obéir, de ne voir que par ses yeux, de ne penser qu'après elle... Cet art de femme avec lequel elle entretient à la fois votre amour et votre respect...

FERDINAND.

Taisez-vous, je vous l'ordonne.

LAROCHE va prendre l'habit de Ferdinand, et le lui présentant froidement.

Voulez-vous passer votre habit ?

FERDINAND, ôtant sa robe de chambre et prenant l'habit
que lui présente Laroche.

Madame de Nangis a pour moi l'amitié la plus tendre, la plus vraie... Sans elle, que serais-je ?

LAROCHE.

Ah ! c'est la grande raison ; avouez-le, monsieur, la fièvre du siècle vous a gagné... vous êtes ambitieux.

FERDINAND.

Ambitieux !... Eh bien ! oui, je le suis ; j'en conviens... Tout le monde grandit autour de moi ; je sens que mon obscurité me pèse. Repousserai-je la main qui m'élève, quand de nouveaux bienfaits...

LAROCHE.

Ses bienfaits... ce sont des chaînes.

FERDINAND, vivement

Ne suis-je pas libre ?

LAROCHE.

Non pas de retourner à Verrières.

FERDINAND.

Brisons là... que ce soit fini... ne m'en parlez plus.

LAROCHE.

Moi, monsieur ! cela ne se peut pas.

FERDINAND.

Si je l'exige ?

LAROCHE.

Non, monsieur... c'est un ordre que vous pouvez vous donner à vous-même, par égard pour madame de Nangis; mais moi, qui ne l'aime pas, Dieu merci ! je ferai tout pour nuire à ses projets, pour vous arracher de ses mains... je lutterai contre elle.

FERDINAND.

Laroche...

LAROCHE.

Je m'attacherai à vous comme un remords !

FERDINAND.

Laroche !...

LAROCHE.

Et croyez-vous donc que je n'aie jamais rougi de ma position ?

AIR des *Frères de lait.*

Je devrais fuir... et je reste, au contraire,
Malgré vos torts, malgré ce que je vois !
Mais vous m'aimez, votre bonté m'est chére,
Et votre femme a confiance en moi...
Ce que je suis, à vous deux je le dois...
Je me dévoue à son repos, au vôtre,
Et j'ai l'espoir, moi qui suis pauvre et vieux,
De vous rendre heureux l'un par l'autre,
Pour m'acquitter envers vous deux.

(Ferdinand lui prend la main avec impatience.)

Et en attendant, elle serait bien aise de savoir de vos nouvelles... Si j'allais à Verrières?

FERDINAND.

Non, te dis-je; je ne veux pas qu'on sache mon retour...
Amélie, moins que tout autre, et je te défends de l'en instruire.

LAROCHE, à part.

C'est fait.

SCÈNE IV.

LAROCHE, LA DUCHESSE, FERDINAND.

LA DUCHESSE, entrant vivement.

Laroche, voyez... un tilbury entre dans la cour de l'hôtel,
on me demande... Ne laissez pas monter... je veux être seule.

LAROCHE, à part.

Ah! elle veut... Alors...   (Il sort.)

FERDINAND.

Une visite! et qui donc?

LA DUCHESSE.

Quelqu'un que vous n'aimez pas... le fat le plus indiscret...

FERDINAND.

Mais encore...

LAROCHE, rentrant et annonçant.

Monsieur Léon de Jarsy.

FERDINAND.

Léon!

LA DUCHESSE, à Laroche.

Je vous avais défendu...   (Laroche sort.)

SCÈNE V.

LA DUCHESSE, LEON, FERDINAND.

LEON.

Ah! bon Dieu! belle cousine, que de peine pour arriver jusqu'à vous ! (Il lui baise la main. A Ferdinand.) Ah ! monsieur... (Ferdinand salue.)

LA DUCHESSE.

Et comment avez-vous su mon arrivée à Paris ? Je ne comprends pas...

LÉON.

C'est bien simple, pourtant... au ministère des relations extérieures... C'est là qu'on sait tous les secrets.

FERDINAND.

Ah! monsieur le comte va donc encore quelquefois par là!... Je croyais que vous boudiez le nouveau gouvernement.

LÉON.

C'est vrai, je le boudais, nous le boudions tous... Pour mon compte, c'était bien naturel. Moi, d'abord, page de Sa Majesté Louis XVIII, héritier d'une des premières familles du royaume, pair en perspective, secrétaire d'ambassade sous Charles X, je ne pouvais pas venir m'encanailler avec vos héros de juillet.

FERDINAND, à part.

L'impertinent !

LÉON.

Aussi j'avais donné ma démission, et j'allais partir pour mes terres, avec tous les gentilshommes de ma famille, quand tout à coup il nous est venu des invitations, des promotions, des séductions de toute espèce. Ma sœur a dîné à la cour ; mon cousin, le grand imbécile de marquis, vous savez... a été nommé colonel ; mon oncle, le vieux duc, a conservé toutes ses pensions ; mon frère a dansé avec deux princesses ; moi, j'ai reçu la promesse d'une légation ; enfin, le moyen de résister?... ma sœur a tourné, mon grand imbécile de cousin a fait comme elle, mon oncle n'a pas été plus inexorable, mon frère a fait le plongeon, et moi j'ai sauté le pas... les uns après les autres, comme les moutons de Panurge !... Que diable voulez-vous ?

AIR *du Carnaval.*

Pourquoi bouder et se plaindre sans cesse ?
Puisque tout change, il faut prendre le vent ;

Et, noble ou non, il faut avec adresse
S'orienter et marcher en avant.
Chez nous, malgré le rang et la naissance,
A la fortune on ne tient pas rigueur,   -
Et tôt ou tard on suit, sans résistance,
Le mouvement qui mène à la faveur.

FERDINAND.

A la bonne heure!... c'est de la politique.

LÉON.

Oui, n'est-cc pas? Oh! nous sommes très-forts sur la politique dans ma famille... Mais pardon, j'oubliais... Comment se porte M. le duc?

LA DUCHESSE.

Mon mari!... bien... Je l'ai laissé à son ambassade, très-occupé des affaires de France.

LÉON.

Croit-il que nous ayons la guerre?

FERDINAND.

Mais oui... il le croit.

LÉON.

Tant mieux; ça va faire enrager mon cousin le colonel.

FERDINAND.

Il tient à la paix?

LÉON.

Parbleu! et il y compte; ce n'est que pour ça qu'il a repris du service... Et à propos de service, j'en ai un à vous demander, belle cousine.

LA DUCHESSE.

A moi?

LÉON.

Voici ce que c'est : M. le duc, qui ne se soucie ni de sa place ni des affaires, voulait revenir en France; il avait donné sa démission.

FERDINAND.

Mais on l'a refusée,

LA DUCHESSE.

Et il reste.

LEON.

Oui ; c'est vous qui l'avez décidé ; vous savez à quelle condition... c'est qu'on nommera à la place vacante de premier
secrétaire un homme d'esprit, de talent, capable de porter tout
le poids de l'ambassade, enfin, un homme supérieur... et j'ai
pensé que cela pouvait convenir à quelqu'un de votre connaissance, et de la mienne.

LA DUCHESSE.

Et à qui donc?

LÉON.

Comment ! à qui ?... mais à moi !

LA DUCHESSE, riant.

Vraiment !

FERDINAND.

A la bonne heure ! c'est de la modestie.

LÉON, le toisant.

La modestie ! mon cher, aujourd'hui ; c'est la vertu des dupes
et le mérite de ceux qui n'en ont pas d'autre. Au fait, peut-on
mieux choisir? Que diable ! j'ai fait mes preuves.

LA DUCHESSE.

J'ai entendu dire à mon mari que vous n'étiez bon qu'à em-
brouiller les affaires.

LÉON.

Eh bien ! pour un diplomate, ce n'est déjà pas si mal.

AIR *de la Foire aux places.*

Oui, sous tous les ministères,
Ces principes sont sacrés ;
Voyez aux cours étrangères,
Les gens qui sont préférés,
Et dans tous les congrès,
Pour arranger les affaires,
Ne choisit-on pas ceux
Qui les dérangent le mieux?

Et puis là-bas, près de M. le duc, il y a si peu de gens distingués ! (A Ferdinand.) N'est-ce pas, mon cher ? Moi, je suis né, j'ai un nom ; ça fait très-bien dans les cours étrangères, ça prouve que la France n'est pas tombée dans l'anarchie, et que les bons principes ont encore le dessus... J'ai déjà fait parler au ministre.

LA DUCHESSE.

Et il a répondu ?

LÉON.

Oh ! des mots, des fadaises : que j'étais trop jeune... et que d'ailleurs cela dépendrait de votre mari. Quant à cette raison, elle peut être bonne ; mais j'ai pensé qu'un mot de vous suffirait.

LA DUCHESSE.

Je le crois aussi. (Avec une intention marquée.) Ah ! monsieur Ferdinand, voyez donc un peu cette lettre que je viens d'écrire ; il faudrait vous en charger vous-même.

FERDINAND, prenant la lettre.

AIR : *Venez, mon père, ah ! vous serez ravi.*

Puisqu'il le faut, j'obéis à l'instant ;
Vous le voulez, madame, je vous laisse.

LA DUCHESSE.

Hâtez-vous donc, monsieur, car le temps presse ;
Vous le voyez ici, c'est important.

LÉON, à Ferdinand.

Si je suis nommé, mon ami,
Je vous promets, quoi qu'il advienne,
Ma protection.

FERDINAND.

Grand merci.
(A part.)
Je ne lui promets pas la mienne.

ENSEMBLE.

FERDINAND.

Pour vous obéir, à l'instant
J'y cours, madame la duchesse ;

Car, je le vois bien, le temps presse,
Et le message est important.

LA DUCHESSE.

Il faut y courir à l'instant ;
Le message vous intéresse,
Et vous le voyez, le temps presse ;
Hâtez-vous donc, c'est important.

LÉON.

Adieu donc, monsieur Ferdinand ;
Croyez qu'à vous je m'intéresse,
Et je promets à la duchesse
De protéger votre talent.

(Ferdinand sort.)

SCÈNE VI.

LA DUCHESSE, LÉON.

LÉON.

Toujours un petit air de suffisance, monsieur Ferdinand ; cela
se conçoit, vous le protégez : il vient en courrier extraordinaire,
on lui donne des rubans, il est reçu chez les ministres... On
ne voit que ces gens-là partout, aujourd'hui ; ils nous ont chas-
sés. Après tout, c'est votre faute, à vous, mesdames ; vous les
tirez de leur obscurité, vous en faites quelque chose... et parce
qu'ils ont un peu de mérite... c'est tout simple, ils n'ont que
ça... on les place, ils avancent, ils nous marchent sur le corps ;
et voilà les révolutions !

LA DUCHESSE.

Permettez ; monsieur Dureuil a des titres.

LÉON.

Ah ! monsieur Dureuil... Monsieur Ferdinand Dureuil, c'est
son nom. Je savais bien... Dites-moi, il est marié, n'est-ce pas ?

LA DUCHESSE, avec indifférence.

Mais, je ne sais... je le crois.

LEON.

Et sa femme, n'est-elle pas jolie, spirituelle ?

LA DUCHESSE.

Non... non, au contraire.

LÉON.

C'est singulier ! J'ai vu, cet hiver, dans les bals, sous la protection d'une vieille tante, une jeune dame qui joignait aux
grâces les plus piquantes, les talents qu'on recherche dans le
monde... et puis un regard mélancolique, une voix qui allait
au cœur, je ne sais quoi de séduisant...

LA DUCHESSE, riant.

Et c'était madame Dureuil ?

LÉON.

On l'appelait ainsi... une parente peut-être... Je m'étais
trompé ; car il paraît que la femme de votre protégé...

LA DUCHESSE.

Est gauche, sans esprit, sans grâce...

LEON.

Pauvre jeune homme ! Il paraît qu'on l'a sacrifié.

LA DUCHESSE, hésitant.

Mais... elle est riche... je crois, du moins...

LÉON.

L'autre était jolie, ce qui vaut mieux ; et je crois, d'honneur !
que j'avais le cœur pris. C'était gentil... une petite bourgeoise...

LA DUCHESSE.

Ah !... et vos principes ?

LÉON.

Oh ! nous... c'est sans conséquence ; nous ne les lançons pas
dans les ambassades... (Mouvement de la duchesse.) Pardon, pardon !
ne vous fâchez pas... car je compte sur vous, sur votre protec-

tion. Recommandez-moi, entendez-vous; parlez de mon mérite, surtout de ma naissance. Oh ! je sais bien que ce n'est pas
populaire, mais c'est toujours un peu ministériel... Adieu;
voyez pour moi le ministre; voyez-les tous s'il le faut... Vous
connaissez ces gens-là; qu'ils fassent quelque chose pour moi,
je leur rendrai ça plus tard.

LA DUCHESSE.

Vous !...

LÉON.

Moi ou mes amis.

AIR : *Ces postillons.*

Et pourquoi donc, un jour, à la puissance
Notre parti ne reviendrait-il pas ?
Le ministère est comme une balance
Qui porte en haut ceux qu'on croyait en bas ;
Nobles, bourgeois, financiers, avocats,
Depuis vingt ans, quand le choc est trop rude,
Ministre ancien ou ministre nouveau,
Font le plongeon... mais ils ont l'habitude
    De revenir sur l'eau.

(Il sort.)

SCENE VII.

LA DUCHESSE, seule.

Enfin il est parti... Passons à ma toilette... Par exemple !
premier secrétaire d'ambassade, lui !... Non, non, nous aurons
mieux que cela, je l'espère. (Elle va pour sortir.)

SCÈNE VIII.

LA DUCHESSE, LAROCHE, AMÉLIE.

LAROCHE, entrant tout hors de lui.

Monsieur Ferdinand !... monsieur Ferdinand !... Ah ! je
croyais... il me semblait...

LA DUCHESSE, s'arrêtant.

Qu'est-ce ?... que demandez-vous ?

LAROCHE.

Mon Dieu ! madame, je croyais que monsieur Ferdinand...
C'est madame Dureuil qui arrive à l'instant.

LA DUCHESSE.

Sa femme !

AMÉLIE, entrant vivement.

Eh bien ! Laroche, mon mari ?... Ah ! madame la duchesse...

LA DUCHESSE, se contraignant.

Amélie !... Madame... je suis bien aise... (Très-agitée) Laroche, voyez... cherchez monsieur Ferdinand... je ne sais...
Ah ! il est sorti.

AMÉLIE.

Mais, madame, je vous ai dérangée, peut-être ?

LA DUCHESSE, très-émue.

Moi ! non... je ne crois pas.

AMÉLIE.

J'étais impatiente de revoir Ferdinand. J'avais cru entendre...
mais je me trompais.

LA DUCHESSE.

Il ne doit pas être moins impatient que vous. Il vous attend,
sans doute ?

AMÉLIE, étourdiment.

Oh ! non... c'est une surprise ; il ne sait pas...

LA DUCHESSE, un peu rassurée.

Vraiment ! Et qui donc vous a prévenue ?

AMÉLIE, mystérieusement.

C'est Laroche. (A Laroche.) On peut dire, n'est-ce pas ?

LAROCHE.

Certainement, on peut... (A part.) Elle est furieuse.

AMÉLIE.

Mon Dieu, madame, vous paraissez troublée !

LA DUCHESSE, se remettant.

Moi !... pas du tout... c'est que je passais chez moi, à ma toilette. Je voulais être seule. (Avec contrainte.) J'en ai besoin.

AMÉLIE.

Ah ! je vous en prie... Mais je vous reverrai bientôt.

LA DUCHESSE, avec beaucoup d'affabilité.

Oui, bientôt... (A part.) Ah ! (Elle jette un regard de colère à Laroche, et
rentre dans la chambre à droite.)

SCÈNE IX.

AMÉLIE, LAROCHE.

LAROCHE, à part.

Ah ! quels regards ! C'est la guerre... Va pour la guerre !

AMÉLIE.

C'est singulier ! madame la duchesse est très-aimable pour
moi, certainement.

LAROCHE.

Excessivement aimable.

AMÉLIE.

Eh bien ! je ne suis point à mon aise avec elle ; c'est à peine
si j'ose lui parler... à cette grande dame... elle a un air si imposant qu'il me fait peur !

LAROCHE.

Oui, c'est vrai... elle a quelquefois le regard... Tout à l'heure,
par exemple...

AMÉLIE.

Et je ne suis pas la seule... mon mari tremblait aussi devant
elle comme un enfant, autrefois ; tu n'as pas remarqué ?... Et
nous avons tort, car enfin elle nous a mariés, nous lui devons

notre bonheur... je dis le nôtre, parce que Ferdinand m'aime toujours, n'est-ce pas ?

LAROCHE.

S'il vous aime ?... Assurément.

AMÉLIE.

Ah ! tu me l'as mandé trop souvent pour que je puisse en douter. Et pourtant, c'est par toi, qu'en son absence, je recevais de ses nouvelles. Sans toi, mes lettres seraient toujours restées sans réponse.

LAROCHE.

Ah ! il vous a écrit...

AMÉLIE.

AIR *de M. Guillaume.*

A peine quatre ou cinq lettres...

LAROCHE.

> Peut-être ;
> Mais il en a commencé plus de cent.

AMÉLIE.

Elles étaient très-courtes.

LAROCHE.

> Oui, mon maître
> Est diplomate, et par état souvent,
> Nous écrivons très-laconiquement.

AMÉLIE.

Sur son amour il gardait le silence.

LAROCHE.

> D'un diplomate, en pareil cas,
> C'est la coutume : on cherche ce qu'il pense
> Dans ce qu'il ne dit pas.

AMÉLIE.

D'ailleurs, je ne m'abuse pas. Avant son départ, comment pouvais-je lui laisser des regrets, à lui si aimable, si brillant ! moi qui n'étais que riche. Dans le monde où on le recherchait, plus d'une fois, peut-être, il a rougi de sa femme.

LAROCHE.

Quelle idée !

AMELIE.

J'y ai songé bien souvent ; et alors j'étais triste, mélancolique. Il me semblait que Ferdinand ne pouvait m'aimer, qu'une autre avait son cœur... Oh ! je m'en veux d'avoir eu cette pensée.

LAROCHE , fondant en larmes ; à part.

Pauvre jeune femme !

AMÉLIE.

Enfin j'ai pris un parti ; mais pour réussir il m'a fallu du courage, et si j'en suis venue là, ce n'est pas sans peine... Un jour surtout... si tu savais... j'en tremble encore.

LAROCHE.

Quoi donc ? Je ne comprends pas.

AMÉLIE.

Oh ! c'était mal, c'était bien mal !... mais que veux-tu ? il y avait huit mois que je lui écrivais sans cesse et qu'il gardait avec moi le silence du mépris et de la haine. J'étais malheureuse... je me disais : Si j'ai un mari qui me fuit, qui m'oublie pour une autre, qui me méprise... mieux vaut mourir.

LAROCHE.

O ciel !

AMELIE.

Aussi un jour, chez une de mes amies de pension, dont le mari, un de nos premiers savants, nous avait expliqué je ne sais quel poison dont l'effet est rapide et sûr... Ah ! ce jour-là j'avais tant pleuré ; ma tête se perdit, et en retournant à ma campagne j'emportai...

LAROCHE.

Grand Dieu !

AMÉLIE.

C'était la mort : je la désirais, je l'appelais de tous mes vœux... Mais à mon arrivée je trouvai une lettre de toi ; tu m'y parlais de Ferdinand, de son amour, de son prochain voyage à Paris... Ma fièvre se calma, mes illusions revinrent... J'allais le revoir... j'étais heureuse... je fus sauvée.

LAROCHE.

Comment! vous auriez pu ?...

AMÉLIE.

Oh! ne m'en parle plus, n'en parle jamais. Ferdinand m'aurait regrettée.

LAROCHE.

Il en serait mort.

AMÉLIE.

Il m'aime donc! Je suis excusable d'en douter, vois-tu... je ne suis pas près de lui, comme toi, pour lire dans ses yeux, dans son cœur, pour deviner son amour. Quand il reçoit quelque chose de moi, paraît-il heureux au moins?

LAROCHE.

Oh! oui... très-heureux.

AMÉLIE.

Et cette bague que je lui ai envoyée il y a un mois?

LAROCHE.

Cette bague ?...

AMÉLIE.

Air : *Connaissez mieux le grand Eugène.*

La porte-t-il?

LAROCHE.

Oui, souvent.
                    (A part.)
                    Je l'ignore.

AMÉLIE.

Et que dit-il de mes lettres?

LAROCHE, à part.

                    Oh! rien.
        (Haut.)
Huit jours après il les relit encore.

IV.

AMÉLIE.

Oh! quoi! vraiment? il les trouve...

LAROCHE.

Très-bien.

AMÉLIE.

Ah! mon ami, quel bonheur est le mien!

LAROCHE, à part.

Moi, qui tenais à ma vieille franchise,
Je deviens flatteur... Je le peux ;
Si la flatterie est permise,
C'est pour tromper les malheureux.

SCÈNE X.

AMÉLIE, FERDINAND, LAROCHE.

FERDINAND, entrant vivement sans reconnaître Amélie.

Ah! madame, la lettre est remise au ministre, et.... (La reconnaissant.) Amélie! (Il regarde autour de lui avec effroi.)

AMELIE, courant à lui.

Ferdinand ! (Elle regarde Laroche.)

LAROCHE, bas à Amelie.

Il est enchanté, courage! (Bas a Ferdinand.) Regardez-la donc.

AMELIE.

Ah ! mon ami, quel bonheur ! Eh bien ! qu'as-tu donc ?

FERDINAND.

Moi? rien... Ma chère Amélie, quelle surprise !... que j'ai de plaisir à te revoir !

AMÉLIE.

A la bonne heure ! D'abord, tu m'avais fait peur : cet accueil glacial... ah ! j'en ai le cœur serré ! (Elle regarde Laroche.)

FERDINAND.

Amélie !

AMÉLIE.

Mais non, je suis heureuse ; ce moment me fait oublier

toutes mes peines, car j'en ai eu et beaucoup ; mais te voilà, n'en parlons plus. Et puis, j'avais aussi de bons moments lorsque je recevais des lettres. (Mouvement de Ferdinand.) Oh ! non pas les tiennes ; elles étaient si rares, si courtes ! (Tendant la main à Laroche.) Mais ton ami, le mien, ce bon Laroche, il avait soin de me mander que tu pensais toujours à moi. C'était une consolation de savoir que tu m'aimais, que tu n'aimais que moi..... (L'observant.) que moi.

FERDINAND, avec émotion et tendant la main à Laroche.

Ah ! j'avais là un bon secrétaire !

AMÉLIE.

Je n'en avais pas, moi ; j'écrivais moi-même... Avais-tu du plaisir à recevoir mes lettres et tout ce que je t'envoyais ? (Elle lui regarde la main tandis qu'il écoute du côté de l'appartement de la duchesse.) tout... (A part, à Laroche.) Il ne la porte pas ! (A Ferdinand, en s'approchant.) Tu as beau dire, tu as quelque chose qui te préoccupe, qui t'inquiète.

FERDINAND.

Moi ! non ; mais j'étais si loin de penser à te revoir !... Je croyais que tu ignorais mon arrivée.

AMÉLIE.

Comment ! Est-ce que tu voulais qu'elle restât cachée ?

FERDINAND.

Je ne dis pas cela.

LAROCHE.

Eh ! non ; monsieur voulait vous surprendre, au contraire.

AMELIE.

En vérité ! tu voulais ?... (A Laroche, en souriant.) Il fallait donc me prévenir. Mais, c'est égal, je suis venue ; il m'en aurait trop coûté d'attendre encore !

AIR : *Faut l'oublier.*

PREMIER COUPLET.

Oui, j'avais perdu patience
Au fond de mon triste séjour ;

Toujours seule avec mon amour,
Combien j'ai pleuré ton absence !
Et toi, tu m'oubliais là-bas?

FERDINAND.

Ah ! non ; crois-moi, chère Amélie,
Te voir, te presser dans mes bras,
C'était là ma plus douce envie.

(Il se retourne avec inquiétude.)

LAROCHE, bas.

Allez toujours... ell' ne vient pas.

DEUXIÈME COUPLET.

AMÉLIE.

Ferdinand, quel trouble t'agite ?
Tu détournes encor les yeux.

FERDINAND.

Non ; près de toi je suis heureux.

AMÉLIE, lui mettant la main sur son cœur.

Tiens ! vois comme mon cœur palpite ;
Mais, monsieur, faut-il donc, hélas !
Qu'ici de vous ma joue implore
Un baiser ?

LAROCHE.

Dieu ! j'entends ses pas.

(Il écoute.)

FERDINAND, embrassant Amélie.

Mon Amélie !

AMÉLIE.

Encore, encore.
(Ferdinand regarde Laroche.)

LAROCHE, bas.

Allez toujours... ell' ne vient pas.

SCÈNE XI.

LES MÊMES, LA DUCHESSE.

La duchesse est entrée lentement à la fin de la scene précédente ; elle jette un coup d'œil rapide sur Amelie et Ferdinand.)

AMELIE, accourant à elle.

Ah ! madame la duchesse, vous venez à propos !

LA DUCHESSE, les observant.

Moi ! je craignais au contraire de troubler un entretien, un tête-à-tête.

AMÉLIE.

Vous me direz peut-être pourquoi Ferdinand est triste, contrarié ?

LA DUCHESSE, souriant.

Ah ! il est contrarié !

FERDINAND, à demi-voix.

Oui, un peu, je l'avoue...

AMÉLIE.

Il fait bien ce qu'il peut pour être aimable, mais enfin je vois qu'il est fâché ; et de quoi ? Est-ce de mon arrivée, de ma présence ici ?

FERDINAND, avec embarras.

Non, mais c'est que..... aussi..... je vous..... je t'attendais si peu !

AMÉLIE.

Ah ! (Elle regarde Laroche qui lui fait signe que c'est une plaisanterie.)

LA DUCHESSE, vivement.

Ah ! oui, je crois comprendre des projets... Oh ! je puis vous le dire. Monsieur Ferdinand voulait donner demain une fête à Verrières, il vous l'avait écrit.

AMELIE.

Je n'ai rien reçu.

LA DUCHESSE.

C'est singulier. Il n'a que peu de jours à donner à ses amis, et pour les réunir tous il vous priait de faire quelques prépara-tifs. Il espérait demain de bonne heure...

AMÉLIE.

J'entends; il est fâché que j'aie quitté Verrières. Il fallait donc le dire.

LAROCHE, à part.

O ruse infernale!

AMÉLIE.

Eh quoi! mon ami, ce n'est que cela? Tu sais bien que pour te plaire je suis toujours prête à t'obéir; d'ailleurs, toi aussi, tu viendras à la campagne... c'est tout ce que je veux. Laroche, dites qu'on fasse venir des chevaux, je pars à l'instant.

LAROCHE.

Tout de suite. Cela se trouve d'autant mieux que monsieur a fait demander des chevaux pour ce soir. Il allait à Verrières, apparemment, il partira avec madame.

FERDINAND, à part.

Dieu!

AMÉLIE.

Nous partirons ensemble..... vrai? A la bonne heure, au moins!

LAROCHE.

Je vais commander les chevaux.

SCÈNE XII.

Les Mêmes, LÉON, puis LAROCHE.

LEON.

Ah! madame la duchesse, j'accours vous rendre grâces; on n'oblige pas avec plus d'empressement.

LA DUCHESSE.

Comment?

LEON.

Vous avez écrit au ministre pour la place que je désire, il l'a dit à quelqu'un, et je suis sûr que c'est en ma faveur. Que vous êtes bonne ! que je vous remercie !

LA DUCHESSE, regardant Ferdinand en souriant.

Il n'y a pas de quoi, mais je puis aussi compter sur vous.

FERDINAND.

Ciel !

LÉON.

Que dites-vous, madame ? Parlez, que faut-il faire ?

LA DUCHESSE.

On m'attend à Nangis ce soir même. Je suis seule ; m'accompagneriez-vous à cheval, et demain jusqu'à Verrières, chez madame ?

LÉON.

Comment donc ? mais ce sera un double plaisir pour moi, et si madame le permet...

AMÉLIE.

Je vous en prie.

LÉON.

Que vois-je ! madame... madame Dureuil !

FERDINAND.

Oui, monsieur... ma femme...

LÉON.

En vérité ! votre femme... mon ami, je vous en fais mon compliment. (A la duchesse.) Je vous disais bien : la jeune dame dont je vous faisais l'éloge ce matin... (Se tournant vers Amélie.) On n'a pas plus de grâce, d'esprit et de talent.

FINALE.

ENSEMBLE.

LA DUCHESSE.

Que dit-il ? quel trouble m'agite !
Son esprit, sa grâce ! Ah ! Je sens

Qu'en riant il le félicite,
Et qu'il s'amuse à mes dépens.

FERDINAND.

Quel est donc ce nouveau mérite ?
Ah ! je n'y crois pas, et je sens,
Au ton dont il me félicite,
Que l'on s'amuse à mes dépens.

AMÉLIE.

Encore un qui me félicite
De mes progrès, de mes talents.
(Regardant Ferdinand)
Il ne croit pas à mon mérite.
Comme il reçoit ses compliments !

LÉON.

Dans nos bals qu'elle a fuis si vite,
Madame a montré ses talents.
Mon cher, je vous en félicite,
Recevez donc mes compliments.

LAROCHE, rentrant.

Une lettre.

FERDINAND.

Donnez.

LAROCHE, à Amelie.

Votre voiture est prête.

FERDINAND, après avoir lu la lettre.

Le ministre ce soir m'appelle auprès de lui.

TOUS, excepté Leon.

Ce soir !

AMÉLIE.

Et le départ ?

FERDINAND.

Il faut qu'on le remette ;
Non pas le tien pourtant ; non, tu pars aujourd'hui ;
Laroche te suivra.

AMÉLIE.

Pour mes plans et les vôtres,
Oh ! le vilain ministre !

LÉON

Il n'en fait jamais d'autres.

LA DUCHESSE.

Il reste.

AMÉLIE.

Quel dommage!

FERDINAND.

A demain. Je serai
De bonne heure à Verrière, et je t'y rejoindrai.

AMÉLIE.

A demain. (Elle passe auprès de la duchesse.) Madame la duchesse...
(A Léon) Monsieur, vous tiendrez votre parole. (A Ferdinand.) Adieu,
cher ami. (A la duchesse.) Grondez-le donc un peu : il a toujours
avec moi cet air triste qui me fait tant de peine ! (Apercevant une
bague au doigt de la duchesse.) Ah !

LA DUCHESSE.

Qu'est-ce donc? (Tous se rapprochent d'Amélie.)

AMÉLIE.

Rien, rien... (A part.) Ma bague !

LÉON.

A ce soir.

FERDINAND, allant à Amélie.

A demain. Venez-vous, Amélie?

AMÉLIE, à part.

Ma bague...

FERDINAND.

Votre main.

LAROCHE.

J'ai perdu la partie ;
J'aurai mon tour demain.

ENSEMBLE.

LA DUCHESSE.

Ah ! de son cœur, loin d'Amélie,
Je suis maîtresse encore un jour !

Je sens, à tant de jalousie,
Tout le pouvoir de mon amour.

AMÉLIE.

Est-ce une erreur ?... La jalousie
Peut bien m'aveugler en ce jour...
Elle est si noble, si jolie !
Et moi, je n'ai que mon amour.

FERDINAND.

Je la quitte. Pauvre Amélie !
Elle qui fêtait mon retour !
Je le sens, il faut que j'oublie
Et ses larmes et son amour.

LÉON.

Elle est si fraîche et si jolie !
Ah ! pour bien des gens, en ce jour,
C'est un grand malheur, je parie,
Que le mari soit de retour.

LAROCHE.

C'en est donc fait ! notre ennemie
Les sépare encor pour un jour !
Allons, j'ai perdu la partie ;
Patience ! j'aurai mon tour.

(Ferdinand donne la main à Amélie, Léon à la duchesse, et ils sortent. Laroche
sort après eux.)

ACTE SECOND

Un salon ouvert sur un beau jardin anglais ; on voit le perron, les arbres, les
fleurs. Deux portes latérales ; une fenêtre à droite. Sur le devant, du même
côté, une table.

SCÈNE PREMIÈRE.

LAROCHE, seul.

La matinée avance, et monsieur Ferdinand n'arrive pas... Où
est-il maintenant ? Ah ! je crains de le deviner... Comme on

doit redoubler d'adresse pour le retenir sous le joug ! J'aurai beau faire, il y restera.

AIR *d'Aristippe.*

C'est un travers plus commun qu'on ne pense ;
Ah ! que de gens, pleins de force et d'esprit,
Que rien n'abat, pas même l'indigence,
Et qu'une femme ou qu'un enfant conduit !
Pour s'élever, pour braver les orages,
Pour leur pays qui doit compter sur eux,
Hommes d'honneur, ils ont tous les courages,
Excepté celui d'être heureux.

SCÈNE II.

LAROCHE, FERDINAND.

FERDINAND, entrant vivement.

Laroche !

LAROCHE.

Ah ! monsieur, c'est vous ?... Dieu soit loué !

FERDINAND.

Je n'en puis plus ! j'ai tué mon cheval pour arriver plus vite : j'avais si peu d'avance sur la calèche !

LAROCHE.

La calèche !... Venez-vous de Nangis ?

FERDINAND.

Chut !

LAROCHE.

Hier au soir...

FERDINAND.

Eh bien !... j'ai vu le ministre... Si tu savais quelle faveur ! quelles espérances !... Mais, dis-moi, Amélie...

LAROCHE.

Ah ! monsieur, notre voyage a été bien triste ! Madame a des soupçons... du moins, je le crains... Oui, monsieur, elle était rêveuse ; elle m'écoutait à peine ; et quand je lui parlais

de vous, ses regards semblaient me dire : Je n'ai plus confiance
en toi ; tu m'as trompée.

FERDINAND.

Non, non ; cela ne se peut pas ; sur quels indices ?

LAROCHE.

Si j'en crois mademoiselle Victoire, sa femme de chambre,
la nuit n'a pas été bonne. Cependant elle a donné des ordres
pour la fête qu'elle vous prépare. Si vous voulez entrer dans
votre chambre, tout est prêt pour votre toilette.

FERDINAND, montrant ses bottes et sa redingote.

A la bonne heure !... Trois heures dans la poussière. (Prêtant
l'oreille du côte de la chambre à gauche) Qu'est-ce ? une harpe !

LAROCHE.

C'est elle... c'est madame, au bout de cette galerie.

FERDINAND, s'approchant de la porte.

Eh ! mais... pas mal.

LAROCHE, appuyant.

Bravo !

FERDINAND.

Très-bien ! Comment se fait-il ?... elle qui savait à peine...

LAROCHE.

Dame ! en dix-huit mois, on a le temps de faire des gammes,
quand on ne fait que ça.

FERDINAND, avec joie.

Silence... une voix... c'est la sienne... Je n'en reviens pas...
Cet air que j'aimais... je vais... (Il va pour entrer.)

LAROCHE, le retenant.

Une petite attention... Si vous mettiez à votre doigt l'anneau
qu'elle vous a envoyé.

FERDINAND.

Comment?

LAROCHE.

Oui, une bague... que sais-je... Depuis hier cela l'occupe ; ce matin surtout.

FERDINAND, à part.

Grand Dieu ! si la duchesse... Ah ! je tremble. (Haut.) Qu'entends-je ? une voiture... C'est elle, sans doute... oui, c'est elle. Ah ! je cours...

LAROCHE.

Mais, monsieur... et madame ?

FERDINAND.

D'abord, je passe à ma toilette. Adieu, adieu. (Il sort par la porte du fond à droite.)

SCÈNE III.

LAROCHE, ensuite AMELIE.

LAROCHE, seul.

Comment, sa toilette ! mais il n'en prend pas le chemin du tout. (Regardant en dehors du côté droit) Ah ! cette calèche... C'est madame de Nangis ; monsieur Ferdinand accourt, il lui parle, il lui prend la main. Eh ! mais, il s'éloigne rapidement.

AMÉLIE, sortant de la chambre à gauche, et allant à Laroche.

Que regardes-tu là ?

LAROCHE.

Rien, madame, rien, rien.

AMÉLIE.

Personne encore ?

LAROCHE.

Si fait, monsieur est arrivé.

AMELIE.

Seul ?

LAROCHE.

Oui, oui, seul... il y a longtemps... il était là, il vous a entendue, il était enchanté.

IV.

AMÉLIE.

Mais pourquoi ne m'as-tu pas prévenue? Où est-il? (Apercevant la duchesse.) Ah !

SCÈNE IV.

AMÉLIE, LA DUCHESSE, ensuite FERDINAND.

LA DUCHESSE, entrant.

C'est bien, c'est bien; ne dérangez personne, j'attendrai. (Voyant Amélie.) Mais non, car vous voici, ma chère. (A part.) Étourdi ! emporter le gant avec la bague.

AMÉLIE, s'approchant et regardant la main de la duchesse.

Ah ! madame, pardon de ne pas vous avoir prévenue, j'ignorais... (A part.) Elle ne l'a plus.

LA DUCHESSE.

De grâce, avec moi point de cérémonie; vous voyez, j'arrive seule.

AMÉLIE, observant sa main, à part.

C'est singulier... mais non ; c'était une méprise, c'est impossible.

LA DUCHESSE.

Qu'avez-vous donc ?

AMÉLIE, avec abandon.

Moi ! rien. Je suis heureuse, vous m'aimez. Oh ! oui, vous m'avez mariée, et si, loin de moi, Ferdinand a pu m'oublier, vous lui rappeliez quelquefois mon amour, mes serments. Ah ! c'est lui !

FERDINAND.

(Il est en habit, et porte au cou le ruban de commandeur de la Légion d'honneur. Il entre par la porte à droite, et ne paraît pas voir la duchesse.)

Ma chère Amélie !

AMÉLIE, courant dans ses bras.

Tu étais ici, et je n'en savais rien !

FERDINAND, à la duchesse.

Ah ! madame !... (Il la salue.)

AMÉLIE, avec abandOn, à la duchesse.

Vous pardonnez... je ne l'avais pas encore vu.

FERDINAND.

Mais, moi, je t'ai entendue... j'étais étonné d'un talent... que je ne vous connaissais pas.

AMELIE.

Flatteur !

LA DUCHESSE.

Comment ! madame...

AMÉLIE.

Un peu de musique... presque rien... à présent du moins je puis faire ta partie. Mais ce n'est pas tout. (A la duchesse.) En nous unissant vous n'avez pensé qu'à mon bonheur ; j'ai dû songer au sien... Oui, en son absence, je me suis enfermée, j'ai achevé une éducation qu'on avait trop négligée, et j'ai fait des progrès !... mais beaucoup. J'ai paru dans le monde, j'y ai brillé ; et j'en étais fière, pas par coquetterie, oh ! non... mais pour lui.

LA DUCHESSE.

En vérité !

AMÉLIE, à Ferdinand.

Et maintenant, tu ne me quitteras plus...

FERDINAND, vivement.

Moi ! (Il rencontre un regard de la duchesse et changeant de ton.) Eh bien ! ma chère, que faisons-nous aujourd'hui ?... Aurons-nous du monde ?

AMELIE, gaiement.

Oh ! oui, beaucoup. Oh ! ce n'est pas comme avant ton départ; j'étais timide, embarrassée, je n'aimais que ma solitude ; maintenant la société me plaît, j'y vais avec ma tante... Comment donc ! je reçois.

LA DUCHESSE.

A la bonne heure ! Je craignais que cette pauvre Amélie ne fût triste, ennuyée de votre absence; mais heureusement elle s'est égayée, elle a bien fait.

AMELIE.

Non, non, madame ; au milieu de ces fêtes, de ces bals, de
ces plaisirs que Ferdinand ne partageait pas, ma pensée me
reportait auprès de lui. Chaque compliment que je recevais,
j'en étais fière pour lui ; mais je partais enfin, et tandis qu'on
me croyait heureuse, moi, seule, le cœur gros, les yeux remplis
de larmes, je revenais ici expier pendant des semaines entières
le moment de plaisir que j'avais goûté sans lui.

FERDINAND.

Amélie...

SCÈNE V.

LES MÊMES, LÉON.

LÉON, au fond, à un domestique.

Mon ami, faites mettre tout cela dans le salon. (Entrant.) Des
fleurs pour ces dames... j'ai enlevé en masse toute la boutique
de madame Prévost.

AIR de *Marianne.*

Les amateurs de la nature
Vantent la campagne, et c'est là
Qu'ils cherchent les fleurs, la verdure,
Des bois frais, comme à l'Opéra.
   Mais quel dommage !
   Bois sans ombrage,
   Jardins sans eau
Et la Seine en tonneau.
   Chaque parterre,
   Sous la poussière,
   Sous la chaleur,
   A perdu sa fraîcheur.
Aussi notre fleuriste y gagne,
Et quand je viens chez des amis,
J'apporte toujours de Paris
   Des fleurs pour la campagne.

(Saluant.) Mesdames... (Il donne un bouquet à la duchesse et à Amélie.) Bonjour, Ferdinand... mille pardons, si je me présente ainsi, moi-même... mais on ne m'a pas tenu parole ; ma cousine Emma...

AMÉLIE.

Oui, vous deviez accompagner madame ce matin... hier...

LA DUCHESSE, avec embarras.

Et je vous ai attendu.

LÉON.

Permettez...

LA DUCHESSE, vivement.

Un vendredi... vous, un dilettante... Vous n'avez pas voulu manquer l'Opéra.

LÉON.

Mais, si fait... j'en suis sorti avant le ballet, moi qui n'écoute que cela... et vous êtes cause qu'au lieu d'un pas de Taglioni et Perrot, il a fallu me contenter de la conversation de mon cousin le colonel, qui est bien l'homme le plus insipide... quoique nous pensions de même. Je l'ai rencontré dans la cour de votre hôtel ; il venait vous rendre visite... et moi, vous m'aviez donné rendez-vous pour neuf heures et demie... Vous étiez partie à neuf.

LA DUCHESSE.

Grand Dieu !

FERDINAND.

Que va-t-il dire ?

LÉON.

Ce qui m'aurait beaucoup inquiété, si l'on ne m'eût dit que vous aviez un cavalier.

LA DUCHESSE.

Comment ?

AMÉLIE, vivement.

Qui donc ?

LÉON, étourdiment, désignant Ferdinand.

Eh ! monsieur, je suppose.

FERDINAND, froidement.

Et vous supposez fort mal, monsieur. Je n'ai quitté Paris que ce matin.

LÉON, s'impatientant.

Ce matin! Oh! ça, c'est un peu fort... Je suis passé chez vous pour vous prier de me présenter à madame, et l'on m'a dit...

FERDINAND, l'interrompant.

Ma porte était fermée... j'étais resté fort tard à la soirée du ministre.

LÉON.

Oh! non... jusqu'à neuf heures... et je sais aussi qu'il a été pour vous d'une grâce, d'une affabilité... Après avoir, en plein salon, fait l'éloge de vos talents diplomatiques, ne vous a-t-il pas annoncé que vous étiez commandeur de la Légion d'honneur?... Voyez... on ne m'a pas trompé.

AMÉLIE, qui jusque-là a observé avec émotion.

Ah! c'est juste.

FERDINAND.

Oui, sur la recommandation de monsieur le duc.

LÉON.

J'ai su tout cela par monsieur de Bléchamp, le neveu du ministre, et mon ami. (A la duchesse) Il m'a dit aussi que son oncle avait reçu votre lettre, ma belle cousine. Il n'a rien à vous refuser... et nous saurons bientôt sa réponse, car Bléchamp vient ici, et... Ah! ça, mais qu'est-ce que ça signifie?... Depuis que je suis arrivé, vous voilà tous tristes, muets, la figure allongée... C'est drôle! vous, madame la duchesse...

LA DUCHESSE.

Moi!... quelle idée!

AMELIE, à Ferdinand avec émotion.

En effet, mon ami... comme ta main tremble!

FERDINAND.

Non... j'écoutais...

LÉON, gaiement.

J'ai donc une physionomie bien malheureuse!

UN DOMESTIQUE, entrant.

Plusieurs voitures entrent dans la cour... on descend.

AMÉLIE, se remettant, pendant que Ferdinand l'ecoute avec surprise.

C'est bien... ouvrez le grand salon. (A Ferdinand.) Mon ami, viens-tu recevoir ?

LA DUCHESSE, tirant des papiers de sa ceinture.

Ah ! monsieur Ferdinand, en quittant Nangis, j'ai reçu des lettres de monsieur le duc ; il faut que je vous en parle.

FERDINAND.

Madame...

AMÉLIE.

Ah !

LÉON, à Amelie.

AIR de *Fra Diavolo.*

Quand son devoir le réclame
Et lui fait tout oublier,
Permettez qu'ici, madame,
Je sois votre chevalier.   .

FERDINAND, comme incertain.

Ces papiers...

LA DUCHESSE.

Veuillez les prendre.

FERDINAND, à Amelie.

A l'instant je suis à toi.

AMÉLIE, à part.

Comme il est docile et tendre !
Hélas ! ce n'est pas pour moi.

ENSEMBLE.

FERDINAND, à Amelie.

Quand le devoir me réclame,
Le plaisir doit s'oublier ;
Mais tout à l'heure à ma femme
Je rendrai son chevalier.

AMÉLIE, à part.

Quel trouble au fond de mon âme !
Moi qui n'ai pu l'oublier ;
Pour si noble et grande dame
Il va me sacrifier.

LÉON, à Amélie.

Quand son devoir le réclame
Et lui fait tout oublier,
Permettez qu'ici, madame,
Je sois votre chevalier.

LA DUCHESSE.

C'est un mot que je réclame.
Prompte à vous congédier,
Dans un moment à madame
Je rendrai son chevalier.

(Léon donne la main à Amélie ; au moment de sortir elle se retourne pour regarder
encore Ferdinand, qui est tombé dans un fauteuil auprès de la porte à gauche)

SCÈNE VI.

LA DUCHESSE, FERDINAND.

(Quand tout le monde est sorti, la duchesse s'approche de Ferdinand et s'arrête
derrière son fauteuil.)

LA DUCHESSE.

Eh bien ! Ferdinand... vous êtes ému.

FERDINAND.

Oui, je l'avoue.

LA DUCHESSE, avec douceur.

Amélie est fort bien.

FERDINAND, la regardant.

Vous trouvez ?

LA DUCHESSE, souriant.

Elle cherche beaucoup à vous plaire... et ses efforts...

FERDINAND.

Non, de la naïveté, de la candeur...

LA DUCHESSE, avec amertume.

Vous trouvez?... (Ferdinand se détourne. Elle reprend avec douceur.
Pourquoi ne l'avez-vous pas prévenue de votre départ?

FERDINAND.

Déjà! Je n'en ai pas eu le courage... tant d'amour, d'abandon!

LA DUCHESSE.

Partirez-vous sans la prévenir?

FERDINAND, se levant.

Oh! non.

LA DUCHESSE.

Cependant... nous partons ce soir.

FERDINAND.

Ce soir!

LA DUCHESSE.

C'est convenu. (Avec douceur.) Ferdinand, ce départ, vous l'avez
fixé vous-même à minuit... Est-ce que vous l'avez oublié?

FERDINAND.

Il me semble qu'après une si longue absence, quitter son
pays, ses amis, sitôt...

LA DUCHESSE, tendrement.

Vous partez donc seul?

FERDINAND.

Oh! non... Aussi, sans la crainte de laisser des regrets, des
chagrins...

LA DUCHESSE.

Des chagrins!... vous ne craignez pas de m'en causer à moi!
(Se reprenant.) Si vous saviez ce que j'ai souffert depuis une heure...
obligée de me contraindre, de cacher mon trouble, mon amour
même, cet amour jaloux, malheureux d'un geste, d'un mot,

d'un coup d'œil qui n'est pas pour lui... Vous m'évitiez, Ferdinand ?

FERDINAND.

Je tremblais de me trahir ; il me semblait que mes regards, mon émotion... Et cet anneau, Emma, êtes-vous sûre qu'hier elle n'ait pas vu...

LA DUCHESSE.

Eh ! non... vous l'avez repris.

FERDINAND.

Mais pardon, je crains que mon absence...

LA DUCHESSE.

Ferdinand, votre réponse... je pars.

FERDINAND.

Vous !

LA DUCHESSE.

Je pars ce soir, et vous ?

FERDINAND.

Mais je ne sais... je dois attendre quelques jours, sans doute, cette place que vous avez demandée pour moi.

LA DUCHESSE, lui remettant un papier.

La voici.

FERDINAND.

Grand Dieu! la réponse du ministre !

LA DUCHESSE.

Je l'ai reçue en vous quittant. Voyez... vous êtes nommé... si vous acceptez, si vous partez...

FERDINAND.

Partir!...

SCÈNE VII.

LES MÊMES, LÉON.

LÉON.

Ah ! c'est indigne ! c'est affreux ! Me traiter de la sorte !

LA DUCHESSE.

Qu'est-ce donc? à qui en avez-vous?

LÉON.

Ah! madame la duchesse, c'est à vous; je vous dois des actions de grâces. Vous m'avez tenu parole, vous avez écrit au ministre, c'est vrai; mais pour un autre que moi!... Oh! je le sais, son neveu vient de me l'apprendre.

LA DUCHESSE.

Eh! mais, vous avais-je promis?

LEON.

Et voilà qui me révolte... On a une partie de sa famille dans le gouvernement, on s'en console, on s'en arrange même... parce qu'enfin ça vous ouvre une porte sans vous fermer l'autre. On compte là-dessus, et pas du tout, vos parents vous trahissent, vous immolent.

LA DUCHESSE.

Léon!

LÉON.

Vous m'avez immolé! moi, un cousin, un ami... et qui a-t-on nommé?... quelque petit héros du jour...

FERDINAND.

C'est moi, monsieur.

LEON.

Vous! monsieur Ferdinand. (A part.) Au fait, j'aurais dû m'en douter. (Haut.) Vous, premier secrétaire d'ambassade, chargé de représenter monsieur le duc!... C'est un honneur...

LA DUCHESSE.

Que monsieur accepte, je crois?

LEON.

Comment! vous croyez! Est-ce que ce n'est pas sûr? Permettez... c'est qu'il serait encore temps. (A Ferdinand.) Vous hésitez? vous avez raison; vous ne pouvez pas accepter.

FERDINAND.

Et pourquoi donc?

LÉON.

Parbleu! vous le savez bien!... Ce n'est pas que je révoque
en doute vos talents, que madame protège; mais sans nom,
sans titres, après dix-huit mois seulement, ce serait un passe-
droit intolérable!... Un ruban, à la bonne heure, c'est sans
conséquence, demandez... mais le reste...

LA DUCHESSE.

Eh bien?

LÉON.

Là-bas, à votre ambassade, il y a encore des jeunes gens qui
ne souffriraient pas...

FERDINAND.

Assez, monsieur, assez. Si j'avais pu hésiter un moment, les
raisons que vous me donnez sont trop bonnes, et je vous remercie de m'avoir rappelé votre orgueil et les dédains de vos
amis.

AIR : *J'en guette un petit de mon âge.*

Je m'en souviens, et j'ai, je vous l'avoue,
Quelque plaisir à m'elever sur eux.

LÉON.

Puisque des noms et des droits on se joue,
C'est votre tour, monsieur, soyez heureux.
Pour moi, je sens quel tort était le nôtre,
Car me voilà votre égal, je le voi.

FERDINAND.

Mais il faudrait d'abord savoir de moi
Si je veux bien être le vôtre.

LÉON.

Qu'est-ce à dire?

LA DUCHESSE.

Messieurs, y pensez-vous?

LEON.

Oui, madame, oui, j'y pense... et si je demandais raison à monsieur...

FERDINAND.

Comme vous voudrez... mais, hâtez-vous, car pour remplir cette place qu'on me donne et que j'accepte, je pars aujourd'hui, ce soir même.

LÉON.

Ce soir.

LA DUCHESSE.

Oui; monsieur est attendu. (Serrant la main à Ferdinand.) C'est bien... Léon, donnez-moi la main ; passons au salon.

LÉON.

Oh ! je vous en veux.

LA DUCHESSE.

Votre main, je vous en prie.

LÉON.

Mais un secrétaire d'ambassade n'est pas inamovible... en attendant, je me vengerai ! (A part.) Je ferai la cour à sa femme. (Il donne la main à la duchesse ; ils sortent.)

FERDINAND.

Le fat !... Et ses amis... il m'a semblé les entendre. Oui, je partirai ce soir, quoi qu'il m'en coûte. (Appelant.) Laroche ! Laroche !... il me suivra. (Entre Amelie.) Il faut tout préparer pour le départ.

SCÈNE VIII.

AMÉLIE, FERDINAND.

AMELIE, qui a entendu les derniers mots.

Le départ de qui ? Qui est-ce qui part ? qui est-ce qui s'en va ? Ferdinand...

FERDINAND.

Mon devoir me rappelle.

IV.

AMÉLIE.

Toi!... tu pars? Mais quand donc? (Il se tait.) Bientôt!

FERDINAND.

Cette nuit.

AMÉLIE, d'une voix tremblante.

Te séparer de moi!... déjà? lorsqu'à peine je t'ai vu... après
dix-huit mois d'absence... oh! non! Tu me trompes, n'est-ce
pas? c'est impossible!

FERDINAND.

Allons, ma chère amie, allons... calme-toi; il faut avoir un
peu de courage... J'en ai bien, moi.

AMÉLIE.

Du courage! je n'en ai plus. Vivre loin de toi encore, toujours... oh! non, je ne le puis. Non, Ferdinand; si tu savais
combien j'ai été malheureuse en ton absence!... les larmes que
j'ai dévorées, les jours affreux que j'ai passés seule! Oh! c'est
un supplice pour lequel je n'ai plus de forces. (Elle reste appuyée
sur le bras de son mari.)

FERDINAND.

Amélie! mais je reviendrai bientôt, je l'espère... un congé.

AMÉLIE.

Tu reviendras!... Mais depuis dix-huit mois j'attendais ton
retour, et, comme le cœur est ingénieux à se déchirer lui-même,
ton absence était de l'abandon, ton silence de la haine. (Pleurant.)
Oui, Ferdinand, pardon... j'étais une insensée... je doutais de
ton amour.

FERDINAND.

Amélie!...

AMÉLIE.

Oh! mon ami, cela fait bien mal; je l'ai senti... je le sens
encore; c'est un tourment affreux. Oh! dis... dis que tu n'aimes
que moi... ou, du moins, qu'une autre n'a pas ton amour.

FERDINAND.

Quel soupçon!

AMÉLIE.

Non, non... je ne l'ai plus; car j'en mourrais. Déjà une fois ma pauvre tête s'est perdue, ma raison s'est égarée.

FERDINAND.

Grand Dieu !

AMÉLIE.

Mais si tu avais vu ma joie en apprenant ton retour. Je courais de tous côtés, je t'annonçais à tout le monde, j'étais folle de bonheur ! Et tu voudrais me quitter !... Oh ! non... reste un mois, quinze jours... huit jours, n'importe ; mais reste.

FERDINAND, avec émotion.

Amélie, prononce toi-même. Si mon sort, mon repos en dépendaient... (Lui montrant la lettre du ministre.) Tiens, vois, on m'élève à un poste important, il y va de mon bonheur.

AMÉLIE, accablée.

Ton bonheur !... il est donc là ?

FERDINAND.

Non... mais... si les ordres de M. le duc, du ministre, me prescrivaient de partir ?

AMÉLIE.

De partir ! Eh bien ! oui ; s'il le faut, si je ne puis te retenir, quitte la France ; mais avec moi : viens, partons !

FERDINAND.

Que dis-tu ?

AMÉLIE.

Ne me quitte plus : je te le demande, je te le demande à genoux !

FERDINAND.

Relève-toi.

AMÉLIE.

Mais je te suivrai ?

FERDINAND.

Quelle idée !... Et la distance... le climat?...

AMÉLIE, toujours à ses pieds.

Ne crains rien ; j'aurai du courage : je serai près de toi. Tes
fatigues, je les partagerai... Tu détournes les yeux! tu crains,
peut-être?... Que sais-je? Eh bien ! écoute : je te suivrai avec
mystère ; je ne me montrerai qu'à toi ; mais je serai là, toujours là.

AIR *de Téniers.*

Auprès de toi ne crains pas ma présence ;
Si mon amour pour toi n'a point d'attraits,
Eh bien! malgré ta froideur, ton silence,
Tu n'entendras ni plaintes, ni regrets ;
A tes côtés, mon front par des alarmes
Ne sera jamais obscurci.
Je serai gaie... et pour verser des larmes,
J'attendrai que tu sois parti.

FERDINAND.

Eh bien! oui... c'en est fait !... Amélie, tu me suivras !... Je
me perdrai peut-être...

AMÉLIE.

Tu dis?...

FERDINAND, à Laroche qui entre.

Laroche, tu exécuteras mes ordres : tu prépareras tout pour
mon départ... pour celui de madame.

LAROCHE.

De madame ?

FERDINAND.

Du moins, je l'espère. Adieu, Amélie. (A part.) Mais comment
obtenir?... Il le faut !... adieu !

SCÈNE IX.

AMELIE, LAROCHE.

AMÉLIE, qui est restée immobile.

Il se perdra !

LAROCHE.

Vous partez avec lui? (A part) Alors, je n'y suis plus du tout.

AMELIE, rêveuse.

Il se perdra !... mais, pourquoi ?... Ah ! plutôt me perdre moi-même !

LAROCHE.

Eh bien ! madame, vous partez ; vous êtes heureuse. Vous croyez à son amour ?

AMELIE, accablee.

Son amour, dis-tu ?

LAROCHE.

Vous n'en doutez plus comme hier ?... comme ce matin ? car vous l'accusiez de mépriser vos dons... et certaine bague...

AMÉLIE, vivement.

Eh bien !... cette bague...

LAROCHE.

Un anneau, deux rubis ?

AMÉLIE.

Oui ; c'est cela.

LAROCHE, regardant autour de lui.

Quand je vous disais qu'elle ne le quittait pas ! tout à l'heure, il l'avait oubliée (Montrant la chambre à droite.) en s'habillant.

AMÉLIE, avec joie.

Où est-elle ?

LAROCHE lui donne la bague.

La voilà.

AMÉLIE, la prenant vivement.

Ah ! c'est la mienne. Il l'avait... quel bonheur !

LAROCHE, avec joie.

Parbleu ! je savais bien... (Il s'éloigne comme pour voir si l'on vient.)

AMÉLIE, à part.

Ce ressort, son nom, le mien... (Elle ouvre la bague et lit.) « Ferdinand, Emma. » Emma ! quel nom !... Et le mien !... le mien !... Ah ! malheureuse !... effacé, là !... comme dans son cœur. Emma ! Emma !

LAROCHE, revenant.

Qui donc?... madame la duchesse?...

AMELIE, revenant.

Oui, oui; c'est elle... elle qui nous a mariés... Elle!

LAROCHE.

Permettez...

AMELIE.

Laisse-moi. (Relisant) « Emma! » (Mouvement de Laroche.) Laisse-moi donc, laissez-moi tous. Vous m'avez trompée, trahie!... et lui! lui!... Il se perdra!... Ah! je comprends.

LAROCHE.

Madame... cet anneau.

AMELIE, le repoussant.

Non... non. (Laroche regarde avec surprise et cherche à entendre ce qu'elle dit.)

AIR : *Mon ange veille sur moi.*

Cette bague est a moi, c'est mon bien ; oui, c'est elle !
Ce souvenir d'amour, ce gage de ma foi...
Où mon nom s'unissait au nom d'un infidèle,
Pour en parer une autre il la reçut de moi.
Ainsi la trahison me poursuit, m'environne ;
Pour moi plus de bonheur, plus d'espoir, je le voi ;
Ah! mon cœur est brisé, ma raison m'abandonne'
    O mon Dieu! veillez sur moi!

LAROCHE.

Calmez-vous, on vient.

AMÉLIE, avec exaltation.

C'est lui, c'est Ferdinand!... Ah! qu'il vienne, qu'il m'explique...

LAROCHE.

C'est la duchesse.

AMELIE, avec terreur.

La duchesse?... Oh! non, jamais! (Elle se précipite dans la chambre à gauche.)

LAROCHE.

Qu'ai-je donc fait ! quand j'espérais au contraire...

SCÈNE X.

FERDINAND, LA DUCHESSE, LAROCHE.

FERDINAND, entrant par le fond, vivement.

Laroche, sortez. (Laroche veut insister. Ferdinand avec violence.) Sortez... (Laroche sort à l'entrée de la duchesse, en regardant la porte à droite.)

LA DUCHESSE, dans la plus grande agitation.

Enfin, êtes-vous seul ? peut-on vous parler ?

FERDINAND.

Madame, le trouble où vous êtes...

LA DUCHESSE.

Troublée ?... moi ! pas du tout ; je suis calme, très-calme. Mais ce projet, ingrat, vous avez pu le former ! vous avez pensé que moi, moi je l'approuverais...

FERDINAND.

J'ai cru devoir aux prières d'Amélie, à ses larmes, une promesse...

LA DUCHESSE.

Que vous ne tiendrez pas... Vous le savez bien, c'est impossible.

FERDINAND.

Vous n'ignorez pas que votre empire sur moi est absolu, que je ne puis le briser. Mon premier amour fut pour vous ; les serments que je vous ai faits, je les ai tenus... Habitué à vous obéir, à n'avoir d'autre volonté que la vôtre, je sens que je vous appartiens, que mon sort dépend de vous, de vous seule... que ma liberté est dans vos mains.

LA DUCHESSE.

Vous la regrettez, Ferdinand !

FERDINAND.

Ah! je n'ai pas dit cela ; mais cette enfant qui était là.... à mes pieds, qui demandait grâce.... (Mouvement de douleur de la duchesse.) Ah! madame la duchesse! ce mariage, c'est vous qui l'avez fait ; je ne l'aimais pas, mon cœur était à vous... et pourtant je l'ai épousée! C'est un tort, c'est un crime peut-être... mais vous l'exigiez, j'ai obéi... J'ai fait plus, je l'ai abandonnée pour vous suivre; depuis dix-huit mois, je l'ai oubliée pour ne voir, pour n'aimer que vous... aujourd'hui encore, ma reconnaissance vous répond de moi. Mais Amélie pleure; elle embrasse mes genoux, elle veut me suivre... elle a des titres à ma pitié.

LA DUCHESSE.

Des titres... et les miens, les ai-je perdus? Écoute : tu n'étais rien, sans nom, sans avenir... et moi j'étais riche, j'étais noble, j'étais belle, je ne voulais pas descendre... Eh bien ! je t'ai éle-vé... Tous ces rivaux d'amour et de fortune qui t'environnaient, pour toi ils ont été dédaignés. Ce cœur qu'ils voulaient séduire est resté fidèle à toi. Ces honneurs qu'ils mendiaient dans les ministères, je les ai obtenus pour toi... J'ai fait plus... Tu étais pauvre. J'ai su qu'à je ne sais quelle jeune fille appartenait un brillant héritage ; je te l'ai jeté dans tes mains. Je doutais si peu de ton amour... Tu n'es pas libre !... Mais moi aussi, j'avais des devoirs, je te les ai sacrifiés ; (Ferdinand paraît troublé. La duchesse, avec moins de contrainte et avec des sanglots.) et à présent vous me parlez des titres d'une autre femme. Ses larmes vous émeuvent... Vous avez pitié d'elle. Il faut que j'approuve un projet insensé, une alliance impossible? non, non... Et plutôt que d'y consentir, tu es ambitieux ! je te perdrai, ingrat !... Ce que j'ai élevé, je le renverserai.

FERDINAND.

Madame ! (On entend un grand bruit dans la chambre voisine ; ils restent im-mobiles.)

LA DUCHESSE, lui saisissant la main avec effroi.

Qu'est-ce? ce bruit?...

FERDINAND.

Vous avez entendu ?

LA DUCHESSE, montrant la porte à gauche.

Là ! là ! cette chambre...

FERDINAND, se précipitant.

Cette galerie. (Il entre dans la chambre ; la duchesse reste immobile, le suivant des yeux Il rentre en tenant un bouquet.) Personne... tout est fermé... seulement ce bouquet...

LA DUCHESSE, rassurée.

Eh ! qu'importe ?... personne !

FERDINAND, rêveur et regardant le bouquet.

C'est singulier.

LA DUCHESSE, lui prenant la main.

Vous tremblez, mon ami.

FERDINAND, laissant échapper le bouquet.

Oui, je l'avoue, ce bruit... au moment où des reproches, des menaces... et pourquoi ? Moi ! votre esclave, soumis en aveugle à vos volontés, à vos caprices... devais-je m'attendre ?...

LA DUCHESSE.

Mais aussi quelle idée !... quel projet ridicule ! (Avec tendresse) emmener cette enfant !...

FERDINAND.

Je l'ai promis ; elle compte sur ma parole, je la tiendrai.

LA DUCHESSE, avec éclat.

Ferdinand !

FERDINAND.

Elle partira.

LA DUCHESSE.

Non, jamais !

AIR : *Je n'ai point vu ces bosquets de lauriers.*

Songez-y donc ! à toute heure, en tous lieux,
Il nous faudrait, comme ici, ce soir même,
Trembler, rougir...

FERDINAND.

Ah ! ce doit être affreux !

LA DUCHESSE.

Auprès d'un tiers, retrouvant ce qu'on aime,
Comme un remords le soupçon vous poursuit,
   Et, le cœur plein de défiance,
Par le reproche on s'irrite, on s'aigrit.
Ah! c'est alors que le bonheur finit.

FERDINAND.

Et que le supplice commence.

LA DUCHESSE.

Ferdinand, il faut la fuir.

FERDINAND.

Jamais.

LA DUCHESSE.

Choisissez... mes gens sont prévenus, ma voiture est prête...
j'attends votre réponse, dans une heure... Dans une heure, je
m'échappe du bal, de la fête, nous partons, ou vous n'êtes plus
rien pour moi. (Elle sort précipitamment.)

SCÈNE XI.

FERDINAND, LAROCHE.

FERDINAND, après un moment de silence.

Voilà donc où m'ont conduit ces folles espérances, ce besoin
de m'élever, cette soif de vanité!

LAROCHE, entrant tristement.

Monsieur, tout le monde est arrivé, madame n'est pas là.

FERDINAND.

Ma réponse! Eh bien! oui, elle l'aura, mais avant une heure,
mais tout de suite... Oui, tout sera rompu, mais par moi, par
moi seul.

LAROCHE.

Que dit-il? Monsieur...

FERDINAND, avec un air de contentement.

Ah! Laroche, c'est toi! eh bien! c'en est fait, je suis libre!

LAROCHE.

O ciel! madame la duchesse...

FERDINAND.

Tout est rompu!

LAROCHE, se jetant dans ses bras.

Ferdinand! monsieur! ah! pardon, mais je suis si content!...
vous nous revenez, je vous retrouve... ah! je savais bien, moi,
que ce n'était qu'un moment d'oubli, de faiblesse.

FERDINAND.

Oui, j'étais aveuglé, j'étais esclave, mais je me réveille. Ah!
je respire! mon cœur est tranquille!

LAROCHE.

N'est-ce pas? il n'y a rien de tel que le courage, quand il revient, et qu'il n'est pas trop tard.

FERDINAND.

Ma réponse! elle est prête! plus de crainte! Oui, je la verrai,
je lui dirai... (s'arrêtant.) ou plutôt je vais lui écrire.

LAROCHE.

J'aime mieux ça, c'est plus sûr.

FERDINAND, s'asseyant à la table.

Laroche, donne-moi ce qu'il me faut... du papier.

LAROCHE.

Tout de suite, monsieur, tout de suite, là, chez madame.

FERDINAND, seul.

Amélie! que de torts! Funeste amour! ou plutôt, non, non;
je m'abusais, je donnais une excuse à ma honte: c'était l'ambition! j'étais vendu. Me reprocher ce qu'elle a fait pour moi! me
menacer de reprendre ses bienfaits... Ses bienfaits, je les rejette, je n'en veux plus! Place, honneurs, avenir...

AIR: *Ce luth galant.*

C'est à ce prix qu'elle avait acheté
De ma faiblesse amour et liberté.

Et ce ruban aussi qu'on a laissé surprendre,
Quand pour le mériter un cœur a pu se vendre!
Je le sens, j'en rougis; jamais il ne peut rendre
L'honneur qu'il a coûté.

(Il l'arrache et le jette.)

LAROCHE, rentrant très-ému.

Voilà, monsieur.

FERDINAND, prenant le papier.

Mais ta main tremble, tu es pâle; qu'as-tu?

LAROCHE.

Ah! rien, c'est que... madame était chez elle, seule, elle
écrivait, je crois du moins, car je n'ai rien vu. Tout à coup,
elle a poussé un cri, elle s'est échappée. (Montrant le papier.) Et
vous voyez... des larmes.

FERDINAND.

Va, va la trouver, dis-lui que je veux lui parler. (Ouvrant le ca-
hier de papier pour prendre une feuille.) Que vois-je! un écrit! C'est
d'Amélie.

LAROCHE.

De madame!

FERDINAND, lisant.

« Ferdinand, je te pardonne, mais je t'aime trop pour te
« perdre... » (S'interrompant.) Je reste.

LAROCHE.

Après, monsieur, après.

FERDINAND, lisant.

« Ma fortune est à toi. » (Déchirant le papier.) Sa fortune!

LAROCHE.

Il faut que je vous avoue... j'ai cru bien faire; cette bague
qu'elle voulait revoir, que vous aviez oubliée...

FERDINAND, tremblant.

Eh bien!

LAROCHE.

Je l'ai montrée à madame.

FERDINAND, hors de lui.

Malheureux!

LAROCHE, apercevant Amelie.

Ah ! la voici !

FERDINAND.

Va-t'en, va-t'en.   (Laroche sort tout effraye.)

SCÈNE XII.

AMÉLIE, FERDINAND.

AMÉLIE, dans le plus grand désordre.

Où donc est-il, ce papier ? rendez-le-moi.

FERDINAND, jetant les morceaux.

Amélie, le voilà... Et toi aussi tu m'outrages ! Tu as pu penser que ta fortune...

AMÉLIE.

Ah ! vous avez lu...

FERDINAND.

Ce n'est pas ta fortune que je veux, je la rejette, elle me fait horreur ; c'est toi, c'est ton amour, Amélie.

AMÉLIE, reculant.

Ah ! mon Dieu ! il veut me tromper encore.

FERDINAND.

Non, non, je le vois, tu sais tout... Cet anneau fatal qu'on t'a remis... et là, tout à l'heure, on écoutait... (Montrant le bouquet à ses pieds) ce bouquet..... c'était le tien..... (Mouvement d'Amelie) c'était toi !... Écoute, je ne veux pas me justifier : tu dois me haïr ; j'étais un ingrat, un malheureux, ou plutôt j'étais faible ; j'ai laissé aller mon cœur aux caprices d'un tyran, et lorsque tu m'attendais dans le deuil, dans les larmes, moi, je t'oubliais, je méprisais ton amour, je le maudissais peut-être !

AMÉLIE, se detournant pour pleurer et lui faisant signe de la main.

Oh ! tais-toi, tais-toi !

IV.

FEROINAND.

Mais d'abord, Amélie, je ne te connaissais pas, et plus tard ton absence lui a rendu son empire. Ah! pourquoi t'ai-je quittée? pourquoi ai-je abandonné ces lieux où ta candeur, tes charmes avaient fléchi ce cœur qui se détournait de toi?... ces lieux où tout me rappelle ces beaux jours, cet abandon, ce bonheur pur dont loin de toi le souvenir était là comme un remords... Et toi, Amélie, l'as-tu oublié?...

AMÉLIE, douloureusement.

Oh! non, jamais... il m'a tuée!...

FERDINAND.

Hier encore je voulais te cacher mon retour, je n'osais reparaitre devant toi; ce n'était pas de la haine, oh! non! Je t'ai revue, et mon amour s'est réveillé à ta voix... à cette voix si tendre, si naïve, qui n'a pas eu un reproche pour l'infidèle qui te dédaignait. Amélie, mes yeux se sont ouverts, j'ai brisé un joug honteux, je te reviens. (Mettant un genou en terre.) Oh! pardonne-moi!

AMÉLIE, se retournant avec surprise.

Que dis-tu?

FERDINAND, toujours à genoux.

Je t'aime!

AMELIE, d'une voix étouffee.

Tu m'aimes, Ferdinand, tu m'aimes... Oh! oui, oui, je te crois. (Se jetant dans ses bras.) Tu m'aimes... Oh! répète, répète encore... Il y a si longtemps... Tu m'aimes!

FERDINAND, la soutenant sur son genou.

Avec idolâtrie. Tu es mon bien, mon amie, ma femme.

AMÉLIE, le couvrant de baisers.

Ta femme! ta femme! Tu ne me quitteras plus, n'est-ce pas? Toujours ensemble. (Avec exaltation.) Laisse là les places, l'ambition; reste avec moi ici. Je t'entourerai de soins, d'amour, de

bonheur... Vivre l'un pour l'autre, aimer, être aimé. Ah! mon
Ferdinand...   (Elle l'embrasse.)

FERDINAND.

Tu me pardonnes!

AMELIE.

Oh! oui, oui; chassons ces souvenirs, ne parlons plus que de
toi, de ton amour. Je n'ai rien entendu. Je veux oublier mes
peines, mes larmes... Va, j'en ai bien versé tout à l'heure encore, quand mon désespoir... (Elle s'arrête tout à coup avec egarement.)
Ah! tout à l'heure... Qu'est-ce donc? Ce n'est point un rêve;
non, non. (Courant à Ferdinand.) C'est bien toi?... et moi, moi... (Se
cachant la tête dans les mains.) Ah!...

FERDINAND.

Qu'as-tu? quel délire!

AMÉLIE.

Ferdinand! Ferdinand! ne me quitte plus! Soutiens-moi
dans tes bras, sur ton cœur!

FERDINAND.

Explique-toi, tu me fais trembler; cette pâleur...

AMELIE, avec délire.

Oui, je me rappelle; quand j'ai senti s'échapper ma dernière
espérance, quand j'ai tout entendu, j'ai fui; il m'a semblé qu'il
y avait du monde... beaucoup. On m'a parlé, je n'écoutais pas,
je souriais, et puis je me suis renfermée comme autrefois. Ferdinand, elle t'ordonnait de me quitter encore. Tu tremblais...
et moi...

FERDINAND.

Achève...

AMÉLIE.

Si, maintenant que tu m'aimes, il fallait renoncer à mon
amour?... s'il fallait me perdre?...

FERDINAND.

Ah! plutôt mourir!

AMÉLIE.

Eh bien! oui, c'est cela... j'ai voulu mourir.

FERDINAND.

Amélie...

AMÉLIE.

La mort... (Se serrant le cœur.) elle est là, je la sens...

FERDINAND.

Que dis-tu?

AMÉLIE, comme étouffée.

Oui, un poison qui déchire, qui tue. Je l'avais oublié... J'étais si heureuse... (Elle tombe sur le fauteuil.)

FERDINAND.

Grand Dieu!... (Dans le plus grand désordre, courant et appelant) Laroche, André, Deschamps, Laroche! venez tous, venez! (Revenant précipitamment.) Amélie!

AMÉLIE, se jetant à son cou.

Tu pleures, mon Ferdinand, mon ami; tu m'aimes... tu m'aimes! et mourir!

FERDINAND, la serrant dans ses bras.

Laroche!

SCÈNE XIII.

FERDINAND, AMÉLIE, LAROCHE, Domestiques, ensuite LA DU-CHESSE, LÉON, tous les Invités.

LAROCHE, entrant avec les domestiques.

Monsieur, qu'est-ce donc?... quels cris?

FERDINAND, soutenant Amélie.

Des secours... allez tous, allez...

LAROCHE, courant au fond.

Madame...

AMÉLIE, d'une voix affaiblie.

Ta main, Ferdinand. Oh! presse-moi dans tes bras... Il me semble que je t'échappe... mon Ferdinand, quand ce bonheur...

que j'appelais... je le vois... je le tiens. (L'embrassant) Je ne mourrai pas... (D'une voix mourante.) Oh ! non, n'est-ce pas?...

(L'Orchestre se fait entendre.)

FERDINAND.

Ciel! le bal!... la fête!...

AMÉLIE, se ranimant.

Une fête!... oui, une fête!... ah! (Elle retombe assise et renversée.)

LAROCHE.

On vient, monsieur, on vient.

FERDINAND.

Il est trop tard!

LAROCHE.

Il est trop tard?

FERDINAND.

N'approchez pas, éloignez-vous!

LAROCHE.

Si fait!... qu'ils viennent. (Il court à la duchesse, la prend par le bras, l'entraîne avec force, et lui montrant Amélie morte et Ferdinand qui lui tient les mains et les embrasse.) Vous viendrez !

LA DUCHESSE, résistant.

Grand Dieu!

LAROCHE.

Voyez, madame, voyez votre ouvrage !

(La duchesse fait un pas vers Léon, qui recule avec horreur. — Stupeur générale.

FIN DE LA GRANDE DAME.

UNE BONNE FORTUNE,

COMÉDIE-VAUDEVILLE EN UN ACTE,

Représentée pour la première fois sur le théâtre du
Gymnase Dramatique, le 1er juin 1832.

——— —— ——

En société avec M. A. Decomberousse.

Personnages :

ÉDOUARD GRANVILLE, capi-
taine de dragons [1].

ÉLISE MILBERT, sa sœur [3].

Mme LA MARQUISE DE VERMONT [4].

JULES DAVERNY, avocat [2].

ÉTIENNE, domestique [5].

LA SCÈNE EST CHEZ MADAME DE VERMONT, A LA CAMPAGNE.

ACTEURS :

[1] M. PAUL. — [2] M. ALLAN. — [3] Mademoiselle DESPRÉAUX. — [4] Madame JULIENNE. — [5] M. KLEIN.

UNE BONNE FORTUNE

Un salon. Une fenêtre à balcon dans le fond. A droite de l'acteur, une cheminée avec pendule et miniature .. Auprès de la cheminee, un canapé, à côte une chaise, et un petit guéridon avec ouvrage de femme. A gauche, une table sur laquella sont plusieurs livres. Chaises, fauteuils, etc. Entree à gauche et cabinet du même côté. A droite, une porte conduisant dans l'interieur.

SCÈNE PREMIÈRE.

(Au lever du rideau, on entend successivement plusieurs sonnettes)

ÉTIENNE, seul. Il accourt, en achevant de s'habiller.

Allons... c'est bien, on y va... Que diable ça peut-il être? Qui peut venir nous réveiller en sursaut à huit heures?... Nous, que madame la marquise laisse toujours dormir la grasse matinée... Ah! tiens, le cocher à la porte..... déjà!... (A la croisée et parlant à la cantonade.) Pierre... Eh! Pierre! qu'est-ce que c'est donc? .. (Il écoute) Ah! une dame qui arrive de Paris!... C'est ça... des importuns... j'en étais sûr... Quand j'ai vu madame quitter la Normandie, pour venir passer l'été dans cette maison de Billancourt, à deux petites lieues de la capitale, je me suis dit : Là! c'est fini, nous ne serons plus maîtres chez nous!... ça ne manque pas... (A la croisee.) Allons, les chevaux qui se lèvent aussi... pauvres bêtes!... Nous voilà tous sur pied!...

AIR : *De sommeiller encor, ma chère.*

J'suis sùr qu'tout l'monde est en colere!
Aussi, troubler notre sommeil!
Des domestiqu's, règle ordinaire,
Il faut égayer le réveil.
Autrement d'un' min' rechignée,
Ils boudent leurs maîtres... Enfin
Ils font payer tout' la journée,
L'humeur qu'on leur donn' le matin.

(On sonne.)

Encore!... On n'a pas le moindre égard... (Il va pour sortir.) Ah!
cette dame.

SCÈNE II.

ÉLISE, ÉTIENNE.

ÉLISE.

Mon ami, c'est vous que l'on nomme Étienne ?

ÉTIENNE.

Moi-même, madame.

ÉLISE.

Approchez... Madame de Vermont vous met à ma disposition

ÉTIENNE.

Moi !... (A part.) Par exemple.

ÉLISE.

J'ai un service à vous demander... Vous êtes intelligent,
actif...

ÉTIENNE.

Madame est trop bonne... (A part.) C'est pour m'amadouer.

ÉLISE.

Si vous réussissez, quinze louis de récompense... Ecoutez-
moi.

ÉTIENNE.

J'écoute, madame... je suis à vos ordres.

ÉLISE.

C'est bien... Voici ce que c'est : Vous allez prendre la voiture de votre maîtresse, on met les chevaux... vous irez d'ici
au bois de Boulogne, à la porte d'Auteuil, ce n'est pas loin.

ÉTIENNE.

Un quart d'heure de chemin.

ÉLISE.

Là, vous attendrez qu'il se présente un jeune homme suivi
de son domestique... joli cavalier... vingt-quatre ans au plus...
petit de taille, blond, frais.

ÉTIENNE.

Le domestique ?

ÉLISE.

Eh ! non... Vous ne comprenez donc pas ?

ÉTIENNE.

Si fait, si fait, parbleu... (A part.) Où diable veut-elle en venir ?

ÉLISE.

Le domestique, grand, maigre.

ÉTIENNE.

Comme moi.

ÉLISE.

Et l'air bête !

ÉTIENNE

Comme... c'est-à-dire...

ÉLISE.

L'un d'eux portera des armes... une boîte de pistolets... peut-être des épées... je ne sais pas... n'importe... Vous descendrez... vous vous approcherez de lui.

ÉTIENNE.

Du maître ?

ÉLISE.

Eh ! oui... Vous le prierez d'un air mystérieux de vous suivre ici... chez votre maîtresse.

ÉTIENNE.

Chez madame ?

ÉLISE.

Sans doute... Il vous demandera son nom.

ÉTIENNE.

Madame de Vermont.

ÉLISE.

Bien... Vous la nommerez... Alors, il vous fera sur elle mille questions... Vous lui direz...

ÉTIENNE.

Que madame a cinquante mille livres de rente... et autant d'années.

ÉLISE.

Mais taisez-vous donc... Vous direz qu'elle est jeune, aimable, jolie et veuve.

ÉTIENNE.

Oh ! oh !... veuve, je ne dis pas ; mais...

ÉLISE.

Eh ! mon Dieu, ne vous inquiétez pas... Écoutez mes ordres ; suivez-les, le reste me regarde... Il hésitera peut-être... vous le presserez... vous le ferez monter dans la voiture.

ÉTIENNE.

De force ?

ELISE.

S'il le faut.

ÉTIENNE.

Et le domestique ?

ÉLISE.

Derrière, avec vous... Vous reviendrez ici... La voiture brûlera le pavé... Mais pas un mot de plus que ce que je vous ai dit.

ETIENNE.

Mais c'est diablement hardi ; car enfin, s'il résiste, c'est un enlèvement... et je ne sais pas si je dois me permettre... sans l'ordre de ma maîtresse...

ELISE.

Quand je vous dis qu'il le faut.

SCÈNE III.

Les Mêmes, Mme DE VERMONT.

Mme DE VERMONT.

Eh bien ! ma chère Elise, la voiture est prête... le cocher est sur son siége...

ÉLISE.

Tout de suite, on va partir... (A Étienne, qui fait des signes à madame de Vermont.) Eh ! vite, dépêchez-vous.

Mme DE VERMONT.

Ah! Étienne en est aussi!

ÉTIENNE.

Oui; c'est moi que madame charge de l'enlèvement de ce jeune homme.

Mme DE VERMONT.

Comment, un enlèvement!

ÉTIENNE, vivement.

Eh! oui, c'est...

ÉLISE.

Silence... partez; et quinze louis à gagner... je les paye d'avance... les voilà ; les voulez-vous?

ÉTIENNE, prenant la bourse.

Je ne demande pas mieux, et je pars... (A part.) Ah! puisque madame sait tout. (Haut.) Je pars, madame.

(Il sort par la gauche. — Élise va à la croisée au fond.)

SCÈNE IV.

Mme DE VERMONT, ÉLISE.

Mme DE VERMONT.

Ah! çà, ma chère Élise, je vous laisse faire ce que vous voulez... Je vous abandonne mes gens, ma maison, mon nom même, à ce qu'il parait.

ÉLISE, très-agitée, toujours à la croisée.

Enfin, ils sont partis... Je respire.

Mme DE VERMONT.

Ah! mon Dieu! quel trouble! qu'est-ce donc? Expliquez-vous... Je commence à craindre.

ELISE.

Quoi donc?

IV.

Mme DE VERMONT.

Oh! rien... Cependant je vous ai vue quelquefois un peu vive, un peu folle.

ÉLISE.

Aujourd'hui, je suis très-raisonnable.

Mme DE VERMONT.

Je vous crois; mais vous conviendrez que tout ce qui se passe est assez singulier... D'abord, je vous croyais à Beauvais, chez votre oncle... vous m'aviez annoncé votre départ.

ÉLISE.

Oui; il s'était mis dans la tête de me marier à un jeune homme charmant, du moins on le disait... Mais il parait que c'est une affaire manquée, et j'en suis presque fâchée; car, sur l'éloge séduisant qu'on m'en faisait...

AIR : *Vaudeville du Baiser au Porteur.*

Pour lui de loin, sans le connaître,
Mon cœur, je crois, parlait déjà.

Mme DE VERMONT.

Fort bien... C'est un amour peut-être
Dont un autre profitera...
Vous aimerez; l'amant seul changera.
C'est d'autant mieux pour une belle,
Que son cœur ainsi transporté
Se donne, sans être infidele,
Tout le plaisir d'une infidélité.

Est-ce donc pour cela que ce matin, à mon réveil, je vous vois arriver ici, pâle, défaite, hors de vous... la tête exaltée, les yeux en feu... Vous m'adressez quelques paroles entrecoupées, auxquelles je ne comprends qu'une chose... c'est que je puis vous rendre un service... Il est vrai que je n'en demandais pas davantage... Que pouvais-je vous refuser, à vous, veuve de ce bon monsieur Milbert, dont l'éloquence sauva à ma famille l'honneur et la fortune ?

ÉLISE.

Il était avocat : il fit son devoir, comme je fais le mien en ce moment.

Mme DE VERMONT, riant.

Comment ! Est-ce que vous allez plaider pour quelqu'un ?

ÉLISE.

Je vais sauver la vie peut-être à ce que j'ai de plus cher au monde.

Mme DE VERMONT.

A un amant?...

ELISE.

A mon frère.

Mme DE VERMONT.

A votre frère!... C'est juste, vous avez un frère... Je ne le connais pas ; mais vous m'en avez parlé si souvent... et je commence à comprendre... cet enlèvement... ce jeune homme...

ÉLISE.

Quelques mots, et vous saurez tout... Mon frère est un étourdi, un fou, que rien n'effraye, que rien n'arrête, entreprenant comme un officier ; il déchire à coups d'éperons sa robe d'avocat... Mais si vous saviez combien nous nous aimons... combien il mérite d'être aimé... Je ne vous parlerai pas de sa grâce, de son esprit... il est charmant... car s'il a des travers, il a des qualités aussi, et beaucoup... Bon, sensible, plein de franchise et d'obligeance, il se ferait tuer pour sa sœur, pour ses amis, et c'est justement ce qui lui arrive.

Mme DE VERMONT.

Il se fait tuer.

ÉLISE.

Il n'y réussira pas, je l'espère... Ce matin, je monte chez lui, il était sorti... Je trouve son domestique tout pâle, tout effrayé, préparant des pistolets qui tremblaient dans sa main... En me voyant, il veut les cacher... Je l'interroge... il balbutie... j'insiste ; et il m'avoue, tout en larmes, que son maitre doit se battre aujourd'hui, ce matin, au bois, avec un fou comme lui.

Mme DE VERMONT.

Ah ! grand Dieu !

ÉLISE.

Jugez de mon trouble, de mon effroi !... Il paraît que, dans un bal, dans un concert, cet inconnu a parlé très-légèrement d'une jeune dame... d'une veuve, dont Jules a pris la défense... Jules, c'est mon frère... lui d'abord, il défendrait toutes les veuves.

Mme DE VERMONT.

Ah! c'est le devoir d'un avocat.

ÉLISE.

Oui : quand elles sont jolies... Ces messieurs ont échangé des propos un peu vifs... quelques mots piquants... mon frère, surtout, qui paraissait prendre à l'honneur de cette dame un intérêt tout particulier... Enfin, que vous dirai-je? on s'est fâché... un rendez-vous a été pris... et ce matin, à neuf heures, ces deux messieurs doivent se brûler la cervelle.

Mme DE VERMONT.

Ou déjeuner ensemble.

ELISE.

Malheureusement tous les duels ne finissent pas par là... Empêcher le combat, impossible... le retarder, gagner du temps, c'était le meilleur moyen ; c'est à celui-là que je me suis arrêtée... Le domestique m'est dévoué... il est convenu qu'il conduira son maître à la porte d'Auteuil... C'est là qu'Étienne va le rencontrer, et il l'amènera, je l'espère... C'est au nom d'une jeune et jolie dame... je connais mon frère .. par précaution, j'ai fait remettre à Paris, chez son concierge, un billet qui l'invite au même rendez-vous... il ne peut manquer de venir.

Mme DE VERMONT.

Et cette jolie dame?

ELISE.

C'est vous.

Mme DE VERMONT.

Pauvre jeune homme !

Air du *Petit Courrier*.

Lorsqu'il brûlera d'arriver
Ici, plein d'espoir et d'ivresse,
Au lieu de cette enchanteresse,
Eh quoi! c'est moi qu'il va trouver?
Lui votre ami, lui votre frère,
Puisque vous le traitez ainsi,
Dites-moi donc comment, ma chère,
Vous traiteriez un ennemi.

Mais enfin, ma chère Élise, une fois votre frère ici, que ferez-vous?

ÉLISE.

Ce que je ferai?... je n'en sais rien... mais que le duel n'ait pas lieu aujourd'hui, et nous sommes sauvés... Mon frère quitte Paris cette nuit, par ordre du ministre... il rejoint notre ambassadeur à Berlin.

Mme DE VERMONT.

Et pourquoi faire?... un avocat...

ÉLISE.

Justement... tous les avocats demandent des places... ils se jettent sur tous les emplois avec une avidité... et bientôt on en trouvera partout, excepté au Palais... Mon frère a fait comme les autres... le voilà attaché à une ambassade... Il part... et vous concevez qu'un délai de vingt-quatre heures...

Mme DE VERMONT.

Oui, c'est fort bien calculé... mais avez-vous pensé au danger d'une pareille conduite?... Votre frère est jeune, Elise... le voilà homme public... et vous savez qu'on ne les ménage pas aujourd'hui... Que dirait-on d'un coureur de places qui reculerait devant un duel convenu, et finirait le débat par une fugue?... Prenez garde, il y va de son honneur peut-être.

ÉLISE.

Ah! mon Dieu! vous croyez que l'honneur y est pour quelque chose?

Mᵐᵉ DE VERMONT.

Dame !... puisque ces messieurs le mettent là.

ÉLISE.

Mais c'est affreux ! c'est indigne !

Aɪʀ de *l'Écu de six francs.*

Quelles mœurs ! quelle barbarie !
Contre ces duels détestés
Pas une loi que l'on publie !
Mais qu'ont donc fait nos députés ?

Mᵐᵉ DE VERMONT.

Je n'en sais rien : mais écoutez :
Quand de la tribune ils descendent,
Ces messieurs, c'est officiel,
Vont souvent se battre en duel,
En attendant qu'ils le défendent.

ELISE.

Mais que faire ?... quel parti prendre ?... Jules ne se battra
pas... Des pistolets, lui, il n'y entend rien, j'en suis sûre ; au
lieu que son adversaire...

Mᵐᵉ DE VERMONT.

Vous ne le connaissez pas ?

ELISE.

Non ; mais un homme qui dit du mal d'une femme et qui
provoque mon frère, ce ne peut être qu'un mauvais sujet...
Ainsi ne me tourmentez pas... Laissons venir mon frère, c'est
l'essentiel... nous lui parlerons... vous m'aiderez.

Mᵐᵉ DE VERMONT.

Mais vous allez me compromettre... Écoutez donc, je ne suis
pas sa sœur, moi.

ELISE.

Vous êtes notre amie... mais je suis maîtresse chez vous...
vous me l'avez permis, et je vais donner le mot d'ordre à tout
le monde... Adieu, nous arrangerons cela, je l'espère, sans

compromettre son honneur... ni le vôtre. (Elle entre dans l'appartement a droite.)

SCÈNE V.

Mme DE VERMONT, ÉTIENNE.

Mme DE VERMONT.

Pauvre Élise! elle espère réussir; mais je crains bien....

ETIENNE, accourant.

Nous voici... La voiture entre dans la cour.

Mme DE VERMONT.

Tu as réussi?

ETIENNE.

Complétement... Au nom de madame, au portrait qu'il a fallu lui faire, le jeune homme s'est laissé enlever de la meilleure grâce du monde, comme une jeune fille qui vient prendre son mari, ou comme une jeune femme qui laissé là le sien.

Mme DE VERMONT.

C'est bien... tu vas le retenir ici... Je cours dire à Élise... Obéis à ses ordres... préviens ses désirs...

ÉDOUARD, en dehors.

Eh! oui... conduisez-moi donc.

ÉTIENNE.

Tenez, l'entendez-vous?

Mme DE VERMONT, regardant.

Ah! c'est lui!... Il est fort bien.

ÉTIENNE.

Pas mal du tout... seulement c'est un blond un peu foncé.
(Madame de Vermont sort au moment où Edouard paraît)

SCÈNE VI.

ETIENNE, EDOUARD.

EDOUARD, entrant.

Ah ! c'est trop fort... ça m'a l'air d'une mauvaise plaisanterie...

ÉTIENNE.

Qu'est-ce donc, monsieur?... vous qui preniez si bien déjà la
chose.

ÉDOUARD.

Trop bien peut-être... Que diable ! je me fâcherai... On veut
m'enlever, c'est très-bien... je me laisse faire... ça me paraît
original... de la part d'une jeune femme, c'est encore mieux...
On m'amène ici ventre à terre... j'en ai perdu la respiration!...
C'est égal, j'étais impatient d'arriver... et voici qu'en me voyant,
tout ce monde a l'air de me rire au nez.

ÉTIENNE.

Bah! vous trouvez?... c'est une idée...

EDOUARD.

Drôle!... Toi, tout le premier... Mais d'abord, où suis-je?...
Me répondras-tu?...

ÉTIENNE.

Dame! monsieur, vous êtes à Billancourt, commune d'Auteuil... pays charmant... (Il va à la croisée.) Une vue superbe...
voyez... Saint-Cloud, Bellevue, Montalais; plus près, la rivière.

ÉDOUARD.

Ah! çà, te moques-tu de moi?... Est-ce pour que je voie cou-
ler la rivière que tu m'as enlevé?... Et cette femme de chambre
à qui je demande l'âge de sa maîtresse, et qui me répond :
Cinquante ans.

ETIENNE.

Pas possible...

EDOUARD.

Elle a dit : Cinquante ans... J'en ai encore le frisson... Ah! pour le coup, tu ne l'échapperas pas ... tu m'as dit qu'elle était jeune et jolie.... prends garde ; si elle est laide, tu ne mourras que de ma main.

ETIENNE, à part.

Je suis mort.

ÉDOUARD, tirant sa montre.

J'ai encore un quart d'heure à te donner... et moi qui voulais déjeuner avant de me battre...

ETIENNE.

Vous battre !... c'est un plaisir que je ne peux pas vous procurer.... mais pour ce qui est du déjeuner... (Il sonne.)

ÉDOUARD.

Hein !

ETIENNE.

Vous n'aviez qu'à parler. (Un domestique paraît.) Le déjeuner de monsieur... (Le domestique sort.)

ÉDOUARD.

Il paraît que la plaisanterie continue... sur ce ton-là, il n'y a pas de mal... Allons, je le vois, je suis chez quelque belle en cheveux blancs... bien ridée, bien fardée... dont l'amour gothique...

ETIENNE.

La voilà !

ÉDOUARD.

Grand Dieu !   (Il remonte la scène.)

SCÈNE VII.

ÉLISE, ÉTIENNE, EDOUARD.

ÉTIENNE, allant à Élise, qui entre.

Madame... c'est le jeune homme !

ÉLISE, à Étienne, sans voir Édouard.

, C'est bien... laisse-nous. (Étienne sort.) (A part) Ce pauvre Jules !
quel désappointement !

ÉDOUARD, qui s'est rapproché.

Qu'elle est jolie !

ÉLISE, se retournant, à part.

Ce n'est pas lui !...

EDOUARD.

Madame... comment expliquer le trouble que ma vue semble
vous causer?... De grâce, tournez vers moi ces yeux si doux,
cette figure charmante.

ELISE, à part.

Ah! quelle faute ! (Haut.) Pardon, monsieur... Mais je ne sais
comment vous exprimer la confusion... Tout cela doit vous
paraitre si singulier...

EDOUARD.

Je ne m'en plains pas..: Ah! je serais bien ingrat...

ÉLISE.

En vérité, monsieur, je dois vous dire... vous apprendre...
par quel hasard... quelle méprise...

ÉDOUARD.

Une méprise !... oh! non, ce n'en est pas une.

ELISE.

Si fait.

ÉDOUARD.

Non, madame, non... Laissez-moi croire à mon bonheur...
Oh! ne me réveillez pas... car c'est un rêve, un conte des Mille
et une Nuits.... J'arrive au bois de Boulogne pour un duel...

ELISE, à part.

Pour un duel !

EDOUARD.

Au lieu de mon adversaire, je trouve un envoyé mystérieux
qui vient de la part de sa maitresse m'inviter à un rendez-vous...

où je ne me suis pas fait attendre.... A la joie qui faisait battre mon cœur.... qui brillait dans mes yeux.... il a pu juger de mon impatience.... Aussitôt une voiture s'est avancée ; deux chevaux magnifiques m'emportent rapidement vers une fée bienfaisante, que mon imagination parait de mille charmes... Et, ce qui n'est pas le moins extraordinaire de mon aventure, j'étais loin encore de la réalité.

ÉLISE.

Vous alliez vous battre, monsieur ?

ÉDOUARD.

Oh ! rien.... une leçon que je veux donner à un étourdi, à un petit avocat.

ÉLISE, à part.

L'adversaire de Jules !

EDOUARD , se rapprochant avec tendresse.

Permettez, madame, avant que j'aille le rejoindre...

ÉLISE , avec effroi.

Vous !

EDOUARD.

Qu'avez-vous donc ? Cette émotion... vous tremblez... et pour moi !... Oh ! que vous êtes bonne !... Rassurez-vous, je ne crains rien... je vous réponds de mes jours, puisqu'ils vous appartiennent.

ELISE.

Et pourtant vous alliez les risquer dans un duel qui pouvait vous être fatal.

ÉDOUARD.

Je n'y pensais pas... moi qui n'ai plus de famille... que rien n'attachait à la vie.

ELISE, avec bonté.

Ah ! monsieur... mais la mort... vous ne la craignez donc pas ?

ÉDOUARD.

Je commence à la craindre, madame... et au moment de m'éloigner de vous...

ELISE.

Partir ?... déjà !...

ÉDOUARD.

Déjà !... quel mot vient de vous échapper !... Vous me ver-
riez donc partir avec peine?

ÉLISE.

Oh ! plus que vous ne pensez.

ÉDOUARD.

Mais que parliez-vous de hasard, de méprise?... Convenez-
en, vous m'attendiez.

ÉLISE.

Moi !... sans doute.

ÉDOUARD, lui prenant la main.

Et quel intérêt si tendre a pu vous faire suivre mes traces ?...
Où ai-je donc été assez heureux pour vous l'inspirer ?

ÉLISE, retirant sa main.

Monsieur...

EDOUARD.

Ah ! ne me le direz-vous pas?... ou plutôt ne me laisserez-
vous pas deviner?

ÉLISE.

A quoi bon ?... si vous me quittez... si tôt.

ÉDOUARD.

Ah ! ne tremblez donc pas ainsi ; je réponds de moi... Mais
voilà l'instant du rendez-vous... j'y cours, pour revenir plus
vite auprès de vous... Adieu... il y va de mon honneur, et mon
honneur à présent doit être le vôtre.

ÉLISE.

C'est égal, j'aime mieux que vous restiez... Ne sortez pas...
n'allez pas exposer ce que j'ai de plus cher au monde.

ÉDOUARD.

Madame... en vérité... j'ai peine à croire... (A part.) Un amour
si passionné... et cet air de candeur qui impose... je m'y perds.

ÉLISE.

Vous restez... n'est-ce pas?... Vous me promettez de ne pas vous battre ?

EDOUARD.

Tout... excepté cela.

ÉLISE.

Ah ! c'est mal... c'est bien mal.

EDOUARD.

Manquer à un rendez-vous d'honneur !... je ne le puis... A mon retour, vous me pardonnerez.

ELISE.

Jamais... Songez-y... si vous sortez de ces lieux pour un duel... aujourd'hui, ce matin... vous n'y rentrerez pas... vous m'aurez vue pour la dernière fois.

ÉDOUARD.

Madame, il le faut... (A part, remontant la scène) Elle est charmante, et partir ainsi !

ÉLISE, le rappelant d'une voix tremblante.

Monsieur... (Il revient.) ne pouvez-vous le retarder cet affreux combat?

ÉDOUARD.

Retarder !

ÉLISE.

L'instant qui doit vous séparer de moi !... Il me semble que c'est facile... On est malade, souffrant !... on a une affaire pressée... on remet au lendemain... on ne s'en bat pas moins, et l'honneur n'a rien à dire. Retarder ce n'est pas reculer.

ÉDOUARD, la regardant.

Au fait... il est des circonstances...

ÉLISE.

Vous consentez ?

EDOUARD.

Puisque vous le voulez... Je crois que mon petit avoca ne

IV. 8

sera pas fâché de ce délai... je tremble qu'il ne soit au rendez-vous.

ELISE.

Il faut lui écrire. (Montrant le cabinet à gauche.) Là, là, monsieur.

ÉDOUARD, hésitant.

C'est la première fois que je me fais attendre.

AIR de *la Sentinelle*.

Songez-y donc, loin d'enchaîner leurs pas,
Les chevaliers, par la main de leurs belles,
　Armés jadis pour les combats,
Se disputaient un prix donné par elles.
Ah! laissez-moi le gagner.

ÉLISE.

　　　　Oui, vraiment,
L'usage est bon, nous y tenons en France,
　A nos chevaliers seulement,
　Nous ne réservons maintenant
　De prix que pour l'obéissance.

EDOUARD.

C'est juste, j'obéis... Convenez, madame, qu'il était impossible d'exiger rien de plus... c'est le plus grand sacrifice que puisse vous faire un officier.

ÉLISE.

Monsieur est militaire?

ÉDOUARD, lui baisant la main.

Capitaine de dragons. (Il entre dans le cabinet.)

SCÈNE VIII.

ELISE, seule.

Capitaine de dragons!... Ah! je n'ai pas une goutte de sang dans les veines! et comme il est rassurant : « Je suis sûr de moi... » S'il croit que j'y tiens, par exemple...

SCÈNE IX.

Mme DE VERMONT, ÉLISE.

Mme DE VERMONT.

Eh bien?... Ah! vous êtes seule!

ÉLISE.

Chut!... (Montrant le cabinet à gauche.) Il est là.

Mme DE VERMONT.

Ah! et moi qui viens de recevoir une lettre par son domestique.

ELISE.

De qui?

Mme DE VERMONT.

De votre frère.

ÉLISE.

Grand Dieu!... Oh! parlez plus bas... plus bas... (Mouvement d'Élise, qui va regarder du côté du cabinet, revenant.) Et il vous dit?

Mme DE VERMONT.

Qu'il court au bois de Boulogne, et que de là, il vole à mes pieds... Du reste, un billet charmant, qui m'en a rappelé bien d'autres.

ÉLISE.

Je comprends... la lettre remise hier chez son concierge.

Mme DE VERMONT.

Ce qui m'étonne, c'est qu'il soit arrivé avant son billet.

ÉLISE.

Mon frère!... non, non, ce n'est pas lui.

Mme DE VERMONT.

Que dites-vous? ce jeune homme...

ÉLISE.

C'est son adversaire...

Mme DE VERMONT.

O ciel !

ELISE.

Jugez de mon embarras... Grâce à la gaucherie de votre domestique, me voilà avec un capitaine de dragons sur les bras.

Mme DE VERMONT.

Un capitaine de dragons !

ELISE.

Du reste, fort poli, fort aimable... Je suis sûre que mon frère
a tous les torts...

Mme DE VERMONT.

Mais il sait qu'une méprise...

ELISE.

Il ne sait rien... J'allais tout lui dire, quand j'ai découvert
qu'il devait se battre avec mon pauvre Jules !... Et alors le
moyen de le tirer d'erreur... Au contraire, j'en ai profité pour
l'amener à une transaction... et ça n'a pas été sans peine...
L'essentiel était de le retenir, de faire manquer ce duel. Il est
remis... à demain... mais par lui, par lui-même... Ce n'est pas
nous qui le demandons... au contraire, nous nous serions battus, nous ne demandions pas mieux... mais demain, il sera
parti pour Berlin... Ce n'est pas sa faute... et son honneur est
sauvé.

Mme DE VERMONT.

Mais savez-vous, ma chère amie, que vous êtes très-forte en
politique... Et dites-moi, lorsque le capitaine verra qu'il est
mystifié, voilà votre frère et lui ennemis irréconciliables... Et
s'ils allaient se rencontrer ?...

ÉLISE, regardant la pendule qui est sur la cheminée.

C'est ce qu'il faut empêcher... Je retiendrai le capitaine, il le
faut bien... le temps que mon frère ait reçu la lettre, et soit
venu par ici.

Mme DE VERMONT.

Vingt minutes.

ÉLISE.

Vingt minutes!... Son domestique le guettera, vous me préviendrez... et quand il arrivera par cette porte, nous congédierons l'autre par celle-ci... Silence!... c'est lui... le capitaine de dragons.

SCÈNE X.

LES MÊMES, EDOUARD, sortant du cabinet.

EDOUARD, très-vivement.

Madame, je reviens à vous... (Apercevant madame de Vermont.) Ah! pardon...

ÉLISE.

C'est... c'est ma tante.

ÉDOUARD.

Madame, j'ai bien l'honneur... (A part.) Sa tante!... je n'y suis plus du tout.

ELISE.

Maintenant cette lettre, monsieur, il faut l'envoyer.

ÉDOUARD.

Cette lettre... C'est qu'en y réfléchissant, il me semble que je ne puis guère...

ELISE.

Ah! vous me l'avez promis... un militaire n'a que sa parole

ÉDOUARD.

C'est juste, puisque vous l'exigez... Mon domestique m'attend là, avec ma boîte de pistolets... je vais l'envoyer.

ÉLISE, le retenant.

Non, permettez... (A part.) Je tremble qu'il ne m'échappe.

ÉDOUARD.

Madame...

ÉLISE.

Pourquoi si tôt?... pourquoi vous éloigner?... On peut se charger...

Mme DE VERMONT.

Sans doute ; si monsieur veut me confier cette lettre... son domestique va partir à l'instant.

EDOUARD, remettant la lettre.

Volontiers, madame... (A part.) Il paraît que nous voilà inséparables.

Mme DE VERMONT, bas à Élise.

Il a des moustaches qui me font peur.

ÉLISE, bas à madame de Vermont.

Et à moi donc. (Madame de Vermont sort, Édouard la salue.)

SCÈNE XI.

ÉLISE, ÉDOUARD.

ÉDOUARD.

Vous le voyez, madame, vos ordres sont exécutés.... Obéissance passive, c'est notre devise. (Se rapprochant et tres-tendrement.) Mais aujourd'hui le prix que j'en attends...

ÉLISE, reculant.

Donnez-vous la peine de vous asseoir... (Elle va s'asseoir sur le canapé à droite. — Édouard reste debout, près d'un fauteuil à gauche.)

ÉDOUARD.

Madame, vous êtes trop bonne.

ELISE.

Vous me permettrez de prendre mon ouvrage... (Montrant la table à gauche.) Voilà des livres.

EDOUARD.

Des livres !... (A part.) Ah ! çà, est-ce que nous allons faire la lecture ?

ELISE.

Je craindrais que votre complaisance ne fût payée par de l'ennui.

ÉDOUARD, toujours debout.

Oh ! moi, madame, je ne le crains pas près de vous.

ÉLISE, saluant.

Ah !... (Édouard salue. — Un moment de silence.)

ÉLISE, à part.

C'est qu'il est très-difficile de soutenir la conversation.

EDOUARD, a part.

Ma foi... (Vivement, et laissant tomber le fauteuil qu'il tient au milieu du théâtre.) Madame...

ÉLISE, effrayee.

Monsieur.... (Lui montrant le fauteuil.) De grâce...

ÉDOUARD, s'asseyant.

Madame, après la bonté que vous avez eue de me faire enlever, vous allez trouver bien singulier peut-être que je cherche à en savoir la cause... Vous y avez mis une condition... je l'ai remplie... (Après un moment de silence, pendant lequel Élise regarde la pendule.) Il paraît, madame, que j'avais l'honneur d'être connu de vous ?

ELISE, vivement.

Du tout, monsieur.

ÉDOUARD, se levant.

Comment, madame !...

ÉLISE, embarrassée.

C'est-à-dire, avant ce bal, où je vous ai vu... (A part.) Comme l'aiguille est lente !

EDOUARD, a part.

Maladroit que je suis !... Ah ! c'est dans un bal... (Jouant la surprise.) En effet, oui, je me rappelle à présent... La toilette, les fleurs, les diamants... tout cela change un peu... mais je me disais bien : Voilà des yeux, des traits... une taille charmante que j'ai remarqués quelque part... C'était... chez le ministre... (A part.) Au fait, tout Paris y était.

ÉLISE.

Oui, c'est cela, je crois.

EDOUARD.

Peut-ou vous avoir vue, et ne pas en garder un long souvenir ?

ÉLISE, à part.

Oh ! qu'il est menteur !

EDOUARD, s'asseyant sur la chaise qui est auprès du canapé.

Eh ! quoi, madame, j'ai été assez heureux pour attirer votre attention... Et mon aventure de ce matin...

ELISE.

Elle a dû vous surprendre, j'en conviens... Et voyons, monsieur, soyez franc... qu'en avez-vous pensé ?

EDOUARD.

Moi !... c'est délicat ce que vous me demandez, madame... mais ce qu'on doit penser en pareil cas... Il m'a semblé qu'un officier enlevé par vos ordres, ne pouvait pas tomber en des mains ennemies.

ELISE.

Prenez garde... c'est assez présomptueux ce que vous me dites là.

EDOUARD.

Mais pas trop ; car enfin...

AIR de *Céline.*

> Si par un trait, dont je suis incapable,
>   D'une femme épiant les pas,
>   D'un rapt je me rendais coupable,
> C'est que mon cœur ne la haïrait pas,
> Bien loin de la. Vous me croirez sans peine.
> Je ne crois pas, mesdames, à mon tour,
>   Que chez vous on fasse par haine
>   Ce que nous faisons par amour.

ÉLISE.

Ainsi, monsieur, à ce compte, je vous aime.

EDOUARD.

Je le voudrais bien.

ELISE.

Vous le croyez?

EDOUARD.

Un peu.

ÉLISE, se reculant à l'autre bout du canapé.

Ah! monsieur...

EDOUARD.

Vous m'avez dit d'être franc.

ÉLISE.

Au fait, je n'ai pas le droit de me fâcher... Et ma conduite, lorsque vous m'accusez...

EDOUARD.

Vous accuser, moi!... non, madame, non... au contraire. Il faut que je l'avoue... En arrivant en ces lieux, je me laissais aller à des idées, à des projets bizarres, que la singularité de nos relations justifiait peut-être... il me semblait que j'étais attendu avec impatience... qu'on allait se précipiter à ma rencontre, au bruit de la voiture qui me ramenait triomphant; et jugez de ma surprise, lorsqu'au lieu de cette légèreté, de cette étourderie que j'espérais, j'ai trouvé en vous une grâce, une retenue qui impose... une dignité qui me plaît dans la femme que j'aime, et qui l'embellit encore à mes yeux.

ELISE.

Monsieur...

EDOUARD.

Et si vous saviez quel charme ce premier entretien... ce premier rendez-vous a pour moi, qui me croyais seul au monde!

ÉLISE.

En effet, oui, vous m'avez dit que seul, sans famille...

ÉDOUARD.

Une sœur me restait... une sœur adorée...' amie toujours tendre, toujours fidèle... compagne de tous mes instants... Je lui avais tout sacrifié... tout!... Vous souriez... vous ne me comprenez pas, madame.

ÉLISE.

Oh ! si fait... j'ai un frère aussi.

ÉDOUARD, se rapprochant.

Ah ! cela nous rapproche... Pour assurer son bonheur, je l'avais dotée de ma fortune... et pourtant elle ne fut pas heureuse... Echappée aux caprices d'un tyran, revenue près de moi, je jurai de ne jamais la quitter... je l'entourai de mes soins, de mon amitié... Pour elle je repoussai des projets d'alliance qui devaient flatter mon orgueil... que mon cœur regrettait peut-être.

ÉLISE.

Ah ! c'est bien... Qu'elle doit vous aimer !

ÉDOUARD.

Elle n'est plus !... Avec elle j'ai tout perdu.

ELISE.

Ah !...

EDOUARD.

Resté seul, je cherchais autour de moi...

AIR *de Téniers.*

Pour me rattacher à la vie,
Pour me faire croire au bonheur,
Oui, je demandais une amie,
Bonne, et tendre comme ma sœur ;
Un ange, qui comprît mon âme,
Et dont l'amour fit des jaloux !
Je la cherchais ; et dans ces lieux, madame,
Il m'a semblé que c'était vous.

ÉLISE.

Monsieur...

ÉDOUARD.

Vous êtes émue... Laissez donc tomber sur moi un regard plus doux qui me rassure un peu... moi, si tendre, si timide... (Ils se levent.) Mais ne préveniez-vous pas mes vœux en m'attirant près de vous ?

ELISE.

Eh quoi !... c'est ainsi que vous expliquez une démarche dont je me repens peut-être... Et si je ne l'avais faite que par pitié...

ÉDOUARD.

Que dites-vous ?

ELISE.

Oui, monsieur, pour empêcher un combat affreux... qui pouvait vous être fatal.

ÉDOUARD.

Eh quoi ! madame, tant de bonté...

ÉLISE.

J'ai réussi... j'ai empêché ce duel dont la cause était si futile.

ÉDOUARD.

Une querelle...

ÉLISE.

Oui... une jeune veuve...

ÉDOUARD.

On vous a dit...

ÉLISE.

AIR : *J'en guette un petit de mon âge.*

Oui, des propos tenus sur une femme !

ÉDOUARD.

Quoi ! vous savez ?

ÉLISE.

Sans doute, ses attraits
Vous ont séduit...

EDOUARD.

Que dites-vous, madame ?
Sur mon honneur, je ne la vis jamais.

ÉLISE.

Quoi ! votre cœur ne brûle pas pour elle ?

ÉDOUARD.

Qui !... moi l'aimer !... non, fort heureusement,
Car je crois bien en ce moment
Que je lui serais infidèle.

ELISE.

Mais alors, c'est bien généreux à vous de vous être fait le défenseur d'une femme que vous n'aimez pas.

EDOUARD.

Son défenseur !..... Mais, au contraire, c'est moi qui atta-
quais... Oui, j'ai refusé sa main, sur quelques renseignements
que j'avais reçus de Paris... Et dernièrement, dans un bal où
l'on faisait son éloge, j'ai laissé échapper en souriant quelques
plaisanteries dont un petit monsieur s'est fâché... le frère de la
dame...

ÉLISE.

Son frère !... Vous la nommez...

ÉDOUARD.

Madame Milbert... Élise Milbert... une veuve bien coquette,
bien légère... Une de mes cousines qui la connaît me l'a dit...
je l'ai répété, parce que je dis tout ce que je pense.

ÉLISE, à part.

C'était pour moi... pauvre frère !

ÉDOUARD.

Qu'avez-vous, madame?... Vous la connaissez?

ELISE.

Je ne la connais pas.

ÉDOUARD.

Oh ! non... Une dame de province... sans esprit... beauté
très-commune.

ELISE, à part.

Ah ! c'est indigne !

SCÈNE XII.

Les Mêmes, ETIENNE, Mme DE VERMONT.

ETIENNE, entrant par la droite.

Monsieur est servi.

ÉDOUARD.

Hein ?

ÉTIENNE.

Le déjeuner que monsieur le capitaine a demandé en arrivant.

EDOUARD.

Moi !... Je n'ai rien demandé, rien du tout... (A par.t) Imbécile... je suis trop bien... (Apercevant madame de Vermont, qui est entrée
en même temps qu'Étienne et qui fait des signes à Elise) Ah ! madame.....

Mme DE VERMONT.

Si monsieur veut passer...

ÉDOUARD.

Mais à moins que madame de Vermont...

Mme DE VERMONT.

Plaît-il ?

EDOUARD, montrant Élise.

A moins que madame de Vermont n'accepte ma main.

Mme DE VERMONT, à part.

Ah ! c'est juste. (Elle fait signe à Élise de le renvoyer.)

ELISE, toujours occupée des signes que lui fait madame de Vermont.

Pardon... j'ai quelques ordres à donner... J'allais vous
quitter... et vous m'obligeriez...

ÉDOUARD.

Madame... toujours pour vous obéir.

Mme DE VERMONT.

Conduisez monsieur dans la salle à manger.

ÉDOUARD.

Dans la salle à manger ! Ah ! voilà qui n'est plus merveilleux
du tout.

AIR : *Petit blanc.*

D'après mon aventure,
J'avais un autre espoir :

IV.

Ici, je vous assure,
J'ai cru que j'allais voir,
Oui, d'honneur, j'ai cru voir,
Par quelque trappe ouverte,
Se dresser devant moi,
Une table couverte
D'un déjeuner de roi.

(Il va pour baiser la main d'Élise, qui la retire. — Madame de Vermont fait signe
  à Étienne de le renfermer. Edouard se retourne ; elle reprend un air composé, et
  le salue.)

ENSEMBLE.

ÉDOUARD.

J'obéis, je vous quitte,
Sans vous importuner ;
Mais je reviens bien vite,
Pour ne plus m'éloigner.

ÉLISE.

Sa présence m'irrite.
Ne peut-il deviner
Que de ces lieux plus vite
Il devrait s'éloigner ?

Mme DE VERMONT, à part.

Au trouble qui l'agite,
Je crois bien deviner
Qu'il revienne bien vite
Pour ne plus s'éloigner.

(Édouard sort avec Étienne.)

SCÈNE XIII.

ÉLISE, Mme DE VERMONT.

Mme DE VERMONT.

Enfin... il est parti.

ELISE, émue.

Heureusement... Mais pourquoi ces signes... cet air effrayé ?...
Qu'avez-vous à m'apprendre ?...

Mme DE VERMONT.

L'arrivée de votre fière.

ELISE.

O ciel ! il est ici ?

Mme DE VERMONT.

Au bout de l'avenue... Étienne vient de me l'annoncer...
(Souriant.) Mais maintenant...

ELISE.

Ce bon frère !... J'étais bien sûre que les torts n'étaient pas
de son côté... C'est cet officier qui est un fat, un méchant... un
homme sans goût, sans usage.

Mme DE VERMONT.

Ah ! mon Dieu ! quand je croyais qu'il allait hériter de cet
amour dont vous me parliez ce matin.

ELISE.

Mon frère et lui ne se verront pas... S'ils se rencontraient,
tout serait perdu ; car l'affaire ne s'arrangerait pas... Elle ne
peut pas s'arranger, c'est impossible... Vous recevrez Jules...
vous le retiendrez...

Mme DE VERMONT.

Moi... Vous voulez...

ELISE.

Je vous en prie... Pendant ce temps-là, le capitaine sortira
d'ici, pour n'y plus rentrer... Je ne le verrai pas, oh ! non...
car j'éprouve un trouble bien involontaire... Ce qu'il m'a dit là,
tout à l'heure, de moi... sans me connaître... Oh ! cela m'est
bien égal assurément... Au contraire, je suis contente que sa
franchise m'ait ouvert les yeux... Car je l'écoutais avec complaisance... trop de complaisance, peut-être... Enfin, ma bonne
amie, c'est un homme que je déteste... que je ne puis revoir...
Mais je vais lui écrire, le congédier... Et du moms, à ma lettre,
il ne doutera plus du mépris et de la haine que j'ai pour lui.

(Elle sort par la gauche.)

Mme DE VERMONT, seule.

Qu'est-ce donc? Elle est bien émue... De la haine, du mépris!...

AIR : *Traitant l'amour sans pitié.*

C'est bien comme de mon temps,
Je reconnais ce langage ;
C'est ainsi que, d'âge en âge,
Nous traitons tous les amants.
Feindre de l'indifférence,
Signe que l'amour commence,
Jurer de fuir leur présence,
De céder on est bien pres...
Et quand, plus farouche encore,
Je disais : Je vous abhorre,
Je n'en relevais jamais.

SCÈNE XIV.

Mme DE VERMONT, JULES.

JULES, tenant une boîte de pistolets.

Eh ! oui, que diable!... c'est moi.

Mme DE VERMONT.

C'est notre étourdi.

JULES.

Quand je vous dis que j'ai ma lettre d'audience. Madame de
Vermont.

Mme DE VERMONT.

Monsieur...

JULES.

Madame... (A part.) Cinquante ans... respectable. (Il pose sa boîte
sur la table.)

Mme DE VERMONT, à part.

Ah ! j'oubliais... ce n'est pas moi.

JULES.

Vous êtes de la maison... chez madame de Vermont... dame
de confiance... de compagnie?

Mme DE VERMONT.

Ah ! vous êtes trop honnête.

JULES.

Gouvernante ?

Mme DE VERMONT.

Femme de chambre.

JULES.

En ce cas, voulez-vous m'annoncer... Jules Daverny.

Mme DE VERMONT.

C'est que madame en ce moment n'est pas visible.

JULES.

Si fait... elle l'est pour moi... Allez donc... ou plutôt j'entre.

AIR de *Turenne*.

A la porte d'une Excellence,
Pour me glisser dans un emploi,
J'attendais avec patience.
La foule est là... Mais dans ces lieux, je crois,
Je suis seul, on n'attend que moi.
Prenant mon tour, de janvier à décembre,
J'ai fait le guet près du pouvoir ;
Mais à la porte d'un boudoir,
Je ne veux pas faire antichambre.

Mme DE VERMONT.

Mais madame est à sa toilette.

JULES.

Pour moi !... elle est trop bonne... Conduisez-moi toujours...
On m'attend, elle doit vous l'avoir dit... Un jeune homme... un
avocat qu'elle a invité par un billet mystérieux à se trouver
ici... ce matin !... Je suis un peu en retard, c'est possible...
Une affaire d'honneur... et l'honneur avant tout.

Mme DE VERMONT.

Monsieur vient de se battre.

JULES.

Pas tout à fait... on m'a manqué de parole... Un officier...

9

c'est drôle ! j'en suis fâché... C'est une première affaire ; et j'y tenais pour plusieurs raisons, ne fût-ce que pour me former la main... parce qu'une fois à Berlin, chez nos anciens alliés, on ne sait pas ce qui peut arriver...

Mme DE VERMONT.

Monsieur est querelleur ?

JULES.

Au contraire, je suis l'homme le plus conciliant. Dame! c'est mon nouvel état... je suis diplomate. Mais dites-moi, ma chère...

Mme DE VERMONT.

Monsieur !... (A part.) Il est familier !...

JULES.

Votre maîtresse... elle est jeune, charmante... un peu vive... un peu coquette... mais d'une sensibilité...

Mme DE VERMONT.

Vous croyez ?

JULES.

J'en suis sûr... on ne donne pas un pareil rendez-vous... Oh! qu'il me tarde de la voir !... de lui dire... de lui jurer... A propos, a-t-elle un mari ?

Mme DE VERMONT.

Mais...

JULES.

Ah! dis... sois franche... ne crains rien... j'ai du courage... Elle est mariée ?

Mme DE VERMONT.

Elle est veuve.

JULES.

Elle est veuve !... vrai ?... Oh! quel bonheur !... C'est-à-dire non... j'aimerais autant...

Mme DE VERMONT.

Comment, monsieur ?...

JULES.

Et tu ne me dis pas si elle est jolie... Brune ou blonde, ça m'est égal... Voyons, fais-moi un peu son portrait.

Mme DE VERMONT, lui montrant une miniature qui est sur la cheminée.

Son portrait... tenez, le voilà.

JULES, courant la prendre.

Vrai!... cette miniature... Oh! qu'elle est bien! des yeux ravissants!... Oui, voilà bien tous les charmes que mon imagination prêtait à ta maitresse.

Mme DE VERMONT, à part.

C'est flatteur pour le passé.

JULES, chantant.

Portrait charmant! portrait de mon.....

(S'interrompant.) C'est mal fait; c'est une croûte!... Je suis sûr qu'elle est cent fois mieux... C'est égal, je l'aimais déjà, sur le billet que j'ai reçu... je l'adore sur son portrait. (Il baise le portrait.)

Mme DE VERMONT, riant.

Que sera-ce donc ?...

JULES, passant son bras autour d'elle.

Oui, n'est-ce pas ?... Oh! que tu es aimable!

Mme DE VERMONT, se dégageant.

Monsieur, monsieur...

JULES.

Sois tranquille... je ne t'embrasserai pas. (Regardant le portrait.) Oh! oui, je l'aimerai, je lui serai fidèle toute ma vie...

Mme DE VERMONT.

Jusqu'à ce soir... Vous partez cette nuit.

JULES.

Eh bien! raison de plus, pour que tu la préviennes de mon arrivée, sur-le-champ... Cette pauvre petite femme, qui m'adore incognito!... Je suis sûr que son impatience est égale à la mienne.

Mme DE VERMONT.

Oui, vous avez raison... J'y vais, mais rendez-moi...

JULES.

Cette miniature?... Oh! non, non.

Air de *la Ville et du Village*.

Je m'enivre, en attendant mieux,
De ces traits que ma main caresse ;
Laisse-nous ensemble tous deux ;
Que crains-tu donc pour ta maîtresse ?

Mme DE VERMONT.

Rien... c'est un innocent bonheur !
Qu'en ces lieux on peut vous permettre...
Car le modèle, par malheur,
Ne craint plus de se compromettre.

JULES.

Oui, va ; répète-lui bien tout ce que je t'ai dit de ma reconnaissance, de mon amour... Tu ris... mais je te jure que je suis sincère.

Mme DE VERMONT.

Vous êtes diplomate. (Elle sort.)

SCÈNE XV.

JULES, seul.

Hein !... elle a un air sardonique... la petite !... Certainement, je suis diplomate... Je serai secrétaire d'ambassade, je l'espère bien... Il faut cet espoir-là pour me consoler de quitter la France, que j'aime tant, pour la Prusse, que je n'aime pas du tout... Mais madame de Vermont... une marquise... Qu'est-ce que ce peut être ?... Elle est noble, moi, je ne le suis pas... Mais nos grandes dames, malgré leurs principes, ne tiennent pas toujours à l'égalité... D'ailleurs à présent, j'ai un titre... Mais j'y pense.

AIR des *Amazones.*

Dieu ! si c'était la compagne anonyme
D'un grand seigneur ! Tant mieux ; il serait beau
   De faire sur l'ancien régime
Une conquête au profit du nouveau !
Comtes, marquis, gens de l'ancien château,
Sont des boudeurs. Leur rancune imprudente
Nous fait la guerre. Attaquons-les aussi.
   Bonne place, femme charmante,
   Autant de pris sur l'ennemi.
   Bonne place, femme charmante,
Oui, c'est autant de pris sur l'ennemi.

SCÈNE XVI.

JULES, ÉDOUARD.

ÉDOUARD.

Ma foi, je reviens sur mes pas... Me renvoyer ainsi, c'est une mystification... et je reste.

JULES.

Eh !

ÉDOUARD.

Pardon.

JULES.

Monsieur Granville !

ÉDOUARD.

Vous ici ! et par quel hasard ?

JULES.

C'est ce que j'allais vous demander... Vous, monsieur, que j'ai attendu toute la matinée.

ÉDOUARD.

Ma lettre a dû vous apprendre.

JULES.

Je n'ai rien reçu.

ÉDOUARD.

Comment, monsieur !... (A part.) Ah ! c'est mal, très-mal. (Haut)

Je vous annonçais qu'une affaire importante me forçait à retarder d'un jour.

JULES.

Il serait trop tard... Demain j'aurai quitté Paris... Vous le saviez.

EDOUARD, avec colère d'abord.

Monsieur !... Ah! vous ne le croyez pas... mais je suis à vos ordres.

JULES, vivement.

Comme vous voudrez.

EDOUARD.

Aujourd'hui même.

JULES.

Avec plaisir.

ÉDOUARD.

Descendons.

JULES.

Ah! permettez... J'ai aussi une affaire importante qui me retient en ce moment.

ÉDOUARD.

Chez madame de Vermont ?

JULES.

Vous la connaissez ?

EDOUARD.

Que trop pour mon malheur !

JULES.

J'y suis !... elle vous est infidèle... elles n'en font jamais d'autres, ces jolies femmes. (A part.) Ce pauvre capitaine !

ÉDOUARD.

Vous venez ici...

JULES.

Pour la première fois.

EDOUARD.

A un rendez-vous ?

JULES.

C'est possible.

ÉDOUARD.

Ah! mon Dieu! la même aventure que moi, j'en suis sûr...

Vous étiez au bois de Boulogne... une voiture est arrivée... des chevaux gris pommelés, magnifiques... un domestique vous a annoncé mystérieusement que sa maîtresse...

JULES.

Du tout, du tout.

EDOUARD.

Vous êtes discret.

JULES.

Je suis diplomate... mais ce n'est pas une raison. Voici ce que c'est : j'ai trouvé un billet, ce matin, chez moi.

ÉDOUARD.

Eh bien! oui... Au fond, c'est la même chose... Moi, monsieur, on m'a enlevé.

JULES.

Enlevé !... Ah! diable, c'est plus drôle. (Il le prend gaiement par le bras.)

Air d'une *Heure de Mariage*.

Allons, contez-moi tout d'abord,
Ce sont mes premières études ;
Des habitants du château fort,
Signalez-moi les habituées.
En fait de guerre, en fait d'amour,
Un bon soldat en embuscade,
En s'éloignant, laisse toujours
La consigne à son camarade.

Vous dites donc qu'elle vous a reçu?

ÉDOUARD.

Très-bien.

JULES.

Elle est aimable ?

EDOUARD.

Charmante.

JULES.

Vous avez le cœur pris?

ÉDOUARD.

Tout à fait.

JULES.

Et quelle faveur avez-vous obtenue?

EDOUARD.

Un déjeuner... Un excellent déjeuner...

JULES;

Tiens... ce n'est pas mal.

ÉDOUARD.

Bordeaux... champagne... mets fins, délicats...

AIR : *Un homme pour faire un tableau.*

Ah! l'on ne fait rien à demi,
Dans ces lieux le bon goût domine ;
Vous voyez que notre ennemi
Ne compte pas sur la famine.

JULES.

Ce n'est pas trop mal, entre nous,
Pour le début d'une campagne.
J'aime beaucoup les rendez-vous
Qui commencent par du champagne.

Mais voyons... Après !

ÉDOUARD.

Après... elle m'a congédié par un billet bien sec.

JULES.

C'est charmant.

ÉDOUARD.

Vous trouvez?...

JULES.

Je vois ce que c'est... Madame de Vermont est jolie, partant
un peu capricieuse... Elle aura su que nous allions nous brûler
la cervelle... Il n'en faut pas davantage pour monter la tête à
une femme un peu romanesque.... Deux chevaliers qui vont...
(Il fait le signe de se battre.) De là cet amour soudain et mystérieux... Cette double aventure, ces deux rendez-vous... Elle
aura voulu nous connaître, juger par elle-même... choisir

enfin!... Vous êtes arrivé le premier... elle vous a vu, vous a fait causer... et après cela... Dame! ce n'est pas votre faute... C'est un malheur.

ÉDOUARD.

Comment, monsieur!...

JULES.

Écoutez donc... ce congé! Le militaire ne plaît pas à tout le monde... Et si elle préfère le civil... la diplomatie...

ÉDOUARD.

Et moi, monsieur, moi qui aime madame de Vermont, je vous la disputerai au péril de mes jours... Oui, monsieur, oui. Votre explication est une insulte, et je vous en demande raison.

JULES.

Encore un... A la bonne heure; mais plus tard. Chacun son tour... Vous avez eu, pour faire votre cour, un temps que j'espère employer mieux que vous.

ÉDOUARD.

Trêve de plaisanterie... Et si tout cela n'est pas une ruse pour vous épargner un combat...

JULES.

Jamais... Vous savez quelle injure j'ai à venger. Venez, monsieur, sortons.

ÉDOUARD.

A l'instant.

SCÈNE XVII.

LES MÊMES, ÉLISE.

ÉLISE, entrant vivement.

Ciel! qu'ai-je appris!... Ici, tous deux!

JULES.

Ma sœur!

EDOUARD.

Sa sœur!

IV.   10

ELISE, à Édouard.

Eh quoi! monsieur... lorsque je devais croire à votre départ?...

ÉDOUARD.

Partir sitôt, madame, et partir sans vous voir!... (A part.) Sa
sœur!...

JULES.

Hein! qu'est-ce que vous dites là?... madame de Vermont...

ÉLISE, jetant un coup d'œil à Edouard.

Une de mes amies... Elle est ici.

ÉDOUARD.

Ainsi, cette dame qui m'a reçu ce matin...

ÉLISE.

Attendait mon frère.

ÉDOUARD.

Ah! je comprends.

JULES.

Vous comprenez... Vous êtes bien heureux, car moi, je veux
être pendu... (Bas à Édouard.) Pas un mot du duel, entendez-vous.
(Il passe à la gauche d'Élise.)

ÉLISE, bas à Édouard.

Pas un mot de ma ruse, je vous en supplie.

JULES, bas à Élise.

Mais tu me diras du moins comment il se fait que tu con-
naisses monsieur Edouard Granville... (A part.) Quand j'allais me
battre pour elle!...

ÉLISE.

Moi, je ne sais... C'est le hasard. (Bas à Édouard qui va parler.) Ah!
monsieur!

ÉDOUARD.

C'est bien simple... A mon arrivée, madame se trouvait chez
madame de Vermont, (appuyant.) madame de Vermont, qu'on
avait formé le projet de me faire épouser.

JULES.

Singulier projet!

ÉDOUARD.

Ah! je le vois à présent, il eût fait mon bonheur... Il peut le faire encore, s'il est approuvé par madame.

ÉLISE, avec dédain.

Par moi, monsieur?... Jamais.

JULES.

D'ailleurs, ma sœur ne peut se mêler... c'est impossible.

EDOUARD.

Ah! de grâce... Madame parlera pour vous aussi... Cela m'est égal, je ne suis pas jaloux.

JULES.

Mais non, ce n'est pas cela.

ÉDOUARD.

Je connais tous mes torts; ou plutôt on m'avait trompé... Je ne vous connaissais pas... tant de bonté... un cœur que le mien comprend si bien.

JULES, tirant Édouard par son habit.

Ah çà, on dirait que c'est à Élise.

EDOUARD, à Jules.

Eh non! vous n'y êtes pas du tout. (A Élise.) Dites à madame de Vermont, à celle que j'aime, que si j'obtiens mon pardon...

ÉLISE.

Mon frère vous l'a dit, monsieur, c'est impossible... Il est des torts que le cœur d'une femme ne saurait oublier... qu'il ne pardonne jamais.

JULES.

Bien, bien, ferme!...

ÉDOUARD.

Permettez, madame...

ELISE.

Vous savez, monsieur, à quelle erreur vous devez votre en-

trée dans cette maison... Je vous estime assez pour penser que
vous n'en abuserez pas pour retarder votre départ.

JULES.

C'est clair... Partez, capitaine. (Bas.) Descendez, attendez-moi,
je vous rejoins.

ÉDOUARD.

Pour nous battre ?

JULES.

Silence !

ÉLISE.

Grand Dieu !

JULES.

Allez donc, sortez.

ÉDOUARD.

Permettez... A moins que madame ne l'ordonne... (Élise, très-
émue, étend la main, et lui montre la porte.) J'obéis. (Il sort.)

JULES.

Je suis à vous.

SCÈNE XVIII.

ÉLISE, JULES, ensuite ÉTIENNE.

ÉLISE.

Tu resteras.

JULES.

N'aie pas peur... ce n'est rien... Un mot d'explication, voilà
tout.

ÉLISE.

Non, non, votre querelle, votre rendez-vous... J'ai tout appris.

JULES.

Comment, tu sais...

ÉLISE.

Je sais tout !...

Air : *Ce que j'éprouve en vous voyant.*

Le joli projet que voilà !
Te battre pour moi !

JULES.

Non, ma chère!
De la famille tout entière,
L'intérêt, l'honneur l'exigea;
Tu ne me dois rien pour cela.
Bonne sœur' eh quoi! l'on t'outrage!
Toi, mon mentor, quand je suis la,
Toi, dont l'amitié me guida,
Me rendit raisonnable et sage!

ÉLISE.

Tu ne me dois rien pour cela!

JULES.

Oh! tu as beau dire, je te dois tout... et pour te venger, rien
ne peut me retenir... pas même cette dame, ton amie. Il n'y
a qu'une femme à laquelle je sacrifierais toutes les autres... et
c'est toi... (Il prend ses pistolets.)

ELISE.

Ce sacrifice, je ne le demande pas aujourd'hui... je me suis
vengée par du mépris... c'est assez... Tu restes... tu me le promets.

JULES.

Certainement... sois tranquille... (A part.) Je vais m'échapper.

ETIENNE, entrant vivement, à Élise.

Il est dehors... vos ordres sont exécutés... tout est fermé.

JULES.

Hein! qu'est-ce que tu dis là?... tout est fermé?

ÉTIENNE.

Pas moyen de sortir... à moins que madame...

JULES.

Ah! ma petite sœur, je t'en prie, il y va de mon honneur...

ELISE.

Du mien... et je me suis vengée.

10.

JULES.

Toi, à la bonne heure... mais, vois-tu, nous autres hommes...

ELISE.

Vous êtes des fous... C'est moi, te dis-je, qui suis outragée...
J'en ai tiré une vengeance qui m'a coûté beaucoup... plus que
tu ne peux penser... mais enfin, je suis contente... mon honneur est satisfait... le tien n'a rien de plus à demander... Et
monsieur Granville n'ajoutera pas un chagrin de plus à ceux
qu'il m'a laissés aujourd'hui... (En s'en allant.) Tu ne te battras pas.
(Elle entre dans l'appartement à droite.)

SCÈNE XIX.

ETIENNE, JULES.

JULES.

Je me battrai.

ETIENNE, allant pour sortir.

Il ne se battra pas.

JULES.

A nous deux, grand imbécile... Conduis-moi.

ÉTIENNE.

Vous conduire... où ça, monsieur?

JULES.

Eh! mais... (On entend fermer un verrou à droite.) Comment, on
m'enferme encore par ici?... (Il va vers la porte à gauche, on met le
verrou.) Encore!

ÉTIENNE, allant vers la porte et criant.

Mais, écoutez donc... je n'en suis pas....

JULES.

Eh quoi! on emploie la violence... mais nous verrons... je
m'en vengerai sur quelqu'un... sur ce misérable qui est
cause... (Courant à la fenêtre du fond.) Ah!...

ETIENNE.

Comme c'est agréable d'être enfermé avec un fou et deux
pistolets !

JULES, qui a ouvert la fenêtre.

Impossible... vingt pieds !... Eh !... mais, là-bas... l'air triste
et rêveur... c'est lui... (Appelant.) Eh ! capitaine !... M. Granville !... ici !... moi, moi !... Il m'a vu... (Saluant.) Il vient...
hein... vous m'attendez ?... Je suis prisonnier... Vous riez ?...
ma parole d'honneur... On m'a enfermé... mais il faut que je
descende... Le moyen... (A Étienne) Voyons, parle, toi... le
moyen ?...

ÉTIENNE.

Dame ! l'échelle du jardinier...

JULES.

C'est juste... (courant à la fenêtre) l'échelle du jardinier... Faites
demander... (revenant) ou plutôt... ah ! mon Dieu !... quelle
idée !... Oh !... tiens... pourquoi pas ?... c'est délicieux !

ETIENNE.

Qu'est-ce qui lui prend ?

JULES, à la fenêtre.

Capitaine, vous avez vos pistolets... j'ai les miens... Me
voilà placé... restez où vous êtes.... et battons-nous.

ETIENNE.

Par la fenêtre !

JULES, riant

Hein ! c'est original, n'est-ce pas ?... (A la fenêtre.) Vous dites ?..
des témoins ?... c'est inutile... (Regardant Étienne.) Mais non, j'ai
le mien. (Il vient prendre Étienne par le collet, et le traîne à la fenêtre.)

ÉTIENNE.

Monsieur... vous allez me casser...

JULES.

Tenez, voilà mon témoin... Votre domestique est là, il sera
le vôtre... en temps de guerre, on prend ce qu'on trouve.

(Il prend ses pistolets dans la boîte.)

ETIENNE, s'éloignant.

Par exemple... si je reste là...

JULES, le ramenant.

Veux-tu venir, poltron !

ÉTIENNE.

A la fenêtre !... non, monsieur, non... c'est trop malsain...
et un coup de maladroit...

JULES.

Plaît-il ?... c'est à moi à tirer... C'est juste... (Il arme son pistolet.
— A Etienne qui recule.) Reste, sinon... (Étienne se place derrière le volet de
la croisée.)

ÉTIENNE.

Comme ça, monsieur ?... derrière la croisée... Je verrai
mieux.

JULES.

Quoi !... que je suis adroit ?... Vous êtes trop bon... (A part.) Ce
pauvre capitaine ! il a l'air malheureux... allons... (Il tend le bras
vers le bas.) Me voilà... (Il tire sans regarder.)

ETIENNE, poussant un cri.

Ah !... je suis blessé... je suis sûr que je suis blessé !
(Les portes s'ouvrent ; les dames entrent précipitamment.)

SCÈNE XX.

Les Mêmes, ELISE, Mme DE VERMONT.

ÉLISE, s'élançant vers Jules.

Mon frère !

Mme DE VERMONT.

Que s'est-il passé? (Étienne leur fait des signes en tremblant.)

JULES.

Rien, rien... ne faites pas attention... laissez-nous, de
grâce.

Mme DE VERMONT, suivant les signes d'Étienne.

Comment. à la fenêtre ?

ÉLISE, qui s'est approchée de la fenêtre, revenant.

Grand Dieu !... le capitaine...

JULES.

Eh bien! oui... Écoute donc, c'est ta faute... tu me renfermes, j'ai un duel... qui ne peut être remis... et alors, voilà...

Mme DE VERMONT.

Eh! quoi, monsieur, dans cette maison, sans témoins...

JULES.

Si fait, ma bonne, j'ai le mien. (Il montre Étienne, qui est tout tremblant.)

ÉLISE.

Tu n'es pas blessé?

JULES.

Eh! non; j'ai tiré sur mon adversaire... Maintenant, c'est à lui... (Allant à la fenêtre, malgré les efforts que fait Élise pour le retenir.) Ne crains rien... il tirera en l'air...

ÉTIENNE.

Raison de plus!

SCÈNE XXI.

LES MÊMES, ÉDOUARD, paraissant au balcon.

ÉDOUARD, en dehors.

Monsieur Jules... est-ce que vous vous trouvez mal?

ÉLISE, poussant un cri.

Ah! monsieur!... mon frère!

JULES.

Rassure-toi.

Mme DE VERMONT.

N'entrez pas, monsieur. (Édouard est dans l'appartement.)

JULES.

Tu vois bien que monsieur a essuyé mon feu... nous ne pouvons pas en rester là.

ÉLISE, à Édouard.

Ah! sortez, retirez-vous.

JULES.

Je vous suis avec mon témoin.

ÉTIENNE , derrière la table.

'Je me cramponne ici.

Mᵐᵉ DE VERMONT.

C'est affreux !

ÉLISE.

Ah! monsieur, de grâce!...

JULES.

C'est impossible.

ÉDOUARD.

Vous seule pouviez l'empêcher en faisant mon bonheur et le
vôtre peut-être.

JULES.

Le combat est commencé... il faut qu'il s'achève.

ÉLISE.

Jamais.

JULES.

Venez... vous tirerez à votre tour.

ÉLISE.

Jules, mon ami, ne sors pas, je t'en prie.

JULES.

Impossible... je ne reculerais pas devant un rival... non...
quand ce serait mon frère.

ÉLISE.

Et s'il l'était?

ÉDOUARD.

Madame... (Élise reste confuse.)

Mᵐᵉ DE VERMONT.

A la bonne heure.

JULES.

Qu'entends-je! te sacrifier... je ne le souffrirai pas.

AIR : *Ce que j'éprouve en vous voyant.*

Je m'oppose à tout, je le doi,
Pour me servir, c'est une ruse.

ÉDOUARD.

S'il en est ainsi, je refuse

Un amour qui n'est pas pour moi,
Je n'accepte rien de l'effroi.

Mᵐᵉ DE VERMONT.

Mais j'ai reçu sa confidence.
Elle l'aimait.

ÉDOUARD.

Ciel ! que dites-vous là ?

JULES.

Pour moi seul, elle l'avouera,
Elle pardonne son offense.

ÉLISE, donnant sa main à Édouard.

Tu ne me dois rien pour cela.

JULES.

Comment, c'était ma sœur... Ah çà ! et madame de Vermont !

Mᵐᵉ DE VERMONT, faisant la révérence.

Me voici.

JULES.

Plaît-il... (Il les voit rire.) Madame, j'ai bien l'honneur... Eh ! mais, ce portrait ?

Mᵐᵉ DE VERMONT.

Il est plus heureux que moi... il n'a point vieilli.

JULES.

J'entends... J'étais mystifié.

ÉTIENNE.

Il n'y a pas de mal.

JULES.

Hein !... Eh bien ! il a raison... il n'y a pas de mal... mystifié ! il faut que je m'y fasse... C'est une habitude à prendre, je suis diplomate.

CHOEUR.

AIR : *Honneur à la Musique.*

ÉLISE.

Jour à jamais prospère,
Je sens qu'il est aimé ;

En le nommant son frère,
Ma voix l'a désarmé.

ÉDOUARD.

Jour à jamais prospère !
Enfin, je suis aimé ;
En me nommant son frère,
Sa voix m'a désarmé.

JULES.

Jour à jamais prospère !
Par elle il est aimé ;
En le nommant mon frère,
Sa voix m'a désarmé.

Mme DE VERMONT.

Jour à jamais prospère !
Par elle il est aimé ;
En le nommant son frère,
Sa voix l'a désarmé.

ÉTIENNE.

Jour à jamais prospère !
Par elle il est aimé ;
En le nommant son frère,
Sa voix l'a désarmé.

ÉLISE, au public.

Air *du Piège.*

C'est un moyen nouveau que d'enlever
Les gens qu'on aime, auxquels on cherche à plaire ;
Je voudrais voir le public l'approuver,
    Et tous les soirs se laisser faire.
Mais prudemment, dans la crainte qu'aussi
De guerroyer l'ardeur ne vous emporte,
Je vous prierai de vouloir bien ici
    Laisser vos armes à la porte.

FIN D'UNE BONNE FORTUNE.

DON JUAN,

ou

UN ORPHELIN,

COMÉDIE HISTORIQUE EN DEUX ACTES, MÊLÉE DE COUPLETS,

Représentée pour la première fois, sur le théâtre du
Gymnase dramatique, le 5 octobre 1832.

———

Personnages :

PHILIPPE II, roi d'Espagne (30 ans.) [1].

DON JUAN [2].

QUIXADA, vieux seigneur espagnol [3].

ALEXANDRE DE MÉDINA, jeune seigneur [4].

DON JOSEPH [5].

ELVIRE, fille de Quixada [6].

MARIE, nièce de Quixada [7].

CHEVALIERS, SEIGNEURS, GUERRIERS, PAGES de la suite du roi.

LA SCÈNE EST DANS LE CHATEAU DE VILLA-GARCIA, PRÈS DE VALLADOLID.

Acteurs :

[1] M. FIRMIN. — [2] M. PAUL. — [3] M. FERVILLE. — [4] M. DAVESNE. — [5] M. KLEIN. — [6] Madame ALLAN-DESPRÉAUX. — [7] Madame LÉONTINE VOLNYS.

DON JUAN

ACTE PREMIER

Une grande salle du château de Villa-Garcia.

SCÈNE PREMIÈRE.

ELVIRE, ALEXANDRE, MARIE, DON JUAN.

(Elvire est assise sur le devant, à droite ; Marie et Alexandre debout auprès d'elle sont occupés à déchiffrer de la musique, tandis que don Juan, au milieu de la scène, tient une arquebuse qu'il essaie.)

DON JUAN, riant.

Bravo ! c'est charmant ! foi de Castillan, voilà un concert qui est digne des oreilles d'un archevêque.

ELVIRE.

Mon Dieu, mon frère, vous feriez beaucoup mieux de venir chanter avec nous, que de vous occuper là-bas de ces vilaines armes qui me font toujours peur.

DON JUAN.

Que veux-tu, ma jolie petite sœur ? vous aimez la musique, vous en faites, c'est bien ; et quand je veux m'en mêler, je ne m'en tire pas mal non plus. (Chantant.) Ah ! ah ! ah ! mais l'instrument que je préfère, c'est celui-ci : il n'y a pas de musique plus douce à mon oreille que la détonation de mon arquebuse.

AIR : *Vaudeville de la Somnambule.*

Ah ! quel bonheur ! si tu savais, ma chère,
Quand le coup part auprès d'un bois,
Sur le gibier qui s'élève de terre !

MARIE.

Et que vous manquez quelquefois.

DON JUAN.

Oui, j'en conviens : à vous, Marie,
Lorsque l'on rêve, on devient maladroit ;
Et si je lui laisse la vie,
C'est à vous seule qu'il la doit.

ALEXANDRE, venant sur le devant de la scène auprès de don Juan.

Ah ! don Juan, voilà qui est galant.

DON JUAN.

N'est-ce pas, seigneur Alexandre ? parce qu'on n'a pas été
élevé comme vous, à Madrid, parce qu'on a passé sa jeunesse
dans ce vieux château de Villa-Garcia, vous croyez peut-être
qu'on ne sait que chasser et jouer de la guitare ; mais grâce à
notre excellent père, le seigneur Quixada, nous pourrions prendre (Montrant Elvire.) tous deux le langage, les manières de la
vieille cour, car il y parut autrefois ; Charles-Quint, d'illustre
mémoire, (Il se découvre.) aimait à le voir à ses côtés.

ALEXANDRE.

C'est pour cela sans doute que notre jeune roi, Philippe II,
qui n'aime pas les amis de son père, vous a relégués dans ce
château.

DON JUAN.

Non ; le seigneur Quixada s'y est volontairement retiré, bien
des années avant que son royal protecteur se fût enseveli dans
l'abbaye de Saint-Just, où l'on dit qu'il regretta plus d'une
fois la couronne. C'est ici, c'est sous ces vieilles tourelles que
nous reçûmes le jour, ma sœur et moi. Jamais je n'ai vu ni
Madrid, ni la cour. Ah ! si fait, une fois, de loin. Il y a un an,
le roi chassait à une lieue d'ici, près de Valladolid, car il vient
y passer quelques jours, tous les ans, à cette époque. Dieu !
quel éclat ! quelle foule ! je voulais pousser jusque-là, pour
voir le prince. Un roi ! je n'en ai pas encore vu, ce doit être
beau.

ALEXANDRE.

Absolument comme vous.

DON JUAN.

Mais on me retint, et du reste, jamais je n'ai dépassé les frontières de cet antique domaine, seul bien de mon père, qui ne rapporta de ce monde, où les courtisans s'engraissent de la fortune publique, qu'une conscience pure, des souvenirs de gloire, et une noble pauvreté, ce qui ne l'empêche pas d'être toujours bon, toujours généreux pour ceux qui viennent à lui. (Montrant Marie.) Demandez à sa nièce, mademoiselle Marie de Mendozza, qu'il recueillit comme orpheline, qu'il éleva comme sa fille ; et vous-même, seigneur Alexandre, vous que des chagrins semblent retenir parmi nous, restez à Villa-Garcia, vous y serez le bienvenu ; si vous êtes malheureux, on ne vous demandera pas d'autre titre.

ALEXANDRE, regardant Elvire qui vient de se lever.

J'en aurai d'autres, peut-être ; et quand votre père sera de retour de Madrid, car... il est à Madrid?

DON JUAN.

Mais nous le croyons ; un envoyé du roi est venu le chercher, l'enlever parmi nous.

AIR : *Un homme pour faire un tableau.*

C'était un page qui, pour moi,
Ne disait mot ; ces demoiselles,
Sans doute, inspiraient moins d'effroi ;
Il causait beaucoup avec elles.
J'ai même forcé l'indiscret,
Car je restais là pour l'entendre,
A remporter plus d'un secret
Qu'il aurait voulu leur apprendre.

ALEXANDRE.

Mais enfin il vous a dit...

ELVIRE.

Que notre roi Philippe, après la mort de son père, avait donné des ordres pour que le seigneur Quixada lui fût amené sur-le-champ.

ALEXANDRE.

Et pourquoi ?

MARIE.

Voilà ce que nous ignorons; mon oncle nous a quittés en pleurant.

DON JUAN.

Il ne pouvait s'arracher de mes bras.

ALEXANDRE.

Peut-être quelque malheur...

DON JUAN.

Un malheur ! Eh ! non; il était préparé à ce voyage, il en paraissait heureux et fier ; mais il espérait m'emmener avec lui, et je ne sais pourquoi je n'ai pu l'accompagner ; mais nous le rejoindrons bientôt sans doute à la cour. Quel bonheur !

ALEXANDRE.

Vous le désirez beaucoup ?

ELVIRE.

Oh ! mon frère est ambitieux !

DON JUAN.

Très-ambitieux... Il me semble que ma place n'est pas ici... Mon obscurité est un supplice pour moi... à peine sait-on si j'existe... Ah ! qu'il me tarde de compter pour un homme, au milieu de cette jeunesse aventureuse qui s'élève pour les conseils du prince, ou qui va gagner ses éperons sur le champ d'honneur ! Quand mon père nous raconte cette bataille de Pavie... et les combats où il reçut ses blessures, je ne sais quelle chaleur soudaine fait battre mon cœur, allume mon regard, dévore mon sang ; mais alors, je m'élance et je m'écrie : Et moi aussi je suis Espagnol ! donnez-moi des armes... montrez-moi l'ennemi... et marchons !

ELVIRE, avec une vive emotion.

Ah ! que mon frère est bien ainsi !

ALEXANDRE.

Mademoiselle Marie ne pense pas comme vous; et ses larmes...

DON JUAN , courant à elle.

Marie ! (Bas) des larmes ! tu vas te trahir !

MARIE.

Moi... non; rien, un peu d'émotion.

ALEXANDRE.

Mademoiselle pense sans doute que rien au monde ne vous rendrait le bonheur que vous trouvez en ces lieux... Croyez-moi, je connais cette cour dont l'éclat vous séduit... je l'ai quittée.

TOUS.

Vous?

ALEXANDRE.

Ah ! pardon.

DON JUAN.

Votre secret vous est échappé... Comment! ces lieux que vous fuyez, c'est la cour ! Parlez-nous de ce séjour enchanté... de cet éclat qui environne le roi... On dit que là on ne voit que des fêtes, des plaisirs, et surtout des femmes charmantes !

MARIE, lui prenant la main.

Don Juan!

DON JUAN, bas, en souriant.

Ah ! Marie!...

ALEXANDRE, regardant Elvire.

Ces femmes charmantes... je les ai oubliées ici... et maintenant je ne demande qu'à tromper les limiers qu'on a mis sans doute à ma poursuite, pour vivre près de vous, heureux, ignoré... pour vous appeler mon ami, mon frère !

DON JUAN.

Votre frère!... je vous comprends... Et je vois à la rougeur d'Elvire que je ne suis pas le seul... Mais, patience... au retour de mon père, vous lui confierez vos secrets... (Le regardant.) tous vos secrets.

ALEXANDRE.

C'est qu'avant de m'adresser à lui... je voudrais bien qu'un mot dè mademoiselle... un seul mot...

DON JUAN, gaiement.

Un seul! oh! ma sœur ne parle pas pour si peu. (A Elvire.) Eh bien! répondras-tu?... Oh! comme elle baisse ses grands yeux!... Ce silence...

ALEXANDRE.

Si j'osais l'interpréter...

MARIE.

Osez toujours.

ELVIRE.

Non... oh! non... je ne sais... jamais je n'avais pensé... Ah! mon frère!

DON JUAN, la prenant dans ses bras.

Allons, allons, du courage... Un époux qui ferait ton bonheur...

ELVIRE.

Un époux!... Oui, s'il est bon comme toi, mon frère... s'il a ta grâce... tes yeux si doux... ta gaieté!

DON JUAN, riant.

Diable! tu es difficile!... Mais remets-toi de ton émotion... Le seigneur Alexandre est mon ami le plus intime et le plus cher... pour une bonne raison... Dans cette solitude où nous vivons, je n'ai que celui-là, et j'y tiens... songes-y... Il viendra te demander ta réponse... plus tard... (A Alexandre.) En attendant, mon camarade, laissez là votre air mélancolique... Prenez votre arquebuse et partons pour la chasse.

ALEXANDRE.

Air *du Siége de Corinthe.*

Ici je resterais sans cesse;
Mais il faut bien se résigner.

ELVIRE.

A mon tour, adieu, je vous laisse,
J'ai quelques ordres à donner.

ALEXANDRE.

Ah ! ce matin, il semble que j'espère ;
Je suis déjà plus heureux.

DON JUAN.

En effet ;

(A Elvire.)

Parle, il espère ;
Voyons, ma chère,
Qu'en penses-tu ?

ELVIRE.

Monsieur, c'est mon secret.

ENSEMBLE.

MARIE.

Ici seule avec ma tristesse
Va-t-il encor m'abandonner ?
Lorsque mes soins et ma tendresse
Près de moi devraient l'enchaîner.

ELVIRE.

A mon tour, adieu, je vous laisse,
J'ai quelques ordres à donner ;
Car bientôt, mieux que la tendresse,
L'appétit doit vous ramener.

DON JUAN, à Alexandre.

Faites trêve à votre tendresse,
Elle a des ordres à donner ;
Et dans ces lieux où je la laisse
L'appétit doit nous ramener.

ALEXANDRE.

A regret, adieu, je vous laisse ;
Mais il faut bien se résigner.
Quand le bonheur et la tendresse
Ici viendront-ils m'enchaîner ?

SCÈNE II.

MARIE, DON JUAN.

DON JUAN, posant son arquebuse.

Enfin, ils sont partis.

MARIE.

Silence.

DON JUAN.

Que crains-tu, ma chère Marie? nous sommes seuls... on ne peut nous entendre, et je puis te gronder tout à mon aise.

MARIE.

Me gronder, et pourquoi?

DON JUAN.

Comment pourquoi? mais parce que tu es toujours triste, préoccupée... que tes yeux toujours sont humides de larmes, ou rouges d'avoir pleuré... Vous, Marie, ma bien-aimée! vous la plus heureuse des femmes... car vous l'êtes, si l'amour donne le bonheur.

MARIE.

Ah! don Juan, quand je songe que, confiée aux soins du seigneur Quixada... élevée comme sa fille... j'ai oublié que vous deviez être mon frère.

DON JUAN.

Oh! ne tremble pas ainsi... mon père est bon; il comprendra que tous les jours près de toi, épiant tes secrets dans tes jolis yeux, j'y ai pu lire une tendresse que les miens enhardissaient... Il est sévère, je le sais... mais nos caresses le fléchiront... Sera-t-il donc inflexible, lorsqu'il saura qu'après avoir remis à son retour pour obtenir son aveu, mon amour n'a pas eu le courage de l'attendre.

MARIE.

C'est mal, don Juan... Oh! c'est bien mal!

DON JUAN.

Tu m'en veux encore?

MARIE.

Tu sais bien que je t'ai pardonné ; mais comment lui dire?

DON JUAN.

C'est difficile, et pourtant jamais alliance fut-elle mieux assortie?... Tu es d'une grande famille, mais sans fortune ; moi je n'ai rien que la noblesse de mon père... seule chose que les juifs n'escomptent pas.

MARIE.

Et voilà ce qui me rassure un peu, car si tu étais riche, puissant...

DON JUAN.

En tiendrais-je moins mes promesses?

MARIE.

Non pas toi, mais les autres.

DON JUAN.

Heureusement nous n'en sommes pas là, nous ne devrons rien qu'à nous, un rang, une fortune, du bonheur... dussé-je conquérir tout cela.

MARIE·

Toujours de l'ambition!

DON JUAN.

Toujours... mais pour toi, Marie... pour mon fils ! car j'aurai un fils, tu me l'as...

MARIE, lui couvrant la bouche de sa main.

Oh! tais-toi, tais-toi... mais ambitieux ! je ne le veux pas.

AIR : *Le choix que fait tout le village.*

Je t'aime ainsi bien davantage
Sans nom, sans titres, sans grandeurs.

DON JUAN.

Je veux poursuivre avec courage
Et la fortune et ses faveurs.

MARIE.

Mais naguère il n'en était qu'une
Que ton cœur voulait demander;
Et je croyais que la fortune
N'avait plus rien à t'accorder.

Crois-moi, don Juan, la gloire coûte si cher... et puis à Madrid, à la cour où les femmes sont si belles...

DON JUAN.

Je te comprends : vous êtes jalouse, madame... ce n'est pas bien... et voilà comme je me venge. (Il l'embrasse.)

MARIE, s'éloignant avec effroi.

Don Juan !

SCÈNE III.

MARIE, DON JUAN, ELVIRE.

ELVIRE, accourant.

Mon frère ! mon frère !

MARIE.

Elvire !

ELVIRE.

Une bonne nouvelle que je vous apporte ; comme je sortais d'ici, mon père passait le pont-levis, entouré de plusieurs étrangers que je ne connais pas ; j'ai surtout remarqué un seigneur, grand, sec et noir, dont la figure m'a fait peur.

DON JUAN.

Mon père ! ah ! courons.

MARIE.

Le voici.

ELVIRE et DON JUAN, courant dans ses bras.

Mon père !

SCÈNE IV.

MARIE, DON JUAN, QUIXADA, ELVIRE.

QUIXADA.

Mes enfants ! que je suis heureux de vous revoir, de vous presser dans mes bras ! Qu'il me tardait de me retrouver en ces lieux, où j'avais laissé tant d'amitié, tant de bonheur ! (Tendant la main à Marie, qui est restée sur le devant de la scène.) Marie, ma nièce, mon autre fille; mais qu'as-tu donc? d'où vient cet air d'inquiétude?

DON JUAN, vivement, se replaçant entre eux.

C'est la joie, le saisissement. Et dites-moi, mon père, êtes-vous content de notre jeune roi... de la cour?...

QUIXADA.

AIR *du Vaudeville de l'Actrice.*

Cette cour où j'étais naguère,
Où tant de bonté m'accueillit!
Qu'elle est changée!

ELVIRE.

Eh bien, mon père?

QUIXADA.

Tous les courtisans me l'ont dit.

DON JUAN.

Mais les peuples, heureux sans doute,
Ont pour prince un homme de bien
Qui les aime, qui les écoute.

QUIXADA.

Ah! les peuples n'en disent rien.

Il faut que le monde ait diablement marché depuis que je n'y suis plus: de soldat qu'il était, il s'est fait moine... après tout, mon grand roi, Charles-Quint, a passé par là; le vainqueur de Pavie est mort sous un cilice, dans une abbaye! mais parbleu! il est mort bien promptement; et je crois que c'est un regret, un remords peut-être qui lui a brisé le cœur.'

DON JUAN.

Mais à votre arrivée à Madrid on devait le pleurer, lui dresser des statues; on l'avait déjà oublié... par ordre supérieur.

ELVIRE.

Comment! le nouveau roi...

QUIXADA.

Oh! voyez-vous, mes enfants, dans une jeune cour on proscrit le souvenir et l'espérance; tout est au présent; le jour de

mon arrivée, le roi faisait effacer le chiffre de son père, et donner le fouet à son fils, pour l'exemple! Du reste, un excellent
prince, bien pieux, bien prudent... trop prudent... Mais vous le
verrez, mes enfants.

DON JUAN, ELVIRE et MARIE.

Nous?

DON JUAN.

J'irai à la cour?

QUIXADA.

A la cour?... oui, don Juan, oui, vous irez.

DON JUAN.

Ah! quel bonheur! et sera-ce bientôt?

QUIXADA.

Trop tôt pour nous tous, qui vous aimons.

DON JUAN.

Grand Dieu! vous êtes ému! et des pleurs... Mon père...

QUIXADA.

Votre père, don Juan... oui, votre père. Ah! ce titre, vous
vous en souviendrez; j'ai fait ici, pour vous rendre heureux,
tout ce qu'on peut espérer du père le plus tendre; ne l'oubliez pas.

DON JUAN.

Ah! jamais.

QUIXADA, lui serrant la main.

Mon fils!

ELVIRE.

Qu'est-ce que cela veut dire?

MARIE.

Ainsi le seigneur don Juan va nous quitter? (Quixada baisse les
yeux.)

ELVIRE.

Pour aller loin de nous, briller, se marier peut-être... se
marier! Ah! voilà de quoi nous donner du chagrin pour longtemps.

QUIXADA.

Et voilà ce que je ne veux pas; j'ai besoin de votre gaieté aujourd'hui... il me la faut, et la mienne aussi. (Essuyant ses larmes.)

Que diable! imitez-moi... ma fille, et vous, Marie, voyez, j'ai donné des ordres sur ma route et en arrivant... C'est ici un rendez-vous de chasse pour toute la noblesse de la province; vous y paraîtrez, don Juan; vous y prendrez un rang.

DON JUAN.

Comment?

QUIXADA, vivement.

Enfin, que tout le monde se prépare à recevoir l'hôte que j'attends aujourd'hui.

ELVIRE.

Qui donc, mon père?

DON JUAN.

Un seigneur de Madrid, peut-être?

QUIXADA.

Oui, oui, un seigneur. (Aux jeunes filles.) Allez, mes enfants, allez, que rien ne soit épargné; j'ai de l'or maintenant.

ELVIRE et MARIE.

De l'or!

DON JUAN.

De l'or!... c'est à la cour...

QUIXADA.

A la cour.

AIR : *Ce que j'éprouve en vous voyant.*

L'or qu'un ministre peut verser,
Les faveurs que ses mains répandent
N'arrivent qu'à ceux qui demandent;
Je suis trop vieux pour commencer.

DON JUAN.

Mais les rois, j'ai dû le penser,
Pour l'honneur, les talents, la gloire,
Leur justice doit éclater.

QUIXADA.

Leur justice! loin d'en douter,
Mon fils, il faut toujours y croire,
Mais il ne faut pas y compter.
Il ne faut jamais y compter.

(A part.) Mais il y a des juifs à Madrid; on ne les brûle pas tous, heureusement. (Haut.) Tenez, et que mes nobles voisins portent envie à ce vieux château de Villa-Garcia qu'ils regardaient avec tant de dédain.

DON JUAN.

Mais c'est donc une fête?

QUIXADA.

Oui, ce doit en être une pour vous, mon ami; quant à moi, ce jour m'en rappelle un autre : oui, je m'en souviens; à pareil jour, un grand seigneur... oh ! plus grand encore que celui que j'attends, vint me visiter, à l'improviste aussi, dans ce vieux château, seul héritage de ma noble famille; il m'amenait une femme, belle encore, malgré les chagrins et la souffrance : « C'est mon épouse, s'écria-t-il, oui, en dépit des lois « et de l'Église, c'est mon épouse; elle porte dans son sein le « fruit d'un amour infortuné. » Et la jeune femme cachait ses larmes. (Marie fait un mouvement, don Juan lui serre la main.)

AIR : *Je n'ai point vu ces bosquets de lauriers.*

> Mon vieil ami, dit-il, à ton honneur
> Le mien confie une épouse, une mère;
> Entoure-la de soins et de bonheur :
> A mon enfant tu serviras de père.
> S'il naît obscur, qu'il s'illustre sous toi;
> Que ses vertus lui donnent la noblesse.
> Je le promis : toi qui reçus ma foi,
> Du haut des cieux, juge-nous, et dis-moi
>   Si j'ai bien tenu ma promesse.

ELVIRE et DON JUAN.

Mon père !

MARIE.

Ce secret...

SCÈNE V.

MARIE, DON JUAN, QUIXADA, DON JOSEPH, ELVIRE;
SUITE, dans le fond.

DON JOSEPH.

Venez, messieurs, venez.

ELVIRE.

Ah! les personnes qui sont arrivées avec vous...

QUIXADA.

Don Joseph, approchez.

ELVIRE, à part.

Qu'il est laid, don Joseph!

DON JOSEPH, après avoir salué.

Seigneur Quixada, c'est sans doute le seigneur don Juan que
je salue très-profondément?

QUIXADA.

Lui-même... Don Juan, voici votre précepteur, votre guide;
celui dont vous écouterez, dont vous suivrez les conseils.

DON JUAN, étonné.

Après les vôtres, mon père.

DON JOSEPH.

Permettez, seigneur, que je vous présente les personnes qui
désormais seront trop heureuses de vous appartenir.

(Les personnes qui le suivent s'avancent et saluent respectueusement don Juan.)

DON JUAN, étonné.

A moi!

QUIXADA.

Oui; rentrez chez vous, mon fils, ils vous suivront; ils ont
reçu des ordres auxquels vous devez obéir tout le premier.

DON JUAN.

Ce sont donc les vôtres, mon père? (Il passe à la gauche de Quixada.)

DON JOSEPH, aux personnes de la suite.

Suivez le seigneur don Juan.

DON JUAN.

En vérité, je ne puis comprendre...

QUIXADA, à demi-voix.

Tenez, mon enfant, prenez cette bourse, et soyez généreux, comme il convient à... (Il s'arrête.)

DON JUAN, le regardant avec surprise.

Mon père !

QUIXADA, en souriant.

Allez, je vous rejoins.

(Don Juan sort lentement ; les personnes amenées par don Joseph le suivent.)

ELVIRE, se rapprochant de Marie.

Dis-moi donc, je suis toute tremblante.

MARIE.

Et moi !...

DON JOSEPH.

Seigneur Quixada, je vous en fais mon compliment.

QUIXADA, lui imposant silence.

Pardon... (Il regarde les jeunes filles; elles paraissent déconcertées et sortent.)

SCÈNE VI.

QUIXADA, DON JOSEPH.

DON JOSEPH.

Votre élève est fort bien : un air de modestie... Vous l'avez formé...

QUIXADA.

Comme un digne gentilhomme.

DON JOSEPH.

Tant mieux ; excellente acquisition pour l'Église.

QUIXADA.

Vous croyez qu'il doit entrer dans les ordres ?

DON JOSEPH.

C'est décidé, pour son bonheur. Il y sera sensible, n'est-ce pas ? Vous lui avez donné des habitudes...

QUIXADA.

Les miennes, quand j'avais son âge.

DON JOSEPH.

AIR : *Prenons d'abord l'air bien méchant.*

Quand on lui parle d'un état,
Du ciel a-t-il l'âme occupée?

QUIXADA.

Son âme au récit d'un combat...

DON JOSEPH.

Craint le bruit?

QUIXADA.

Demande une épée.

DON JOSEPH.

Au couvent peut-il être admis?

QUIXADA.

La gloire à lui se fait entendre.

DON JOSEPH.

Enfin, à nos projets soumis,
Veut-il prier pour son pays?

QUIXADA.

Il veut mourir pour le défendre.

DON JOSEPH.

Ce n'est pas cela. Voyons, il est souple, adroit ; il a reçu des principes ?

QUIXADA.

D'honneur et de loyauté.

DON JOSEPH.

Voilà tout?

QUIXADA.

Quoi donc? de mon temps, c'était assez : loyal chevalier, franc Espagnol.

DON JOSEPH.

Allons, c'est une éducation à refaire tout à fait.

SCÈNE VII.

MARIE, QUIXADA, DON JOSEPH.

MARIE, toute troublée.

Mon oncle! mon oncle!

QUIXADA.

Qu'est-ce donc?

MARIE.

Le pays se couvre de soldats; les cloches de Valladolid annoncent un grand événement; et je ne sais ce qui se prépare ici même, dans ce château, où de nobles cavaliers arrivent en foule.

QUIXADA.

Ah! je savais bien que mon message leur parviendrait; j'irai les recevoir; mais d'abord je veux revoir don Juan, mon fils. (A don Joseph.) Venez, don Joseph, je tremble toujours de laisser échapper une confidence que plus grand que moi doit achever. Venez, vous me donnerez du courage.

MARIE, se rapprochant.

Mon oncle... ah! de grâce, ayez pitié de moi; ce mystère, car je le vois...

QUIXADA.

Hein! qu'as-tu? comme tu trembles!

MARIE.

Oh! dites-moi, que se passe-t-il? don Juan...

QUIXADA, très-attendri.

Eh bien! ma pauvre Marie, c'en est fait; le roi...

DON JOSEPH, à demi-voix.

Seigneur Quixada...

QUIXADA, revenant à lui.

C'est juste. (A Marie.) Ça ne te regarde pas. Adieu.
(Il sort par le fond avec don Joseph; Alexandre entre en même temps par la gauche, et s'arrête comme frappé de stupeur.)

MARIE, s'appuyant contre un meuble.

Ah! j'ai le cœur serré!

SCÈNE VIII.

MARIE, ALEXANDRE.

ALEXANDRE.

Grand Dieu! je ne me trompe pas; c'est lui.

MARIE.

Lui! qui donc, seigneur Alexandre?

ALEXANDRE.

Don Joseph.

MARIE.

Vous le connaissez?

ALEXANDRE.

C'est à lui que je dois tous mes chagrins.

MARIE.

A lui?

ALEXANDRE.

Oui, voilà tout mon secret: le jeune roi lui avait confié. le soin de nous élever, moi et trois autres jeunes seigneurs de la cour; mais moitié abbé, moitié laïque, voué à l'inquisition qui le fait agir, Philippe voulait qu'il m'élevât pour le cloître; trop fier pour m'y soumettre, j'échappai à son vil espionnage.

MARIE.

Mais c'est le guide, le gouverneur que l'on donne à don Juan.

ALEXANDRE.

Son gouverneur! on veut donc en faire un moine?

MARIE.

O ciel!

ALEXANDRE.

Ou plutôt don Joseph aura été disgracié, et avec son esprit tortueux il aura gagné la confiance du seigneur Quixada.

MARIE.

Vous croyez?

ALEXANDRE.

Mais si je me trompais..... je ne veux pas qu'il me voie.....
Elvire, votre cousine, que je lui parle un instant, un seul
instant ; je vais quitter cet asile où je tremble d'être découvert.

SCÈNE IX.

MARIE, ELVIRE, ALEXANDRE.

ELVIRE.

Ah ! Marie, ma chère Marie ! si tu savais... (Apercevant Alexandre.) Ciel !

ALEXANDRE.

Au moment de m'éloigner de vous, mademoiselle, je suis
heureux de vous revoir, car votre père est de retour, et vous
me devez une réponse.

ELVIRE.

Une réponse ?...

MARIE.

C'est juste.

ALEXANDRE.

M'est-il permis d'espérer qu'un jour j'obtiendrai de vous un
aveu ?... vous détournez les yeux ; ah ! dites-moi si le seigneur
Quixada peut être instruit ?...

ELVIRE, vivement.

Oh ! non.

MARIE.

Que dis-tu ? ce matin encore, pourtant...

ELVIRE.

Pardon, c'est que je ne sais... ce soir, il me semble que tout
est changé pour moi... que je ne puis être à vous.

ALEXANDRE.

Mademoiselle, ah ! je perds ma dernière espérance ; il ne me
reste que mes chagrins, auxquels vous venez d'en ajouter un,
le plus grand de tous, quand seule vous pouviez les effacer.

MARIE, allant à lui.

Seigneur Alexandre...

ALEXANDRE.

Adieu, mademoiselle, adieu.   (Il sort.)

SCÈNE X.

ELVIRE, MARIE.

ELVIRE, le regardant aller.

Pauvre jeune homme ! il me fait de la peine.

MARIE.

Il est bien temps ; mais je le croyais aimé ?

ELVIRE.

Et moi aussi ; je me trompais sans doute, ou plutôt je ne me connaissais pas ; non, je ne pouvais pas lire dans mon cœur ; si tu savais, Marie, ce que je viens d'apprendre... don Juan... (Elle regarde autour d'elle.)

MARIE, vivement.

Eh bien ! achève donc.

ELVIRE.

On le pressait, on l'entourait d'hommages, et lui les recevait d'un air de dignité qui me faisait plaisir à voir... Mon père est arrivé, pâle, tremblant... de grosses larmes lui roulaient dans les yeux... Il l'a serré dans ses bras avec un mouvement convulsif.

MARIE.

Ton frère !...

ELVIRE.

Mon frère !... non, Marie, non, il ne l'est pas.

MARIE.

Grand Dieu !

ELVIRE.

Non, mon père n'a pu se taire plus longtemps, il avait le

cœur trop plein ; son secret a débordé malgré lui... Cet enfant
dont on lui confia la mère, qu'il éleva comme son fils... tu ne
devines pas ?...

MARIE.

C'est don Juan... et qui donc... qui donc est-il ? sa famille...
son nom ?

ELVIRE.

Voilà ce que nous n'avons pu savoir ; mon père, hors de lui,
s'est échappé de nos bras comme pour conserver le reste d'un
secret qu'un autre doit nous révéler. Il nous a laissés tous les
deux muets de surprise et de douleur ! c'est-à-dire, moi, je ne
sais ce que j'ai éprouvé en ce moment, ce que j'éprouve encore...
J'étais triste d'abord de perdre un frère que j'aimais tant ; mais
ensuite, quand il m'a pressée contre son cœur, le mien a battu
avec violence ; je le regardais en extase. Oui, cet air de fierté,
ce mystère qui l'environne, jusqu'à cette ambition que tu lui
reprochais, tout me plaisait en lui ; mais ce n'était pas comme
hier, comme ce matin...

Air : J'en guette un petit de mon âge.

Je ne sais pas quel trouble m'a saisie
    Quand alors il m'a dit : Ma sœur.
Ce qui faisait le bonheur de ma vie,
Ce nom si doux m'a donné de l'humeur.
Oui, j'en rougis ; et cependant je l'aime :
Oh ! cent fois plus... mais soudain j'ai tremblé ;
    Et dans ses bras il m'a semblé
    Que je ne l'aimais plus de même.

MARIE.

O ciel !

ELVIRE.

Écoute donc, je ne sais pas quel sort l'attend... il sera malheureux peut-être... sans famille... je ne le quitterai plus.

MARIE, qui l'observe en tremblant.

Eh quoi ! ce jeune homme, le seigneur Alexandre, qui attendait de toi son bonheur ..

ELVIRE.

Je l'aurais fait hier, je crois.

MARIE.

Et tout à l'heure, quand tu as repoussé son amour?...

ELVIRE.

C'est que je pensais à l'autre.

MARIE.

Que dis-tu?... tais-toi, tais-toi. (Apercevant don Juan.) Ah! don Juan. (Elle court à lui.)

ELVIRE, timidement.

C'est lui.

SCÈNE XI.

Les Mêmes, QUIXADA et DON JUAN, qui entrent par la gauche.

QUIXADA, vivement à don Juan.

Non, laissez-moi, laissez-moi, ce secret n'est pas le mien.

DON JUAN.

Oh! je vous en supplie... Elvire, Marie, je vous revois... ah! j'en avais besoin.

QUIXADA.

Allons, point de larmes ; je ne le veux pas.

MARIE.

Non, mon oncle... non, je ne pleure pas.

DON JUAN.

Marie, tu le sais ; oui, tu sais tout... Je n'ai plus de famille, plus de sœur ; le nom que je porte n'est plus le mien... je suis seul, pour toujours peut-être... mais non, tu me... (Se reprenant, à Marie et à Elvire.) Vous me resterez ?... vous m'aimerez, n'est-ce pas ?

MARIE.

En doutez-vous ?

DON JUAN.

Pour moi, quelle que soit ma fortune, je me rappellerai tout ce que j'aimal, tout ce que j'ai juré... Tant qu'une goutte de ce sang espagnol coulera dans mes veines, j'y serai fidèle... (Saisissant la main de Marie sans être vu.) Entre moi et ceux que j'aime, c'est à la vie et à la mort.

MARIE, lui prenant la main.

Ah! je te crois! (Elle essuie ses larmes.)

QUIXADA.

Bien, mon fils!

DON JUAN, passant auprès de Quixada.

Mais ma naissance, pourquoi me la cacher encore... c'est donc un crime?... Parlez, mon père : oh! jamais ce nom ne me fut plus doux à prononcer; mais dites-moi du moins si je dois être fier de cette famille qui sera la mienne. Ah! si vous saviez quel supplice de douter de son sort, de sa naissance!... Oh! parlez, celui que je dois nommer mon père, dites-moi du moins si je dois en rougir un jour?

QUIXADA.

Oh! jamais.

DON JUAN.

Son nom est-il honorable?

QUIXADA.

Il est des plus glorieux.

DON JUAN.

C'était donc...

QUIXADA.

Un grand homme, mon fils.

DON JUAN.

Ah! de quel poids mon cœur est soulagé!... un grand homme!... Mon père!... (Se jetant dans ses bras.) Vous me rendez la vie.

QUIXADA.

Qu'entends-je?

ELVIRE, dans le fond.

Marie, vois donc cette foule brillante, ces gardes magnifiques, ce seigneur qu'on entoure...

QUIXADA.

C'est lui, mes enfants, c'est lui... don Juan!... mes filles... suivez-moi... (Il s'élance vers le fond et sort. Ils vont pour le suivre.)

DON JUAN.

Lui!... et qui donc?... Où courez-vous?...

SCÈNE XII.

MARIE, ALEXANDRE, DON JUAN, ELVIRE.

ALEXANDRE, entrant vivement.

Le roi! le roi!

TOUS, revenant vivement,

Le roi!

ALEXANDRE.

Oui, je l'ai vu... il vient... il entre dans ce château; je n'ai eu que le temps de m'y jeter précipitamment pour ne pas être reconnu par les gens de sa suite.

DON JUAN.

Le roi!... mais qu'est-ce donc? à Valladolid, bien... il y vient souvent, mais ici!

ALEXANDRE.

Comment fuir?

ELVIRE.

Le roi!... je le verrai!

MARIE.

Don Juan, je tremble.

DON JUAN.

Et moi-même, je ne sais ce que j'éprouve; le trouble, le respect...

ALEXANDRE.

Le voici... je suis perdu.

SCÈNE XIII.

MARIE, ALEXANDRE, DON JOSEPH, PHILIPPE II, QUIXADA,
DON JUAN, ELVIRE, Suite nombreuse du roi.

CHŒUR.

Air *De la Marche du prince de Grenade.* (Robert-le-Diable.)

Voici le roi, la chasse nous appelle.
A ses côtés courons nous réunir.
Voici le roi, peuple fidèle,
Après la gloire le plaisir.

(Quand tout le monde est entré, le roi paraît.)

QUIXADA, entrant à la dernière reprise du chœur.

Don Juan, venez, venez.

DON JUAN, reculant.

Ah! je n'ose... le roi...

PHILIPPE.

Vous le voyez, seigneur Quixada, fidèle à ma parole royale,
je viens au milieu de votre famille payer les dettes de la
mienne. (A part, regardant autour de lui.) Où donc est-il?...

QUIXADA.

Ah! sire, un pareil honneur... comment recevoir digue-
ment?... Ah! malgré mon âge, permettez-moi de vous servir.

PHILIPPE.

C'est un charmant rendez-vous de chasse que votre château,
j'y reste jusqu'à demain. (Apercevant don Juan que Quixada fait approcher.) Ah! ce jeune gentilhomme..... (Bas à don Joseph.) C'est
lui?

DON JOSEPH, bas à Philippe.

Oui, sire.

QUIXADA, présentant don Juan.

Le seigneur don Juan.

PHILIPPE, lui tendant la main.

Par mon saint patron ! je l'ai reconnu tout d'abord. Approchez, mon ami.

DON JUAN, se jetant à ses pieds.

Ah ! sire !

PHILIPPE, le relevant.

Relevez-vous... S'est-on souvenu de mes ordres ? Savez-vous quel est votre nom ?... votre naissance ?

DON JUAN.

Sire, je l'ignore.

PHILIPPE.

Eh bien !... don Juan d'Autriche, fils de Charles-Quint, embrassez votre frère !

DON JUAN.

Grand Dieu !... Moi, sire, il se pourrait.... Ah !... (Il se jette dans les bras du roi.)

ALEXANDRE, qui est resté caché jusque-là, s'avançant.

Don Juan !

DON JOSEPH, l'apercevant.

Que vois-je ?

ELVIRE, avec joie.

Frère du roi !

MARIE, à part, tombant dans un fauteuil.

Ah ! malheureuse !

ACTE SECOND

Un riche cabinet ; une galerie dans le fond.

SCÈNE PREMIÈRE.

PHILIPPE, DON JOSEPH, Courtisans, deux Gardes dans le fond en dehors.

(Au lever du rideau le roi est assis près d'une table sur le devant du théâtre, à droite; les autres personnes se tiennent debout dans le fond.)

PHILIPPE, assis.

Oui, messieurs, nous quitterons ce château dans quelques heures, et demain à Madrid. (Il se lève.) La sainte Inquisition annonce un auto-da-fé, j'y serai. (A un des seigneurs.) Monsieur le duc, vous partirez pour Grenade, c'est un peuple bien turbulent. (A un autre.) Comte de Lara, je vous nomme gouverneur de l'infant don Carlos. (Sur un signe du roi le comte s'approche.) C'est un caractère sombre, intraitable, il faut le dompter, ou par saint Philippe! je le dompterai moi-même. (Apercevant don Joseph qui entre.) Ah ! don Joseph, approchez. (Aux courtisans.) Messieurs... (Ils s'éloignent tous.) Approchez ; où est le prince mon frère? que fait-il?

DON JOSEPH.

Il est sorti à cheval, suivi d'une cour nombreuse.

PHILIPPE.

Une cour !... En effet, la mienne s'éclaircit un peu. Pourquoi n'êtes-vous pas auprès de lui?

DON JOSEPH.

C'est que Sa Grâce me l'a défendu.

PHILIPPE.

Il ne sait donc pas que je l'ai ordonné?

DON JOSEPH.

Si fait, si fait ; c'est que lui aussi il parle en maitre.

PHILIPPE.

Ah ! déjà ! je n'en suis pas surpris. Hier je jouissais de son embarras, de sa timidité ; je l'encourageais à faire le prince, il ne s'en acquittait pas mal.

DON JOSEPH.

C'est dans le sang.

PHILIPPE.

Hein ?

DON JOSEPH.

C'est-à-dire dans le sang d'un côté.

PHILIPPE.

Le roi ne l'effrayait plus... au contraire.

DON JOSEPH.

Il était un peu familier.

PHILIPPE.

On peut y mettre ordre ; et dites-moi, sait-il que son sort est fixé ? qu'il est destiné...

DON JOSEPH.

Je ne crois pas.

AIR *de Partie carrée.*

Hier, ce matin, avec franchise,
Pour l'amener à son nouvel état,
Je lui parlais des plaisirs de l'Église
Et des douceurs du célibat. (*bis.*)
Il en riait; et pourquoi ? je l'ignore ;
Car la jeunesse a certains préjugés
Que, Dieu m'aidant, mon âme vierge encore,
N'a jamais partagés.

PHILIPPE.

Il me comprendra. En promettant à mon père mourant de reconnaître don Juan pour mon frère, j'ai fait une restriction

mentale !... c'est que dans la famille royale il n'y aurait jamais
d'autre tige que la mienne. J'attends l'archevêque de Tolède pour
lui expliquer mes projets, pour lui confier le prince. Vous, cependant, ne le quittez pas d'un instant; suivez-le partout, rendez-moi compte de toutes ses paroles, de toutes ses pensées....
mais que du reste il jouisse d'une entière liberté.

DON JOSEPH.

Après cela s'il n'était pas heureux...

PHILIPPE.

Il faut éloigner de son esprit ces folles idées de gloire, d'ambition qui le perdraient; il faudra lui choisir des amis sûrs et
dévoués.

DON JOSEPH.

A lui?

PHILIPPE.

Non, à moi... mais que faisait ici Alexandre de Médina? par
quel hasard?...

DON JOSEPH.

Je l'ignore. (On entend du bruit.)

SCÈNE II.

DON JOSEPH, PHILIPPE, QUIXADA.

PHILIPPE.

Qu'est-ce donc, seigneur Quixada? qu'avez-vous? quelle
émotion?

QUIXADA.

Ah! sire, pardonnez à ma joie; c'est mon élève, mon ami
mon fils; je sens là une noble fierté.

PHILIPPE.

Expliquez-vous.

QUIXADA.

Déjà on l'entoure, on le bénit; il vient de répandre ses pre

miers bienfaits autour du château, chez tous les malheureux...
car il savait leur demeure, lui.

PHILIPPE.

C'est bien, c'est bien.

QUIXADA.

A son retour, il a aperçu parmi vos gardes d'anciens soldats
de son père, de mes vieux compagnons d'armes ; il s'est appro-
ché d'eux, il leur pressait les mains, il touchait leurs nobles ar-
mures, et lui-même saisissant une épée...

PHILIPPE.

Don Juan ?

QUIXADA.

Tous admiraient son regard plein de feu, sa tournure mar-
tiale.

PHILIPPE.

Et voilà ce que je ne veux pas.

QUIXADA.

Air : *Vaudeville des Mémoires d'un colonel.*

> Par sa grâce, par sa bonté,
> De son rang il se montre digne ;
> On aime sa noble fierté.

DON JOSEPH, à part.

> Le roi se tait, c'est mauvais signe.

QUIXADA.

> C'est un aiglon, à son réveil,
> Essayant ses forces nouvelles.

DON JOSEPH, de même, regardant le roi.

> Et qui volant près du soleil,
> Pourrait bien y brûler ses ailes.

QUIXADA.

Tous reconnaissaient en lui le sang de Charles-Quint.

PHILIPPE , avec humeur.

C'est bien, vous dis-je... il a déjà ses flatteurs; et avec son caractère fier, impérieux...

QUIXADA.

Son caractère! ah! c'est le plus noble que je sache, (Regardant don Joseph.) et quiconque dit le contraire trompe Votre Majesté.

DON JOSEPH, d'un ton patelin.

Je n'ai rien dit.

PHILIPPE.

Seigneur Quixada...

QUIXADA.

Ah! sire, pardonnez ma vieille franchise; il paraît qu'elle est passée de mode, comme mon costume, dont vos jeunes courtisans s'amusaient tout à l'heure.

PHILIPPE, se rapprochant de lui.

Vous savez quels sont mes ordres, ma volonté... Le prince n'avait dans ces lieux aucune liaison d'amitié, d'amour?

QUIXADA.

De l'amour... ah! sire... mon enfant! je réponds de son innocence.

PHILIPPE.

Vous m'en répondez... mais des amis?

QUIXADA.

Il n'en avait qu'un... c'était moi.

PHILIPPE.

Pas d'autre?

DON JOSEPH, se rapprochant.

Sire, le marquis de Médina est arrêté.

PHILIPPE.

Vous entendez... le jeune marquis de Médina, (Quixada regarde autour de lui.) Alexandre de Médina.

QUIXADA.

Pardon... c'est à moi que Votre Majesté fait l'honneur d'adresser la parole ?

PHILIPPE.

Sans doute. Le marquis... un esprit dangereux... dont l'amitié porte malheur... vous le connaissez ?

QUIXADA.

Je ne l'ai jamais vu.

PHILIPPE.

Mais dou Juan ?

QUIXADA.

Pas davantage.

SCÈNE III.

DON JOSEPH, DON JUAN, QUIXADA.

DON JUAN, entrant vivement suivi de quelques personnes.

Non, non ; cela ne se peut pas... je vous le défends, je parlerai au roi... Ah ! mon frère, je vous cherchais, j'espérais vous trouver seul. (Apercevant Quixada.) Quixada ! mon père !

QUIXADA, avec respect.

Prince...

DON JUAN, gaiement.

Comment ! prince... pour vous je ne le suis pas ; je ne veux être que don Juan votre fils, votre ami. N'est-ce pas mon frère ? Laissez à ces courtisans dont les hommages me fatiguent...

PHILIPPE.

Il faut qu'on ait pour vous du respect.

DON JUAN, en riant.

Du respect ! eh ! mon Dieu ! on en a trop ; je ne puis faire un pas sans qu'on se presse autour de moi ; des flatteurs qui m'obsèdent de leur respect, (Montrant don Joseph et à demi-voix.) à com-

mencer par ce grand-là, qu'on croirait payé pour m'ennuyer
de par le roi. (Don Joseph s'incline très-profondément.)

PHILIPPE, qui s'est assis.

Mais, prince...

DON JUAN.

Prince!... vous aussi, mon frère. En vérité je ne sais si je
veille. Pauvre orphelin, élevé par pitié, n'osant, hier encore,
me livrer à ces rêves de gloire, à ces désirs ambitieux qui faisaient, comme par instinct, palpiter mon cœur... je me suis vu
transporté en un instant au delà de tous mes vœux, de toutes
mes espérances. Quel honneur! quelle famille! ah! si je me
l'étais choisie moi-même, je n'aurais pas mieux fait; moi, fils
de Charles-Quint!...

AIR du *Fleuve de la vie.*

D'un prince qu'on vit à la ronde
Étendre son sceptre absolu;
D'un souverain, maître du monde,
Du plus grand roi que l'on ait eu;
Du plus grand... il faut qu'on le craigne,
Que jamais notre Espagne aura.

DON JOSEPH.

Ciel!

QUIXADA, bas à don Juan.

On ne dit jamais cela
Devant celui qui règne.

DON JUAN.

Eh! qu'importe! le roi ne m'a pas nommé son frère pour me
jeter au nombre de ses flatteurs!... Mon frère... ah! si vous
saviez tout ce que ce nom-là m'a donné de bonheur! le sentez-
vous comme moi, mon frère?

PHILIPPE.

Sans doute, monseigneur!

DON JUAN, s'approchant familièrement du roi.

Encore! ah! je vous en supplie. Roi pour tout le monde, ne

soyez pour moi qu'un ami comme hier; vous étiez si bon! et ce titre de roi qui m'effrayait d'abord... (Il lui prend la main.)

PHILIPPE, se retournant.

Comte de Lara, gouverneur de don Carlos, voici mes instructions, partez. En élevant mon fils, rappelez-lui bien surtout que le roi d'Espagne ne permet à personne de s'élever jusqu'à lui. (Tous les courtisans s'eloignent, don Juan regarde autour de lui et paraît tout deconcerté)

DON JOSEPH, à part.

Il a compris.

PHILIPPE, avec bonté.

Approchez, prince, qu'aviez-vous à me dire? que veniez-vous m'apprendre?

DON JUAN, très-ému.

Sire, je venais... je voulais... c'est dommage.

PHILIPPE, se levant.

Rassurez-vous, mon frère. (Il lui tend la main.)

DON JUAN, se précipitant sur la main que le roi lui tend.

Ah! sire! que de bonté! j'en avais besoin.

PHILIPPE, se levant.

Expliquez-vous, parlez.

DON JUAN.

En rentrant, ce matin, j'ai appris qu'on venait d'arrêter dans ce château le marquis Alexandre de Médina, mon hôte, mon ami.

PHILIPPE, regardant Quixada.

Votre ami?

QUIXADA.

En vérité, je ne puis comprendre...

PHILIPPE.

Je comprends, moi; continuez, don Juan.

DON JUAN.

Mon amitié devait rendre cet asile inviolable ; aussi je lui ai promis sa grâce, il l'aura.

PHILIPPE.

Don Juan !

DON JUAN.

Il l'aura, sire.

Air *de Téniers.*

Vous m'avez dit que j'étais votre frère ;
Que j'étais prince et le fils d'un grand roi.
Et, pauvre enfant, sous le nom de mon pére,
C'est en tremblant que je marche : aidez-moi :
Pour vos bienfaits on vous bénit, je pense ;

(Mouvement de Philippe.)

Comme la vôtre honorant ma grandeur,
Laissez-moi faire un heureux... je commence ;
Ce premier pas me portera bonheur.

Aussi, j'ai ordonné qu'on le mît en liberté.

PHILIPPE.

Vous ! vous avez ordonné... (Avec calme à don Joseph.) Allez, que le marquis de Médina soit retenu par ses gardes, que personne ne puisse arriver jusqu'à lui.

DON JUAN , à don Joseph, qui sort.

Arrêtez... (Au roi.) Sire !...

PHILIPPE, souriant.

Allez, car je le veux aussi, moi, le roi. (Quixada, sur un signe du roi, remonte avec les courtisans.)

DON JUAN.

Quoi ! vous exigez...

PHILIPPE.

Quand j'ai commandé, on obéit. (Avec bonté.) Mais calmez-vous, vous êtes près d'un frère.

DON JUAN.

Ah ! sire ! vous venez de m'apprendre que ce frère est mon maître, et le marquis de Médina, mon ami...

PHILIPPE.

Votre ami ! il ne peut l'être. Je ne le veux pas.

DON JUAN.

Ah ! plutôt laissez-moi adoucir son esprit, que l'injustice a peut-être irrité ; un jour il sera digne de vous servir ; et, s'il le faut, dans les combats, à mes côtés...

PHILIPPE.

Dans les combats ! Et qui vous a dit, don Juan, que vous dussiez vous battre ?

DON JUAN, étonné.

Qui me l'a dit ?... qui me l'a dit ? mais mon cœur, le sang qui coule dans mes veines, le nom de mon père ! Qui me l'a dit ? mais c'est là toute mon ambition, la seule qui soit jamais entrée dans mon âme.

PHILIPPE.

Nous avons d'autres projets sur vous, mon cher don Juan.

DON JUAN.

Mais, sire, les soins du trône vous retiennent ; et si je puis, un jour, à la tête de vos armées...

PHILIPPE.

Jamais ; quels sont donc mes ennemis, les vôtres, qui vous ont donné cette pensée ?

DON JUAN, interdit.

Sire, l'espoir de servir Votre Majesté...

PHILIPPE.

Vous me servirez plus sûrement, et pour vous et pour moi...

DON JUAN.

Quoi ! voulez-vous me condamner à végéter, seul, obscur, dans mes foyers, près d'une épouse, d'un fils ?

PHILIPPE.

Une épouse!... un fils!... ne l'espérez pas : votre famille, c'est moi, moi seul; vous n'en aurez jamais d'autre.

DON JUAN.

Sire, ah! vous ne le pensez pas... cet arrêt...

PHILIPPE.

Est irrévocable.

DON JUAN.

Il est impossible; j'aime, je suis aimé.

PHILIPPE.

Malheureux! tremblez, il y va de votre liberté, de celle de votre maîtresse. (A Quixada qui s'est avancé avec inquiétude.) Seigneur Quixada, vous avez menti.

QUIXADA, hors de lui.

Sire...

DON JUAN, s'elançant.

Mon père...

QUIXADA.

Sire, j'ai servi trente ans votre famille, mon sang a coulé pour elle sur vingt champs de bataille!... et le roi votre père ne passait jamais devant moi sans incliner la tête.

PHILIPPE, avec force.

Vous avez menti à votre roi. (Baissant la voix.) Le prince s'est trahi! il aime, il est aimé... Vous m'avez répondu de lui; songez-y.

DON JOSEPH, entrant et venant à la gauche du roi.

Sire, l'archevêque de Tolède se rend aux ordres de Votre Majesté.

PHILIPPE.

C'est bien; don Juan, suivez-moi : ce que j'attends de vous, ce que j'espère, vous allez le savoir. (Il va pour sortir, don Juan passe auprès de lui.)

DON JUAN, à part.

Ah! je tremble... Marie! (Il veut se rapprocher de Quixada qui est resté immobile.)

PHILIPPE, se retournant, avec douceur.

Suivez-moi. (Il sort suivi de don Juan et de tous les courtisans.)

SCÈNE IV.

QUIXADA seul, regardant sortir le roi, après un moment de silence.

Il aime, il est aimé! C'est un crime qui ne sera jamais le tien.

AIR : *Époux imprudent, fils rebelle.*

Devant sa cour, ses flatteurs, il m'outrage ;
Il déshonore un nom qui les vaut tous.
Mon front rougit et de honte et de rage,
Et mon vieux sang bouillonne de courroux.
Monarque ingrat, moine faux et jaloux ;
D'un dévouement si noble, si sincère,
Est-ce le prix que j'attendais de toi ?
Je me trompais ; c'est là peut-être en roi
Payer les dettes de son père.

Il aime... Eh bien! quand cela serait? Je ne me suis pas chargé d'en faire un moine!... Je n'y entends rien heureusement! Il aime... eh bien! où est le mal? Que diable! il me semble que de mon temps on ne demandait pas la permission au roi... (S'arrêtant.) Mais il est aimé... aimé... et de qui? Dans ce château!... Je n'ose...

SCÈNE V.

ELVIRE, QUIXADA, MARIE.

ELVIRE, accourant.

Viens donc, Marie, oui, c'est lui, parmi tous ces jeunes seigneurs... Ah! mon père!

QUIXADA.

Ah ! si c'était... non, c'est impossible.

ELVIRE.

Mon père ! quelle fête ! quel honneur pour votre demeure !
quel éclat !

QUIXADA.

Oui, de par Dieu ! il m'en coûtera le château !

ELVIRE.

Et don Juan... qu'il doit être heureux ! oh ! que je suis contente pour lui !

QUIXADA, les observant.

Tu es bien gaie, ce matin... (A part.) L'autre est bien triste.

ELVIRE.

Que fait-il ? que dit-il ?

QUIXADA.

Qui ?

MARIE, timidement.

Don Juan, mon oncle !

QUIXADA.

Oh ! don Juan... il lui arrive un grand malheur !

MARIE et ELVIRE.

O ciel !

QUIXADA, à part.

Diable ! toutes les deux !

MARIE.

Et quel malheur, mon oncle ?

QUIXADA.

Tu es bien émue, ma pauvre Marie.

ELVIRE.

Mais dites donc, mon père, achevez... C'est notre frère, notre
ami. Vous le savez bien... vous nous faites mourir.

QUIXADA.

Le roi est furieux contre lui.

ELVIRE et MARIE.

Et pourquoi ?

QUIXADA.

Parce qu'il est amoureux.

ELVIRE, en souriant et avec émotion.

Amoureux !... eh bien ! mon père, il me semble qu'il n'y a
as de mal ; et parce qu'il est le frère du roi, je ne vois pas ce qui
mpêcherait... au contraire... Ah ! il est amoureux !... et il n'y
pas longtemps, n'est-ce pas ?

QUIXADA.

Mais... je ne sais... (A part.) L'autre ne dit rien... (Haut, les obser-
ant toujours.) Mais ce qu'il y a de pis... c'est qu'il paraît qu'il se
roit aimé.

MARIE.

Ah ! il se croit...

ELVIRE.

Mais... il n'a peut-être pas tort... écoutez donc... il est bien...
t puis si bon, si aimable... Qui ne l'aimerait pas ce bon prince...
ar le voilà prince, n'est-ce pas ?

QUIXADA.

Oui... et sans doute c'est ce titre-là qui est le plus séduisant.

ELVIRE.

Oh ! non, mais ça ne gâte rien.

MARIE.

Ah ! quelle idée !... peux-tu penser qu'un titre puisse ajouter
... l'amitié ?

QUIXADA, à part.

Ah ! (Il se rapproche de Marie.)

ELVIRE.

Eh ! qu'importe ?... Mais ce que je ne comprends pas, c'est la
olère du roi.

QUIXADA.

Vous ne comprenez pas que don Juan ne peut disposer d
son cœur... de sa main, sans le consentement de son souve
rain... qu'il ne s'appartient plus.

MARIE, à part.

Grand Dieu !

ELVIRE.

Vous croyez?

QUIXADA.

Mais ce qui est mal... oh ! bien mal... c'est de m'avoir tron
pé... lui et la personne dont il est aimé... Ils n'ont pas eu con
fiance en moi... ils se sont défiés de leur vieil ami... Les i
grats ! mes avis du moins auraient prévenu des torts... d
malheurs, peut-être... (Marie se détourne et fond en larmes.)

ELVIRE.

Il n'y a pas de malheurs.

QUIXADA, à part, observant toujours Marie.

Oh ! c'est là... c'est là ! (Haut.) Et si en se perdant ils m'
vaient perdu avec eux !... Oui, j'ai répondu du cœur de d
Juan... et tout à l'heure ici, en présence de la cour, un démen
du roi...

ELVIRE et MARIE.

O ciel !

QUIXADA.

Et ceux pour qui j'ai tout sacrifié, pour qui je donnerais e
core ce qui me reste de jours... (Saisissant la main de Marie.) voilà
prix qu'ils gardaient à ma vieillesse.

ELVIRE, tout émue.

Mon père, je vous assure que si je l'avais su plus tôt... ma
ce n'est que d'hier.

QUIXADA, étonné.

Hein !

ELVIRE.

Et puis, j'ignorais que lui...

QUIXADA, à part.

Ah ! çà, est-ce que je me trompe ?

ELVIRE.

Silence, mon père, j'entends quelqu'un. (Elle remonte et regarde au fond.)

MARIE, entraînant Quixada et à demi-voix.

Mon oncle !...

QUIXADA.

Ah ! Marie !...

MARIE.

Venez, venez, vous saurez tout.

QUIXADA.

Ah ! Marie. (Ils sortent par la gauche.)

ELVIRE, regardant toujours sans se retourner.

C'est lui ! c'est don Juan ! pâle, défait, hors de lui ! il vient. Ah! mon père, ne l'accusez pas. (Revenant.) Je l'aime, oui, je l'aime de toutes les forces de mon âme ! mais... eh bien! où donc est-il?... et Marie...

SCÈNE VI.

ELVIRE, DON JUAN.

DON JUAN, très-vivement.

Ah ! Elvire.

ELVIRE.

Don Juan !

DON JUAN.

C'est toi... Ah ! j'échappe aux regards du roi, et je tremble...

ELVIRE.

Qu'avez-vous ? ce trouble...

DON JUAN.

Oui, je souffre... je suis si malheureux !... (Lui prenant la main.)

Elvire, si tu savais... ils veulent m'enlever au monde, à mes
amis, à mes espérances ; me donner à l'Église.

ELVIRE.

Que dites-vous ?

DON JUAN.

Plus d'amour !... plus de bonheur !

ELVIRE.

Votre frère ?...

DON JUAN.

Mon frère !... Écoute... tu es ma sœur... mon amie... tu
m'es dévouée.

ELVIRE.

Oh ! maintenant plus que jamais ; parlez, parlez, je vous
serai fidèle... comme autrefois... vous savez...

DON JUAN.

Ah ! je te crois ; tu m'aimes, toi ?

ELVIRE.

Ah ! oui.

DON JUAN.

Aussi, je viens me confier à toi, je viens te livrer un secret
d'où dépend mon bonheur... ma vie !

ELVIRE.

Ah ! parle, don Juan... explique-toi.

DON JUAN.

Tu braveras tout pour le garder.

ELVIRE.

Tout.

DON JUAN.

Eh bien ! apprends donc que j'aime...

ELVIRE.

Toi ! tu... (Elle baisse les yeux en rougissant.)

DON JUAN.

Oui, j'aime ; on veut rompre des nœuds que j'ai jurés ; on

veut que je sois parjure, infâme ! Malheureux !... jamais !...
Et celle que j'aime est entourée de périls !... je puis la perdre...
mais je veux la sauver... je ne puis la voir ; on me surveille ;
mais toi, va la trouver, Elvire, dis-lui de renfermer notre secret au fond de son cœur, de ne rien craindre, que je lui serai
fidèle... Oh ! toujours... et si elle peut s'échapper... Mais qu'as-
tu donc, tu ne m'écoutes pas ?

ELVIRE.

Mais... si fait, j'écoute.

DON JUAN.

Cours près d'elle.

ELVIRE.

Elle ! qui donc ? qui donc ?

DON JUAN.

Marie de Mendoza.

ELVIRE.

Marie ?

DON JUAN.

Ma bien-aimée, ma femme !

ELVIRE.

Ah !

DON JUAN.

Mais qu'as-tu donc ? cette pâleur... ces larmes...

ELVIRE.

Moi ! non, non, je ne pleure pas.

DON JUAN.

On vient. Va, cours, ma sœur.

ELVIRE, sortant lentement.

J'y vais... oui, j'y vais... (A part.) Marie !

DON JUAN, la suivant.

Et de grâce, le secret.

(Il se retourne vivement et aperçoit don Joseph qui se trouve derrière lui.)

SCÈNE VII.

DON JOSEPH, DON JUAN.

DON JUAN.

Que voulez-vous? que faites-vous ici?

DON JOSEPH, saluant très-bas.

Pardon, prince... mon devoir...

DON JUAN.

Votre devoir est de me suivre, de vous attacher à mes pas,
d'épier mes paroles pour les reporter à d'autres?

DON JOSEPH.

Pouvez-vous penser?

DON JUAN.

Je le sais.

DON JOSEPH.

Alors... si vous le savez.

DON JUAN.

Oui, je le sais, et je vous trouve bien hardi d'accepter près
de moi de pareilles fonctions.

DON JOSEPH.

AIR : *Vaudeville des frères de lait.*

Prince, pour moi la source est trop belle,
Le roi le veut.

DON JUAN.

Respectez mieux le roi.

DON JOSEPH.

Sa confiance... et j'y serai fidele,
Est un honneur.

DON JUAN.

Oh ! c'est selon l'emploi.

DON JOSEPH.

Mais le roi choisit, c'est l'usage,
Pour accomplir ses ordres absolus,
Ceux qu'il estime davantage.

DON JUAN.

Ou ceux qu'il méprise le plus.

DON JOSEPH.

Le roi...

DON JUAN.

Le roi peut disposer de mes jours, de ma liberté... Mais me forcer à vous voir, à vous entendre... jamais !

DON JOSEPH.

Permettez... chargé de vous donner des principes de vertu...

DON JUAN, entre ses dents.

On ne donne que ce qu'on a.

DON JOSEPH.

Plaît-il ? J'ai accepté dans votre intérêt... (Baissant la voix.) On peut s'entendre... D'ailleurs un autre me remplacerait, et autant vaut...

DON JUAN, lui prenant fortement la main.

Si un autre vous remplaçait... je lui dirais... (Le roi paraît dans le fond.) Le métier que vous faites est infâme... il déshonore le titre que vous portez... Sortez de ma présence, et ne reparaissèz jamais devant moi !

SCÈNE VIII.

DON JOSEPH, PHILIPPE, DON JUAN.

PHILIPPE, descendant entre eux.

Don Joseph, restez.

DON JUAN.

Le roi !

PHILIPPE.

Vous faites le prince avec votre gouverneur, don Juan ?

DON JUAN.

Mon gouverneur !... C'était un soldat que m'avait choisi Charles-Quint.

PHILIPPE, avec impatience.

Encore !... (A don Joseph.) Vous ne recevrez d'ordre que de moi...

DON JOSEPH.

Ah ! sire ! que de bontés ! (Il salue très-humblement.)

PHILIPPE.

Retirez-vous ! (Don Joseph sort.)

SCÈNE IX.

PHILIPPE, DON JUAN.

DON JUAN.

Ah ! ne me forcez pas à vivre ainsi... Epié, persécuté... je préfère le sort du dernier de vos sujets.

PHILIPPE.

Le dernier de mes sujets m'obéit. Pourquoi fuir, m'échapper ? lorsque mes ordres...

DON JUAN.

Ah ! sire, ils m'ont fait trembler ! Mais ces ordres cruels, vous les révoquerez... Moi, entrer dans un cloître !... appartenir à l'Église !... Cacher, sous une robe de moine, le fils de Charles-Quint !... Ah ! vous ne le voulez pas... vous ne pourriez l'exiger !

PHILIPPE.

Je l'exige, pourtant !

DON JUAN.

Songez-y donc... Ces vœux que vous me demandez... ils se-

raient impies, parjures, criminels... Je ne les ferai pas... je ne
les ferai jamais...

PHILIPPE.

Jamais !

DON JUAN.

Vous voulez donc que je sois infâme !

PHILIPPE.

Je veux que vous soyez prince de l'Église... Cela importe à
ma politique... je le veux.

DON JUAN.

Votre politique, sire, c'est de briser le cœur d'un frère ! c'est
d'écraser sous votre pied royal ses espérances de gloire et de
famille !

PHILIPPE.

O ciel !

DON JUAN.

Votre politique... c'est d'arrêter à moi... c'est d'épuiser dans
mes veines... cette goutte échappée du sang de Charles-Quint !

PHILIPPE.

Tais-toi, malheureux, tais-toi ! C'est déjà un crime que de
lire dans ma pensée...

DON JUAN.

Sire !...

PHILIPPE.

Eh bien ! don Juan, s'il en était ainsi, crois-tu qu'il serait
possible de me résister ?

DON JUAN.

Oh ! non... Mais pourquoi ces grandeurs, ce titre, ce secret ?
Laissez-moi vivre obscur, ignoré, au fond de ce château que je
voulais quitter... Ambitieux que j'étais !... Là, du moins, personne ne venait me disputer mon bonheur, ma liberté... Rendez-les-moi !... et pour prix de ce bienfait, j'oublierai tout,
jusqu'à ma naissance, jusqu'au nom que vous m'avez donné.

PHILIPPE.

Il n'est plus temps !

DON JUAN.

Ou plutôt... Vous avez raison, sire, il n'est plus temps...
Je suis votre frère, je dois donner l'exemple à votre peuple...
je dois vous servir... mais en digne Espagnol, une épée à la
main... Oui, de l'héritage de mon père, je ne veux que cela...
Une épée... une épée, et ma place au premier rang !... Ma naissance fut une faute peut-être... Charles-Quint n'osait l'avouer...
Et tout à l'heure, dans la foule de ces jeunes seigneurs, j'ai
entendu murmurer un mot qui m'a fait monter le sang au vi-
sage... Ah ! sire, quand l'heure des combats aura sonné, laissez-
moi marcher à leur tête... les conduire au milieu du danger...
vaincre ou mourir à leurs yeux.

PHILIPPE.

Don Juan !

DON JUAN.

Laissez-moi me légitimer... Mais pas de cloître !... pas de robe
de moine !... Grâce ! pitié ! ne me flétrissez pas... Je vous le demande... je vous en prie à genoux...

PHILIPPE.

Mon frère !

DON JUAN.

Votre frère ! oui... Mais soyez donc le mien... Voyez... Je
ne veux faire qu'un vœu, qu'un serment... à vos pieds... Mais
je le tiendrai, celui-là... C'est de vivre pour vous servir... de
n'amasser de gloire que pour augmenter la vôtre !... de ne me
rappeler que nous sommes du même sang que pour vous aimer,
pour vous être fidèle !... Je le jure ! je le jure, au nom du héros
qui fut votre père et le mien !

PHILIPPE, d'une voix émue.

Relevez-vous, c'est bien, je vous crois, vous ne me trompez
pas... Oh ! non, malheur à qui me ferait trembler ! il y a près
de mon trône un tribunal sacré qui n'absout jamais, et fût-ce
mon fils lui-même...

DON JUAN.

Grand Dieu !

PHILIPPE, reprenant avec un sourire.

Don Juan, soyez heureux; je reçois vos serments, servez-moi,
j'yconsens.

DON JUAN.

Ah! sire... ah! mon frère!

PHILIPPE.

Et maintenant, parlez, que puis-je faire encore pour vous?
qu'avez-vous à me demander?

DON JUAN.

Sire, la grâce du seigneur Alexandre de Médina.

PHILIPPE, avec humeur.

Encore! vous êtes donc bien son ami?

DON JUAN.

Il est malheureux.

PHILIPPE.

Allons, puisque vous le voulez; mais moi, don Juan, j'ai
aussi mon vœu, ma condition, j'accorde tout, vous ne me refuserez pas.

DON JUAN.

Ordonnez, sire, et trop heureux...

PHILIPPE.

Sans doute. Désormais, songez-y donc bien... pour vous jamais d'hymen, jamais de famille.

DON JUAN.

Grand Dieu!

PHILIPPE.

Vous me le jurez?

DON JUAN.

Je ne le puis. Je vous l'ai dit, j'ai fait des promesses, je les
tiendrai.

PHILIPPE.

Je vous en dégage.

15.

DON JUAN.

Impossible. Celle que j'aime a reçu mes serments, elle sera
ma femme.

PHILIPPE.

Un cloître m'en répondra.

DON JUAN.

Un cloître !

PHILIPPE.

Nommez-la-moi.

DON JUAN.

Non, ce serait d'un lâche. Je l'aime, vous dis-je, et plutôt de
la trahir, plutôt de vous livrer son secret, je braverai tout...
vos gardes, votre puissance, l'Espagne tout entière.

PHILIPPE.

Don Juan ! don Juan ! songez-y, je suis maître de son sort,
du vôtre ; je veux la connaître, je le veux... ou tremblez.

DON JUAN.

Je ne crains rien. Un cloître, grand Dieu ! un cloître !

PHILIPPE.

Obéissez à votre roi.

DON JUAN.

Dites à mon tyran.

PHILIPPE.

Malheureux ! rendez-moi votre épée.

DON JUAN.

Mon épée ! jamais, oh ! jamais !

PHILIPPE, allant vers le fond.

Messieurs, à moi !

(Les portes s'ouvrent, on voit plusieurs seigneurs dans le fond, Quixada entre
précipitamment.)

SCÈNE X.

Les Mêmes, QUIXADA, DON JOSEPH, Suite.

QUIXADA.

O ciel ! ces cris !... Sire, vos ordres.

PHILIPPE.

C'est un ingrat, un rebelle, qui me désobéit, qui me brave ;
qu'il tremble !

QUIXADA.

Don Juan !

PHILIPPE.

Nommez-moi celle que vous aimez ; il faut que son sort me
soit remis et qu'un cloître me réponde d'elle ou de vous ; nommez-la-moi.

DON JUAN.

Plutôt mourir.

PHILIPPE, faisant un mouvement vers le fond.

Messieurs...

QUIXADA, vivement.

Sire, sire, je la connais.

PHILIPPE.

Son nom ?

QUIXADA.

C'est ma fille !

DON JUAN.

Ciel ! (Quixada lui saisit la main pour lui imposer silence.)

PHILIPPE.

Votre fille ? Oui, j'aurais dû le penser... Votre fille !...

QUIXADA.

Songez à sa jeunesse, à mes services, et jugez-moi.

PHILIPPÉ, rêveur.

Un cloître, ce n'est pas assez. (Regardant don Juan.) Quelle audace !... ses amours, ses amitiés... je briserai tout. (A un sei-

gneur.) Comte, approchez. (Le seigneur s'avance.) Don Juan, rende:
votre épée.

DON JUAN, s'avançant entre Philippe et Quixada.

Sire !...

QUIXADA, faisant un signe à don Juan.

Prince !...

PHILIPPE.

Rendez votre épée.

DON JUAN, remettant son épée au seigneur.

La voici.

PHILIPPE, dans le fond.

Messieurs, que tout soit prêt dans une heure. (Regardan
Quixada.) Mais auparavant, cette jeune fille... Don Joseph, ve
nez recevoir mes ordres. (A un seigneur, montrant le fond.) Placez de
gardes ici ; que le prince ne puisse sortir ; vous m'en répondez
(Au duc.) Suivez-moi. (Il sort par le fond, don Joseph et les seigneurs le sui
vent, des gardes sont placés à la porte, en dehors.)

SCÈNE XI.

DON JUAN, QUIXADA.

(Quand tout le monde est sorti, Quixada tend les bras à don Juan qui s'y précipite

DON JUAN.

Mon père, vous vous êtes perdu.

QUIXADA.

Je vous ai sauvé, vous... Marie à présent, Marie, c'est vou
encore.

DON JUAN, stupéfait.

O ciel ! vous saviez...

QUIXADA.

Elle m'a tout dit... sa faute, ses remords, votre amour..
Ah! don Juan !

DON JUAN.

Grâce, mon père, grâce... ne me maudissez pas.

QUIXADA.

AIR : *Le Luth galant.*

Moi, te maudire, hélas ! t'abandonner ?
Va, mon enfant, on peut te condamner.
De tes jeunes vertus ma vieillesse s'honore :
Pour tes fautes... toujours un père les ignore ;
Ce titre fut le mien ; et si j'y tiens encore,
C'est pour te pardonner.

DON JUAN.

Mais y pensez-vous ? le repos d'Elvire, le vôtre...

QUIXADA.

C'est le dernier sacrifice d'un vieil ami... accepte-le... que me reste-t-il de jours ?... et ma fille, après moi, sans fortune, sans appui, que lui fait le monde ?... c'est un cloître qu'il lui faut. Que je meure ! qu'elle prenne le voile ; mais que tu sois heureux.

DON JUAN.

Heureux !... jamais... Si vous saviez quelles menaces... mais le ciel a reçu mes serments, je les tiendrai... Marie est ma femme.

QUIXADA.

Oui, votre femme ; c'est son honneur, c'est le mien qui le veut... mais que le roi ne le sache jamais.

SCÈNE XII.

MARIE, DON JUAN, QUIXADA.

MARIE, toute troublee.

Don Juan ! don Juan !

DON JUAN.

Marie !

MARIE.

Ah ! pardon, mon oncle, mais si vous saviez...

QUIXADA.

Quoi donc ?

MARIE.

Elvire vient d'être appelée dans le cabinet du roi.

QUIXADA.

Ma fille !

DON JUAN.

Grand Dieu !

MARIE.

Je tremble que ce fatal secret...

QUIXADA.

Eh ! parbleu, moi aussi, je tremble... car enfin elle ne **sait** pas...

MARIE.

Si fait... et c'est ce qui redouble mon effroi... Ah ! don **Juan !** elle vous aime tant.

DON JUAN.

Oui, comme une sœur.

MARIE.

Oh ! cent fois davantage.

DON JUAN.

Elvire !

QUIXADA.

Que dites-vous ?

MARIE.

Oui, elle vous aime, mais d'un amour passionné et jaloux ; elle me l'a dit à moi, et si vous saviez comme elle pleurait... avec quel désespoir elle me reprochait mon bonheur, dont elle aurait voulu se venger.

DON JUAN.

Elvire !... elle m'aimait...

QUIXADA, avec beaucoup d'effroi.

Se venger... grand Dieu !

DON JUAN, la prenant dans ses bras.

Viens, Marie, viens... comment te sauver ?... Je ne le puis...
(A Quixada.) Mais vous, vous échapperez au courroux du roi...
Oh ! oui, vous êtes libre ; vous le pouvez... Eh bien ?

AIR : *Je n'ai point vu ces bosquets de lauriers.*

Mon viel ami, vous à qui je dois tant,
Je viens à vous comme autrefois mon père.
A votre honneur je confie en partant
Mon bien, ma vie, une épouse ; une mère ;
Acceptez-vous ?

QUIXADA.

En doutes-tu, mon fils ?
Oui, ce dépôt qu'entre mes mains tu laisses,
Je t'en réponds.

DON JUAN.

Tous mes vœux sont remplis !

(A Marie.)

Sèche tes pleurs ; ses bienfaits m'ont appris
Comme il sait tenir ses promesses.

Adieu, partez... sauvez-la.

MARIE.

Don Juan !

SCÈNE XIII.

LES MÊMES, ELVIRE, puis PHILIPPE, SEIGNEURS, PAGES ; GARDES,
en dehors.

ELVIRE, entrant vivement.

Le roi !

MARIE.

Ah ! (Elle se jette de côte.)

QUIXADA.

Ma fille!

DON JUAN.

n'est plus temps.

PHILIPPE, entrant, à un seigneur de sa suite.

Qu'on l'amène ici, à l'instant... allez... (Descendant la scène et l'observant.) Je sais tout. (A Quixada.) Votre fille m'a tout avoué Quixada... (Mouvement d'effroi.) (A don Juan.) Elle vous aime, don Juan, plus encore que vous ne l'aimez; mais je compte sur son obéissance... imitez-la... je mets à ce prix votre épée et sa liberté... la vôtre, peut-être.

DON JUAN.

Sire...

PHILIPPE.

Seigneur Quixada, je veux reconnaître le service que vous doit ma famille, il pouvait être plus grand; mais j'oublie tout, je fais plus encore... Je marie votre fille.

DON JUAN.

Se sacrifier pour moi!

QUIXADA.

Prince!...

PHILIPPE.

Je le veux.

SCÈNE XIV.

Les Mêmes, ALEXANDRE, DON JOSEPH, Suite nombreuse.

ALEXANDRE, se jetant aux pieds du roi.

Ah! sire, je puis vous voir enfin... vous me rappelez... tombe à vos pieds... laissez-moi vivre obscur, ignoré... ma libre.

PHILIPPE.

Levez-vous, marquis de Médina... (A Quixada.) et le mari que je lui donne... le voilà.

DON JUAN, a part

Alexandre!

PHILIPPE, à Alexandre.

Vous me suivrez à Madrid, avec votre épouse... cette jeune fille dont on vous accorde la main.

ALEXANDRE.

Qu'entends-je?... ô ciel!

ELVIRE, bas.

Silence!

DON JUAN, bas, à part.

Il l'aime!

QUIXADA, à part.

Ils sont sauvés.

ALEXANDRE, interdit.

J'obéirai, sire, si mademoiselle consent.

ELVIRE, à don Juan.

Seigneur don Juan, je sentais là que vous seul pouviez décider de mon sort, de ma vie tout entière; soyez heureux... je le suis! (Elle tend la main à Alexandre qui la presse avec joie.)

DON JUAN, se détournant avec émotion.

Elvire, ma sœur!...

PHILIPPE, à part, en souriant, après avoir observe don Juan et Alexandre.

Et maintenant je ne crains plus leur amitié.

QUIXADA, à part.

Bien, ma fille, bien.

PHILIPPE, à demi-voix, a don Juan

J'ai tenu toutes mes promesses... toutes! votre ami est libre; mais souvenez-vous de mes conditions. (Haut.) La rébellion s'est montrée dans Grenade... don Juan d'Autriche, allez la combattre au nom de votre roi; reprenez votre épée! (Un seigneur la lui présente.)

DON JUAN, la prenant.

Ah! sire; je vous en rendrai bon compte.

DON JOSEPH, s'approchant. bas.

Et moi, sire?

PHILIPPE, bas.

Près de mon fils.

DON JUAN, jetant un regard sur Marie, qui est effacée par Quixada, et tendant la main à ce dernier.

Adieu, mon ami, mon père... vous avez reçu mes serments d'honneur, je les tiendrai tous... Je quitte à regret ce château ; mais je n'oublierai jamais ce que j'y laisse. (Quixada sert la main à Marie comme pour la retenir) Ailleurs m'attendent les grandeurs, la gloire peut-être... mais le bonheur, c'est ici... c'est près de vous que je viendrai le trouver. Adieu, mon père, adieu.

QUIXADA, le pressant dans ses bras.'

Don Juan !

PHILIPPE.

Partons, messieurs.

(Marie se détourne pour cacher ses larmes. Le roi fait un mouvement pour presser le départ)

FIN DE DON JUAN.

UNE MÈRE,

DRAME EN DEUX ACTES, MÊLÉ DE COUPLETS,

Représenté pour la première fois sur le théâtre du
Gymnase Dramatique, le 23 novembre 1833.

Personnages :

ÉDOUARD [1].

DUSSEUIL, ancien avocat [2].

NERBOURG, jeune médecin [3].

MAÇAY, domestique [4].

ÉMILE, enfant de six ans.

LA BARONNE [5].

GEORGINA, fille de M. Dus-seuil [6].

UN DOMESTIQUE [7].

Domestiques, Gens de la maison.

Deux Officiers de police.

LA SCÈNE EST PRÈS DE GENÈVE.

Acteurs :

[1] M. SAINT-AUBIN.— [2] M. FERVILLE.— [3] M. SYLVESTRE.— [4] M. NUMA. — [5] Madame LÉONTINE VOLNYS. — [6] Madame GRASSOT. — [7] M. BOR-DIER.

UNE MÈRE

ACTE PREMIER

Un salon avec porte au fond, et deux grandes croisées donnant sur un jardin. Portes latérales. Sur le devant du théâtre, à droite, une table. A gauche, un chevalet sur lequel est un tableau ; à côte du chevalet, un guéridon avec boîte à couleurs, et pinceaux.

SCÈNE PREMIÈRE.

EMILE, GEORGINA.

(Georgina est assise auprès du chevalet, le petit Émile est debout auprès d'elle.)

GEORGINA, tenant un médaillon.

Allons, mon petit Émile, ne te fâche pas... laisse-moi ton médaillon et je vais t'embrasser.

ÉMILE.

Non, mademoiselle, non... je veux le portrait de mon ami Édouard.

GEORGINA.

Mais vois donc... puisque je le copie en grand.

ÉMILE.

Pour moi ?

GEORGINA.

Eh bien ! oui... pour toi... ah ! petit obstiné... et maintenant, tout ce que je puis faire, c'est de te laisser le collier de cheveux auquel le portrait de ton ami est suspendu.

(Elle lui passe un collier de cheveux au cou.)

ÉMILE.

Et le grand sera pour moi ?

GEORGINA.

Oui, oui ; va jouer... va.

ÉMILE, au moment de sortir.

Il sera pour moi ?

GEORGINA.

Certainement.   (Émile sort en courant, par le fond.)

SCÈNE II.

DUSSEUIL, GEORGINA.

DUSSEUIL.

Eh bien ! qu'est-ce que vous faisiez là, tous deux ?

GEORGINA.

Ah ! bonjour, mon père... comme tu vois, j'étais en tête-à-tête avec monsieur Émile.

DUSSEUIL.

Prends garde, Georgina, tu vas te compromettre !... Ah ! je n'en puis plus... je viens de crier pendant une heure, pour faire entendre raison à un Anglais qui voulait absolument loger à l'hôtel de France, où il n'y a plus de place... en ma qualité d'ancien avocat et de magistrat de ce canton, j'ai crié pour deux !

GEORGINA.

Les étrangers arrivent donc en foule sur les bords de notre lac de Genève?

DUSSEUIL.

Dame ! puisque le voyage de Suisse est à la mode par toute l'Europe... il n'y a pas un clerc d'avoué, à Paris, qui ne veuille pouvoir dire à son tour, qu'il a vu nos montagnes, nos rochers et notre vallée de Chamouny.

AIR : *Contentons-nous d'une simple bouteille.*

Pourvu , du moins, qu'aux âmes pacifiques
Tous nos discords ne causent point d'effroi :
Car nous avons nos troubles politiques,
Pour s'affranchir la Suisse est en émoi...

Ah ! que de gens ce bruit-là doit surprendre¹
La liberté trouve, dans ses malheurs,
Nos citoyens ici, pour la défendre,
Et nos soldats pour la combattre ailleurs.

Ce portrait... voyons un peu... (Il passe à gauche et va examiner le portrait.) pas mal... pas mal... seulement les yeux sont trop petits.

GEORGINA.

Tu crois ?

DUSSEUIL.

Sans doute... monsieur Édouard Milner a les yeux plus beaux que cela... des yeux d'une expression... tu n'as pas remarqué ?

GEORGINA, d'un air indifférent.

Moi ? non.

DUSSEUIL.

Eh bien ! tu as eu tort... parce que deux beaux yeux, c'est toujours bon à voir ; surtout lorsqu'ils appartiennent à une personne aussi aimable que monsieur Milner, aussi... est-ce que tu ne trouves pas ?

GEORGINA, de même.

Aimable... Dame ! je n'ai pas fait attention.

DUSSEUIL, s'impatientant.

Comment, vous n'avez pas... ah ! çà, mademoiselle, vous ne voyez donc rien du tout ?

GEORGINA, souriant.

Mais enfin, mon papa, pourquoi veux-tu que je m'occupe d'un étranger, que je ne connais que depuis quelques jours?... il peut être fort bien ; avoir de beaux yeux, un excellent caractère... mais qu'est-ce que cela prouve ? pourquoi m'en occuperais-je?...

DUSSEUIL, avec humeur.

Pourquoi?... pourquoi?... parce que... mais laissez-moi...tenez, vous ne comprenez rien... vous êtes une petite sotte. (Il va s'asseoir à gauche, en lui tournant le dos) Pourquoi ?...

GEORGINA, allant doucement s'appuyer sur le fauteuil de son père.

Non, je ne comprends pas que mon père, si bon pour moi, a

remarqué que monsieur Milner, notre hôte, était fort bien de sa personne... qu'il avait des qualités, beaucoup de qualités... et que par la suite, en y poussant un peu... cela pourrait bien faire un mari pour Georgina !

DUSSEUIL, la regardant.

Ah ! mademoiselle !

GEORGINA.

AIR *du Piége.*

Je suis bien sotte, eh ! oui, vraiment,
Je n'ai pas compris, je t'assure,
Qu'hier mon père en me plaçant
Sous les yeux cette miniature,
S'est dit que sa fille pourrait,
Par une pente naturelle,
A force de voir le portrait,
S'occuper un peu du modèle.

DUSSEUIL, se levant.

Ah ! comme elle me devine !... eh bien ! oui, c'est vrai... ce sont là mes châteaux en Espagne... Quand je vois une bonne figure de jeune homme, avec des qualités solides et une jolie fortune, je me dis tout de suite : « C'est peut-être mon gendre ! » et là-dessus, je brode, je brode... je suis si impatient de te voir heureuse !

GEORGINA.

A la bonne heure... mais ce n'est pas une raison pour me jeter à la tête du premier venu.

DUSSEUIL.

Comment ! le docteur Milner !... une belle réputation et quarante mille livres de rente !... si tu appelles ça le premier venu ?... il est un peu sombre, un peu bizarre, je ne dis pas... mais un esprit solide, un cœur excellent... déjà, nous avons pu en juger à son premier séjour parmi nous, l'année dernière... oh ! alors, je n'y pensais pas, parce que j'avais des idées sur son jeune confrère le docteur Nerbourg, notre cousin... un petit sot qui ne veut pas se décider à t'offrir sa main... eh bien ! tant

nieux, qu'il la garde, le fat! nous verrons !... Si ce pays plaît
. Milner, j'y suis connu, considéré... je l'aiderai à se faire une
nombreuse clientelle, ce sera ta dot... il me semble que c'est un
joli mariage à faire ; et je le fais vingt fois par jour, avec des
variations... voyons, est-ce que tu m'en veux ?

GEORGINA.

Non pas cette fois ; car moi aussi, ta manie m'a gagnée... je
ne surprends à faire comme toi de beaux plans, de beaux
projets.

DUSSEUIL.

Dans lesquels il entre pour quelque chose... le premier venu ?

GEORGINA.

Dame ! puisque cela t'amuse.

DUSSEUIL.

Tant mieux ; nous pourrons en causer ensemble... sois tranquille, ce mariage se fera.

GEORGINA.

Mais d'abord, connaissez-vous bien votre gendre futur ? êtes-
vous au fait de tout ce qui le concerne ?

DUSSEUIL.

Certainement, de tout.

GEORGINA.

Allons, voyons... D'où vient qu'il a souvent l'air triste et
mélancolique ?

DUSSEUIL.

Oh ! cela, je n'en sais rien, mais du reste...

GEORGINA.

Émile... cet enfant, qui le suit partout, qu'il aime tant...
quel est-il ?

DUSSEUIL.

Ah ! cet enfant ?... Dame ! je n'en sais rien ; mais...

GEORGINA.

Et enfin, son pays, sa famille... les connaissez-vous ?

DUSSEUIL.

C'est la seule chose que j'ignore.

GEORGINA.

Oh ! la seule... savez-vous si je lui plais ?... s'il m'aime ?

DUSSEUIL.

Je n'en sais rien ; mais je le parierais.

SCÈNE III.

LES MÊMES, NERBOURG, venant de la gauche.

NERBOURG, à la cantonade.

Mais c'est très-mal... c'est une indignité ! c'est tout ce qu'il y a de plus indélicat.

GEORGINA.

Eh ! mon Dieu ! mon cousin, à qui en avez-vous ?

NERBOURG.

J'en ai... j'en ai à tout le monde... que diable !

DUSSEUIL.

Comment ! à nous aussi ?

NERBOURG.

Tiens, pourquoi pas ?... Au fait, c'est par vous que je devrais commencer, puisque c'est vous qui êtes la cause première... enfin, sans vous, il ne serait peut-être jamais venu ici... il n'y resterait pas du moins.

DUSSEUIL.

Qui donc ?... de qui parlez-vous ?

NERBOURG.

De qui... de qui ?... eh ! parbleu ! de votre médecin étranger... de monsieur Milner... un homme de talent, à ce qu'on dit... un philosophe... un original.

GEORGINA.

Pourquoi ça ?

NERBOURG.

Pourquoi ? Vous croyez peut-être que je vais l'aimer ? moi qui, après avoir fait mes cours à Paris, suis revenu près de Genève, me former une clientelle de gens honnêtes, et qui payent bien... Vous croyez que je vais voir d'un œil sec, ce docteur arriver au milieu de mes malades, de mes pauvres malades, qui, sur sa réputation, vont tous se jeter dans ses bras... les malheureux !

GEORGINA.

Est-ce qu'il mettrait leurs jours en danger ?

NERBOURG.

Au contraire... Et voilà le mal... il les guérit; ou il leur fait croire qu'ils se portent bien... que diable ! ce n'est pas délicat !... il me ruine, cet homme.

DUSSEUIL.

Le fait est que s'il s'établissait ici...

NERBOURG.

Hein !... est-ce qu'il y pense ?... ce serait affreux !... un médecin qui a sa réputation et sa fortune faites... qui rend ses visites en voiture... mais qu'est-ce que cela prouve ?... tous les charlatans ont cabriolet... et puis il ne me plaît pas... il a quelque chose de faux et de mystérieux...

DUSSEUIL.

Comment ?...

NERBOURG.

Et si vous saviez quelle conduite est la sienne !...

GEORGINA.

Qu'est-ce donc ?

NERBOURG.

Depuis quelques jours qu'il est ici, on se rappelle sa complaisance intéressée de l'année dernière... on s'adresse à lui

de tous les côtés; il donne des consultations... *gratuites!..*
et non-seulement il ne veut rien recevoir de certaines personnes; mais encore il leur laisse quelquefois sa bourse.

DUSSEUIL.

Il se pourrait !

NERBOURG.

Oui, monsieur... il les paye !

AIR : *Amis, voici la riante semaine.*

Chez nos clients, nous avons tant de peine
A recueillir ce qu'on peut nous devoir;
Notre ruine est désormais certaine
S'il faut payer encor pour en avoir.
A ce prix-là, j'en conviens sans bravade,
Il vaudrait mieux, pour moi j'en suis certain,
Prendre le métier de malade,
Que de garder celui de médecin.

DUSSEUIL.

C'est bien, cela !... c'est bien !

NERBOURG.

Aussi, je viens vous parler à vous, mon cher cousin, ca
vous m'aimez, vous faites bien... et Georgina aussi... parce qu
moi... enfin, vous pouvez m'aider à me rendre un service d'am

DUSSEUIL.

Lequel ?

NERBOURG.

Vous êtes lié avec monsieur Milner depuis l'an dernier...
est descendu chez vous, et vous l'avez reçu : c'est mal... ma
du moins vous pouvez profiter de sa confiance pour l'engage
adroitement à nous laisser tranquilles... à s'en aller... où
voudra... peu m'importe... pourvu qu'il s'en aille.

GEORGINA, à part.

Il s'adresse bien.

DUSSEUIL.

Ah ! voilà ce que vous me demandez ?... (A part.) Tant miem
nous allons voir.

NERBOURG.

Oui, j'ai compté sur vous ; et dès à présent, nous pourrions...
Tenez, c'est lui peut-être.

GEORGINA.

Eh ! non... c'est Maçay.

SCÈNE IV.

LES MÊMES, MAÇAY, venant de la droite et entrant par le fond.

MAÇAY, au fond du théâtre.

Pardon, monsieur, et la compagnie.

NERBOURG.

Allons, je suis sûr qu'il vient pour consulter l'autre.

DUSSEUIL, allant à Maçay.

Approche, mon garçon, approche.

NERBOURG.

Comment se porte ta maîtresse, ma malade ?

MAÇAY, descendant.

Dame ! monsieur le docteur, elle continue à jouir d'une assez
mauvaise santé.

GEORGINA.

Hier, pourtant, je suis restée longtemps avec elle ; et je l'ai
trouvée beaucoup mieux... il est vrai que lorsqu'une tête a été
dérangée...

MAÇAY.

Oh ! ici, ce n'est pas le cas... mademoiselle n'a rien perdu de
sa raison.

NERBOURG.

Oh ! sa raison n'a pas toujours été bien solide... et dernièrement, quand tu m'as fait appeler, elle était dans un état d'exaltation...

MAÇAY.

C'est possible.

IV.   17

DUSSEUIL.

Et d'où cela vient-il ? Qu'est-ce qui a pu causer ce désordre ?

MAÇAY.

Je ne sais pas.

NERBOURG.

Oh ! si vous faites des questions à Maçay, le serviteur le plus discret... je n'ai rien pu apprendre, moi, médecin de sa maîtresse... et cependant il faudra bien que je sache...

MAÇAY.

Nous retournons en France, monsieur le docteur.

DUSSEUIL, à Nerbourg.

C'est-à-dire que vous ne saurez rien.

MAÇAY.

C'est possible.

GEORGINA.

Vous allez nous quitter déjà ?... mais cette maison qui plaisait tant à madame la Baronne ; j'ignore pourquoi par exemple !... un antique manoir, un nid à corbeaux !... tu l'as louée tout de suite, en arrivant, il y a trois mois.

MAÇAY.

Oui, une idée, un caprice de madame... dès que quelque chose lui plaît... mais ça ne dure pas longtemps... heureusement quand on est riche comme elle...

DUSSEUIL.

Riche !... moi qui attribuais ses chagrins...

MAÇAY.

Nous n'avons pas de chagrins.

GEORGINA.

Je crois plutôt que ce sont des haines de famille.

MAÇAY.

Nous n'avons pas de famille.

NERBOURG.

Moi, je croirais presque que des peines de cœur...

MAÇAY.

Nous n'avons pas de... (Se reprenant) Ah ! si fait ! nous avons un cœur ; mais il est sec et froid, Dieu merci... Enfin, *cet antique manoir, ce nid à corbeaux*, comme le dit mademoiselle, nous allons le quitter... et comme c'est monsieur (Montrant Dusseuil.) qui nous a fait faire le bail, il pourrait peut-être nous aider...

DUSSEUIL.

A le défaire ?... en effet, je ne dis pas non... J'en parlerai à quelqu'un.

GEORGINA.

Vous, mon père ?... et qui voulez-vous donc loger là ?

DUSSEUIL, à demi-voix.

Mais... toi, peut-être... Chut !

MAÇAY.

Seulement, s'il y avait quelque sacrifice à faire, ma maîtresse viendra ce matin voir mademoiselle Georgina... il serait inutile de lui en parler.

NERBOURG.

C'est drôle !

MAÇAY.

Ah ! monsieur le docteur, c'est toujours ainsi dans les grandes fortunes... S'il fallait s'occuper de tous ces détails... Ce n'est pas l'habitude de mademoiselle... de madame la Baronne.

DUSSEUIL.

Encore ! tu dis : mademoiselle... tu dis : madame... Voyons, une petite indiscrétion... entre nous, ta maîtresse est-elle une jeune femme ?...

NERBOURG.

Ou une vieille demoiselle ?

MAÇAY.

C'est possible.   (Ils se rapprochent tous de lui.)

Air : *Vaudeville du Premier Prix.*

DUSSEUIL.

Eh ! laisse là ton *c'est possible,*
Ouvre-nous donc un peu ton cœur.

GEORGINA.

Allons, ne sois pas inflexible...

NERBOURG.

Fidèle et discret serviteur.

MAÇAY.

Pour mériter, en conscience,
Vos éloges... je n'ai, ma foi,
Qu'un moyen.

DUSSEUIL et NERBOURG.

Lequel?

MAÇAY.

C'est, je pense,
De garder mes secrets pour moi.

(Il fait un mouvement pour sortir et s'arrête.)

Ah ! j'oubliais... j'avais encore autre chose à vous demander...
un petit service... je ne connais que vous dans ce pays, et
comme j'ai là une lettre de change à négocier...

DUSSEUIL, prenant la lettre de change et l'examinant.

Combien ? deux mille francs... toujours en ton nom.

MAÇAY.

Oui, à mon nom... et j'avais pensé que par vous, ou par
monsieur le docteur...

NERBOURG.

Moi ! non, parbleu... il y a impossibilité morale. (Dusseuil rend le
papier à Maçay.)

SCÈNE V.

LES MÊMES, ÉDOUARD.

EDOUARD, à la cantonade.

Merci, mes amis, merci.

NERBOURG, à Maçay, bas.

Tenez, adressez-vous à monsieur... il fera votre affaire.

MAÇAY.

Bab ! vraiment ?

EDOUARD, à Dusseuil

Pardon, mon cher hôte ; vous êtes en famille... je vous dérange.

DUSSEUIL, avec empressement.

Eh ! non, venez donc, mon cher Milner... est-ce que vous nous dérangez jamais ?

MAÇAY, à Édouard.

Monsieur est banquier ?

ÉDOUARD.

Plaît-il ?

DUSSEUIL.

Comment, banquier ?

MAÇAY.

Permettez... c'est que monsieur le docteur m'a dit que vous prendriez ma lettre de change... et comme un service pareil...

(Nerbourg se détourne pour rire.)

DUSSEUIL.

Ne faites pas attention.

ÉDOUARD, prenant la lettre de change.

Pourquoi donc?... j'en remercie mon jeune confrère... un service à rendre... c'en est un de plus que je lui dois... (A Dusseuil) Vous connaissez monsieur ?

DUSSEUIL.

Oui, c'est un honnête homme ; mais...

ÉDOUARD.

Cela vaut dix signatures. (A Maçay.) Vous avez besoin de cet argent avant peu ?

MAÇAY.

Oh ! je ne suis pas pressé... le plus tôt possible... aujourd'hui.

ÉDOUARD.

C'est bien... dans deux heures vous l'aurez.

NERBOURG.

Hem !

DUSSEUIL, bas à Georgina.

Tu vois... tout de suite... L'argent ne lui coûte rien.

ÉDOUARD.

Je remettrai cela à mon ami, monsieur Dusseuil... venez le trouver.

MAÇAY.

Je n'y manquerai pas... Vous pouvez retenir l'escompte, les intérêts, le...

ÉDOUARD, souriant.

Rien du tout.

MAÇAY, étonné.

Ah !.. (A part.) Au fait, j'aime mieux ça... c'est plus commode. (A Édouard.) En vous remerciant, monsieur... (A part.) je ne sais pas qui... On ne peut pas être plus désintéressé... (Bas à Nerbourg.) Ce n'est pas un banquier ?

NERBOURG.

Un original.

MAÇAY.

C'est donc ça. (Il fait quelques pas pour sortir.)

DUSSEUIL.

Adieu, Maçay, adieu... mille compliments à ta maîtresse... Apporte-moi ton bail, en revenant.

MAÇAY, revenant entre Dusseuil et Édouard.

Certainement... (A Édouard.) Dans une heure, n'est-cc pas ?

EDOUARD.

Quand vous voudrez.

MAÇAY.

Dans une demi-heure... (Bas à Dusseuil.) Ah ! surtout, pas un mot de tous ces détails à madame.

DUSSEUIL.

Ou à mademoiselle ?

MAÇAY.

C'est possible. (Il sort par le fond.)

SCÈNE VI.

NERBOURG, EDOUARD, DUSSEUIL, GEORGINA.

GEORGINA, à Édouard.

Si vous obligez ainsi tous ceux qui viennent à vous, monsieur Edouard...

NERBOURG.

Oh ! monsieur est si généreux !

ÉDOUARD.

Généreux !

AIR d'Aristippe.

Qu'ai-je donc fait qui puisse vous surprendre ?
Sur mon chemin je fais quelques heureux ;
Mais de cet or que l'on me voit répandre,
Pour mes plaisirs que ferais-je de mieux ?
Trahi jadis aux lieux qui m'ont vu naître,
A mes chagrins j'ai su me résigner...
Le seul bonheur, pour moi, n'est plus peut-être
    Que celui que je peux donner.

(Pendant ce couplet, Georgina est allée au chevalet. et s'occupe à peindre.)

DUSSEUIL.

Vous êtes le meilleur des hommes... c'est ce que nous disions encore ce matin, ma fille et moi... Nous avons toujours grand plaisir à causer de vous... moi et ma fille.

NERBOURG, à part.

Flatteur d'avocat !

ÉDOUARD.

Comment? mademoiselle Georgina?...

DUSSEUIL.

Oh ! ici, tout le monde vous aime... et tenez, tout à l'heure, ce garçon qui vient de sortir, me faisait venir une idée... C'est le domestique, l'intendant... que sais-je?... de cette tour que l'on voit de vos croisées, et dont le jardin touche au mien... Cette habitation pittoresque que vous remarquiez encore hier... Vous me disiez : « Si je m'établissais dans votre pays, c'est là que je voudrais demeurer. » (Appuyant.) Si je m'établissais...

EDOUARD.

Ah ! oui... je me rappelle... cette tour isolée... loin de la ville... près de vous.

DUSSEUIL.

Eh bien !... on vient de me la proposer.

ÉDOUARD.

Ah!..

DUSSEUIL, mystérieusement.

On veut céder le bail.

NERBOURG, vivement.

Qu'est-ce que cela fait à monsieur?

DUSSEUIL.

Plaît-il ?... Ah ! c'est que je pensais que si monsieur Edouard cherchait à s'établir dans ce pays...

NERBOURG.

Mais non...

DUSSEUIL.

A s'y marier... (A Édouard.) Car enfin, vous êtes à marier...

(Mouvement d'Édouard.)

GEORGINA, qui s'est rapprochée, bas à son père.

Mon père!

DUSSEUIL.

Laisse donc... ça fait bien... et ça n'a pas l'air... (Haut à Édouard) arçon, ou veuf? (Georgina se remet à peindre.)

ÉDOUARD.

C'est possible. (Nerbourg remonte le théâtre, et passe du côté du portrait.)

DUSSEUIL.

C'est possible... (A part.) Le style de l'autre... (A Georgina). Prends arde, mon enfant, tu vas gâter cet œil-là!

GEORGINA.

Je n'y touche pas.

DUSSEUIL, regardant le portrait.

Si fait, si fait... Il n'y a rien à ajouter... c'est très-bien... Je 'en rapporte à monsieur Milner.

ÉDOUARD.

Quoi donc?

NERBOURG, examinant le portrait.

Eh! mais... je ne me trompe pas... c'est son portrait.

EDOUARD.

Le mien?... oui... je l'ai déjà vu hier, en l'absence de made-oiselle... et je trouve qu'il a fallu beaucoup de travail et de alent pour tirer de cette faible miniature un pareil ouvrage.

NERBOURG, à part.

Hein! est-ce qu'ils auraient des idées?... Il ne manquerait lus que cela.

DUSSEUIL.

N'est-ce pas que c'est plus ressemblant?

GEORGINA, à son père.

Ah! de grâce...

DUSSEUIL, à Édouard.

Non, c'est mieux..... beaucoup mieux..... c'est plus *vous*..
Pour cela, il a fallu étudier votre physionomie..... se pénétr
de votre caractère, de vos qualités..... pour donner à ce p
trait tant d'âme, tant d'expression !...

GEORGINA.

Mon papa !

ÉDOUARD.

Mon Dieu ! quelle chaleur !... on dirait que vous êtes artist

DUSSEUIL.

Monsieur, je suis père ; et il m'est permis d'être fier.....

NERBOURG, reprenant sa place à droite, à part.

Ah ! çà, mais c'est un intrigant, que mon cousin l'avocat.

DUSSEUIL.

Mais laissons cela... Cette chère enfant... je la fais rougir !.
Du talent et de la modestie !... Je pensais donc que cette d
meure pouvait vous convenir, dans le cas où, comme vous
disiez, vous vous établiriez dans ce pays.

NERBOURG.

Mais puisque monsieur n'y pense pas... que diable !... Il r
faut pas donner à monsieur Milner de ces idées-là... (A Édouard
Avec votre fortune, vous ne feriez ici que des ingrats.

ÉDOUARD.

Quelques-uns de plus... j'y suis habitué.

NERBOURG.

Vous ensevelir parmi nous... avec votre réputation !

ÉDOUARD.

Oh ! les réputations... je sais ce qu'elles valent.

NERBOURG.

Ah ! vous avez bien raison... surtout dans notre état !... A
faire de coterie... et parce qu'on est riche... je ne dis pas cel

our vous, au moins... Mais tenez, ce matin encore, dans la *azette de Santé,* que je reçois de Paris, je voyais appeler célèbre, un médecin plus inconnu que moi... beaucoup plus !... e célèbre docteur Chaverny.

EDOUARD, vivement.

Chaverny !... (Se contraignant.) Ah ! il est question ?...

NERBOURG.

Je vous demande un peu, qui est-ce qui connaît cet homme-à ?... Ça fait pitié !... un homme célèbre !

DUSSEUIL.

C'est peut-être le rédacteur du journal ?

NERBOURG.

Du tout, du tout... je me suis rappelé alors qu'en arrivant à 'aris pour suivre mes cours, j'entendis parler d'un docteur :haverny, qui venait de se déshonorer.

ÉDOUARD, se contraignant.

Se déshonorer !

NERBOURG.

C'était le bruit public... un homme condamné à la prison, ur la plainte d'une grande famille, pour un abus de confiance, m rapt... un mariage criminel... des choses affreuses !

EDOUARD.

Monsieur, ces bruits-là sont souvent comme les réputations... ls ne prouvent rien... et traiter avec tant de légèreté un con-rère malheureux...

NERBOURG.

Condamné à la prison !... Je le renie.

EDOUARD.

Eh ! monsieur... (Se reprenant.) Mais que dit-elle donc du doc-:eur Chaverny, votre *Gazette de Santé ?*

NERBOURG.

Oh! peu de chose... que, grâce à de nombreuses démarche
il vient d'être rappelé en France.

ÉDOUARD.

En France! il n'y rentrera pas.

DUSSEUIL.

Vous le connaissez?

EDOUARD.

Chaverny!... oui, je l'ai vu... à Vienne.

AIR *de Renaud de Montauban.*

Je le connais... loin de ses ennemis,
Il a du sort désarmé la constance;
Au fond du cœur adorant son pays,
Mais d'y rentrer il n'a pas l'espérance.
Comme un coupable il a fui la prison,
On le rappelle en vain... loin qu'il fléchisse,
        Il ne put obtenir justice,
        Il ne voudra pas de pardon.

Son seul désir est de s'établir enfin... mais loin de sa patrie.
ici, peut-être... comme moi.

NERBOURG.

Plait-il?... Encore un !

DUSSEUIL.

Comme vous! à la bonne heure.

ÉDOUARD, regardant Georgina.

Cela dépend de certaines circonstances... (A Dusseuil.) Monsieu
Dusseuil...

DUSSEUIL.

Monsieur Milner... monsieur Édouard Milner?

ÉDOUARD.

Voulez-vous m'accompagner ce matin jusqu'à la porte d

Geneve ?... je vous remettrai l'argent de cet homme ; et puis, nous causerons.

DUSSEUIL.

Avec plaisir... (A part.) De quoi donc ?

GEORGINA, à part.

Il m'a regardée !

NERBOURG, à part.

Les voilà tous d'accord... Comptez donc sur votre famille.

ÉDOUARD.

En attendant, ayez la bonté de veiller au départ de Franck... je ne veux pas le revoir.

GEORGINA, passant entre son père et Édouard.

Ah ! permettez... (A Édouard.) Franck, ce jeune domestique... cela me rappelle que j'ai une grâce à vous demander.

ÉDOUARD.

A moi ? la sienne, peut-être ?

GEORGINA.

Vous le chassez... j'en ignore la cause... mais ce matin il m'a priée, en pleurant, d'intercéder pour lui... et je lui ai fait une promesse.

ÉDOUARD.

Oh ! ne la tenez pas... il m'en coûterait de vous refuser ; et cependant je serais inexorable.

GEORGINA.

Mais, monsieur...

ÉDOUARD.

Quand j'ai pris un parti que je crois juste, je ne reviens jamais.

NERBOURG, à part.

Hem ! comme c'est gentil !

DUSSEUIL, revenant auprès d'Édouard.

C'est bien... Oh ! les gens qui ont du caractère, nous les ai-

mons beaucoup, ma fille et moi. (a Georgina.) N'est-ce pas?
(a Édouard.) Restez, restez, je suis à vous... (Bas à Georgina.) Il veut
te parler... (a Nerbourg.) Venez-vous, cousin?

NERBOURG, allant à Dusseuil.

Certainement... car j'ai aussi à vous parler... C'est indigne!

ÉDOUARD, à Nerbourg.

Air : *Venez, mon père, ah! vous serez ravi.*

Et vous, mon cher, me pardonnerez-vous
D'avoir aidé de mon art, de ma bourse,
    Quelques pauvres gens sans ressource?
Et désormais partageons entre nous :
Le riche à vous... le pauvre à moi ; voilà
    Quel est mon client.

NERBOURG.

            Il me semble
Que nous n'aurons pour celui-là
Point de difficultés ensemble.

ENSEMBLE.

ÉDOUARD.

Ici, je reste un instant... hâtons-nous
    Puisqu'à la ville il faut nous rendre,
Allez, mon cher, quand je pourrai vous prendre,
Qu'on me prévienne, et je pars avec vous.

DUSSEUIL.

Il veut, dit-il, me parler... entre nous,
    Je crois que j'ai su le comprendre ;
Puisqu'à la ville ensemble il faut nous rendre,
Hâtez-vous donc, et je pars avec vous.

GEORGINA.

Il me regarde et je vois, entre nous,
    Que vous avez su le comprendre ;
Mais en ces lieux je ne veux pas l'entendre
Si vous sortez... moi, je sors avec vous.

NERBOURG.

On le caresse, on le flatte !... entre nous,
Je crois que j'ai su le comprendre ;
Venez, cousin, commencez par m'entendre,
Je suis pressé de causer avec vous.

(Dusseuil et Nerbourg sortent par la porte latérale, à gauche.)

SCÈNE VII.

ÉDOUARD, GEORGINA.

ÉDOUARD, retenant Georgina qui veut sortir.

Ah! de grâce, mademoiselle, restez.

GEORGINA.

Monsieur...

EDOUARD.

Voilà un entretien que je désirais depuis longtemps... et le refus que je viens de vous faire n'est pas de nature à me le rendre favorable... d'autant mieux que vous n'avez peut-être pas le faible de ce bon monsieur Dusseuil, pour les personnes à caractère, qui ne sont que des entêtés.

GEORGINA.

Mais, quelquefois.

ÉDOUARD.

C'est vrai ; mais ne me jugez pas trop vite, moi, que tant de chagrins ont aigri... et qui, fuyant le monde, ai perdu un peu de ce vernis qu'il nous donne. Aussi, vous me voyez assez embarrassé pour vous dire ce qui me retient en ce moment près de vous.

GEORGINA.

Je ne vous comprends pas.

ÉDOUARD.

C'est tout simple... vous ne pouvez comprendre que moi, toujours triste et maussade, j'aie la folie de vous demander votre main.

GEORGINA , comme effrayée.

Ah !

ÉDOUARD.

Pardon! voilà que je l'ai dit... un peu trop vite peut-être...
mais n'importe, cela vaut mieux... Monsieur Dusseuil ne se
trompe pas... je voudrais m'établir à Genève... près de la
France... m'y donner une famille... une patrie. Oh! si je m'a-
dressais à votre père... sans trop me flatter, je crois qu'il ne me
serait pas contraire... non que j'aie obtenu son aveu... mais il
m'a semblé à quelques traits qu'il m'a décochés adroitement...
sur ce chapitre-là, il n'est pas très-fort.

GEORGINA.

Il ne l'est pas du tout.

EDOUARD.

Reste donc à savoir si vous seriez de son avis... mais cela
sans complaisance pour lui... Oh! je sais que ce n'est pas un
époux bien séduisant qu'un homme qui se pique d'être inexorable, de ne céder jamais... ah! c'est que, voyez-vous, j'ai été
si souvent trompé!... ce cœur, que je vous offre, saigne encore
d'une blessure que le temps ne saurait fermer.

AIR *de Téniers.*

Lassé d'une importune vie,
Ne trouvant partout qu'ennemis,
J'ai quitté ma belle patrie,
Je hais le monde et je le fuis.
Mais vos vertus, sans qu'il m'en coûte,
M'y retiendront; car aujourd'hui,
Je crois qu'il vous met sur ma route,
Pour faire ma paix avec lui.

Oh! ne craignez rien de ces peines que vous guérirez sans
doute... je vous cacherai mes chagrins... ce sont là mes secrets,
les seuls que je ne veuille pas partager avec vous... avec
Emile.

GEORGINA.

Émile!... cet enfant qui vous accompagne... que vous aimez tant?

ÉDOUARD.

Oui, Émile... c'est pour lui que j'ai vécu... c'est par lui que j'existe... Si je renvoie Franck, ce domestique dont je vous refuse la grâce, c'est que son étourderie et sa négligence me font, cent fois par jour, trembler pour cet enfant qui, jusqu'ici, a été mon seul bien, ma vie tout entière.

GEORGINA.

Mais son nom, sa naissance?

ÉDOUARD.

Un enfant que j'ai adopté, que j'ai juré de rendre heureux... et si j'ose vous le dire, Georgina, c'est pour lui que je veux vous aimer... c'est pour lui donner un guide, une amie... c'est pour vous le confier... voulez-vous lui servir de mère?... mais surtout jamais de questions sur lui... sur des chagrins que vous devez ignorer.

GEORGINA.

Monsieur, si je voulais les connaitre, ce serait pour les adoucir... pour pleurer avec vous.

EDOUARD.

Vous, Georgina, vous condamner à des larmes! non, non, ne le croyez pas... à moi seul la douleur qui me serre le cœur... parlez, dites un mot, je m'établis à Genève... riche d'une fortune qui est mon ouvrage... pour prix de vos soins, de votre amour... j'entourerai votre jeunesse de plaisirs... que sais-je?... je renaîtrai à l'espérance, au bonheur!... le bonheur!... ce n'est qu'un mot peut-être; mais il me semble qu'entre Emile et vous j'y pourrai croire encore... dites, le voulez-vous?

GEORGINA.

Monsieur Édouard... (Se retenant.) Parlez à mon père.

ÉDOUARD.

Mais vous?...

GEORGINA.

Oh! moi... après... après mon père.

SCÈNE VIII.

ÉDOUARD, EMILE, GEORGINA.

EMILE, venant par le fond, tristement, à Édouard.

Bon ami, monsieur Dusseuil est prêt, si tu veux partir?

ÉDOUARD.

Monsieur Dusseuil..... (A Georgina.) J'y vais, je lui parlerai.....
(A Émile.) Eh! mais, qu'as-tu donc?... comme te voilà triste!

ÉMILE, pleurant presque.

Tu renvoies Franck!

EDOUARD.

N'est-ce que cela?

ÉMILE.

Mon ami Franck qui fait tout ce que je veux.

EDOUARD.

Tiens, voici mademoiselle Georgina qui t'aime bien aussi...
qui te gardera, je l'espère... et pour commencer, tu vas rester
ici près d'elle... veux-tu? (Émile va à Georgina et lui prend la main.)
Vous le voyez, le cœur est bon... vous m'aiderez à le former...
(A Émile.) Adieu, Émile... tu ne m'aimes plus?

ÉMILE, se jetant dans ses bras.

Oh! si fait... mais c'est égal, bon ami, tu es méchant.

EDOUARD, l'embrassant.

Adieu... (Il sort par la porte à gauche, et avant de partir il fait de la main
un signe d'adieu à Émile.)

SCÈNE IX.

GEORGINA, ÉMILE, ensuite LA BARONNE.

GEORGINA.

Je ne sais... ce qu'il m'a dit là m'a tout émue.

EMILE.

Mon pauvre Franck!

GEORGINA.

Ah! écoute, mon ami... ton pauvre Franck, je veux faire quelque chose pour lui.

ÉMILE.

Tu es gentille... tu le feras rester.

GEORGINA.

Non; mais lorsqu'il sera prêt à partir, tu me préviendras... je n'ai pu avoir sa grâce, je veux du moins lui donner...

ÉMILE.

De l'argent... ah! tant mieux... Il aime beaucoup l'argent, mon ami Franck.

GEORGINA, apercevant la Baronne qui paraît dans le jardin et allant au-devant d'elle.

Madame la Baronne!

LA BARONNE, entrant.

C'est moi... j'ai échappé à mon vieux et fidèle Maçay; et, sortant par la petite porte de mon jardin, je suis entrée dans celui du docteur pour venir vous rendre votre visite d'hier. (Georgina lui offre un fauteuil, la Baronne s'assied.)

ÉMILE, s'approchant de Georgina.

Adieu, Georgina.

LA BARONNE, regardant Émile attentivement.

Ah! le joli enfant!.. approchez, mon ami... n'ayez pas peur... ne craignez rien... (Émile s'approche; elle le prend dans ses bras.) Oh! laissez-moi... (Elle l'embrasse. A Georgina.) Un parent?

GEORGINA.

Non.

LA BARONNE, le regardant avec émotion.

Cette taille... ce regard... regardez-moi donc... ah! qu'il est bien!... (A Émile.) Vous vous nommez, mon ami?

ÉMILE.

Émile.

LA BARONNE.

Émile... (Se contraignant, à Georgina.) Ah! Emile...' (A Émile.) Et vo
tre âge?

ÉMILE.

J'ai six ans.

LA BARONNE, l'entourant de ses bras.

Six ans... (Regardant Georgina.) Et sa mère?

ÉMILE.

Maman!... elle est morte.

LA BARONNE, le regardant avec surprise.

Morte!... son père?...

GEORGINA.

Son père...

EMILE.

Je ne connais que bon ami.

GEORGINA.

Oui, monsieur Milner... un étranger... un ami de mon père
qui se charge de l'élever.

LA BARONNE.

Et son pays?

GEORGINA.

Stockholm.

LA BARONNE, se detachant d'Émile, et l'eloignant tristement de la main.

Ah! c'est bien... allez... c'est bien.

GEORGINA, à Émile.

Tu me préviendras quand Franck partira.

EMILE.

Oui, je te le promets. (Il sort par le fond.)

SCÈNE X.

LA BARONNE, GEORGINA.

LA BARONNE, à part.

Stockholm!... six ans... morte!

GEORGINA.

Qu'avez-vous? on dirait que la présence de cet enfant vous émue.

LA BARONNE.

Moi!... non... si fait.... Ah!... si elle vivait encore!...

GEORGINA.

Qui donc?

LA BARONNE.

Oui, elle, sa mère!... Si on lui avait enlevé son enfant... et près l'avoir redemandé de village en village... si elle l'attendait?.. Emile... il s'appelle Emile... (Revenant à elle.) Ah! je suis bien folle, n'est-ce pas? (Elle se lève.) Ma pauvre tête!... et pourtant je me sens mieux près de vous... aussi, quand j'ai su que vous étiez ici... c'est Maçay qui me l'a dit... Vous l'avez vu, mon pauvre Maçay?

GEORGINA.

Il est venu parler à mon père.

LA BARONNE.

De moi, peut-être? de ma fortune!... Il vous a dit que j'étais riche... il le dit à tout le monde... il me le dit à moi-même... je suis sûre qu'il le croit; et cependant je viens vous demander un service... vous ne me refuserez pas?

GEORGINA.

Qu'est-ce donc?... parlez, que puis-je pour vous, pour lui?

LA BARONNE.

Vous êtes si bonne... Voici ce que c'est : Maçay ne peut plus rester près de moi, c'est impossible... je vais voyager, revoir l'Italie, l'Allemagne... que sais-je? la France... et je ne puis, à son âge, l'enchaîner à mes pas. Je me séparerai de lui... mon vieil ami, le seul qui me soit resté... Mais je voudrais trouver une place où il fût heureux; où l'on eût pour lui des soins, des égards... j'ai compté sur vous.

GEORGINA.

Eh! mais, j'y pense... monsieur Milner, l'ami de cet enfant...

LA BARONNE.

Un étranger, un voyageur?

GEORGINA.

Oh! non... mon père le connait beaucoup... il est bon, g
néreux... et puis, il reste ici... il ne voyage plus, je l'espèr

LA BARONNE, la regardant.

Ah! vous l'espérez... et vous rougissez en disant cela...
reste ici... près de vous... vous êtes si jeune, si jolie! et peu
être y a-t-il quelque projet... Allons, allons, pourquoi baiss
les yeux?

GEORGINA.

Mais non, je vous assure.

LA BARONNE.

Il vous aime.

GEORGINA.

Dame! il me le dit.

LA BARONNE.

Et vous l'aimez... hein?

GEORGINA.

Je crois que je commence.

LA BARONNE.

Vous l'aimez! il sera votre époux... oui, je comprends
vous serez unie à celui que vous aimez... Une volonté tyra
nique, arbitraire ne viendra pas rompre des nœuds sacrés...
vous n'irez pas vous briser contre la fureur d'un père et
despotisme des lois. (Étouffant.) Ah! les hommes... si vous savi
comme ils sont cruels, implacables!

GEORGINA.

Madame!

LA BARONNE, revenant à elle.

Oh! non, pas tous... non... il vous aimera... vous serez he
reuse. (Gaiement.) La jeunesse, l'amour, la confiance, tout cela e
si doux... (Riant.) A quand le mariage?... Une noce... oh!
veux en être..... je retarderai mon départ..... j'en serai... n

...iété renaîtra à l'aspect de tant de bonheur et d'espérances...
ue vous serez belle! et lui, il est bien, n'est-ce pas?

GEORGINA.

Qui? monsieur Édouard?

LA BARONNE.

Édouard!

GEORGINA.

Eh bien! oui, monsieur Édouard Milner.

LA BARONNE, à part.

Milner.

GEORGINA.

Mais de ce côté-là, il n'y aurait pas d'obstacle... car, entre
ous, il me semble qu'il n'est pas mal... Je suis en train de
...pier son portrait. (Elle va chercher la miniature qui est sur le chevalet
...la lui donne.) Voyez.

LA BARONNE, la prenant.

Son portrait! (Poussant un cri étouffé.) Ah!

GEORGINA.

Quoi donc?

LA BARONNE, avec beaucoup de calme.

Oui, il est bien... Edouard... Émile... oh!... très-bien... et
...n air de bonté... Sans doute il est libre... Oui, vous serez bien
...eureuse. (En parlant, elle serre convulsivement la miniature qui lui échappe,
...elle se laisse tomber dans un fauteuil.)

GEORGINA, ramassant la miniature.

Ah! ce médaillon, il est brisé!

SCÈNE XI.

LA BARONNE, GEORGINA, EMILE.

EMILE, accourant.

Georgina, Georgina!

LA BARONNE, etouffant un cri

Lui !... (Elle reste haletante, devorant Émile des yeux, et n'osant aller à lui.)

GEORGINA, à Émile.

Eh bien ! que me veux-tu ?

EMILE.

Je viens te dire que Franck va partir... et tu sais ce que t'
as promis.

GEORGINA.

Oui, cette bourse... tu la lui remettras... ou plutôt, tu lui
diras de venir me trouver ici... Je vais la chercher... (A la Baronne)
Ah ! pardon, madame la Baronne.

LA BARONNE, avec beaucoup d'empressement.

Ah ! de grâce, allez... que je ne vous retienne pas... moi-
même, je me retire... Maçay doit être inquiet... je m'en vais...
adieu.

GEORGINA.

A bientôt, n'est-ce pas ?

ÉMILE.

Alors, je vais l'amener... dépêche-toi. (Georgina sort par la porte
gauche. La Baronne se retourne précipitamment.)

SCÈNE XII.

LA BARONNE, EMILE, puis MAÇAY.

(Émile va pour sortir, la Baronne se jette sur lui.)

LA BARONNE.

Oh ! mon enfant ! (Elle le presse dans ses bras.) Ah ! je le retrouve
enfin, mon fils ! il ne me quittera plus... A moi, à moi seule...
ils ne sauront jamais... Viens, viens... (A Maçay qui entre.) Maça,
tais-toi... c'est lui. (Elle entraine Émile.)

ÉMILE.

Mais je ne veux pas... Bon ami...

LA BARONNE, l'entraînant tout à fait.

Il est là... il nous attend... viens, viens. (Elle sort par le fond, emmenant Émile qui se debat.)

MAÇAY, immobile.

Cet enfant?... Qui donc?

SCÈNE XIII.

MAÇAY, GEORGINA, NERBOURG.

GEORGINA, entrant avec Nerbourg par la porte à gauche.

Non, mon cousin, non, je n'ai pas le temps de vous entendre... Eh bien! où est-il?

NERBOURG.

Si fait, Georgina, il le faut.... (A Maçay.) Qu'est-ce que tu fais ici, toi?

GEORGINA.

Ah! Maçay, ta maîtresse sort d'ici.

MAÇAY, balbutiant.

En effet... j'ai vu.. c'est-à-dire, j'ai cru voir... par le jardin...

NERBOURG.

Tiens l qu'est-ce qu'il a donc à trembler comme ça?... Il a la figure toute renversée.

MAÇAY.

Moi!... vous trouvez?.... je ne crois pas... je venais pour cette lettre de change.

GEORGINA.

Mon père n'est pas rentré... Attends un instant... Assieds-toi.

MAÇAY.

Je ne demande pas mieux... (A part.) Je n'ai plus de jambes.

(Il s'assied.)

GEORGINA, regardant de tous côtés.

Où donc est Émile?

MAÇAY, montrant le côté opposé à celui de la sortie d'Émile.

Un enfant... celui que j'ai vu ce matin?... Il est sorti par là

NERBOURG, à Georgina, qui fait un mouvement pour sortir.

Oh! ma cousine, vous ne me quitterez pas ainsi... il fau
absolument que je vous parle... Monsieur Milner, dont tout l
monde raffole ici, excepté moi, a des idées, des espérances.

GEORGINA.

Vous croyez?

NERBOURG.

J'en suis sûr... aussi, je ne compte plus sur monsieur Dusseuil, mais sur vous seule... Liguons-nous contre monsieu
Édouard.

SCÈNE XIV.

LES MÊMES, DUSSEUIL.

DUSSEUIL, à un domestique qui le suit.

Eh! non, il n'est pas ici.

GEORGINA.

Qu'est-ce?

DUSSEUIL.

Le petit Émile... On l'a entendu crier... on le cherche, o
l'appelle... et Milner tout hors de lui...

GEORGINA.

Il est sorti ; je l'attendais.

DUSSEUIL, au domestique.

Vous voyez bien. (Le domestique sort.)

MAÇAY, à Dusseuil.

Cet enfant... qui est-il?... son père?

DUSSEUIL.

Qu'est-ce que cela te fait?..... Tiens, mon garçon, voi
ton affaire, tes deux mille francs.... (Il les lui donne en rouleaux

Quant à ton bail, à ta maison, nous ferons affaire ensemble, c'est probable... et j'espère bien donner à la vieille tour une châtelaine... Eh ! eh !

NERBOURG.

Plaît-il ?

DUSSEUIL, à Nerbourg.

Ah ! c'est vous, mon cher. (Bas à Georgina.) Qu'en dis-tu ? il m'a parlé... il m'a parlé... Ça marche, ça marche.

NERBOURG.

Une châtelaine... c'est ma cousine que vous y logerez !

DUSSEUIL.

Certainement... avec mon gendre.

NERBOURG.

Votre gendre ?

GEORGINA.

Mon père...

DUSSEUIL.

Oh ! j'ai dit : *mon gendre*... ma foi, tant pis... je suis si content... D'ailleurs, bientôt ce ne sera plus un secret pour personne... Hein ? mes châteaux en Espagne ?.. en voilà un qui est solide.

NERBOURG.

Je le renverserai.

DUSSEUIL.

Vous dites ?

NERBOURG.

Je dis que je le renverserai, votre château... parce que je suis de la famille aussi... et je ne souffrirai pas tranquillement qu'on y jette un inconnu, un intrigant, un homme qui m'est suspect, à moi.

DUSSEUIL.

Laissez donc. (Maçay, qui est à compter son or, quitte la table et se rapproche.)

NERBOURG.

Oui, suspect... pour sa moralité... Cet enfant, qui l'appelle son bon ami, d'où vient-il ?

DUSSEUIL.

Ça ne vous regarde pas, ni nous non plus... il l'élève par, pitié, par bonté d'âme... Il est si bon, si généreux !

NERBOURG.

Généreux !... quand on est riche !... oh ! le difficile, c'est de l'être quand on n'a pas plus de fortune que moi.

DUSSEUIL.

Aussi vous ne l'êtes pas. (Ici commence la musique du finale.)

GEORGINA.

Qu'est-ce que j'entends... des cris !

DUSSEUIL, remontant, et regardant par le jardin, à gauche.

Eh ! mais, c'est lui... c'est monsieur Édouard.

MAÇAY, à Nerbourg.

Permettez... monsieur Édouard, ce n'est pas un médecin ?

NERBOURG.

Eh ! si fait... un médecin... un confrère... que le diable l'emporte !

MAÇAY, à part, rejetant l'argent sur la table.

Qu'il garde son argent !

DUSSEUIL.

Comment ! qu'est-ce que cela veut dire ? est-ce qu'Émile ?...

GEORGINA.

Grand Dieu !

SCÈNE XV.

LES MÊMES, ÉDOUARD, PLUSIEURS DOMESTIQUES, VILLAGEOIS
et VILLAGEOISES.

ÉDOUARD, accourant.

Où donc est-il, où donc est-il ?

GEORGINA et DUSSEUIL.

Qui donc?

FINALE.

AIR :

ÉDOUARD.

Émile!... où le trouver?... on le cherche... on l'appelle!...

GEORGINA.

Ici, je l'attendais avec Franck.

ÉDOUARD.

Que dit-elle?

Franck!... mais il est parti!... Je vois tout, maintenant!
On l'a séduit, gagné... Mon faux nom, mon absence,
Rien n'a pu me sauver de leur persévérance!
Ils m'ont enlevé mon enfant.

Mon fils!

TOUS.

Son fils!

ENSEMBLE.

Finale du premier acte de Léocadie.

EDOUARD.

Oui, c'est mon fils! Plus d'espérance '
Les cruels ont brisé mon cœur;
Le sort épuise ma constance,
Et je mourrai de ma douleur.

DUSSEUIL et GEORGINA.

Ah! quel secret! plus d'espérance!
Adieu ⎰ mes ⎱ projets de bonheur!
      ⎱ nos ⎰
Mais j'ai pitié de sa souffrance;
Et je dois calmer sa douleur.

NERBOURG.

Pour lui plus d'hymen, d'espérance,
C'était son fils! Hein! quelle horreur!
Vous me croirez donc!... et je pense
Qu'enfin vous ferez mon bonheur.

MAÇAY.

Il se pourrait!... quelle imprudence!
Je me sens trembler de frayeur!...

Après tant de maux, de souffrance,
Quel nouveau sujet de douleur !

CHOEUR.

Pour vous n'est-il plus d'espérance ?
Nous poursuivrons le ravisseur,
En nous tous ayez confiance,
Calmez, calmez votre douleur !

(La musique continue.)

ÉDOUARD.

Et Franck... poursuivez-le... il faut l'arrêter... le ramener ici... Ma fortune, mon sang... à qui me rendra mon fils... (A un domestique qui entre.) Eh bien ! qu'as-tu appris ? (Voyant une toque que le domestique tient à la main.) Cette toque... c'est la sienne !

LE DOMESTIQUE.

Je l'ai trouvée là... dans le jardin... près de l'étang.

ÉDOUARD.

Près de l'étang... ah ! (Il tombe sur un fauteuil; Dusseuil, Georgina et les domestiques s'empressent de le secourir.)

REPRISE DE L'ENSEMBLE.

DUSSEUIL et GEORGINA.

Ah ! quel secret ! plus d'espérance ! *etc.*

NERBOURG.

Pour lui plus d'hymen, d'espérance, *etc.*

MAÇAY.

Il se pourrait ! quelle imprudence ! *etc.*

CHOEUR.

Pour vous n'est-il plus d'espérance ? *etc.*

(A la fin de l'ensemble, Édouard revenant à lui se lève, tout le monde fait un mouvement vers le jardin. — Le rideau tombe.)

ACTE SECOND

(Une salle mesquinement meublée, dans la vieille maison qu'habite la Baronne ; le fond est fermé par une large croisée. — Deux portes latérales ; la porte à droite est la porte d'entrée ; l'autre, celle de l'appartement de la Baronne. Deux fauteuils, l'un près de la porte d'entrée, à droite, l'autre à gauche, un peu vers le milieu du théâtre.)

SCÈNE PREMIÈRE.

LA BARONNE, ÉMILE.

(Au lever du rideau, Émile, couché dans le fauteuil à gauche, est endormi ; la Baronne le regarde avec extase, tenant un grand châle suspendu comme pour cacher l'enfant.)

LA BARONNE.

Il dort !... que ce sommeil est pur !... qu'il est paisible ! (Écoutant.) Ah ! j'entends quelqu'un... (Se rassurant.) Non, personne... (Revenant à Émile et jetant le châle sur le dos du fauteuil.) Il ne s'éveille pas... tant mieux... puisqu'il ne me connaît pas... puisqu'il me repousse... et pourtant, je voudrais qu'il ouvrît ses beaux yeux... je voudrais entendre sa voix !... (Lui enlevant le collier de cheveux qu'il a au cou.) Ah ! cette chaîne... ce collier... ce sont des cheveux... oui, je me rappelle... les miens... Comment ! Édouard les a conservés ! lui !...

SCÈNE II.

MAÇAY, LA BARONNE, ÉMILE, endormi.

MAÇAY.

Madame la Baronne...

LA BARONNE, jetant le collier sur le fauteuil.

Ah ! Maçay, plus doucement... il dort.

MAÇAY.

Ah ! madame, qu'avez-vous fait ?... Je viens de chez mon-

sieur Dusseuil où tout est dans un désordre affreux... o[n]
cherche cet enfant... on le croit tombé dans l'étang.

LA BARONNE.

Noyé!... oui, ils ont raison... Noyé! perdu!... à quoi bon l[e]
chercher encore?... ils l'oublieront.

MAÇAY.

Ne le croyez pas... on portera plainte... et son père...

LA BARONNE.

Mais moi, Maçay, je suis sa mère, entends-tu bien... Ce fi[ls]
mis au monde dans une nuit de douleur et de joie... qu'o[n]
avait enlevé à mon amour... cet ange qui a emporté avec l[ui]
les restes d'une raison que le malheur avait presque éteint[e]
lui que je redemandais, pâle, chancelante... que j'appel[ais]
dans mes nuits d'insomnie, dans mes rêves brûlants, da[ns]
mes courses vagabondes... quand les enfants, parmi lesquel[s]
le cherchais, me répondaient par un rire moqueur... par [un]
cri affreux: *la folle! la folle!* (Lui montrant Émile.) Eh bien!
voilà... je le retrouve enfin.

MAÇAY.

Mais, madame, songez donc...

LA BARONNE, regardant Émile avec inquiétude.

Silence!... il s'agite... prends garde!... oh! si tu savais co[mbien]
bien il m'a fallu de force et de courage pour l'enlever, p[our]
l'emporter jusqu'ici!... il se débattait, il pleurait... il me m[au]-
dissait... moi!... et je le serrais dans mes bras; j'étouffais [ses]
cris sous mes baisers... je pleurais aussi; mais de joie, de bo[n]-
heur!... Tout à coup, une mendiante m'est apparue... là-ba[s]
près du jardin... oh! alors, il m'a semblé qu'on allait m'e[n]-
lever le trésor que j'avais volé... j'ai jeté à cette femme [ma]
bourse... un bijou... ce que j'avais... que sais-je?... et pui[s je]
suis arrivée ici, haletante... accablée... je ne voyais plus, j[e ne]
pensais plus... la raison m'avait fuie de nouveau... quand [le]
cri de mon enfant m'a rappelée à moi... après bien des ple[urs]

s'est endormi dans mes bras... (Lui montrant Émile endormi.) Mais
ois donc comme il est beau, mon fils !... c'est mon fils !

MAÇAY.

Oui... une des causes de vos chagrins... de vos malheurs...
n enfant qu'il fallait oublier.

LA BARONNE, le regardant avec un sourire.

L'oublier !... ah ! Maçay !...

MAÇAY.

Vous étiez mieux, beaucoup mieux... j'espérais vous recon-
uire en France, plus calme, plus tranquille... et il faut que ce
iable d'homme se trouve là, avec son or, que j'allais accepter...
eureusement vous n'êtes plus sa femme... monsieur le Baron,
otre père, l'a voulu... et vous avez trop de courage pour re-
retter...

LA BARONNE, sans l'entendre, toujours occupée d'Émile.

Maçay, écoute... écoute... il faut partir cette nuit... cette nuit
nème !... ce matin j'avais pensé à me séparer de toi... à partir
eule.

MAÇAY.

Grand Dieu !... vous, madame... sans moi ?

LA BARONNE.

Oh! pardonne, Maçay, mon ami, mon vieil ami, par-
lonne... tu sais si je t'aime... mais j'étais lasse de te voir souf-
rir avec moi... partager mes chagrins, ma pauvreté... car tu
s beau faire pour tromper tout le monde... pour t'abuser toi-
même... je sais que ce sont tes épargnes de trente ans...

AIR *de la Sentinelle.*

Ah ! je sais trop tout ce que je te doi !
Entre nous deux la peine était commune...
Bon serviteur !... devais-je voir pour moi
S'épuiser ta mince fortune ?
Ton bien, tes jours m'étaient sacrifiés...
Un autre au moins eût payé ta constance
Par du bonheur.

MAÇAY.

Vous me quittiez!...

LA BARONNE.

Tu te perdais.

MAÇAY.

Vous le saviez,
Et c'était là ma récompense !

LA BARONNE.

Eh bien! non, non... tu partiras avec nous... tu m'aideras à
le cacher, à m'en faire aimer.

MAÇAY.

Mais je tremble qu'on ne le découvre, qu'on ne vienne vous
l'enlever.

LA BARONNE, avec violence.

Me l'enlever ! qu'ils viennent ! qu'ils viennent !... ils ne l'au-
ront qu'avec ma vie... c'est mon bien!... c'est mon fils...

NERBOURG, en dehors.

Madame y est... c'est bien...

MAÇAY.

Ciel ! quelqu'un !

LA BARONNE.

Ah !   (Elle couvre Émile du châle qui est sur le fauteuil.)

SCÈNE III.

NERBOURG, MAÇAY, LA BARONNE.

NERBOURG.

Ne vous dérangez pas, madame la Baronne.

LA BARONNE, se remettant.

Monsieur Nerbourg, qu'est-ce donc ?

NERBOURG.

Pardon de la manière un peu brusque dont j'arrive jusqu'à vous... la porte qui communique au jardin de monsieur Duseuil était ouverte.

LA BARONNE.

Oh! c'est sans doute Maçay qui a oublié...

MAÇAY.

Moi!... oui, en effet...

NERBOURG.

Et comme ma cousine Georgina m'a dit qu'en la quittant vous étiez fort agitée, j'ai voulu...

LA BARONNE.

Vous êtes trop bon... Mademoiselle Georgina s'est trompée... je suis bien... très-bien... et si c'est pour cela que vous vous êtes donné la peine de venir...

NERBOURG.

Oh! pour cela et pour autre chose... madame la Baronne, je viens me confier à vous.

LA BARONNE.

A moi?

NERBOURG, regardant Maçay.

A vous seule... et si monsieur Maçay voulait avoir la complaisance...

MAÇAY, faisant un mouvement pour sortir.

Je comprends.

LA BARONNE, l'arrêtant.

Non... en ce moment... c'est impossible... Maçay ne peut... ne doit pas me quitter... (Faisant quelques pas pour reconduire Nerbourg.) Alors, monsieur, je vous verrai une autre fois...

(Elle l'accompagne jusqu'à la porte.)

NERBOURG, qui était sorti, rentrant.

Pourtant, il est indispensable que je vous dise pourquoi je suis venu.

MAÇAY.

Vou

LA BARON

Tu perdais.

MAÇAY

Vous l

C'était là ma récon

LA BARO

Eh bien! non non... tu partira

le cacher, à m faire aimer.

MAÇA

Mais je tremb qu'on ne le dé

l'enlever.

LA BARONNE, a

Me l'enlever qu'ils viennent l

ront qu'avec la vie... c'est mon

NERBOURG,

Madame y e... c'est bien...

MAÇA

Ciel! quelqu'un!

LA BARO

Ah!   Elle couvre Émile

SCÈNE

NERBOURG, MAÇAY

NERBOU

NERBOURG.

Pardon de la manière un peu brusque do j'arrive jusqu'à
'ous... la porte qui communique au jaid ι e monsieur Dus-
,euil était ouverte.

LA BARONNE.

Oh! c'est sans doute Maçay qui a oublié

MAÇAY.

Moi!... oui, en effet...

NERBOURG.

Et comme ma cousine Georgina m'a di u'en la quittant
'ous étiez fort agitée, j'ai voulu...

LA BARONNE.

Vous êtes trop bon... Mademoiselle Ge rg a s'est trompée...
e suis bien... très-bien... et si c'est pour la que vous vous
tes donné la peine de venir...

NERBOURG.

Oh! pour cela et pour autre chose... ma me la Baronne, je
'iens me confier à vous.

LA BARONNE.

A moi?

NERBOURG, regardant Maça

A vous seule... et si monsieur Maçay v ait avoir la com-
)laisance...

MAÇAY, faisant un mouvement pe rtir.

Je comprends.

LA BARONNE, l'arrêtant.

Non... en ce moment... c'est impossibl . Maçay ne peut...
ie doit pas me quitter... (Faisant que'   conduire Nerbourg.)
llors, monsieur, je vous verrai

(F

LA BARONNE.

Monsieur, parlez plus bas.

NERBOURG, regardant autour de lui.

Plaît-il ?

MAÇAY, lui faisant signe.

Plus bas.

NERBOURG.

Ah ! très-volontiers... Voici ce que c'est... il y a depuis quelques jours, chez mon cousin, une espèce d'original... un de mes confrères, monsieur Edouard Milner.

LA BARONNE, l'écoutant à ce nom.

Édouard... oui... chez monsieur Dusseuil.

NERBOURG.

Il y est, malheureusement... et comme il a un gros train, une grande fortune...

MAÇAY.

Une grande fortune ?

(Maçay passe à la gauche de la Baronne, et se trouve auprès de l'enfant.)

NERBOURG.

Scandaleuse !... cela a donné à mon cousin l'idée de l'avoir pour gendre, de lui faire épouser Georgina.

LA BARONNE.

Georgina !... ah ! oui, elle me l'a dit... je l'avais oublié, j'étais si heureuse... lui !... l'épouser !... (Maçay lui saisit la main.) Mais qu'importe ?

NERBOURG, élevant la voix.

A vous, je ne dis pas... mais à moi, c'est autre chose... suis furieux.

LA BARONNE.

Oh ! parlez plus bas.

NERBOURG, baissant la voix.

C'est juste... je suis furieux... car moi aussi, j'aime ma cousine... je l'adore... surtout depuis ce matin... depuis que sais qu'il y en a un autre... mais Georgina a du goût et je ne puis croire qu'elle me préfère un charlatan, un homme sans principes.

LA BARONNE.

Que dites-vous ?... lui !... l'honneur et la probité même... (Maçay lui serre la main, elle se reprend.) On me l'a dit, du moins.

NERBOURG.

Du tout, du tout... nous savons le contraire... un enfant !... preuve vivante que je voudrais tenir en ce moment... aussi je suis sûr que Georgina le déteste... l'autre... le père...

LA BARONNE.

Vous croyez ?

NERBOURG.

S'il en était autrement... s'il persistait dans ses projets... je n'aurais plus qu'à me couper la gorge avec lui.

LA BARONNE, avec effroi.

Ah ! monsieur !...

MAÇAY, vivement.

Mais je ne vois pas ce que madame la Baronne peut faire à tout cela.

NERBOURG.

Si fait, mon cher... Ma cousine vous aime beaucoup, madame... et je viens vous demander de vouloir bien par quelques mots dits en ma faveur... et, s'il se peut, contre l'autre...

LA BARONNE, voyant le châle s'agiter.

Ciel !... il s'éveille...

MAÇAY, passant au milieu.

Parler pour vous... c'est bien.

LA BARONNE, les yeux sur le fauteuil.

Oui, monsieur... oui... je parlerai... je dirai... tout ce que vous voudrez... mais, de grâce... je veux être seule.

NERBOURG, insistant.

Permettez...

IV.   20

LA BARONNE, avec force.

Seule... je le veux.

NERBOURG.

Je me retire, madame... et je puis compter...

LA BARONNE, le reconduisant très-vite.

Oh ! oui... mais sortez (A Maçay.) Va vite... et veille !bien...

(Elle pousse Nerbourg et Maçay vers la porte.)

ÉMILE, se réveillant.

Bon ami...

NERBOURG, se retournant.

Plaît-il ?...

LA BARONNE.

Monsieur...

NERBOURG.

Je sors, madame... je sors... mais je reviendrai savoir...

MAÇAY, l'entraînant

Eh ! venez donc, monsieur.   (Ils sortent.)

SCÈNE IV.

LA BARONNE, ÉMILE.

ÉMILE, écartant le châle qui le couvre.

Bon ami, c'est toi ?

LA BARONNE.

Oui... moi... ton amie...

ÉMILE, la repoussant.

Oh ! non, non... ce n'est pas toi... je ne te connais pas...
va-t'en.

LA BARONNE, l'attirant doucement à elle.

Enfant, ne me repousse pas... je t'en prie... (Elle s'assied.) Viens,
approche-toi... (Elle le retient près d'elle.) Je ne veux pas te faire de
mal... je t'aime.

EMILE.

Je te reconnais... c'est toi qui m'as emporté hier... je pleurais et tu étais contente.

IA BARONNE.

Oh! c'est que j'étais heureuse de te porter dans mes bras... de te réchauffer contre mon sein... ce moment-là, vois-tu, il y avait si longtemps que je l'appelais de tous mes vœux!... c'est que tu es mon fils!.. c'est que je suis ta mère... oh! mon Dieu! il ne me comprend pas!... quand j'étais folle de ma douleur, il n'avait pas une pensée, pas une larme pour sa mère... que dis-je?... on lui a peut-être appris à me détester, à me maudire.

ÉMILE, reculant.

Oh !...

LA BARONNE, se calmant.

N'aie pas peur... ne crains rien... viens... (Elle l'appelle doucement. Émile s'approche, la Baronne le prend dans ses bras.) Ne me maudis pas... une mère, vois-tu... (Elle le caresse et l'embrasse.)

AIR *de l'Angelus.*

Une mère est pour son enfant
Comme une fée aimable et bonne,
Qui le soutient, qui le défend,
Et de tendres soins l'environne...
Elle prévient avec douceur
Les caprices qu'il a sans cesse :
Loin de lui chassant la douleur...
Et pour prix de tant de bonheur,
Elle ne veut qu'une caresse.

(Elle le presse avec transport contre son sein.)

ÉMILE.

Et tu es ma mère, toi?

LA BARONNE.

Oui, ta mère qui t'aime bien... tu seras son trésor, son bonheur, sa vie!... parle, commande... que veux-tu?... que demandes-tu?

ÉMILE.

Je te demande de me reconduire à mon ami Édouard.

LA BARONNE.

Oh! non... il me hait... il est implacable... il me repousse-
rait... moi, qu'un titre sacré... (Elle s'assied sur le fauteuil qui est à
droite du théâtre.) Bientôt il sera heureux près d'une autre... oh!
non, ne me parle pas de lui... ne m'en parle jamais... mon
enfant, mon Emile... ne demande pas à me quitter... (Elle le
prend dans ses bras.) Si tu savais tout ce que j'ai souffert jusqu'à
ce jour... si tu savais... (Gaiement.) Mais non... laissons cela...
plus de larmes, plus de tristesse. (Très-gaiement.) Je veux t'entourer de plaisirs... partager tes jeux... dis-moi... que faut-il
faire ? voyons... je serai pour toi bien gaie, bien folle...

(Elle s'efforce d'être gaie et fond en larmes.)

ÉMILE, se jetant à son cou.

Tu pleures !... eh bien ! oui, je t'aime... ma mère.

LA BARONNE.

Ta mère !... oh ! répète... répète... c'est la première fois... ta
mère... (Elle l'embrasse avec transport.)

SCÈNE V.

LA BARONNE, ÉMILE, MAÇAY.

MAÇAY.

Madame... madame...

LA BARONNE.

Maçay, viens donc... il ne craint plus... il m'aime... il m'appelle sa mère !

MAÇAY.

Voici mademoiselle Georgina... elle vient... elle est là... elle
veut absolument...

LA BARONNE.

Grand Dieu ! Émile, mon enfant... Maçay, je te le confie...

emmène-le ; et ne refuse rien à mon fils... tout à lui... tout à lui... eh ! vite... ah !

(Maçay emmène Émile dans l'appartement de la Baronne, elle les accompagne jusqu'à la porte qui se ferme aussitôt. La Baronne est restée devant, comme pour la cacher, au moment ou Georgina entre par la porte à droite.)

SCÈNE VI.

GEORGINA, LA BARONNE.

GEORGINA.

Eh bien ! on vous trouve enfin... j'ai cru que Maçay avait peur de moi... il s'est sauvé en m'apercevant.

LA BARONNE.

Lui !... vous avez cru ?...

GEORGINA.

J'en suis sûre... où va-t-il donc ?

LA BARONNE.

Maçay !... je ne sais... il vient de passer par là... (Montrant la gauche.) Là... et puis il vous a annoncée... et je m'attendais si peu, ce soir, à votre visite...

GEORGINA.

C'est que vous allez avoir celle de mon père... nous avons rendez-vous ici.

LA BARONNE.

Il va venir ? j'en suis bien aise.

GEORGINA.

Et puis, je n'étais pas fâchée de sortir, de me distraire un peu après cet affreux événement qui a mis le désordre chez nous.

LA BARONNE.

Quel événement ? qu'est-ce donc ? je ne sais pas...

GEORGINA.

Comment ! Maçay ne vous a pas dit ?... cet enfant que vous avez caressé...

LA BARONNE, vivement, se reprenant.

Ah ! si fait... un enfant... disparu... égaré... on ne le retrouve pas ?

GEORGINA.

Mon Dieu, non.

LA BARONNE.

C'est singulier.

GEORGINA.

Heureusement, on a des indices, on est sur les traces...

LA BARONNE, vivement.

Sur les traces de qui ?

GEORGINA.

Mais... d'une pauvre femme... d'une mendiante qu'on a vue
près du jardin... on la soupçonne, on est à sa poursuite.

LA BARONNE.

Ah !... et l'on croit... et l'on espère... (A part.) Je me meurs !

GEORGINA.

Certainement, on va la ramener... mon père a mis tout le
monde en campagne, et monsieur Milner...

LA BARONNE.

Monsieur Milner...

GEORGINA.

Oui, monsieur Édouard... Vous ne savez pas... Émile est son
fils... enfin, il nous l'a avoué... Son fils !... je devrais lui en
vouloir, peut-être, de nous avoir fait un mystère... mais le
moyen de ne pas être ému de sa douleur, de son désespoir,
quand il n'a plus retrouvé son enfant.

LA BARONNE.

Ah !... (A part.) comme moi.

GEORGINA.

Aussi, je ne sais ce que j'ai éprouvé... mais il me semble...

LA BARONNE, l'observant.

Que vous l'aimez !...

GEORGINA.

Cent fois davantage, depuis qu'il est malheureux... Vous en
jugerez vous-même en le voyant.

LA BARONNE, avec effroi.

Je ne le verrai pas...

GEORGINA.

Si fait... S'il retrouve son fils, il ne doit plus se séparer de
vous... Mon père veut qu'il habite cette maison que vous quittez... il va l'amener... je les attends.

LA BARONNE.

Ici !... lui !... Édouard !... je ne veux pas... Ah ! courez...
par pitié ! par grâce !... empêchez... je ne veux pas qu'il
vienne.

GEORGINA.

O ciel ! vous le connaissez donc ?

LA BARONNE, en désordre.

Non, non... je ne le connais pas... mais n'importe... je suis
chez moi... qu'il n'approche pas... qu'il cherche son enfant
ailleurs... qu'il me laisse !

GEORGINA.

Son enfant ! mais, à ce trouble, on croirait que vous savez...

LA BARONNE, lui mettant la main sur la bouche.

Oh ! silence... silence.

SCÈNE VII.

LES MÊMES, DUSSEUIL.

DUSSEUIL.

Eh bien ! eh bien !... il n'est pas encore arrivé ?... Pardon,
madame... Ah ! te voilà, ma fille... Je croyais trouver ici monsieur Édouard.

GEORGINA, observant la Baronne.

Non, mon père; non, je ne l'ai pas vu... mais Émile, qu'a
t-on appris?

DUSSEUIL.

Rien encore.... Oh! cette malheureuse que l'on accuse ı
peut tarder à être arrêtée. On va l'amener.

LA BARONNE, avec effroi.

Chez moi?

DUSSEUIL.

Non! chez moi... Mais d'abord, madame, j'ai voulu voı
voir... On dit que vous vous éloignez de nous.

LA BARONNE.

Oh! oui... je pars bientôt.

GEORGINA, l'observant.

Cette nuit, peut-être?... (La Baronne lui fait un geste suppliant.)

DUSSEUIL.

Sitôt!... Enfin, puisqu'il faut absolument vous perdre,
veux du moins qu'un ami vous remplace, et ce sera ce ch
monsieur Edouard... je n'ose plus dire mon gendre... après
que nous avons appris... (A Georgina.) Toi, d'abord, tu ne peı
plus l'aimer.

GEORGINA.

Moi, mon père... (Regardant la Baronne.) Pour adoucir son ch
grin, je donnerais ma vie.

DUSSEUIL.

Ah! des phrases!... Je lui donnerais ma fille, ce qui va
mieux; mais il faut que je sache tout... En attendant, noı
jeune docteur qui se met sur les rangs...

GEORGINA.

Mon cousin!

LA BARONNE, vivement.

Monsieur Nerbourg... oui, il m'a dit... (Georgina la regarde,
baisse les yeux.)

DUSSEUIL.

Air : *J'en guette un petit de mon âge.*

Pauvres amants ! quel caprice est le vôtre !
De son amour il ne nous disait mot.
Dès que son cœur devient le bien d'un autre,
Pour l'obtenir il s'enflamme aussitôt.
Contre un rival, d'ardeur et de constance
Il veut lutter... et pour la conquérir,
Il est tout prêt à se battre... à mourir !...
    Ce que c'est que la concurrence !

Mais il a beau faire... si monsieur Édouard s'explique, se justifie... Eh ! tenez, je l'entends.

LA BARONNE.

Édouard !

DUSSEUIL, la retenant.

Pardon, madame, je vous le présente ; et puis, nous vous demandons cinq minutes, pas davantage, pour convenir des arrangements... Eh bien !... (Remontant la scène.) Par ici.

(Il va au-devant d'Édouard.)

LA BARONNE, dans le plus grand trouble.

Édouard !

GEORGINA, courant à elle.

Madame !

LA BARONNE.

Oh ! non, jamais.

(Elle rentre vivement dans son appartement. Georgina s'arrête près de la porte.)

SCÈNE VIII.

DUSSEUIL, ÉDOUARD, GEORGINA.

DUSSEUIL, faisant entrer Édouard.

Eh ! venez... c'est par ici... je vais vous présenter à madame la... (Ne voyant plus la Baronne.) Eh ! mais... où est-elle donc ?

GEORGINA, balbutiant.

Qui... la Baronne ?... je ne sais... je... (A part.) Ah! mon
Dieu !...je n'ose comprendre.

ÉDOUARD.

Ah ! tant mieux, car je ne voudrais voir personne... (Il pose
son chapeau sur le fauteuil à gauche du théâtre.) Eh bien !... on ne sait rien
encore ?

DUSSEUIL.

Magistrat du canton, j'ai donné des ordres ; mais il faut qu'on
ait pu atteindre...

GEORGINA.

Du courage, monsieur Édouard.

EDOUARD.

Du courage... je n'en ai plus... les chagrins l'ont épuisé... ce
dernier me tuera.

DUSSEUIL.

Voyez donc autour de vous... il vous reste des amis... qui
vous aideront à retrouver votre fils... qui seront toujours là...
pour vous consoler.

GEORGINA.

Pardon, monsieur Édouard, si je renouvelle votre douleur ;
mais soupçonnez-vous quelqu'un ?... n'y avait-il pas une personne intéressée à vous poursuivre ?... à vous enlever votre
fils ?... dites.

ÉDOUARD, la regardant avec surprise.

Une personne !... mais je le crains.

GEORGINA.

Une femme ?

ÉDOUARD, de même.

Mademoiselle...

GEORGINA.

Sa mère, peut-être ?

ÉDOUARD.

O ciel! qui vous a dit... d'où savez-vous ?

GEORGINA.

Mais je suppose...

DUSSEUIL.

Oui, ce n'est qu'une supposition ; car il ne se peut pas...

EDOUARD.

Si fait, si fait... sa mère.

DUSSEUIL.

Grand Dieu !

GEORGINA, à part, regardant la porte à gauche.

Malheureuse !

ÉDOUARD.

Sa mère !... mais peut-elle réclamer ce titre ?... elle qui lui a refusé un nom, une famille !... elle qui, enchaînée à moi !...Oh! ne m'accusez pas... je suis libre... la loi a brisé des nœuds qui devaient être sacrés... Loi de parjure et de haine !

DUSSEUIL.

Il paraît que c'est un divorce ?

EDOUARD.

Non, non !

DUSSEUIL.

Bah !.. diable !

GEORGINA.

Mon père, respectons un secret...

ÉDOUARD.

Que vous devez connaître. Désormais, c'est par vous seuls que je veux tenir à ce monde que je devais fuir... c'est vous seuls qui serez mes amis, ma famille ; et si je retrouve mon fils, car je le retrouverai, je lui donnerai du moins une mère qui veillera sur lui... un ami. (Il les regarde.) Vous détournez les yeux, vous me condamnez peut-être ; mais d'abord, il faut m'entendre.

GEORGINA.

Monsieur...

DUSSEUIL, se rapprochant.

Si fait, si fait... j'écoute.

ÉDOUARD.

Ce Chaverny dont on vous parlait ce matin, cet homme flétri, déshonoré par un arrêt, c'est moi.

DUSSEUIL.

Vous !

ÉDOUARD.

Jeune, sans nom, sans fortune, j'étais parvenu, à force de travail et de courage, à sortir de mon obscurité ; j'étais un médecin distingué, disaient-ils... Ce fut alors que je rencontrai, près
du lit d'une pauvre malade, une jeune fille... j'aurais dit un
ange, qui venait, comme moi, apporter au malheur les secours et les soins les plus touchants... Que de grâces et de
vertu ! qu'elle était belle ! Je la revis souvent. Un charme
jusqu'alors inconnu , me ramenait sans cesse aux lieux
où sa bonté la ramenait plus souvent aussi , peut-être. C'était
mon seul, mon premier amour : un amour si tendre , si pur,
que le ciel devait le bénir... Je m'y abandonnai avec délices.
Lélia, c'était son nom, Lélia semblait heureuse du sentiment
qu'elle m'inspirait... et bientôt, de son aveu, je résolus de la
demander à son père. C'était un petit vieillard bien noble, bien
arriéré, que la Restauration avait ramené en France. Moi, j'a-
vais confiance dans une réputation qui croissait avec ma fortune ; dans mon nom, qui était plus connu que le sien ; dans
mon talent, qui était aussi une noblesse. Je le vis. Loin d'être
touché de mes vœux, de mes prières, de mes larmes, il me repousse avec une insolente fierté... Sa fille, accourue à nos cris,
embrassa ses genoux, mais en vain : pour toute réponse, il
sonna ses gens, et leur ordonna de me jeter à la porte... De ce
jour, je ne lui dus plus rien que ma haine... Que m'importait
son consentement ? j'avais l'amour de sa fille. Je m'attachai à
ses pas... Nous nous revîmes malgré lui ; nous nous jurâmes
d'être l'un à l'autre. J'aurais pu l'enlever : c'eût été déshonorer
une enfant qui m'aimait... je ne le voulus pas. Mais quand j'appris que, pour un titre, une fortune, il allait l'unir, la livrer à

un étranger, à un Anglais, à un lord !... je résolus d'en finir avec tant d'orgueil et de folie... tout m'en faisait un devoir. Je les suivis à Londres en secret... et, la veille du jour marqué pour cet hymen, je la ravis à sa famille, à ses tyrans... Un prêtre reçut nos serments... elle fut ma femme !... Ma femme !... Lien solennel ! titre sacré qu'elle avait reçu au nom de sa mère... et que trois mois après elle répudiait avec mépris.

DUSSEUIL.

Que dites-vous ?

GEORGINA.

Il se pourrait !

EDOUARD.

Oui... à peine rentrés en France, elle cède aux secrètes sollicitations de son père qui avait juré ma ruine : elle oublie ses devoirs, ses serments, elle m'abandonne, et pour obtenir plus sûrement sa grâce, elle s'en va servir la vengeance de ce vieillard implacable... elle demande elle-même, en son nom, que la loi annule notre mariage... et moi, je suis poursuivi par cette famille puissante, comme un suborneur ; condamné pour séduction, pour rapt, que sais-je ?... je m'échappai de France, j'avais tout perdu... mais je jure le ciel que mon plus grand supplice était encore cet amour que Lélia avait trahi ! Bientôt j'appris qu'il existait un gage de cet amour malheureux... un enfant renié par sa mère... qui n'avait reçu ni son nom ni le mien... confié en secret à une étrangère !... Je rentrai en France furtivement : je priai, j'offris de l'or, je rachetai mon enfant, et je m'exilai pour jamais... pauvre, mais emportant mon trésor avec moi !... Retiré, inconnu, dans le nord de l'Europe, je n'étais occupé que de mon fils, je ne vivais que pour lui !... pour lui, caché sous un autre nom, j'ai conquis une nouvelle réputation, une fortune nouvelle !... enfin, après six ans, je fus amené en ces lieux par le soin de sa santé, de la mienne... peut-être aussi par le désir de respirer de plus près l'air si doux de la patrie !... Hélas ! je croyais que les recherches de cette femme avaient cessé... je me trompais... il me restait un malheur à connaître !... j'ai perdu mon fils !... et maintenant que vous

me connaissez, que vous savez mes secrets, mes fautes, refuse-
rez-vous de me consoler?

DUSSEUIL, lui prenant la main.

Non, oh! non... d'abord, j'avais des craintes, et je ne sais pas
trop ce que j'aurais fait... quoi qu'il en coûte de renoncer à des
espérances, à des projets auxquels on est habitué; mais maintenant... Oh! vous êtes un honnête homme... vous êtes malheureux, c'est un titre de plus, et, entre nous, c'est à la vie et à la
mort!

ÉDOUARD, à Georgina.

Et vous, Georgina?

DUSSEUIL.

Voyez ses yeux pleins de larmes... je vous réponds de son
cœur comme du mien... vous êtes libre, c'est tout ce que je
veux, et dès demain...

GEORGINA.

Mon père!... (A Édouard en lui tendant la main.) Oui, sans doute,
monsieur, je suis émue, et vous ne pouvez douter de tout l'intérêt, de l'estime... mais cette femme que vous aimez peut-être
encore... si elle revenait à vous?

ÉDOUARD.

Elle! grand Dieu!...

AIR : *Un jeune Grec.*

Oh ! non, jamais... jamais !... je m'en souviens,
Pour me flétrir, invoquant la justice,
Elle a brisé ses serments et les miens...
Ne croyez pas que jamais je fléchisse...
L'honneur !... voilà mon juge, mon appui.
Des tribunaux bravant la foudre,
Contre vos lois j'étais absous par lui,
Mais il n'est pas, quand l'honneur est flétri,
De loi qui puisse vous absoudre !

SCÈNE IX.

LES MÊMES, NERBOURG.

NERBOURG.

Mon cousin, mon cousin, je viens vous annoncer...

EDOUARD.

Quoi, monsieur?... aurait-on appris?...

NERBOURG.

Je n'ai rien à vous dire, monsieur... c'est à monsieur Dusseuil, parce que je sais tout l'intérêt qu'il prend à cette affaire... et je suis trop heureux de pouvoir lui être agréable.

GEORGINA.

Mais dites-nous...

NERBOURG.

Et à ma cousine aussi... quant à vous, monsieur, je ne vous connais pas.

ÉDOUARD.

Permis à vous; mais enfin...

NERBOURG.

Voici ce que c'est... Franck, le domestique, vient d'être ramené...

ÉDOUARD.

Avec mon fils?...

NERBOURG, à Dusseuil.

Non, mon cousin... seul et plus désolé qu'un autre du malheur arrivé à cet enfant; mais il a parlé, il a fait des révélations, et l'on sait maintenant le véritable nom de son maître... ce nom que, ce matin...

DUSSEUIL.

Oui, oui, c'est bien... nous le savons.

NERBOURG.

Ah! vous le savez!

GEORGINA.

Sans doute; après, de grâce... est-ce tout?

NERBOURG.

Cette pauvre femme sur laquelle on a des soupçons...

ÉDOUARD, vivement.

Elle est arrivée?

NERBOURG, à Dusseuil.

Nou, mon cousin, mais elle ne peut tarder... un de vos gens est venu tout haletant, annoncer qu'on l'avait rejointe... dans une demi-heure, elle sera ici.

ÉDOUARD.

Avec mon fils?

NERBOURG, se tournant vers Édouard.

Non, non... (Se reprenant, à Dusseuil.) Mais elle paraît tout savoir. Madame la Baronne la connaît sans doute, car elle s'est récla-mée d'elle.

DUSSEUIL.

Comment se fait-il?... je ne comprends pas.

ÉDOUARD.

La Baronne! qui donc? où la trouver?

GEORGINA.

Mais d'abord, mon père, il faut aller recevoir, interroger les gens qui arrivent... avec vous, mon cher monsieur Édouard.

NERBOURG, à part.

Comment! son cher monsieur Édouard?... encore!

ÉDOUARD.

Pardon... avant de m'éloigner, je veux parler à cette dame, puisqu'elle paraît connaître...

DUSSEUIL.

Vous avez raison, il ne faut négliger aucune circonstance... d'ailleurs, nous avons à causer avec la Baronne... Venez, mon cher Édouard. (Avec intention, regardant Nerbourg.) Mon gendre!...

NERBOURG.

Hein! il persiste... je n'y comprends plus rien. (Au moment où Dusseuil va entrer dans l'appartement de la Baronne, Maçay paraît.)

SCÈNE X.

NERBOURG, GEORGINA, sur le devant de la scène, à droite.
OUARD, DUSSEUIL, MAÇAY, un peu au fond, auprès de la porte,
à gauche.

DUSSEUIL.

Ah! c'est toi, Maçay... où est ta maîtresse? nous l'attendons.

MAÇAY.

Oui, je sais... mais c'est inutile... elle ne viendra pas, elle ne
peut pas sortir de chez elle.

DUSSEUIL.

En ce cas, entrons.

MAÇAY, les arrêtant.

Non; cela ne se peut pas, madame est souffrante.

EDOUARD.

Ah! de grâce, un mot, un seul mot.

MAÇAY.

C'est impossible... elle repose.

EDOUARD.

Ah! pour arriver jusqu'à elle... il y va de ma vie peut-être...
parlez... que vous faut-il? de l'or?...

MAÇAY.

De l'or! monsieur!... Madame ne veut voir personne; vous
n'entrerez pas... d'ailleurs, ce bail, cette maison... nous la gardons, elle convient trop à madame; et je ne vois pas pourquoi
elle se priverait, avec sa fortune...

DUSSEUIL.

Sa fortune!... c'est bien; mais je te rapporte ce montant de
la lettre de change que monsieur Édouard...

MAÇAY.

Merci... je n'en veux pas.

ÉDOUARD.

Comment ?

MAÇAY, s'animant.

Non, monsieur... j'avais tort de m'adresser à vous sans vous connaître ; on ne peut accepter de tout le monde, et madame, qui est riche et heureuse, ne permet pas que j'aie recours aux services, à l'argent du premier venu.

NERBOURG, à part.

A la bonne heure, en voilà un qui a du caractère.

ÉDOUARD.

Y pensez-vous?... ce langage... acceptez.

MAÇAY, vivement.

Non, non... *riche et heureuse.* Gardez votre or, monsieur Cha-verny.

ÉDOUARD.

Chaverny!... mon nom... d'où le savez-vous?

MAÇAY, effrayé.

Votre nom... c'est-à-dire...

NERBOURG.

Eh! monsieur, votre nom, tout le monde le sait mainte-nant.

ÉDOUARD.

Mais, ici!

GEORGINA, vivement.

Sans doute; moi-même je l'avais appris par Franck. (A Maçay.) C'est lui qui te l'a dit, n'est-ce pas?... le doméstique de monsieur Édouard.

MAÇAY.

Oui, oui, c'est cela... votre domestique.

DUSSEUIL.

Voilà! mais puisqu'on ne peut voir ta maîtresse ce matin, nous viendrons plus tard, entêté!

MAÇAY.

Oh ! plus tard...

(Georgina lui fait signe de se taire ; il remonte vers le fond.)

ÉDOUARD, la regardant avec inquiétude.

Oui, bientôt... je ne sais... Venez, mon cher Dusseuil, car je puis impatient d'interroger, d'apprendre...

(Il va prendre son chapeau.)

DUSSEUIL.

Et puis j'irai chez mon notaire, porte de Genève... (Bas à Georgina.) m'occuper de toi.

NERBOURG, à Georgina, à demi-voix.

Est-il possible, Georgina, qu'après...

GEORGINA, à Nerbourg, à demi-voix.

Mon cousin, emmenez-les... prévenez-moi de tout.

NERBOURG.

Comment !

GEORGINA.

Je vous le demande en grâce !

ÉDOUARD, trouvant sur le fauteuil le collier de cheveux d'Émile.

Eh ! mais, qu'est-ce que je vois là ? ce collier de cheveux, cette chaîne... celle de mon fils.

MAÇAY.

De votre fils !

DUSSEUIL.

Quelle idée !

ÉDOUARD.

Émile ! mon enfant !.. il est venu ici... où donc ?

GEORGINA, allant à Édouard.

Cette chaîne ? (Avec un calme affecté) Ah ! oui, je sais... ce matin, en détachant votre portrait pour le copier, je l'aurai prise par mégarde... donnez, je la joindrai au médaillon.

(Elle prend le collier.)

DUSSEUIL.

Je disais bien.

NERBOURG.

J'entre chez madame.

GEORGINA, vivement ; revenant à Nerbourg.

Sortez, emmenez-les, ou je ne vous revois de ma vie.

Air : *Trio du Pré aux Clercs.*

ENSEMBLE.

Quel est donc ce mystère ?
Je ne sais, je frémis...
Ah ! faut-il que j'espère
Revoir encor mon fils ?
La moindre circonstance
Suspendant ma douleur,
De crainte et d'espérance
Je sens battre mon cœur.

NERBOURG.

Quel est donc ce mystère ?
A ses vœux je souscris,
Avant peu, je l'espère,
J'en recevrai le prix.
Car pour lui, je le pense,
Il n'est plus de bonheur :
D'une douce espérance
Je sens battre mon cœur.

GEORGINA.

Je comprends ce mystère,
C'est elle... je frémis !
Je tremble... pauvre mère !
Cet enfant, c'est son fils !
Mais pour eux, quand j'y pense,
N'est-il plus de bonheur ?
De crainte et d'espérance
Je sens battre mon cœur.

DUSSEUIL

Poursuivons ce mystère,
Recueillons les avis ;
Avant peu, je l'espère,
Vous verrez votre fils.
Il faut avec constance
Résister au malheur,
Mais déjà d'espérance
Je sens battre mon cœur.

MAÇAY.

Ah ! grand Dieu, comment faire ?
Si nous étions trahis !
S'il venait comme un père
Nous arracher son fils !
Devant lui, quand j'y pense,
Je tremble de frayeur...
Il s'en va... d'espérance
Je sens battre mon cœur.

sortent ; Dusseuil emmène Édouard, qui jette un regard soupçonneux autour
lui, et Nerbourg est pressé par Georgina, qui le suit jusqu'à la porte.)

SCÈNE XI.

GEORGINA, MAÇAY, ensuite LA BARONNE.

MAÇAY.

Ah ! mon Dieu ! je n'ai pas une goutte de sang dans les
ines !

GEORGINA, revenant vivement.

Imprudent ! tu as pensé tout perdre.

MAÇAY, étonné.

Comment, mademoiselle ?

GEORGINA.

Ta maîtresse !... je veux la voir.

MAÇAY.

Oh ! non... c'est du calme qu'il lui faut.

LA BARONNE, entrant.

Ils sont sortis.

(Elle aperçoit Georgina, et fait un mouvement d'effroi.)

GEORGINA, courant à elle.

Ah! c'est vous, ne craignez rien; je sais tout.

LA BARONNE.

Ah! ne me trahissez pas... du silence jusqu'à demain... C
soir, à la nuit, je partirai avec lui et Maçay.

GEORGINA.

Non, non; ne l'espérez pas... vous resterez... lui, du moins
cet enfant, il le faut.

LA BARONNE.

Vous me perdrez... vous aimez Édouard!

GEORGINA, avec émotion.

Moi? oui, je l'aimais.

MAÇAY.

Madame, de la fermeté... j'en aurai pour vous; je l'ai promis
à votre père, je vous défendrai.

LA BARONNE.

Et mon fils?

SCÈNE XII.

LES MÊMES, ÉMILE, ensuite ÉDOUARD.

ÉMILE, accourant en criant.

Le voilà! le voilà, il vient, mon bon ami.

LA BARONNE.

Que dis-tu?

GEORGINA.

Édouard!

EMILE.

Je l'ai vu de la fenêtre, il m'a fait signe,

EDOUARD, en dehors.

Où est-il ? où est-il ? (Il entre.) Émile, mon enfant ! (Il s'arrête en voyant la Baronne.) Lélia !

LA BARONNE tombe à genoux, tenant Émile dans ses bras.

Mon fils, monsieur ! c'est mon fils !

ÉMILE, courant dans les bras d'Édouard.

Bon ami.

ÉDOUARD, l'embrassant.

Ton père... ton père...

GEORGINA, à la Baronne, qui fait un mouvement.

De grâce !... (Allant à Édouard.) Confiez-le-moi, ne craignez rien.

Émile sort par la gauche, conduit par Georgina, et regarde alternativement Édouard et la Baronne ; celle-ci se lève, le suit, et s'arrête à la porte, vers laquelle Édouard fait quelques pas. Maçay sort par la droite.)

SCÈNE XIII.

ÉDOUARD, LA BARONNE.

ÉDOUARD, arrêté par la Baronne.

Eh quoi ! madame, espérez-vous me séparer de lui ?

LA BARONNE.

Et moi, monsieur ?

ÉDOUARD.

Vous, qui avez caché sa naissance comme un crime... qui l'avez laissé sans nom, sans famille, aux mains d'une étrangère...

LA BARONNE.

Ah ! vous ne le pensez pas !

EDOUARD.

Vous qui l'avez abandonné !

LA BARONNE.

Moi !... qui n'avais de repos, de bonheur, que près de lui... qui

ne retrouvais ma raison qu'à son berceau... quand son sourire
faisait passer dans mon cœur éteint un éclair de joie et d'espérance... Non, vous ne saurez jamais à quel horrible supplice vous
m'avez condamnée en l'arrachant à mon amour !... Quand ils
m'ont dit : « Tu n'as plus de fils !... Perdu, enlevé... Tu es seule
« au monde ; seule à jamais ! » Oh ! que j'ai souffert ! Ils ont
cru que j'allais mourir !... mais non, je voulais vivre pour
revoir mon enfant !... je suis partie... je l'ai cherché, et j'espérais vous rejoindre, vous fléchir.

ÉDOUARD.

Et vous avez pu le penser?... me fléchir !... et à quel titre?...
celui que je vous avais donné, dont vous étiez fière alors, vous
l'aviez rejeté avec dédain... Et vous me parlez de ce que vous
avez souffert ! Mais moi !... poursuivi, déshonoré par vous...
forcé de fuir, de m'exiler pour échapper à la flétrissure d'une
prison, quand je n'étais coupable que de vous aimer !

LA BARONNE.

Ah ! c'est par cet amour que je vous demande grâce, pardon...
pardon ! ce mot que j'implore depuis si longtemps... *Pardon !*
ne me le direz-vous pas ?

ÉDOUARD.

Jamais !.. croyez-vous qu'on brise impunément les nœuds que
vous aviez formés sous la foi des serments ? Criminels pour tout
autre, ils étaient sacrés pour vous ! et votre lâche abandon...

LA BARONNE.

Non... j'atteste le ciel que ce crime n'est pas le mien. Mon
père était mourant; il vous poursuivait, il voulait me maudire... J'allai le voir en secret pour désarmer sa vengeance...
pour lui arracher votre grâce et la mienne. Ah! si vous
l'aviez vu, épuisé par la colère, pâle, défait, se lever comme
un spectre pour m'accuser de son déshonneur et de sa
mort ! Mon père que j'avais tant aimé !... j'en conviens, je man-
quai de force et de courage ; je tombai à ses pieds, je jurai de
ne plus le quitter, de me perdre s'il le fallait, pour lui rendre

la vie, il me demandait mon nom, ma signature, que sais-je?...
Vous n'étiez pas là, je ne voyais que mon père, ma tête s'égara,
j'étais folle ! je signai...

ÉDOUARD.

Vous avez signé !

LA BARONNE.

Oui, pour le sauver... et je le perdis, il mourut dans mes
bras... le croiras-tu, Edouard, il mourut sans m'avoir pardonné !... et moi, pauvre femme sans expérience, j'avais signé votre
déshonneur et le mien !... oh ! quand je revins à moi, je compris tout ce que vous deviez souffrir... Votre haine, votre mépris pour moi... et pourtant mon cœur avait gardé son premier
amour.

EDOUARD.

Et vous avez signé, madame.

(Il se promène violemment et sans l'écouter.)

LA BARONNE.

C'était vous encore que j'aimais dans cet enfant, mon seul
bien, mon seul espoir... désormais le seul nœud qui pût me
rattacher à vous !

ÉDOUARD, l'interrompant avec émotion.

Lélia !... oh ! c'est assez... nous avons été malheureux tous
deux ; mais je n'ai rien à me reprocher. (Mouvement de la Baronne.)
Maintenant la loi que vous avez invoquée a tout rompu, et
vous n'espérez pas...

LA BARONNE.

J'espère mon pardon... oh ! dites que vous me pardonnez, et
il me semblera que je suis heureuse encore, que je suis aimée.

ÉDOUARD, retirant sa main qu'elle a saisie.

Aimée !... ah ! s'il était vrai, je voudrais me le cacher à moi-
même... Lélia !... adieu... mon fils !...

LA BARONNE.

C'est le nôtre, Édouard !

EDOUARD, avec force.

A moi... à moi seul qui ne l'ai pas abandonné... rendez-le.
moi !

(Il fait un mouvement pour aller vers l'appartement de la Baronne.)

LA BARONNE, l'arrêtant et faisant tous ses efforts pour l'empêcher d'y aller.

Arrêtez... vous voulez donc que je meure !

SCÈNE XIV.

LES MÊMES, NERBOURG, MAÇAY.

MAÇAY, en dehors.

Non, non, vous n'entrerez pas !

NERBOURG.

Il le faut ; je dois prévenir madame la Baronne... (Il entre.)

LA BARONNE.

Que voulez-vous ?

NERBOURG.

Ah ! madame la Baronne, vous êtes perdue... ils vont venir..
des magistrats, des militaires, que sais-je ?

LA BARONNE.

Grand Dieu !

ÉDOUARD.

Qui les envoie ?

NERBOURG.

Cette pauvre femme qu'on a fait poursuivre, elle est là, ell
a déclaré que c'était vous qui aviez enlevé cet enfant.

LA BARONNE.

Oui, oui, elle m'a vue.

NERBOURG.

On vient vous arrêter.

LA BARONNE.

Ah ! Édouard, protégez-moi. (En ce moment entre Georgina tenant Émile par la main. La Baronne court à lui et le prend dans ses bras en s'écriant :) Mon fils !... qui me défendra ? que me veulent-ils ? je n'ai rien pour les apaiser... je suis pauvre, moi... (Montrant Maçay.) Je ne vis que de sa pitié.

ÉDOUARD.

O ciel !

LA BARONNE.

Oui, j'ai tout perdu à poursuivre, à chercher mon fils, qu'ils veulent arracher de mes bras... mon seul bien, mon fils...

(Elle le serre convulsivement dans ses bras.)

EDOUARD.

Ah ! tant de malheur a tout expié...

DUSSEUIL, à la porte.

Non, non, c'est impossible, c'est une erreur.

ÉDOUARD, à Dusseuil qui entre avec deux magistrats.

N'approchez pas... (Montrant Émile.) Cet enfant, c'est mon fils... c'est le sien... cette femme... (La Baronne, hors d'elle-même, haletante, suit tous ses mouvements avec anxiété.) Cette femme... c'est la mienne !

LA BARONNE.

Ah !

Elle se jette dans les bras d'Édouard qui l'embrasse avec transport, ainsi que le petit Émile.)

DUSSEUIL, à Georgina.

Explique-moi donc...

Georgina lui met la main sur la bouche, et lui montre le groupe. — Étonnement des autres personnages. — La toile tombe.)

FIN D'UNE MÈRE.

UN PREMIER AMOUR,

COMÉDIE-VAUDEVILLE EN TROIS ACTES,

Représentée pour la première fois sur le théâtre du Vaudeville,
le 14 mai 1834.

———

En societé avec M. Vanderburch.

———

Personnages :

M. DE RAMIÈRE [1].

EDMOND, son fils [2].

ALFRED DE LUZZI [3].

FLORESTAN BUQUET [4].

ÉLISE D'OFFELY [5].

Mᵐᵉ CARIDAN [6].

ALEXIS, domestique de Florestan [7].

BENOIT, domestique de madame d'Offely [8].

VIRGINIE, personnage muet.

DAMES et MESSIEURS de la société.

DOMESTIQUES.

La scène est a la campagne au premier acte, et à Paris au second et au troisième acte.

ACTEURS :

[1] M. VOLNYS. — [2] M. É. TAIGNY. — [3] M. HIPPOLYTE. — [4] M. ARNAL. [5] Madame THÉNARD. — [6] Madame GUILLEMIN. — [7] M. BALLARD. [8] M. BOILEAU.

UN PREMIER AMOUR

───────── ✦ ─────────

ACTE PREMIER

Un salon de campagne : une fenêtre à droite ; au fond, trois portes donnant sur le jardin.

SCÈNE PREMIÈRE.

Mᵐᵉ CARIDAN, ÉLISE, ALFRED, FLORESTAN, PLUSIEURS DAMES ET MESSIEURS.

(u lever du rideau, Élise est au piano à droite; madame Caridan peint à un chevalet; Florestan, à gauche, joue aux dames avec un vieillard , plus haut, une dame lit, une autre brode, etc...)

ALFRED, entrant un fusil à la main.

Oh! le charmant tableau qu'une matinée à la campagne !... ans ce château surtout, dont madame Caridan nous fait les onneurs avec tant de grâce et d'amitié... (Madame Caridan le salue o souriant.) et où se sont donné rendez-vous les arts, l'esprit et a beauté !

FLORESTAN.

Merci, monsieur Alfred !... je prends la dame.

ALFRED.

Point de chaînes tyranniques, liberté pour tous, et le travail st encore un plaisir. (Montrant successivement chaque personne.) Ici, l'on rode en chantant... là, on verse de douces larmes sur les pages ouchantes d'un roman. (Le regardant.) *Valentine*... ce que nous vons de mieux... plus loin une main savante dont les pinceaux nous rendent les jolis portraits d'Isabey, tandis qu'une mire Sontag nous enivre de ses chants délicieux !... Il n'y a as jusqu'à ce sauvage Florestan !...

AIR : *De sommeiller encor, ma chère.*

En silence, coûte que coûte,
Comme il fait, joueur obstiné,
Manœuvrer ses dames !...

FLORESTAN.

Sans doute !
En attendant le déjeuné !...
Vous voyez, je livre bataille
A monsieur... un homme d'esprit...
Qui parle toujours... moi je bâille,
Et ça donne de l'appétit.

Mme CARIDAN.

Et vous, monsieur Alfred, avez-vous été heureux à la chasse?...

ALFRED.

Mais, heureux... comme monsieur Florestan, hier, à la pêche

ELISE.

Il n'a rien rapporté...

FLORESTAN.

Si fait, ma cousine... trois goujons... Il est vrai que j'y a mis le temps, près de cinq heures ! C'est si amusant, la pêche!... comme les dames... là!... je suis soufflé...

ALFRED, regardant le portrait.

Oh! que ce portrait est bien!... Il y a une âme dans ce yeux-là... (Regardant Élise.) et c'est bien celle de madame.

FLORESTAN.

De ma cousine? oui, quand elle n'a pas l'air ennuyé, comme depuis deux jours.

ÉLISE, vivement.

Et comment trouvez-vous le paysage?... C'est un site de la Suisse; je l'ai donné à bonne amie, de mémoire.

Mme CARIDAN.

C'est un lieu qui vous est si cher ! vous ne m'en parliez jamais sans avoir les larmes aux yeux, et comment ne pas m'en appeler tous les détails? Ce chalet où monsieur d'Offely obtint l'aveu de votre amour... ce noyer sous lequel il fut blessé par son rival... ces rochers...

FLORESTAN.

Ah! çà, mais c'est un roman que ce portrait-là!

ALFRED, avec une humeur concentrée.

Oui : un roman mystérieux, à ce qu'il paraît.

ELISE, vivement.

Du mystère, et pourquoi donc, monsieur? Ce que j'ai dit à madame, mais je le dirai à vous, à tout le monde! que m'importe?...

LES DAMES, cessant de lire et de travailler.

Ah! voyons!... écoutons!... (Elles se lèvent)

FLORESTAN, se levant.

Perdu!... je ne joue plus... en voilà six! c'est bien assez.

LES DAMES et Mme CARIDAN.

Silence, messieurs.

FLORESTAN.

Ah! mesdames, c'est méchant!...

ELISE.

J'allais en Suisse avec ma tante... vous l'avez connue, bonne amie!... J'avais dix-huit ans, on me trouvait jolie! et l'on parlait de me marier... parmi les candidats qui se présentaient, et il s'en présentait beaucoup... j'en distinguai deux : l'un, tendre, sensible, amoureux, mais sombre, triste, trop âgé pour moi... on l'appelait le comte Eugène; je ne lui ai pas connu d'autre nom; l'autre, bien fou, bien étourdi, presque de mon âge!... c'était monsieur d'Offely, un jeune officier... Eugène m'aimait, il me convenait mieux... d'Offely m'adorait; il me plaisait davantage... et je lui permis de demander ma main... Cependant je sentis que mon choix porterait le désespoir dans l'âme du comte; je n'eus pas le courage de l'en instruire... Ma pitié pour lui ressemblait tant à de l'amour, qu'il s'y trompa ; et il espérait encore m'obtenir de moi, que déjà tout était fini pour lui... il le sut.

FLORESTAN.

Pauvre homme ! quelle pilule !...

ÉLISE.

Je ne vous dirai pas sa douleur, ses reproches, ses larmes... car il pleura l... j'en fus touchée... je ne sais même s'il n'allait pas l'emporter, lorsque j'appris qu'après une violente explication il avait insulté, provoqué son rival ! C'était un duel qu'il fallait empêcher... nous y courûmes !... il n'était plus temps... D'Offely était blessé, ses amis l'entouraient : le médecin n'osait répondre de ses jours... il était le plus malheureux, je lui fus fidèle... plus tard, je l'épousai. Mais six mois après notre mariage, il mourut de sa blessure qui s'était rouverte... et je restai à vingt ans veuve, maîtresse d'une belle fortune, libre de ma main et jurant de ne me remarier jamais... Voilà mon aventure ! (La société remonte et se promène dans le fond.)

AIR du Baiser au Porteur.

Elle est bien simple, elle n'a rien, je pense,
De mystérieux... et je puis
La confier, sans imprudence,
A mes amis, comme à mes ennemis.

ALFRED.

Que dites-vous ? A vous des ennemis !...
Qui vous connaît doit, au fond de son âme,
Sentir qu'il n'est rien de plus doux
Que le bonheur de vous aimer, madame,
Si ce n'est d'être aimé de vous !

FLORESTAN.

Fade, va !...

ALFRED.

Des ennemis. . vous n'en avez pas !

FLORESTAN.

Bah !... laissez donc !... et cet original qui a tué l'autre... il serait capable de se plaindre...

ÉLISE, rêvant.

Peut-être... oui... des torts... (Vivement.) Mais, de grâce, laissons cela... n'en parlons plus... On avait projeté une promenade dans le parc.

Mme CARIDAN.

Oh! après le déjeuner... qu'on sonnera bientôt...

FLORESTAN, à la fenêtre.

Ah !... tant mieux... nous aurons un temps magnifique... pas un nuage...

ALFRED, sur le devant, à voix basse, à Élise.

N'aurai-je pas mon pardon ?...

ÉLISE, à voix basse, à Alfred.

Vous êtes un jaloux !

FLORESTAN, toujours à la fenêtre.

Ah!... il tombera... non... il ne tombera pas,... si fait!

Mme CARIDAN.

Qu'est-ce donc? à qui en avez-vous?

FLORESTAN.

C'est un petit jeune homme que son cheval va jeter par terre...

LES DAMES.

Ah ! mon Dieu ! (Tout le monde regarde.)

FLORESTAN.

Ce sera drôle, n'est-ce pas?...

ALFRED.

Mais pas du tout, il se tient fort bien.

FLORESTAN.

Laissez donc !... il tombera !... Superbe animal, va !...

ALFRED.

Ah! il entre dans la cour... il descend ici.

Mme CARIDAN.

Chez moi!...

LES DAMES, effrayées.

Un inconnu!

EDMOND, en dehors.

Oui... au salon... par le jardin...

Mme CARIDAN.

Eh! mais... cette voix !...

SCÈNE II.

Les Mêmes , EDMOND, en costume d'élève de l'école Polytechnique.

EDMOND, entrant à gauche.

C'est elle... ma tante, ma bonne tante !...

Mme CARIDAN.

Mon neveu !... mon cher Edmond ! quelle aimable surprise !

EDMOND.

N'est-ce pas... c'est gentil?... Vous ne m'attendiez pas... j'é-
tais à une lieue d'ici, avec mon père, chez un de ses amis, et
je n'ai pas voulu retourner à Paris sans vous embrasser... aussi,
je... (Il jette les yeux autour de lui, et saluant avec timidité.) Ah! mesda
mes... pardon... j'ai bien l'honneur...
(Élise est au piano, Alfred se tient auprès d'elle ; la société se promène dans le fond.

FLORESTAN, lui tendant la main.

Bonjour, Edmond... comment te portes-tu, mon cher ami ?

EDMOND.

Mais pas mal, mon cher ami... Comment te nommes-tu ?

FLORESTAN.

Eh! mais, on dirait qu'il ne me reconnait pas... Florestan...
Florestan Buquet ! ancien camarade au collège Stanislas !

EDMOND, avec indifférence.

Ah !... Florestan... je me rappelle... un gros paresseux !

FLORESTAN.

Oui, c'est cela... j'étais sûr qu'il me remettrait tout de suite...

EDMOND.

Vous avez du monde, ma tante !... si j'avais su...

Mme CARIDAN.

Comment donc !... de bons amis qui veulent bien égayer ma solitude, et livrer leur figure à mes pinceaux... ils seront enchantés de faire connaissance avec toi...

EDMOND, apercevant le portrait.

Dieu ! le charmant portrait !

Mme CARIDAN.

Je vous présente mon neveu Edmond, mesdames... et je re-grette de n'avoir pu vous le recommander plus tôt... je le vois si rarement !... Son père, qui est bien le plus grand original... oh ! ne te fâche pas... son père se brouilla avec moi le lendemain de son mariage... et depuis la mort de ma nièce, ce n'est que la seconde fois que mon cher Edmond vient me surprendre ainsi... Comment monsieur de Ramière a-t-il permis ?...

ÉLISE, à part.

Edmond de Ramière ! je ne m'étais pas trompée...

EDMOND.

Oh ! rien de plus simple, bonne tante... il est toujours triste ; mais il veut que je m'amuse !... Il sait que votre campagne est le rendez-vous de tous les plaisirs... et moi, qui depuis dix-huit mois ne m'occupe que de mathématiques...

FLORESTAN.

Oh !... les mathématiques, oui, il y est très-fort... moi, je n'y ai jamais rien compris... j'ai été jusqu'à la division... exclu-sivement...

EDMOND.

Et alors, bonne tante, mon père m'a dit lui-même de venir passer une heure avec vous...

ALFRED.

Une heure !... tout cela !...

EDMOND, montrant le portrait qui l'occupe toujours.

Dites donc, ma tante, est-ce que c'est un portrait de fantaisie ?...

Mme CARIDAN.

Non... mais, mon ami, tu ne m'échapperas pas si vite... maintenant que te voilà reçu à l'école Polytechnique... car tu es reçu, et je t'en fais compliment.

EDMOND.

Reçu le second, ma tante...

Mme CARIDAN.

Nous te verrons bien peu... raison de plus pour te garder aujourd'hui...

EDMOND.

Oh ! impossible ! Vrai... vous me voyez désolé... j'ai promis à mon père d'être de retour avant la nuit.

ALFRED.

Il paraît que le papa veut que nous soyons couché à huit heures...

FLORESTAN.

Comme au collège Stanislas.

EDMOND, regardant toujours le portrait.

Non, à dix... C'est singulier... je crois reconnaître...

Mme CARIDAN.

Allons !... laisse-toi fléchir... si ce n'est pas à cause de mon âge, que ce soit pour celui de ces dames... Tu nous restes ?...

ÉLISE, s'approchant.

Oh ! monsieur Edmond vous aime trop pour refuser...

EDMOND, la reconnaissant, avec surprise.

Ah!... madame !... ce portrait... oui... je disais bien...

Mme CARIDAN.

Tu as déjà vu madame ?

EDMOND.

Oh ! oui, ma tante...

AIR : *J'en guette un petit de mon âge*

Quand tous les ans, dans ce château, ma mère
Aux vacances me ramenait.

ÉLISE.

Vous avez dû m'oublier ?...

EDMOND.

Au contraire !...
Et j'en atteste ce portrait...
Avant de vous revoir ensemble,
Je m'écriai : Qu'il est joli !...
Et mon cœur, plein d'un souvenir chéri,
Disait tout bas : Comme il ressemble !...

Mme CARIDAN.

Ah ! tu te rappelles ?...

EDMOND.

Parfaitement... mademoiselle Élise...

Mme CARIDAN.

A présent, madame la baronne d'Offely.

EDMOND.

Ah !...

FLORESTAN.

Ma cousine !

EDMOND, vivement et lui prenant la main.

Ta cousine !... ah ! ce cher Florestan... que je suis aise de le
retrouver !...

ELISE.

N'est-il pas vrai, monsieur Edmond, vous restez ? Monsieur
votre père vous attend, mais on peut le prévenir... c'est facile...
un domestique va monter à cheval...

(Florestan enlève le chevalet et le place à gauche.)

EDMOND.

Vous croyez, madame ! C'est vrai... en effet, je n'y songeais
pas... je puis écrire...

FLORESTAN, lui désignant une petite table à gauche.

Justement... tiens, voilà tout ce qu'il te faut... reste... c'est
un séjour charmant... les environs surtout.

EDMOND, regardant Élise.

Oh! je ne sortirai pas... Ainsi, deux jours...

(Il s'assied et écrit, Florestan reste près de lui.)

Mme CARIDAN.

C'est bien peu !

ELISE.

Comment!... huit !... huit jours au moins...

EDMOND.

Oh ! huit jours... (La regardant.) Oui ; huit jours ; c'est ce que
je voulais dire...   (Il achève sa lettre.)

ALFRED, à part.

Quel intérêt !...

Mme CARIDAN, à demi-voix.

Je vous remercie de le retenir, mon Elise ; mais ne lui faites
pas tourner la tête avec vos beaux yeux !

ALFRED.

Un charmant garçon... qu'on élève comme une demoiselle...

FLORESTAN, prenant la lettre.

C'est cela... donne... Il faut faire partir Joseph... j'y cours...
Tu vois, toujours complaisant et des jambes... comme au
collége Stanislas.   (Il sort.)

ALFRED.

Et vous ne craignez pas, monsieur Edmond, que votre papa ne se fâche?...

Mme CARIDAN.

Il est assez ridicule pour ça !...

EDMOND, se rapprochant de madame Caridan.

Ah !... ma tante... que dites-vous là ?... Mon père que tout le monde doit chérir et respecter... Que d'amour, que de reconnaissance ne lui dois-je pas ?... Il fut pour moi l'ami le plus tendre... le maître le plus sûr... Pour m'instruire, pour me guider, il a renoncé aux places, aux honneurs que son talent et sa fortune justifiaient... Si vous saviez comme il m'aime! Oh ! je le lui rends bien !... et pour lui épargner un regret, un chagrin... je donnerais ma vie!

Mme CARIDAN.

De l'âme, de l'entraînement... oh ! il y a de l'avenir dans cette petite tête-là... (On entend une cloche.)

ALFRED.

Ah ! le déjeuner est servi... bravo !... j'ai un appétit de chasseur... et ensuite notre partie !...

CHOEUR.

AIR : *Finale du Paysan amoureux* (ZAMPA).

Que l'on s'empresse,
Car la jeunesse
Jamais ne laisse
Fuir
Le plaisir.

Mme CARIDAN.

Edmond, viens-tu ?

EDMOND.

Non, ce matin en route
J'ai déjeuné... mais ici j'attendrai...

ÉLISE.

Vous restez seul ! mais vous allez sans doute
Vous ennuyer...

EDMOND, la regardant.

Moi !... non, je penserai.

CHOEUR.

Que l'on s'empresse, *etc.*

(Alfred vient donner la main à Élise ; tout le monde sort par le fond.)

SCÈNE III.

EDMOND, FLORESTAN.

EDMOND.

Quel regard !... j'en suis tout troublé... elle aussi, elle m'a
reconnu.

FLORESTAN, entrant.

Ta lettre est partie... et maintenant je ne te quitte plus...
(Il regarde par le fond.) Mais où va donc tout le monde ?...

EDMOND.

Dépêche-toi... on va déjeuner.

FLORESTAN.

Merci... je ne mange pas... je suis au lait à cause des nerfs...

EDMOND.

Tu es nerveux !...

FLORESTAN.

Horriblement, mon cher !... Attends... attends... je crois que
c'est elle... non, pas encore... (Edmond est en extase devant le portrait.)
Ah ! ça... que diable as-tu donc avec ce portrait ?

EDMOND.

Ce portrait... il est fort bien... Je me lèverai tous les matins
de bonne heure... je le copierai...

FLORESTAN.

Par exemple !... on dirait que tu es amoureux de ma cousine ?...

EDMOND.

Amoureux... moi !... amoureux... tu as des idées...

FLORESTAN.

Des idées !... jamais... comme au collége Stanislas... D'ailleurs tu tombes mal... ma cousine est triste, ennuyée, depuis quelques jours... depuis mon arrivée... elle s'ennuie beaucoup ! Hein ! dis-moi... comment la trouves-tu ?

EDMOND.

Charmante, mon ami !... charmante !... Oh ! nous nous connaissions déjà... autrefois... quand mon père me laissait venir ici... aux vacances... Dieu ! qu'elle était jolie... et bonne !... pour moi surtout qui l'aimais tant... car toujours près d'elle, je ne la quittais pas d'un instant... j'étais son ami... son chevalier !... son amant ! disait-elle... Tout le monde en riait... excepté moi qui prenais la chose au sérieux... Et si tu avais vu avec quelle ardeur je volais au-devant de ses vœux, de ses désirs !... Tous les matins, à son réveil, j'étais là... à sa porte... un bouquet à la main... et ce bouquet, elle le payait, en souriant, d'un baiser sans conséquence... Elle le croyait du moins... car j'étais un enfant... et pourtant je me sentais rougir, trembler... mon cœur battait... Et je me souviens qu'un jour qu'elle était malade, qu'elle souffrait beaucoup... je pleurai... je me trouvai mal... je voulais mourir avec elle !

FLORESTAN.

Ce gaillard... était-il avancé pour son âge !

EDMOND.

Heureusement, elle ne mourut pas... ni moi non plus... mais cette année-là, au collège, où j'emportai le souvenir de sa grâce et de sa bonté... je la voyais partout... dans mes jeux, dans mes rêves... dans mes travaux même... Oui, pour lui plaire, pour être digne d'elle... je travaillais avec un nouveau

courage... je l'emportais sur tous mes camarades... j'étais toujours le premier...

FLORESTAN.

Et moi, le soixante et unième... sur soixante-deux...

EDMOND.

AIR *des Maris ont tort.*

Comme un bon ange, ta cousine
Me soutenait et m'animait...

FLORESTAN.

Je te comprends, nouveau Sargine,
C'était l'amour qui te formait. (*bis.*)
Pour toi quel joli privilège !
Lorsque moi !... vertueux du moins...
C'était l'amitié de collège
Qui me formait à coups de poings !

EDMOND.

Bientôt je ne me sentis plus le même... A son nom mon
sang bouillonnait dans mes veines... mon regard s'allumait...
j'étais un homme enfin, j'allais la revoir !... Mais alors je perdis ma mère... Mon père, qu'une mission secrète retenait en
Allemagne, m'avait confié à un ami, qui m'emmena loin de
Paris, loin de ma tante, loin de tout ce que j'aimais, et depuis
ce temps-là... il y a quatre ans... je n'oubliai pas ta cousine,
mais je ne la revis plus... que cet hiver aux Bouffes... Je la
reconnus tout de suite... et je ne puis te dire ce que j'éprouvai...
un trouble, un saisissement... J'étais avec un de nos camarades,
Anatole... un grand... tu sais...

FLORESTAN.

Ah !... oui... je me rappelle... un bon enfant ! un de ceux
qui me formaient...

EDMOND.

Maintenant il est très-brillant... très-aimé des dames, à ce
qu'il dit... Il devait parler de moi... à mademoiselle Élise.

c'est-à-dire à madame d'Offely, car elle est mariée... elle est baronne... Dieu !... est-ce que ce grand fashionnable qui était là, près d'elle, serait son mari ?...

FLORESTAN.

M. Alfred de Luzzi ? du tout, du tout ! Il aurait bien envie d'être mon cousin... mais bonsoir... la petite baronne ne l'aime pas.

EDMOND.

Ah ! tant mieux ! car il me déplaît... Mais son mari !... elle a choisi sans doute un homme...

FLORESTAN.

Oh !... fort bien... fort aimable... il est mort.

EDMOND.

Mort !... elle est veuve ! elle est libre !... quel bonheur !...

FLORESTAN.

Comment !... comment !... est-ce que tu songerais ?...

EDMOND, se reprenant.

Oh ! mon Dieu ! à rien, je t'assure ! D'ailleurs une si belle dame... je suis si timide quand je parle à une femme, moi, je ne sais pas... je suis tout tremblant... tout...

FLORESTAN.

Jobard !...

EDMOND.

Et tu conçois, ta cousine, à plus forte raison... Ah !... si j'osais !

FLORESTAN.

Eh bien, quoi !... est-il drôle !... qu'est-ce que tu ferais ?

EDMOND.

Ce que je ferais... moi ? est-ce que je le sais ? D'abord, je lui dirais que je l'aime, qu'elle a mon premier amour... que mon dernier soupir sera pour elle !

FLORESTAN.

Bravo ! Le diable m'emporte !... il me semble que j'ai lu ça dans *Victor* ou *l'Enfant de la forêt*... O mon jeune ami, tu me fais de la peine !...

EDMOND.

Eh ! plutôt que de me plaindre, encourage-moi, au contraire !

FLORESTAN.

Malheureux !... des passions !... tu ne sais pas ce que c'est... tu te précipites en aveugle dans un trou de huit cents et quelques pieds... Ecoute-moi... tu es jeune, et dans ces sortes d'affaires... j'ai une certaine expérience... oui !... j'ai eu des succès... je suis même un peu scélérat. Oh !... sans vanité... vois-tu, mon cher... s'attacher aux grandes dames, les adorer !... c'est de la folie ! c'est des bêtises !

EDMOND.

Et pourquoi ?

FLORESTAN.

Ah ! voilà... il y a mille inconvénients... d'abord, ça coûte beaucoup de temps... beaucoup d'argent... et puis on a des rivaux... des duels... il faut se battre, recevoir une bonne blessure, ou se faire tuer... C'est bon genre, si tu veux... mais tu m'avoueras que c'est diablement désagréable !

EDMOND.

Allons donc ! je serais fier de me battre pour celle que j'aime.

FLORESTAN.

Bien obligé ! Moi, j'ai des goûts plus simples... un caractère moins risqué... non que je manque de sensibilité... oh ! Dieu !... la sensibilité ! je ne suis que cela des pieds à la tête... j'en suis pétri... Mais jeté, jeune encore et sans balancier, sur la corde tendue de la vie, je me suis fait un système d'amour à part... une petite théorie de sentiment pour mon usage particulier... qui ne me cause ni embarras, ni querelles, ni dépenses... Voilà dix-huit mois que j'en use, et je m'en trouve assez bien... Je suis très-poli, très-galant pour les belles dames... je les admire... voilà tout !... Il y en a qui me trouvent froid, et même un peu cruel... Eh bien ! non... j'aime ailleurs... je fais la cour à... leurs femmes de chambre.

EDMOND.

Par exemple !... c'est un goût indigne d'un homme bien élevé !

FLORESTAN.

J'ai fait mes humanités... et je connais les femmes... Les préjugés, vois-tu, ce n'est plus de mode, et c'est bête !... d'ailleurs il ne faut pas croire, parce qu'on n'est qu'une soubrette... Il y en a, vois-tu, qui ont de plus que leurs maîtresses, des attraits... mais là des attraits véritables... et même de la vertu !... Vrai... j'en ai trouvé, ma parole d'honneur ! et tiens, en ce moment... il y a Virginie, la camériste de ma cousine... un ange, mon cher, un ange !... elle ne peut pas me souffrir...

EDMOND, sans l'écouter.

Ecoute, on sort de table, je crois... si elle voulait accepter mon bras !

FLORESTAN, regardant dans le fond à droite.

Et tiens, tiens... vois-tu là-bas, près de la charmille... un tablier de soie, et un bonnet monté ?... eh bien ! c'est elle...

EDMOND.

Qui, elle ?

FLORESTAN.

Virginie !... charmante !... Hein !... quelle taille !... je suis sûr qu'elle étouffe... elle se serre tant ! Et puis ce que tu ne vois pas... un nez retroussé... et des yeux en amande, longs comme ça... Je cours la rejoindre par l'allée à droite, et je la rencontrerai au détour comme par hasard... Chut !... on vient... n'aie pas l'air de faire attention ! je file.

(Il sort par le fond lentement, en se dandinant et fredonnant.)

EDMOND.

L'original !... c'est une justice à lui rendre, le monde ne l'a **pas** changé !... Mais courons... Ciel !... c'est elle...

SCÈNE IV.

EDMOND, ÉLISE.

ELISE, entrant par la droite.

Ah!... seul ici, monsieur?...

EDMOND, troublé.

Oui, mademoiselle... c'est-à-dire, non; madame...

ÉLISE.

Mon Dieu!... quel trouble!...

EDMOND.

Madame, vous étès bien bonne...

ELISE.

Mais vous sortiez, je crois?... on va faire un tour dans le parc... Je reste ici, au piano... que je ne vous retienne pas.

(Elle s'assied au piano.)

EDMOND, vivement.

Non, madame... non, je vais... (Il va pour sortir et s'arrête dans le fond ; elle prélude.)

ÉLISE, se retournant.

Eh bien?

EDMOND.

Pardon, c'est qu'il me semble que moi aussi... j'aimerais mieux...

ÉLISE.

Mais je ne vous renvoie pas, restez!...

EDMOND, revenant vivement.

Oh!... avec plaisir, et pourvu que je ne sois pas importun...

ÉLISE.

Importun!... et pourquoi donc cela, monsieur Edmond?...

EDMOND.

Eh quoi! madame... mon nom... vous le savez encore... Je pensais que vous l'aviez oublié, depuis si longtemps...

ÉLISE.

Et comment oublier ce qui nous rappelle des plaisirs, des jours si purs et si doux ?

EDMOND.

Oui, les plus doux de ma vie... oh ! j'en ai gardé le souvenir... il ne m'a jamais quitté... Mais je ne me croyais pas si heureux... car enfin vous aussi...

ELISE.

Asseyez-vous donc, je vous prie !...

EDMOND.

Oui, madame... oui, près de vous...

ÉLISE, pendant qu'il va chercher une chaise, à part.

Ce pauvre enfant !... il est d'une naïveté !... (Edmond s'est assis tout près d'elle, elle le regarde, il se trouble et éloigne sa chaise.) Eh bien ! où allez-vous donc ?

EDMOND.

Vous allez faire de la musique, madame ?...

ELISE.

Vous y tenez beaucoup ?...

EDMOND.

Oh !... non... c'est-à-dire... cela vous plairait peut-être mieux que ma conversation... car je ne sais... près de vous j'éprouve un embarras, une émotion... C'est singulier... je sens là mes idées qui se pressent en foule, j'ai mille choses à vous dire, à vous rappeler, et pourtant je ne trouve rien... Autrefois, quelle différence !... Élise... car je vous appelais Élise... Elise me voyait avec bonté... Je m'approchais d'elle sans crainte... Elle m'entourait de soins, de caresses, elle se plaisait à me parer...

ÉLISE, lui souriant.

Oui, vous étiez fort bien...

ÉLISE.

Madame, vous êtes bien bonne...

ÉLISE.

EDMOND.

AIR : *Puisque nous sommes au bal.*

Vos jeux, vos leçons, naguères,
Étaient les miens, et par vous
Mes peines étaient légères.

ÉLISE.

Qu'est-il de changé pour nous ?
Faut-il donc qu'on me redoute,
Si je permets à présent
Même bonheur ?

EDMOND.

Quoi !

ÉLISE.

Sans doute :
N'êtes-vous plus un enfant !

ENSEMBLE.

EDMOND, à la reprise.

Au fait, je suis un enfant.

ÉLISE.

Voyons, monsieur Edmond...

EDMOND.

Ah ! d'abord vous ne me disiez pas *monsieur.*

ELISE.

Eh bien !... Edmond !... (A part.) Il faut bien l'encourager un
peu.

EDMOND.

Et je me souviens...

Même air que le précédent.

Tous les matins à ma belle,
Il m'était permis d'oser
Offrir un bouquet fidèle,
Qu'elle payait d'un baiser...

ÉLISE.

Ne puis-je, sans qu'il m'en coûte,
Recevoir même présent ?

EDMOND.

Au même prix !...

ÉLISE.

Ah !

EDMOND.

Sans doute !

ENSEMBLE.

/ Puisque je suis un enfant!

ÉLISE, à la reprise.

\ Mais au fait, c'est un enfant.

EDMOND.

Oui, cet enfant qui autrefois vous aimait comme on ne vous
a jamais aimée!... parce que j'ai fini mes cours... que je me
suis chargé la tête de mathématiques... vous me croyez donc
bien changé?...

ÉLISE, souriant.

Oh! les mathématiques ne font rien à cela.

EDMOND.

Eh bien ! non, madame, non... mes sentiments n'ont fait que
grandir avec moi... et tandis que vous m'oubliiez... pour épouser un baron... qui n'est plus heureusement... moi, madame,
je vous suis resté fidèle !...

ÉLISE.

Fidèle... au collége !...

EDMOND.

Aussi, jugez de ma joie la première fois que je vous revis
cet hiver !...

ÉLISE.

Aux Bouffes... votre ami Anatole... en dansant avec moi, m'a
répété vos confidences... et ce n'est pas bien... il faut être
discret.

EDMOND.

Vous m'en voulez ?...

ELISE.

Mais je crois que non...

EDMOND.

A la bonne heure ; car je tremble à la seule crainte de vous avoir déplu... et puis, en vous retrouvant libre comme autrefois... si vous saviez quelles idées m'étaient venues !... d'abord, je voulais vous demander une grâce...

ÉLISE.

Une grâce !... voyons...

EDMOND, se rapprochant.

Oh ! que vous êtes bonne !... voilà ce que c'est... Le monde que vous connaissez... Élise... (Répétant avec joie.) Élise !... (Elle fait un mouvement.) Ah ! vous m'avez permis... en tête-à-tête seulement...

ELISE.

C'est bien ! dites toujours... (Se dérangeant un peu.) Son ingénuité me fait peur...

EDMOND.

Ce monde, je le connais à peine... je ne fais que d'y entrer ; et à chaque pas, je me sens gauche, embarrassé... il me semble que je vais faire rire à mes dépens... et pourtant sans vanité, je vaux bien des gens que j'y vois fort à l'aise...

ÉLISE.

Vous valez mieux... (Soupirant.) Oh ! beaucoup mieux !...

EDMOND.

Ce qui me manque... c'est un confident... un ami... qui m'éclaire de ses conseils, de son expérience...

ELISE.

Et votre père, que je ne connais pas, mais dont on dit tant de bien ?...

EDMOND.

Mon père... oui, sans doute... mais je crois qu'il est malheureux par des peines de cœur... qui le rendraient peut-être
sévère pour celles de son fils... et puis, les conseils d'un père
ressemblent tant à des ordres... cela ne console pas !... Tenez,
on m'a dit souvent que, pour un jeune homme, le guide le plus
sûr... l'ami, le confident le plus indulgent, le plus sensible...
était une femme !... Oh! je le crois... avec un esprit si fin, si
délicat... un cœur si tendre... (Bien tendrement.) Aussi, moi... c'est
une femme que je voudrais choisir pour lui confier mes peines,
mes secrets... pour lui abandonner mon cœur à diriger... à
former... et ma vie entière serait le prix de tant d'am... (Se reprenant.) de tant d'amitié... dites, ce prix-là... le refusez-vous?

ELISE, qui lui a abandonné sa main et le regarde avec émotion.

Non...

EDMOND, hors de lui.

Vous acceptez !... oh !... que je suis heureux !... Comment
reconnaître jamais !... je vous serai soumis, fidèle, et mon
cœur...

ÉLISE, lui mettant la main sur la bouche.

Enfant, taisez-vous! on croirait que vous me faites une déclaration...

EDMOND, intimidé.

Une déclaration... on croirait. (Vivement.) Eh bien! tant
pis... ça m'est égal... oui, c'est... (Madame Caridan et Alfred paraissent dans le fond.)

ELISE.

Silence !...

SCÈNE V.

EDMOND, ALFRED, Mᵐᵉ CARIDAN, ÉLISE.

ALFRED.

Ah! nous dérangeons quelqu'un...

ELISE, se levant.

Non !... oh !... mon Dieu, non !... De la musique... vous voyez...

EDMOND.

Voilà tout, ma tante... Madame faisait de la musique... Si monsieur veut prendre la peine de s'asseoir...

ALFRED.

Mille remercîments... (A part.) Est-ce qu'il veut se moquer de moi, l'écolier ?...

Mme CARIDAN.

Vous nous avez bien vite quittés, Élise ?...

ÉLISE.

La chaleur est accablante... je suis rentrée, et monsieur qui était ici par hasard...

EDMOND.

C'est cela... et je rappelais à madame ses bontés pour moi... dans un autre temps... j'en suis encore ému.

ALFRED.

Oui... je vois... (A part.) C'est candide... c'est nature...

ÉLISE, affectant de la gaieté.

Il m'a fait un discours de rhétorique à mourir de rire !...

ALFRED.

En vérité ?...

EDMOND, à part.

Est-ce qu'elle parle de moi ?

ALFRED.

Je comprends... monsieur Edmond !... Oh! ne rougissez pas... une éloquence de collége... un cœur de seize ans...

EDMOND.

Seize ans ! mais j'en ai dix-huit, monsieur...

ALFRED.

Bah !...

Mme CARIDAN.

Je suis enchantée de ces souvenirs... tu resteras du moins pour renouveler connaissance avec ma chère Elise...

EDMOND.

Certainement, ma tante...

ALFRED, passant à droite, près d'Élise.

C'est jouer de malheur... arriver juste le jour du départ de madame !...

EDMOND.

De son départ... déjà !...

ÉLISE, à part.

Comment !...

Mme CARIDAN.

Que voulez-vous dire ?

ALFRED.

Mais ce que vous devez savoir... madame est attendue ce soir, à Paris, chez des amis qui comptent sur elle... et sur moi... Je venais prendre vos ordres, madame...

Mme CARIDAN.

Ah !... mais vous ne m'aviez pas dit...

ÉLISE.

En effet... j'avais oublié... une invitation !... pour ce soir... (Bas.) Ah ! monsieur !...

ALFRED, passant à gauche d'Élise.

Oui... un dîner...

Mme CARIDAN.

C'est fort mal... mais, j'en suis fâchée, tant que le portrait n'est pas achevé, je garde le modèle.

EDMOND.

Bravo !... c'est cela... Ce portrait, il faut qu'il soit fini... c'est très-important... (A Alfred.) Mais, monsieur... aidez-nous donc, vous ne dites rien !

ALFRED.

Air *du Pot de fleurs.*

Voyez, tâchez de retenir madame ;
Mais on l'attend et j'insiste à regret...
(A part.)
Moi, me laisser jouer par une femme...
Une coquette!... oh! non pas, s'il vous plaît.

Mme CARIDAN, à Élise.

Vous resterez... dût votre absence
A Paris donner de l'humeur...
J'ai peu de temps à jouir du bonheur,
Et l'on me doit la préférence !

ÉLISE.

Eh bien !... oui... je verrai... au fait... si monsieur retourne
à Paris, ce soir... il pourra m'excuser...

ALFRED.

Permettez !...

Mme CARIDAN.

C'est cela... en attendant, rejoignez donc ces dames, monsieur Alfred... Je vous recommande Edmond... il est un peu timide...

ALFRED.

Comment donc! mais il est homme à s'émanciper de lui-même, et sans effort...

EDMOND.

Dame !... je tâcherai...

ALFRED, à part.

Air : *Venez, mon père.*

A ce départ elle consentira...
Venez-vous, mon jeune novice ?

EDMOND parlant.

Novice ?

Mme CARIDAN.

Allons, pour nous, madame, un sacrifice !
Vous nous restez !

EDMOND, passant entre madame Caridan et Élise.

Oh ! oui... retenez-la !

ALFRED, à part.

Ah ! nous verrons... c'est sérieux !
C'est l'écolier qu'elle protège...
Et voilà le monde en ces lieux
Aux prises avec le collège.

ENSEMBLE.

ALFRED.

A ce départ elle consentira...
    Je donne ainsi, c'est un service,
Une leçon à mon jeune novice,
Et dans ces lieux c'est lui qui restera.

ÉLISE.

Il est jaloux, il m'offense déjà ;
    Mais loin qu'aujourd'hui je fléchisse,
Je tiendrai tête à ce nouveau caprice,
Et, s'il le faut, c'est lui qui partira.

Mme CARIDAN.

A nous rester elle consentira,
    J'attends ce nouveau sacrifice ;
Paris pourra nous rendre ce service ;
Et c'est monsieur qui vous excusera.

EDMOND.

A nous rester elle consentira,
    Et, cédant sa place au novice,
Monsieur pourrait nous rendre un grand service,
Et, s'il le faut, c'est lui qui partira...

(Edmond et Alfred sortent à gauche.)

SCÈNE VI.

Mme CARIDAN, ÉLISE.

Mme CARIDAN.

Votre départ !... monsieur Alfred est vraiment trop empressé à nous faire de la peine !...

ÉLISE.

Oh! monsieur Alfred !... Venez-vous rejoindre ces dames, bonne amie?...

Mme CARIDAN, la retenant.

Permettez, ma chère enfant!... puisque le nom de monsieur Alfred est prononcé... je ne serais pas fâchée de vous en parler un peu...

ÉLISE, souriant avec effort.

A moi, de monsieur Alfred!... à moi... c'est singulier!...

Mme CARIDAN.

Mais non ! écoutez-moi, Élise, je suis vieille... à mon âge on a le droit de tout dire... j'en abuse quelquefois... et si vous vouliez le permettre...

ÉLISE.

Mon Dieu ! bonne amie, dites; avec moi, que vous avez vue naître...

Mme CARIDAN.

Et j'ai pu étudier votre caractère... je connais votre cœur... vous êtes bonne, sensible... mais coquette... (Mouvement d'Élise.) Oh! vous l'êtes... c'est si naturel !... il n'y a pas d'hommes ici... on peut en convenir !... Nous le sommes toutes un peu... (Avec intention.) Mais il ne faut pas l'être trop... il en résulte des malheurs... comme en Suisse, par exemple... ce duel entre le comte Eugène et monsieur d'Offely...

ÉLISE.

Ah ! de grâce !...

Mme CARIDAN, se rapprochant et bas.

Et un autre danger encore... c'est lorsqu'une imprudence

vous livre à la discrétion d'un de ces hommes du monde... brillants, mais froids, égoïstes... qui ne s'approchent d'une femme que pour la séduire... qui ne la séduisent que pour la perdre... J'en connais un, ici. Oh! fort aimable... il est complaisant, enjoué... charmant !... mais, au fond du cœur, il calcule tout... il sait au juste ce que peuvent rapporter les soins, les prévenances, l'amitié... il ne les place qu'à usure... et telle femme un peu coquette cherche à lui plaire, croit l'attirer près d'elle, qui ne fait qu'aller au-devant des piéges qu'il lui tend... ah ! je la plaindrais d'y tomber !...

Air *d'Aristippe.*

Oui, de son choix on est fière, on peut l'être,
   Quand de l'amour il est le prix...
Mais si, plus tard, cet amant n'est qu'un maitre,
Qui peut d'un mot vous livrer au mépris,
L'honneur est là, tremblant qu'on le soupçonne.
   Quel supplice, alors, quel regret,
   Lorsque le bonheur que l'on donne
   N'est plus que le prix du secret !

ÉLISE, cachant son émotion.

En vérité, bonne amie... vous peignez si bien, que vous m'avez fait peur... oui, vous avez raison... un cœur sec et froid... un air d'ironie qui tue...

Mme CARIDAN, souriant.

Heureusement nous n'en sommes pas là... Vous, Elise, vous avez du tact, de l'esprit... vous ne seriez pas dupe...

ÉLISE, s'efforçant de sourire.

Oh !... non, certainement...

Mme CARIDAN.

Ah ! tant mieux !... car j'avais cru remarquer un peu de cette coquetterie.

ELISE.

Moi !...

Mme CARIDAN.

Et ces jours-ci, oh! près de vous, Alfred était d'une grâce,
d'un entraînement...

ÉLISE.

C'est vrai...

Mme CARIDAN.

Ce matin encore, cet empressement à recevoir vos ordres...

ÉLISE, riant.

Oui... en effet... mes ordres.

Mme CARIDAN.

Il cherche à vous éblouir... mais le réveil serait affreux...
Voilà ce que j'avais à vous dire...

ÉLISE.

Merci, bonne amie!... merci...

Mme CARIDAN.

Vous ne m'en voulez pas?

ÉLISE, riant.

Ah!.... quelle idée...

Mme CARIDAN.

A la bonne heure... venez-vous?... et maintenant je rirai
sans crainte de sa présomption... Ah! ah! ah!... c'est qu'il est
d'une fatuité!... (Elles sortent en riant par le fond.)

ÉLISE, riant.

Oh! oui, oui!... nous en rirons... toutes les deux... Ah!
ah! ah!
(Quand madame Caridan est sortie, son rire cesse et elle se cache la figure dans
ses mains en sanglotant.)

SCÈNE VII.

ÉLISE, EDMOND.

EDMOND, entrant par la gauche.

Ah! madame... venez, venez!... donnez vos ordres vous-
même...

ELISE.

Que voulez-vous dire?...

EDMOND.

Que ce monsieur Alfred, que je déteste... (A part.) Novice!...
novice!... j'ai ce mot-là sur le cœur. (Haut.) Il fait tout préparer
pour votre départ, il commande des chevaux... il donne des
ordres... J'ai beau lui dire : « Mais madame la baronne ne le
« veut pas; c'est convenu, elle l'a promis, elle reste. » Eh
bien! rien ne l'arrête..... Heureusement votre femme de
chambre est perdue... on la cherche... on l'appelle... on ne la
retrouve pas... Mais que vois-je?... vous essuyez des larmes...

ELISE.

Moi!... non... non... je vous assure...

EDMOND.

Si fait, vous avez pleuré... vous avez des chagrins...

ELISE.

Mais...

EDMOND.

Oui, oui... vous êtes pâle... et vos yeux encore pleins de
larmes... Oh!... ne puis-je savoir d'où viennent vos peines?...

ELISE.

Des peines... oui! c'est vrai, on m'en cause, et beaucoup!...

EDMOND.

Mais qui donc, madame... qui donc? Je veux le savoir... je
le saurai... Oh! ne craignez rien... je serai discret, je serai
prudent... j'irai trouver l'insolent, je lui demanderai raison de
sa conduite... je le tuerai!...

ÉLISE.

O ciel!...

EDMOND.

Car c'est un homme...

ÉLISE.

Non, non... vous vous trompez...

IV. 2'

EDMOND.

Ah !... mais alors... songez à nos conventions... Si j'avais des chagrins, c'est à vous que je les confierais.

ÉLISE.

Sans doute, je l'espère bien...

EDMOND.

Mais à une condition... c'est qu'en échange de ma confiance, j'aurai la vôtre... concevez-vous ce bonheur ?... n'avoir point de secrets l'un pour l'autre... Oh ! pour cela il faut s'aimer... mais vous m'aimerez, n'est-ce pas ?... vous m'aimerez comme je vous aime ?...

ÉLISE, effrayée.

Edmond !...

EDMOND.

Ah ! pardon, madame, pardon... je ne vous le dirai plus... mais c'est égal... je vous aimerai toujours ! oh ! pardonnez-moi... je vous le demande à genoux...

ELISE.

O ciel ! relevez-vous, je vous pardonne...

EDMOND.

Mais vous, Élise... m'aimez-vous ?

ÉLISE.

Ah !... de grâce... eh bien ! oui, oui... mais relevez-vous donc. (A part, apercevant Alfred, qui traverse le fond du théâtre en dehors, et les observe.) Ah !

EDMOND, se levant.

Quoi donc, madame ? (Elle fait quelques pas pour sortir ; il la suit.)

ELISE, s'arrêtant et à demi-voix.

Oh ! ne me suivez pas !...

(Elle sort par le côté opposé à celui vers lequel Alfred se dirige.)

SCÈNE VIII.

EDMOND, seul.

Ah ! c'est lui... ce grand fat !... avec son sourire froid et sardonique !... Mais que m'importe ? je suis si heureux !... je suis aimé !... aimé... à ce mot seul, le sang se porte à mon cœur avec violence... et moi aussi, je sens là que ma vie est attachée à la sienne... que rien ne peut nous séparer... J'aime !... j'aime !... oh ! que cela fait de bien, l'amour ! un premier amour surtout !... et pourtant j'étouffe... Je ne sais ce que je dis, ce que je veux... je n'y vois plus... je voudrais pleurer !... pourvu qu'elle m'aime toujours... que ce monsieur Alfred... il connaît le monde, lui... il est aimable, il est brillant... au lieu que moi...

SCÈNE IX.

FLORESTAN, un petit souvenir à la main ; EDMOND.

FLORESTAN, à la cantonade, à droite.

Eh ! soyez tranquille... tout de suite... il l'aura...

EDMOND.

Ah !... c'est toi ?...

FLORESTAN, avec un gros soupir.

Hélas ! oui...

EDMOND.

Ah ! mon Dieu !... ce soupir... et comme te voilà pâle, défait !... qu'as-tu donc ?

FLORESTAN.

Je suis vexé... ô Virginie !...

EDMOND.

Eh bien ! tu es heureux ?

FLORESTAN.

Joliment!... c'est un dragon de vertu, mon cher !... Si tu savais quelle scène !... il y a une heure que ça dure... rien que ça. J'ai été éloquent, aimable... j'ai prié, supplié... impossible !... j'en suis pour mes frais... enfin j'ai été généreux... j'ai promis... bah !... je ne sais quoi... Rien ne l'a touchée, ni mes phrases, ni ma grâce, ni mes présents... c'est-à-dire que cela ne s'est jamais vu, depuis qu'il y a des femmes de chambre !...

EDMOND.

Ce pauvre Florestan !...

FLORESTAN.

Alors, ma foi, je n'ai plus été maître de moi... ma tête s'est montée... Je m'élance vers elle... mais tout à coup... v'lan !... elle me détache un soufflet !

EDMOND.

Hein !

FLORESTAN.

Chut !

AIR : *Je loge au quatrième étage.*

Quoique le fait soit incroyable,
Entre hommes on n'en rougit pas...
C'était un soufflet véritable.

EDMOND.

Tu l'as reçu ?

FLORESTAN.

Très-bien, hélas !
Comme au collége Stanislas !...
Chut!... n'en parle pas et pour cause,
Mon cher, je ne le dis qu'à toi...
Car un soufflet est une chose
Qu'il faut toujours garder pour soi !

C'est meilleur genre... et pourtant je ne sais ce qui serait arrivé, si on ne l'eût appelée pour un départ... mais je la reverrai... Il faut que cela s'explique... d'abord, j'ai un rival... oui, j'en suis sûr... je suis jaloux !...

EDMOND.

Jaloux !

FLORESTAN.

Oh ! tu ne sais pas ce que c'est que ces mouvements tumul-
tueux... ces battements irréguliers d'un cœur sensible... et dés-
ordonné... quand on croit que c'est un autre qui... Ah! tu
n'as jamais éprouvé...

EDMOND, rêveur.

Si fait... je crois que ça commence !...

FLORESTAN.

Laisse donc !... est-ce que ma cousine ?... A propos!... j'oubliais... voilà ton souvenir.

EDMOND, prenant le souvenir.

Mon souvenir... à moi.. tu te trompes.

FLORESTAN.

Eh non !... En revenant, le cœur gros et la joue chaude, j'ai
aperçu la petite baronne que monsieur Alfred venait de quitter...
Elle m'a appelé... j'ai filé... j'avais peur qu'elle ne me parlât
de Virginie... Pas du tout... elle m'a chargé de te remettre cet
agenda... que tu as oublié... je ne sais où...

EDMOND, Ouvrant le souvenir.

A moi?

FLORESTAN, à part.

Elle a une fameuse main, tout de même... je parierais que je
suis encore rouge... Mais c'est égal... qu'elle reste, qu'elle
parte, je ne la quitte plus... quand je devrais en attraper un
second... c'est une affaire d'amour-propre !...

EDMOND.

O ciel!... (Il lit.) « Rassurez-vous... je ne partirai pas... mais
« demain dans le salon... à neuf heures... j'ai tant de choses à
« vous dire!... silence !...»

FLORESTAN.

Bah !... vraiment?...

EDMOND.

Silence!....ah! oui... oui... je me tairai, je serai discret... très-discret!... Florestan, mon ami, conçois-tu mon bonheur!... un billet mystérieux!... un rendez-vous!... C'est le premier... ah!... j'en mourrai de joie!... Élise!... chère Élise!...

(Il baise le souvenir.)

FLORESTAN.

Comment!... c'est elle... je comprends, l'agenda oublié... tu es donc aimé?

EDMOND.

Mais dame!... je le crois... et tu vois, ce billet!...

(M. de Ramiere paraît au fond, il renvoie le domestique qui l'accompagne et s'avance lentement et sans être vu.)

FLORESTAN.

Ah! c'est une preuve... Un billet!... moi, je n'en ai jamais reçu de ces demoiselles... pour des raisons particulières...

EDMOND, baissant la voix.

Florestan, je ne te cacherai rien, je suis si heureux... je l'aime tant!... je voudrais pouvoir le dire à tout ce que je vois... et...

(Apercevant M. de Ramière qui se trouve entre eux deux.) Ciel! mon père!...

SCÈNE X.

FLORESTAN, M. DE RAMIÈRE, EDMOND.

FLORESTAN.

Son... ah!... il m'a fait une peur!...

M. DE RAMIERE.

Eh bien! Edmond!... comme tu me reçois!... on dirait que ma présence te chagrine... te contrarie?...

EDMOND.

Moi!... peux-tu penser?...

M. DE RAMIERE.

Tu baisses les yeux...

EDMOND.

Ah! mon père...

FLORESTAN.

Le fait est qu'il vous attendait si peu...

M. DE RAMIERE.

Ta lettre m'a surpris... une si longue absence!... huit jours!...
et nous qui ne nous quittons jamais... j'ai craint un malheur...
ce cheval fougueux...

FLORESTAN.

Ah! bien oui... ce n'est pas ça...

M. DE RAMIÈRE, le regardant.

Hein!...

EDMOND, vivement.

Mon père! c'est que ma tante a été si aimable... si pressante...
et puis j'ai retrouvé ici un camarade de collége... Florestan...
que je vous présente... excellent garçon; c'est lui qui m'a
retenu...

FLORESTAN, saluant.

Monsieur... (A part.) Flatteur, va!...

M. DE RAMIÈRE.

Ah!... monsieur... et peut-être d'autres personnes... (Il regarde
Florestan, qui se détourne en souriant.) Pourquoi rougir? ne suis-je pas
ton ami... ton confident?...

FLORESTAN, à part.

Quel brave homme!...

M. DE RAMIÈRE.

Voyons!... tu es troublé... inquiet... enfant! tu es donc...

EDMOND, vivement.

Très-content de te voir, mon père...

FLORESTAN, à l'oreille de M. de Ramière.

Amoureux...

M. DE RAMIERE.

Ah!... (Ritournelle du finale.)

EDMOND, allant à la société qui paraît.

Mais voici tout le monde... et ma tante...

M. DE RAMIERE, bas à Florestan.

Amoureux... et de qui donc ?...

FLORESTAN, bas à M. de Ramière.

De ma cousine... la maîtresse à Virginie... Chut !...

SCÈNE XI.

LES MÊMES, Mᵐᵉ CARIDAN, ÉLISE, ALFRED, PLUSIEURS DAMES
ET MESSIEURS.

CHOEUR.

AIR : *Finale du premier acte du Duel sous Richelieu.*

En ces beaux lieux le sort prospère
Amène encore un voyageur ;
Comme le fils, gardons le père :
Pour nous c'est un jour de bonheur.

(L'orchestre joue piano jusqu'à la fin de la scène.)

Mᵐᵉ CARIDAN, entrant après le chœur.

Monsieur de Ramière !... vous, chez moi !... quel bonheur
inespéré !... Oh ! point de rancune, soyez le bienvenu... tout est
pardonné... vous restez !...

M. DE RAMIÈRE.

Madame !... si mon fils le veut...

ÉLISE, entrant, à Alfred, à part.

Non, monsieur, non...

ALFRED, à Élise, à part.

Un refus !

Mᵐᵉ CARIDAN, à la société.

Mes amis, voici le père de mon Edmond... monsieur de
Ramière...

M. DE RAMIERE, apercevant Élise, à part.

O ciel!...

ÉLISE, apercevant M. de Ramière ; à part.

Que vois-je?...

Mme CARIDAN.

Il faut que les plaisirs l'enchaînent en ces lieux... et d'abord,
je ne laisse partir personne...

ÉLISE, à part.

Le comte Eugène!...

Mme CARIDAN.

Vous, Élise!... C'est convenu...

M. DE RAMIERE, à part.

Élise!...

ÉLISE, troublée.

Pardon, madame... pardon, bonne amie... cela m'est impossible... En effet, une invitation que j'avais oubliée... Il faut
que je parte, il le faut absolument... monsieur Alfred... (Se reprenant.) Pardon... Florestan, voulez-vous dire qu'on mette mes
chevaux ?

FLORESTAN.

Tout de suite... Je vous demande une place dans votre voiture, ma cousine...

M. DE RAMIÈRE, à demi-voix

Votre cousine... elle!...

FLORESTAN, de même.

Oui, oui... la maitresse à Virginie.   (Il sort par le fond.)

M. DE RAMIÈRE.

Elle! grand Dieu!...

ÉLISE.

Son père!...

ALFRED, gaiement, à part.

Elle part...

EDMOND.

Nous partirons ce soir, mon père!...

ENSEMBLE.

ALFRED.

Il faut partir ! tendre et légère,
J'ai cru vraiment perdre son cœur ;
Mais à Paris, bientôt, j'espère,
Je ne craindrai plus de malheur.

M. DE RAMIÈRE.

Quel jour affreux soudain m'éclaire !
Quel souvenir trouble mon cœur !
Elle a fait le malheur du père,
Le fils lui devra son malheur.

ÉLISE.

Quel jour affreux soudain m'éclaire !
Quel souvenir trouble mon cœur !
En le fuyant comme son père,
Je vois encor fuir le malheur.

EDMOND.

Quel sentiment involontaire
A tout à coup troublé mon cœur ?
Pourquoi trembler devant mon père,
Puisqu'il ne veut que mon bonheur ?

LE CHOEUR.

En ces beaux lieux le sort prospère
Amène encore un voyageur ;
Comme le fils gardons le père,
Pour nous c'est un jour de bonheur.

ACTE SECOND

Un salon décoré avec élégance ; à droite et à gauche, au second plan, portes à deux battants, ouvrant sur d'autres pièces. Au fond, au milieu, une cheminée en marbre, au-dessus de laquelle est une glace sans tain donnant sur un jardin. De chaque côté de la cheminée, petites portes. Au premier plan, à droite, une table à ouvrage en acajou, à côté un fauteuil ; sur la table, des papiers, des journaux. Sur le même plan, à gauche, une table carrée couverte d'un tapis vert tombant de tous côtés ; sur la table, écritoire, etc.; un tapis dans le salon. Entrée du dehors par la gauche.

SCÈNE PREMIÈRE.

FLORESTAN, seul ; ensuite UN DOMESTIQUE.

(Florestan sort mystérieusement par la porte du fond à gauche, en costume de bal et en claque : il est pâle et defait, et s'avance lentement.)

FLORESTAN.

Horrible nuit!... exécrable nuit !... ce n'est pas le tout d'être entré, il faut sortir !... Mais comment?... par où?... me voilà, pieds et poings liés, dans une véritable souricière!... (Montrant la porte de droite.) Ici, la chambre de ma cousine qui est chez elle... (Montrant la porte de gauche.)-Là le grand salon!... et au bout, dans l'antichambre, deux grands laquais qui n'en bougent pas... (Montrant la porte de gauche au fond.) Par là, le corridor qui va chez Virginie! ce n'est pas la peine d'y retourner... c'est assez d'une fois... c'est trop même... Mais qui diable se serait attendu!... Depuis notre retour de la campagne, il y a quinze jours, elle paraissait radoucie... vrai!... tout à fait gentille!... Je lui serre la main en passant... bien!... je lui dis des phrases risquées... bien!... et lundi encore je lui envoie un léger cadeau... deux paires de gants et une turquoise qu'elle a reçues!... très-bien!... après quoi, je me dis : Il faut en finir! et pour ça je m'échappe hier soir du bal, où était ma cousine... Je rentre, mais plutôt que de monter à mon troisième, je m'arrête au premier, où Virginie attend sa maîtresse... Je me glisse par ce corridor jusqu'à sa chambre; j'avais les yeux en feu... le claque en tête...

et l'air conquérant... je fredonnais déjà : *La victoire est à
nous!*... j'entre, et pas du tout... je trouve une femme furieuse,
exaspérée... comme madame Dorval... dans une cinquantaine
de pièces... qui s'arrache les cheveux, pleure et menace de
crier au secours! Tout à coup, on sonne... ma cousine rentre...
pas moyen de sortir... et la vertu de Virginie tient comme un
roc!... c'est la Lucrèce du quartier d'Antin!... probablement,
la seule... Si bien que je suis obligé de passer galamment la
nuit au fond d'un corridor... entre deux portes... (Il tousse.) Je
suis abîmé... je suis affaissé... je dois faire peur... je suis sûr
que j'ai l'air atroce!...

AIR : *Restez, restez, troupe jolie.*

C'est une chance peu commune!...
J'ai passé par tous les tourments
D'un amant en bonne fortune,
Sans en avoir les agréments !
C'est un horrible contre-temps !...
Cette nuit est un vrai supplice !
Abattu, défait, éreinté,
Passe encor pour le sacrifice...
Si j'avais eu l'indemnité !...

Mais je t'en fiche!... pas seulement une chiquenaude!...
Ouf!... l'humidité me gagne!... Voyons pourtant... (Écoutant.)
J'entends aller et venir, pas moyen... Ah!... Virginie m'a
parlé d'une petite porte dans l'angle. (Il va à la porte du fond à droite.)
Je crois que c'est là... fermée!... (On entend un grand coup de sonnette.)
Ah! mon Dieu! qu'est-ce que c'est que ça?... (Il recule vers la
table.) Si on me trouve seul ici avec ce costume... et cet air
bête... (Un second coup de sonnette plus fort.) Ah! voilà une sonnette
qui me fait un effet!...

LE DOMESTIQUE, en dehors, à gauche.

Mademoiselle Virginie!...

FLORESTAN.

Ciel !... (Il se trouve près de la table à gauche, et se baisse vivement.)

LE DOMESTIQUE, à la porte de gauche.

Mademoiselle Virginie ! (Une femme de chambre paraît à la porte du fond à gauche.) Madame a sonné... (Florestan se glisse sous la table, à l'entrée d'Élise.)

SCÈNE II.

FLORESTAN, caché ; ÉLISE ; LES DOMESTIQUES.

ÉLISE, un bouquet et une lettre à la main.

Eh bien ! vient-on, quand je sonne ? (A la femme de chambre.) Ah ! mademoiselle, passez chez moi... préparez ma toilette... Allez !... (La femme de chambre entre chez Élise.)

FLORESTAN, passant la tête.

O Virginie !...

ÉLISE, au domestique.

Qui a apporté cela ?

LE DOMESTIQUE.

Ce bouquet, madame ?...

ÉLISE, jetant le bouquet sur la table à gauche.

Eh non !... peu m'importe... (A part) Un bouquet de lui ! toujours lui !... cet homme me fera mourir...

LE DOMESTIQUE.

C'est monsieur Alfred...

ÉLISE, l'interrompant.

Bien !... bien !... Mais ce papier... cette lettre, qui vous l'a remise ?...

LE DOMESTIQUE.

C'est un domestique que je n'ai jamais vu... il ne portait pas de livrée... il est parti sans attendre de réponse...

ÉLISE.

C'est singulier !... (Le domestique va pour sortir.) Restez. (Il s'arrête dans le fond. Elle continue.) Que signifie cette lettre... ce mystère ?... (Lisant.) « Un ancien ami vous demande avec instance un mo-

« ment d'entretien secret... ce matin même ; ne le refusez pas...
« il a droit à votre pitié. » (S'arrêtant.) Et pas de signature !...
Aujourd'hui... cela est impossible... le jour de ma fête... j'ai
du monde à dîner... quel ennui !... (Regardant la lettre.) A ma pitié !... Allons ! cela me portera bonheur... et j'en ai besoin...
Benoît...

LE DOMESTIQUE.

Madame...

ÉLISE.

Écoutez-moi... on viendra sans doute pour avoir une réponse... vous introduirez chez moi... (Montrant la petite porte de
droite.) par ici... vous frapperez d'abord... Eh ! mais j'entends
une voiture.

LE DOMESTIQUE, regardant à travers la glace.

C'est un tilbury... Monsieur Edmond descend, un bouquet
à la main.

ÉLISE.

Edmond !...

FLORESTAN, faisant un mouvement pour se lever.

Je rentre dans le corridor... (Le domestique descend en scène, Florestan
se cache de nouveau.)

ÉLISE, au domestique.

Allez donc... dites que je n'y suis pas. (Il sort.) Oh ! non !... je
ne dois pas, je ne veux plus les recevoir ni l'un ni l'autre...
Du courage !... Pauvre Edmond !... un bouquet... et celui-ci...
(Courant prendre celui qui est sur la table.) Toujours trembler... toujours tromper... que cela fait mal... quand on aime !...

FLORESTAN, passant la tête.

J'étouffe !...

EDMOND, en dehors.

Eh !... si fait !... si fait !... c'est convenu.

ÉLISE, levant le tapis qui couvre la table, et jetant dessous le bouquet qu'elle
tient, en regardant entrer Edmond.

Ah ! (Florestan reçoit le bouquet au nez. Le tapis retombe.)

SCÈNE III.

FLORESTAN, caché ; **EDMOND, ÉLISE.**

(Edmond est en négligé élégant. Il a une tournure plus dégagée, mais il a l'air
inquiet et paraît fatigué.)

EDMOND, un bouquet à la main.

Pardon, madame la baronne !... J'ai forcé la consigne...

ÉLISE, d'un ton à moitié sévère.

Mais savez-vous que je pourrais me fâcher ?...

EDMOND.

Eh ! non, de grâce... je vous en prie... je suis si malheureux !... Il ne manquerait plus que cela !...

ÉLISE.

O ciel !... qu'avez-vous donc ?... En effet, cet air abattu...

EDMOND.

Rien !... oh ! rien... un peu souffrant !...

ÉLISE.

En ce cas, pourquoi sortir ?...

EDMOND.

Pour vous voir, Élise... Et puis, ce bouquet... que vous deviez recevoir de moi... le premier !... Je suis le premier, n'est-
ce pas ?...

ÉLISE, prenant le bouquet.

Sans doute !... il est fort bien... et composé avec un goût !...

EDMOND.

Vous trouvez ?...

FLORESTAN, sortant doucement de dessous la table.

Je suis rompu !... (Il sort par la porte à gauche du fond.)

EDMOND.

Vous le porterez ce soir... et non celui d'un autre... Vous
me l'avez promis !...

ELISE, très-tendrement.

Je tiendrai ma parole... (La porte par laquelle Florestan vient de sortir retombe ; elle jette un cri.) Ah !

EDMOND.

Qu'est-ce donc ?

ÉLISE.

Pardon !... cette porte... ce n'est rien... (Portant son bouquet sur la cheminée, et avec beaucoup d'affection.) Mais vous, mon ami, qu'aviez-vous, hier, au bal ? cet air chagrin... A peine avez-vous paru à la danse ?...

EDMOND.

Oui, c'est vrai... vous étiez invitée par monsieur Alfred... cela m'a donné de l'humeur... J'allais partir, lorsque je l'ai vu passer au jeu... je l'ai rejoint... et là, malgré ses sermons, car il prétend m'en faire, j'ai joué contre lui... il jetait l'or sur la table avec un air d'indifférence qui me mettait en fureur... de l'or, je n'en avais plus... mais je jouais sur parole...

ÉLISE.

Imprudent !...

EDMOND.

AIR *des Scythes.*

Oui, madame, au jeu que j'abhorre,
Loin du salon je retenais ses pas...
Je perdais... je jouais encore,
Du moins, madame, il ne vous parlait pas.
J'en étais sûr, il ne vous parlait pas.
Il restait là !... j'y mettais du courage !...
Lorsqu'il croyait au bal vous engager...
J'aurais voulu perdre encor davantage,
Exprès... pour le faire enrager,
Perdre toujours pour le faire enrager !
Oui, toujours... pour le faire enrager !

ÉLISE, lui prenant la main.

Vous tourmenter ainsi, enfant... et ce n'est pas la première fois... cette dissipation...

EDMOND.

Quoi !... vous vous plaignez de me voir briller, comme tous ces jeunes gens qui m'entourent... comme ce monsieur Alfred !... enfant !... oui, je l'étais... l'étude m'a fait perdre mon temps... sans cela, vous m'aimeriez peut-être.

ELISE.

Ingrat !... vous m'aimez donc, vous ? Quand, dernièrement encore... (Baissant la voix.) Cette orgie où, mêlé à des étourdis...

EDMOND.

Grand Dieu ! vous savez...

ÉLISE.

Je sais tout...

EDMOND.

Et quel est donc l'infâme qui vous a dit ? pardon, pardon... je n'ose lever les yeux... et pourtant mon excuse est là... je n'ai jamais aimé que vous, vous seule... brûlé d'un amour que l'espérance irrite, sans que le bonheur cesse de s'éloigner... que sais-je ? mes sens, ma raison égarée... Ah ! vous ne me pardonnerez jamais...

ÉLISE, lui tendant la main.

Puisque je vous aime encore !... Ah !... vous n'en doutez plus !...

EDMOND, lui baisant la main avec transport.

Élise !... cependant, ces assiduités de monsieur Alfred... son air impérieux !...

ÉLISE.

Encore !... mais, ne vous l'ai-je pas dit ? des relations de famille... les biens de mon mari, et ma fortune, qu'il dirige avec talent... pour peu de temps encore... oui, je le dois... il le faut... (A part.) Ah !... si je m'en croyais...

EDMOND.

Si vous aviez entendu avec quelle insolence il nous disait hier encore : « Si une femme m'oubliait pour un autre, je me

« vengerais d'elle en la perdant... quant à mon rival, je le
« tuerais !... »

ELISE, vivement.

Il a dit cela ?... (A part.) Il le tuerait !...

EDMOND.

Un fat sans délicatesse... qui se joue de l'honneur des
femmes... du nôtre quelquefois... aussi ce matin j'étais au
supplice... l'idée seule d'être son débiteur...

ÉLISE.

Mais pourquoi ne pas vous être adressé à vos amis... à...

EDMOND, l'interrompant.

Élise !... j'ai voulu tout avouer à la seule personne de qui je
puisse recevoir, à mon père !... je n'en ai pas eu le courage...

ÉLISE, émue.

Votre père !... il est donc bien sévère ?

EDMOND.

Oh ! non... ses quarante ans n'en ont pas fait un maître pour
moi... c'est un ami qui a mes goûts... qui sourit à mes plaisirs... Si vous saviez... sans aveu, sans confidence de ma part,
il a triplé ma pension ! cela ne suffit pas encore... je fais des
dettes !... et le moyen de m'en tirer... je ne savais que dire...
je n'osais regarder mon père en face... Eh bien ! hier soir, en
rentrant, j'ai trouvé sur ma table tous mes mémoires ac-
quittés...

ÉLISE.

Ah !... c'est bien... (Avec embarras.) Et vous ne lui avez jamais
parlé de moi ?...

EDMOND.

Jamais... et c'est ce que je ne puis me pardonner... Lui cacher mes secrets... mon amour... un amour dont je suis fier !...
non, cela ne peut durer ainsi... non, Élise, j'ai formé un projet... il le saura... mais d'abord, vous devez l'approuver.

ÉLISE.

Quel projet ?... que voulez-vous dire ?...

EDMOND.

Il va décider de mon sort et du vôtre... écoutez-moi...

LE DOMESTIQUE, annonçant.

Monsieur Alfred de Luzzi...

EDMOND, passant à droite, à part.

Toujours lui ! et quelle honte !... les cent louis que je lui dois....

SCÈNE IV.

ALFRED, ÉLISE, EDMOND.

ALFRED, entrant vivement.

Ah ! madame la baronne, je vous demande pardon si... (Apercevant Edmond.) Monsieur Edmond ! c'est singulier !... à Paris comme à la campagne, monsieur est toujours là, quand j'arrive.

EDMOND.

C'est que vous arrivez toujours là, quand j'y suis.

ALFRED.

Monsieur est heureux de vous trouver chez vous, madame, car, depuis quelque temps, je n'ai jamais ce bonheur.

EDMOND, bas à Élise.

Renvoyez-le... il faut que je vous parle... il le faut absolument !...   (Il redescend à droite.)   .

ÉLISE.

Monsieur Alfred, je ne m'attendais pas ce matin...

ALFRED.

Pardon, madame... je voulais savoir si ce que je vous ai envoyé...

ÉLISE, vivement.

Oui, oui... je l'ai reçu... je vous remercie.

ALFRED, se rapprochant, bas à Élise.

Et avec ce bouquet... parmi les fleurs... un billet, vous l'avez lu ?

ÉLISE, regardant la table.

Un billet !...

ALFRED, à Edmond, qui vient à eux.

Ah! monsieur Edmond, j'ai des reproches à vous faire... Que diable !... nous sommes gens à nous revoir... c'est un plaisir que nous avons souvent, comme vous voyez...

EDMOND, à part.

Trop souvent !...

ALFRED.

Eh bien !... vous me traitez comme un inconnu... oui... je vous ai gagné cette nuit cent misérables louis... il n'y a pas de mal... mais ce qui n'est pas bien, c'est de m'avoir envoyé ce matin mon argent... comme si je ne pouvais pas attendre...

EDMOND, regardant Élise.

Votre argent, monsieur...

ALFRED.

Sans doute... à mon réveil, votre domestique, la livrée de votre père...

ÉLISE, à part.

Ah ! je comprends...

EDMOND, à part.

Mon père...

ALFRED.

Je ne vous en veux pas pour cela... mais il fallait me traiter en ami... car je suis votre ami... (Bas à Élise.) Renvoyez-le donc...

EDMOND.

Vous êtes trop bon. (Bas à Élise.) Un mot... un seul mot...

ÉLISE, avec embarras.

Pardon, messieurs... je ne vous attendais qu'à l'heure du dîner...

EDMOND, à part.

Voilà qui est clair... je ne partirai pas le premier.

ALFRED, à part.

Je ne sais s'il comprendra, le petit... je reste.

ÉLISE.

Il faut que je passe chez moi... à ma toilette... (On entend frapper à la petite porte à droite. — Élise étonnée.) Ah !...

EDMOND.

On a frappé.

ALFRED, indiquant la porte.

Oui... à cette petite porte.

ÉLISE, vivement.

C'est bien ! c'est bien ! je sais ce que c'est... une lettre que j'ai reçue... un rendez-vous qu'on m'a demandé.

EDMOND.

Un rendez-vous ?

ALFRED.

Vous l'avez accordé ?

ÉLISE.

On implorait ma pitié...   (On frappe de nouveau.)

ALFRED.

A la bonne heure ! je sors, madame. (A part.) Mais je ne m'éloigne pas.

EDMOND, bas.

Je sors, mais bientôt... (A part, regardant la petite porte.) Par là, aussi !...

ALFRED et EDMOND.

Air *de la Tentation.*

Éloignons-nous par prudence ;
D'ici feignons de sortir...
Et ce mystère, je pense,
Je saurai le découvrir.

ALFRED, observant Élise.

Quel trouble agite son âme !

EDMOND.

Pour qui donc ce rendez-vous ?

ALFRED.

Nous sortons! .. adieu, madame...
Eh bien !...

EDMOND, le faisant passer le premier.

De grâce, après vous !...

ENSEMBLE.

ÉLISE, à part.

Cachons bien en leur présence
L'effroi qui vient me saisir !...
Quel état !... quelle souffrance !
Ah ! vivre ainsi... c'est mourir !...

EDMOND et ALFRED.

Éloignons-nous par prudence ! *etc.*

(Ils sortent par la gauche.)

SCÈNE V.

ÉLISE, M. DE RAMIÈRE.

ÉLISE, seule.

Ah !... ce billet !...

(Elle pousse la table et ramasse le bouquet qu'elle avait jeté dessous.)

LE DOMESTIQUE, ouvrant la petite porte.

Ici, monsieur !...

(M. de Ramière entre et regarde vers le fond.)

ÉLISE, jetant le bouquet sur la table.

Ciel !... vous !... (Au domestique.) Sortez ! sortez !...

M. DE RAMIÈRE, à part.

Oh ! c'était sa voix !...

ÉLISE.

Vous ! vous, monsieur... qui venez chez moi en suppliant?...

M. DE RAMIERE.

Et comment voulez-vous qu'y paraisse un père qui vient vous redemander son fils?

ELISE.

Monsieur le comte...

M. DE RAMIERE.

Voilà ce qui m'amène, madame... et sans cela, vous le pensez bien, je n'aurais jamais fait cette démarche... jamais je n'aurais recherché une vue, une parole... qui devait réveiller tant de souvenirs... rouvrir tant de blessures !...

ÉLISE.

Ah! je vous crois !...

M. DE RAMIERE.

Edmond était ici... à l'instant !... il y était... car c'est ici qu'il vient... qu'il s'égare, qu'il se perd... rendez-le-moi...

ÉLISE.

Quel langage !... suis-je donc placée si bas dans votre opinion, que vous m'accabliez de votre mépris !... Suis-je une femme perdue... pour qu'un père vienne lui-même, chez moi, me demander impérieusement de lui rendre son fils !...

M. DE RAMIÈRE.

Mais cet outrage, si c'en est un... ne pouviez-vous le prévenir? enchaîner mon fils à vos pieds !... vous n'avez donc pas craint que son père indigné vînt vous rappeler...

ÉLISE.

Grâce, grâce, monsieur !... lorsque je l'ai vu pour la première fois, je ne vous connaissais pas... et plus tard, quand vous m'êtes apparu... quand il vous a nommé... Oh! j'ai tremblé... j'ai frémi... le passé s'est dressé devant moi... horrible... sanglant !... J'ai voulu fuir et le père qui me rappelait tant de malheurs, et le fils qui peut-être m'en apportait de nouveaux... Mais Edmond était sur mes pas... il me poursuivait de son amour, il m'en accablait... et peut-être ne pou-

vais-je lui refuser... une amitié dont le nom qu'il porte me
faisait un devoir.

M. DE RAMIERE.

De l'amitié!... oui... je la connais cette funeste amitié, qui
exalte, qui trompe, qui tue...

ÉLISE.

Monsieur!...

M. DE RAMIÈRE, avec une émotion concentrée.

Écoutez-moi, Élise!... j'ai été bien malheureux... je le suis
encore... tous mes maux sont votre ouvrage... je ne viens pas
vous les rappeler... me les rappeler à moi-même... non,
grâce au ciel! je suis calme... je veux l'être... Mais de ces
biens, qui durent charmer ma vie, jeune encore... un seul
m'est resté... qui me consolait au moins de la perte des autres...
c'est mon fils... pour qui j'ai vécu... par qui j'étais heureux...
et ce dernier espoir, cet unique bien, vous venez encore me le
ravir !...

ÉLISE.

Grand Dieu !... mais je vous jure...

M. DE RAMIERE.

Il vous aime! et vous-même... (Mouvement d'Élise.) Oui, vous
l'aimez... d'amitié, d'amour... peu m'importe!... En faut-il
davantage pour égarer cette jeune tête... pour irriter le feu
qui le dévore?... et déjà, voyez... il abandonne cette carrière
que j'avais ouverte pour lui... je n'ai plus sa confiance comme
autrefois... quand tous ses secrets s'épanchaient dans mon
sein... Ah! cela ne pouvait durer ainsi... je le savais bien...
mes yeux se fermaient d'avance sur des fautes que l'âge amène
et justifie... Une première folie, disais-je; mais non, c'est un
premier amour, un amour délirant qui l'a arraché de mes bras
pour le jeter à vos pieds... et les poisons dont vous l'enivrez...

ELISE, avec dignité.

Comte de Ramière !...

M. DE RAMIERE.

Ah ! pardon ! le malheur m'a rendu injuste... Vous êtes coquette, légère... mais votre cœur était pur... Et ces vertus que
je respectais... que je dois, que je veux respecter encore en
vous, voilà ce qui vous livre le cœur de mon Edmond !... ce
cœur de jeune homme que le bonheur me rendrait peut-être...
Mais non ! il vous aime de toutes les forces d'une passion que
l'espoir, que le malheur ne fait qu'irriter... Il vous aime comme
un fou... comme un insensé... comme je vous aimais... Il y a
quatre ans... c'était hier !... l'âge ne m'excusait pas, alors... et
pourtant, là... toujours là !... j'oubliais les devoirs qui m'é-
taient imposés, pour vivre à vos genoux... pour m'enivrer de
vos regards, de vos paroles... pour moi, plus d'amis... plus de
fils, plus de patrie !... vous étiez si belle, et vous laissiez tomber dans mon cœur tant d'espérances !... Vous le rappelez-
vous ? j'étais fier, j'étais heureux, je n'avais plus que
vingt ans... Quel beau jour !... quel beau rêve !... et le lendemain, du sang !...

ÉLISE, poussant un cri.

Ah !

M. DE RAMIÈRE.

Pitié pour mon fils !... ne le conduisez pas à cet affreux réveil ; brisez une chaine où le bonheur est impossible.

ELISE, vivement.

Et si je l'aimais !... si cet amour était mon supplice... s'il
expiait...

M. DE RAMIÈRE.

Mais moi aussi, vous m'aimiez ! j'avais vos serments... vous
deviez, vous pouviez être à moi !... vous me l'aviez juré...
vous ne vous en souvenez donc plus ?... Et pourtant un caprice de femme a tout changé... votre perfidie m'a donné un
rival... que j'ai combattu, que j'ai blessé !... vous étiez bien
jeune encore, vous étiez une enfant... je le sais... Mais quatre
ans de plus... qu'est-ce donc ? et vous croyez que moi, qui dois
veiller au bonheur de mon fils, à son avenir que je faisais si
beau !... je consentirais ?...

ÉLISE.

Ah ! que vous vous vengez cruellement ! vous ne savez pas..
Mais parlez... ordonnez... monsieur le comte... que voulez-
vous de moi ?

M. DE RAMIÈRE.

Ce que je veux !... ne soyez pas sans pitié... cédez à mes
prières !... servez-vous de votre empire pour arracher de son
cœur l'amour qui le consume... un espoir insensé... rendez-
moi mon bien... ma vie... mon fils !...

ÉLISE.

Eh ! croyez-vous qu'il soit en mon pouvoir ?... (Se reprenant.)

AIR *de Teniers.*

Mais, oui, monsieur, oui, j'en fais la promesse,
Ces nœuds si chers, c'est moi qui les romprai !
Lui-même ici, je l'attends...

M. DE RAMIÈRE.

Ma tendresse
Compte sur vous !...

ÉLISE.

Je vous obéirai...
Et si jadis, trop fière de mes charmes,
J'ai déchiré ce cœur tendre et jaloux...
Soyez content ! j'en atteste mes larmes,
Ah ! désormais je suis quitte avec vous.

M. DE RAMIERE.

Qu'avez-vous ?... ô ciel !...

ÉLISE.

Eh ! que vous importe !... cette douleur... ces larmes... vous
ne les voyez pas !... vous ne sauriez comprendre...

M. DE RAMIERE.

Votre douleur !... et la mienne ?... en avez-vous eu pitié ?
l'avez-vous oublié, ce désespoir d'un malheureux qui vous adorait, et qui aujourd'hui même en vous retrouvant... (Revenant

alui. Ah ! je me croyais plus de calme et de courage !... adieu, madame... adieu... je vous reverrai encore une fois... ici, bientôt... pour savoir mon sort... car je ne m'éloigne pas... Ah! vous me rendrez mon fils... Élise, à ce prix... j'oublie tout... je me tais... tout est pardonné...

ELISE.

Monsieur...

M. DE RAMIÈRE.

Adieu !... (Il s'arrête à la petite porte et se retourne, Élise est près de lui, et il lui dit avec beaucoup de douceur :) Mais rendez-le-moi !
(Il sort ; Élise fait un pas vers sa chambre et tombe dans un fauteuil près de la cheminée, en se cachant la figure avec son mouchoir.)

SCÈNE VI.

FLORESTAN, ALFRED, ÉLISE.

ALFRED, ouvrant la porte à gauche, sans entrer.

Je n'entends plus rien... je puis...

FLORESTAN, ouvrant la porte du fond à gauche.

Personne !... ma foi, au petit bonheur !... je me risque.
(Il descend vivement le théâtre et va tomber dans les bras d'Alfred, qui entre.

ALFRED.

Qu'est-ce que c'est que ça ! (Élise étonnée les regarde.)

FLORESTAN.

Ça ! c'est un homme !... permettez !...

ALFRED, le retenant.

Un moment ! eh ! mais... c'est monsieur Florestan....

FLORESTAN.

Me voici pris *flagrante delicto*, comme on disait au collége Stanislas.

ALFRED.

Et en costume de bal, encore... il paraît que depuis hier...

FLORESTAN, lui mettant la main sur la bouche.

Chut !... pas un mot de plus !... (Élise se lève.) Entre hommes !...
entre hommes !...

ALFRED.

Comment !... est-ce que... (A part.) Ce serait un peu fort,
par exemple !...

FLORESTAN.

Oui, c'est cela !... vous y êtes !... je vais me coucher...
bonsoir... (Il va pour sortir.)

ALFRED, le retenant.

Eh ! non, restez !... je le veux...

ÉLISE, qui s'est avancée, et se trouve entre eux.

Et moi aussi...

FLORESTAN, à part.

Ciel !... ma cousine... ça devient perplexe.

ALFRED, d'un air piqué.

Pardon, madame, je me retire... si c'est un mystère...

ÉLISE.

C'en est un sans doute, pour moi du moins... et monsieur Florestan va m'apprendre ce que signifie sa présence chez
moi, cette nuit...

FLORESTAN.

Oh !... cela signifie... (Légèrement.) Une bagatelle... une bêtise... tout ce qu'il y a de plus bête au monde... (A part.) Ils ne
savent pas jusqu'à quel point c'est vrai.

ALFRED.

Bête, je ne dis pas... mais, n'importe : c'est une conduite
fort équivoque.

FLORESTAN.

Pas le moindrement...

ALFRED.

Laissez donc !...

FLORESTAN.

Quand je vous assure... Mais, parbleu ! je suis trop aimable de vous écouter... Je n'ai pas de compte à vous rendre.

ALFRED.

Eh ! mais... vous le prenez bien haut, mon cher !...

FLORESTAN.

Je le prends de ma hauteur naturelle, mon cher !...

ELISE.

Messieurs !... en effet, cela ne regarde que moi... (A demi-voix à Alfred.) que moi, monsieur... et je vous dispense d'un intérêt qui me fatigue à la fin..

ALFRED, à demi-voix, à Élise.

A la bonne heure... nous commençons à nous entendre...

ÉLISE.

Répondez-moi, Florestan... que faisiez-vous ici ?...

FLORESTAN, à part.

O malheureuse fille !...

ALFRED, allant pour sortir en souriant.

Ma présence, peut-être...

ÉLISE.

Non !... demeurez... (A Florestan.) Voyons... répondez...

FLORESTAN.

Puisqu'il le faut... puisqu'il n'y a pas moyen de sortir de la souricière... où ma passion désordonnée... je vous dirai, ma cousine... mais à vous seule...

(Il s'éloigne d'Alfred, qui a pris un journal et le lit.)

ELISE.

Parlez !... saurai-je enfin ?...

FLORESTAN, à demi-voix.

Tout, ma cousine... si vous savez deviner...

ELISE.

Parlez clairement... je n'aime pas les énigmes...

FLORESTAN, à part.

Je suis sur une braise effrayante !...

ELISE.

Eh bien ! monsieur ?...

FLORESTAN, toujours à demi-voix.

Eh bien ! ma cousine... puisqu'il faut vous l'avouer... c'est une erreur... c'est-à-dire, non !... une imprudence !... une simple imprudence d'un jeune homme... sensible... (Soupirant.) trop peut-être... et qui a la faiblesse d'aimer... d'idolâtrer un sexe !... dans lequel est comprise une femme de chambre...

AIR de la Sentinelle.

L'astre des nuits dans son paisible éclat...
D'un corridor vient m'éclairer l'entrée !
Aventureux, mais toujours délicat,
J'ouvre en tremblant une porte vitrée...
Une soubrette aux farouches appas,
M'a fait passer la nuit la plus horrible !
(Bas.)
    Voilà tout !... je le dis bien bas,
    Et si vous ne comprenez pas,
    Être plus clair m'est impossible,
    Tout à fait impossible !...

ÉLISE, regardant la porte du fond à gauche.

Il suffit, monsieur !...
(Elle sonne, et va prendre une bourse dans un coffre sur la cheminée.)

FLORESTAN, à part.

Ma foi, tant pis !... il n'y avait pas moyen...

ALFRED.

Qu'est-ce donc ?

FLORESTAN, à Élise.

Mais je vous jure, ma cousine, que ma délicatesse...
(Le domestique paraît.)

ÉLISE, au domestique.

Benoît... approchez... Tenez, vous allez remettre cette bourse à mademoiselle Virginie... Dites-lui de sortir de chez moi sur-le-champ...

FLORESTAN, immobile.

Bah !

ALFRED.

Comment !... il se pourrait ?... Virginie !... Ah ! ah ! ah ! ah ! pauvre garçon !... (Il s'approche pour prendre la main d'Élise, qui la retire vivement.) A bientôt... (Regardant Florestan.) Ah ! ah ! ah ! désolé, mon cher... Ah ! la plaisanterie est délicieuse !...

FLORESTAN, riant de force.

Ah ! ah ! ah !... oui, délicieuse !... (Alfred sort.) Le diable t'emporte, va !...

SCÈNE VII.

FLORESTAN, ÉLISE, M. DE RAMIÈRE.

ÉLISE, regardant sortir Alfred.

Quelle insolence !... Ah ! j'aurai du courage... et dussé-je me perdre !...

FLORESTAN.

Mais, ma cousine...

ELISE.

C'est bien !... je ne vous en veux pas, à vous.

FLORESTAN.

Permettez... c'est que chasser Virginie, c'est abominable... c'est absurde... c'est le comble de l'injustice !... Ce n'est pas la vertu qui lui manque... au contraire... l'infortunée n'en a que trop.

ÉLISE.

Ah ! de grâce... laissez-moi...

(Musique à l'orchestre. M. de Ramière entre vivement par la petite porte dérobée.)

M. DE RAMIÈRE.

Madame !... mon fils !... c'est lui !... c'est Edmond !...

FLORESTAN.

M. de Ramière!... d'où sort-il?

ELISE.

Comment?...

M. DE RAMIÈRE.

Je quittais votre hôtel... et je n'ai eu que le temps de ren
trer précipitamment... pour ne pas le rencontrer... il m
suit!... il est sur mes pas!... vous savez ce que vous m'ave
promis?...

ÉLISE.

Oui, monsieur... oui!... retirez-vous...

FLORESTAN.

Non, ma cousine... pas avant que le sort de Virginie...]

ÉLISE.

Je n'y changerai rien... elle partira!...

(Elle monte à la petite porte. de droite.

M. DE RAMIÈRE.

Venez, monsieur...

FLORESTAN, à demi-voix, à part.

Ah! c'est affreux!... être si cruelle pour les autres, quàn
elle-même!...

M. DE RAMIÈRE, qui l'écoute.

Plaît-il?

FLORESTAN, de même.

Mais je reviendrai... je lui montrerai ce billet de monsie
Alfred; billet doux, qui était dans le bouquet qu'elle m'a je
au nez... et il faudra bien...

M. DE RAMIÈRE, à part.

Que dit-il?... Un billet de monsieur Alfred!...

ÉLISE, revenant entre eux.

Le voici... Ah! sortez... sortez!...

FLORESTAN.

A ce soir, inflexible cousine... (Il sort par la gauche.)

M. DE RAMIÈRE, suivant Florestan.

Je ne le quitte pas...

(Edmond paraît à l'instant même, et l'orchestre s'arrête brusquement.)[

SCÈNE VIII.

ÉLISE, EDMOND.

EDMOND.

Vous êtes seule?...

ÉLISE.

Vous voyez...

EDMOND.

Pardon... c'est qu'il m'a semblé que quelqu'un montait précipitamment devant moi...

ÉLISE.

En effet!... vous ne vous trompiez pas... quelqu'un qui sort d'ici...

EDMOND.

Ah ! mon Dieu!... ce trouble !... Et qui donc?

ELISE.

Votre père !...

EDMOND.

Mon père chez vous!... il vous a vue?... Ah ! tant mieux!...

[ÉLISE.

Tant mieux!...

EDMOND.

Eh! oui, sans doute! il vous a vue! il vous connaît... vous, si bonne !... si belle!... Il me semble qu'à présent j'aurai plus de courage pour lui avouer mon amour... mes projets, mes espérances...

ELISE.

Malheureux!... ah! gardez-vous-en bien.

EDMOND.

Que voulez-vous dire?... Il vous parlait de moi...

ÉLISE.

Oui, de vous... qu'il venait me redemander... de vous, qu'il
veut me forcer à désespérer, à bannir de chez moi... à ne revoir jamais...

EDMOND, comme accable.

Ah! il veut vous forcer!... et vous avez répondu?...

ÉLISE.

J'ai promis d'obéir!...

EDMOND.

Élise!... vous avez promis?... (Souriant.) Oh! non, n'est-ce
pas?... vous, me bannir!... me chasser!... c'est impossible..

ÉLISE.

Edmond!... il suppliait... il ordonnait!...

EDMOND.

Il ordonnait!... et vous ne lui avez donc pas dit que je vous
aimais... que cet amour est mon bonheur... ma vie!... que
vous perdre, c'est mourir!... vous ne lui avez donc pas... mais
non, non!... vous n'avez rien dit!... votre âme est restée
froide... muette!... elle n'a pas eu un regret, une prière pour
l'émouvoir... Me chasser!... ah! madame...

ÉLISE.

Edmond!... Edmond!... remettez-vous, du courage... et sur
tout ne soyez pas injuste comme votre père!

EDMOND.

Injuste! oh! oui, il l'est!... Me traiter comme un esclave
comme un enfant!... Mais vous, Élise... vous ne répondez pas..

vous détournez les yeux... mais non, vous ne m'avez jamais aimé... vous me trompiez.

ÉLISE.

Ah ! vous ne le croyez pas... Edmond... vous le savez bien !... je ne rougis pas de l'avouer... Du jour que je vous vis chez votre tante, je ne sais ce qui se passa en moi... Votre franchise, votre âge si proche du mien... ces souvenirs si doux qui vous ramenaient à mes pieds... tout en vous éveillait dans mon cœur ce sentiment que je n'avais pas encore éprouvé... j'aimais... oui, j'aimais pour la première fois, comme vous... ah ! pourquoi vous éloignait-on du monde ?... Pourquoi veniez-vous si tard dans ce château ? si tard...

EDMOND.

Madame.

ÉLISE.

Depuis ce jour... ah !... j'en atteste le ciel... mes larmes... votre respect, Edmond !... depuis ce jour, c'est vous que j'ai aimé... vous seul... comme un ami... comme un frère ! Jugez donc du désespoir que j'ai renfermé là... quand votre père est venu vous réclamer... me reprocher de vous avoir perdu !... Edmond !... Edmond... vous me justifierez.

EDMOND.

Élise...

ÉLISE, très-émue.

Air : *Dans un vieux château de l'Andalousie.*

Pour vous, oui, pour vous j'aurai du courage...
Ce que j'ai promis... Je dois le tenir !
Entre vous et moi, ce cœur qu'on outrage,
N'a pas balancé... dussé-je en mourir !...
Cherchez le bonheur près de votre père,
Vivez pour lui seul !... oubliez, hélas !...
Que je vous aimais... que je vous fus chère,
Ingrat !... mais du moins ne m'accusez pas !

EDMOND.

Eh bien ! mon sort est décidé... Toujours seul, triste, jaloux... c'est un supplice que je ne puis supporter plus long-

temps... non, je ne puis vivre ainsi... Élise, vous serez à moi...
vous serez ma femme.

ÉLISE.

Moi ! mais vous n'y pensez pas !...

EDMOND.

Oui, c'est là mon projet... ma résolution... que je voulai
vous apprendre... que je dirai à mon père...

ÉLISE.

Oh ! taisez-vous !

EDMOND.

Puisque vous m'aimez... puisque mes vœux sont les vôtres..
regardez-moi donc, Elise... mon amie, ma femme... à moi..
à moi!... Ah! si vous saviez... depuis que cette idée est en
trée dans mon cœur... je ne me contiens pas de joie... j'er
suis fou!... Vous consentez! n'est-ce pas? vous consentez! dite
un mot... un seul...

ÉLISE.

Oh non !... ne parlez pas ainsi... il ne m'est plus permis..
Ah ! laissez-moi mon courage ! vous ne savez pas ce qu'il y
là de regrets !... et le monde injuste pour moi... votre pèr
lui-même...

EDMOND.

Eh !... que m'importe le monde !... et mon père... s'il étai
assez cruel... Oh ! parlez, Élise !... consentez... et, pour être
vous, je braverai tout !... oui, tout !... fût-ce mon père lui
même. (Il aperçoit son père, qui est entré par la gauche et qui a entendu l
derniers mots.) Ah !...

(M. de Ramière regarde Élise, qui baisse les yeux... et lui montre son fils qu'elle n
    pu décider... Elle sort lentement sur ce geste.)

SCÈNE IX.

M. DE RAMIERE, EDMOND.

M. DE RAMIÈRE.

Tout, Edmond !... fût-ce ton père lui-même. (S'approchant de lui, et très-tendrement.) Ton père !... (Edmond lui saisit la main sans le regarder.) Tu n'oses le regarder ! tu crains de rougir devant lui...

EDMOND.

Rougir !... oh ! non... jamais !...

M. DE RAMIÈRE.

Je n'ai donc plus ta confiance ?...

EDMOND.

Si fait !... j'allais sortir, mon père, pour t'apprendre... t'apprendre...

M. DE RAMIÈRE.

Quoi donc ?... m'apprendre? achève !...

EDMOND, avec détermination.

Eh bien !... que j'aime madame d'Offely... que j'en suis aimé... et qu'enfin... je veux, je veux l'épouser...

M. DE RAMIERE, avec force.

L'épouser... elle y consent ! mais toi, Edmond... as-tu pensé que ton père consentirait ?...

EDMOND.

A mon bonheur ?... oui, mon père, oui, je l'ai pensé... Tu n'as jamais été un maître pour moi ; mais l'ami le plus tendre.

M. DE RAMIERE.

Oui, Edmond !... tu dis vrai !... j'ai toujours été ton ami... Resté seul, bien jeune encore... je jurai de vivre pour toi... pour toi seul... je te consacrai tous mes instants... Elevé près de moi... sous mes yeux... je préférais à l'éclat, aux plaisirs du monde, ces jeux où je redevenais enfant pour les partager avec toi... Plus tard, je suivais avec orgueil tes progrès que j'avais préparés moi-même... tes triomphes qui étaient mon ouvrage !... Je n'avais qu'une ambition, c'était d'assurer un avenir brillant à mon ami, à mon élève... à mon fils !... Cet avenir, c'était le mien... et jamais l'idée d'un autre mariage... si fait !... si fait !... une fois... une seule fois... il y a quatre ans !... ah ! je croyais en avoir été assez puni...

EDMOND.

Mon père !...

M. DE RAMIÈRE.

Et quand je touche au but de tous mes vœux, de tous mes désirs... quand cette vie à laquelle j'ai rattaché la mienne, est si belle, si riche d'années et d'espérances... quand, pour m'assurer ta confiance, j'ai tout sacrifié, tout... tu me quittes, tu m'abandonnes !... tu me laisses là... seul... seul au monde... tu renonces à tes travaux, à ton état, pour te mêler à ces oisifs dont tu as pris et le luxe et les travers !...˙ Je vois se flétrir, tomber une à une toutes ces qualités que j'avais mises dans ton cœur... Tu rougis devant moi... tu te caches... et je paie à ton insu tes fautes, que d'autres m'ont révélées !... et je suis réduit à venir chercher tes secrets aux pieds d'une coquette... à l'amour, aux piéges de laquelle peut-être, toi enfant, tu veux que je livre ton avenir... ta vie tout entière... Non, non... je mourrai de ton ingratitude... mais ton malheur... je n'y consentirai jamais !...

EDMOND, d'un ton très-caressant.

Mon père !... mon père !... je n'ai rien oublié... rien de ce que je te dois... mais en ce moment n'es-tu pas injuste pour moi ?... pour toi-même et pour elle aussi !... Oh!... reviens à toi... ne me condamne pas... nous ne te quitterons plus... nous serons deux pour t'aimer.

M. DE RAMIÈRE.

Laisse-moi.

EDMOND.

Tu l'as vue, mon père... elle est si belle... et si tu savais que de bonté... que de vertus !...

M. DE RAMIÈRE.

Je la connais...

EDMOND.

Ah !...

M. DE RAMIÈRE.

Je la connais, te dis-je... tu ne sais pas ce que sa coquetterie peut causer de douleur et de larmes... apprends donc que moi aussi...

EDMOND.

Toi ?...

M. DE RAMIÈRE, se reprenant.

Oui, moi... j'ai eu un ami qui l'aimait... qui se croyait aimé d'elle... il avait sa parole... et un rival également aimé... mais plus heureux... qui reçut un coup d'épée... et qu'elle épousa pour finir le roman.

EDMOND, étonné.

Ah ! peut-être était-ce un étourdi, l'autre ?

M. DE RAMIÈRE.

Non... un homme d'honneur... qui avait deux fois son âge.

EDMOND, légèrement.

Alors, c'est cela... elle ne pouvait l'aimer que comme un père... moi, je suis jeune... je serai trop heureux pour être jaloux...

M. DE RAMIÈRE.

Mais tu te crois donc seul...

EDMOND.

Dans son cœur ! assurément...

M. DE RAMIÈRE.

Tu le crois?... eh bien !... si elle te trahissait... si elle en aimait un autre ?... si tu étais lâchement joué ?...

EDMOND.

Oh non ! c'est impossible !...

M. DE RAMIÈRE.

Impossible !... c'est un secret qui n'est pas à moi... que je

devais respecter... je l'espérais... mais puisque c'est le moyen
de te sauver... (Lui remettant un papier.) Tiens, lis...

EDMOND, regardant son père.

Mon père!... un billet!... (tt va pour l'ouvrir, s'arrête et le froisse.)

M. DE RAMIÈRE.

Tu ne l'ouvres pas?...

EDMOND.

Je n'ose!... j'ai peur... (Regardant alternativement le billet et son père)
Élise!... D'où le tiens-tu donc... mon père?...

M. DE RAMIÈRE.

Que t'importe?...

EDMOND, l'ouvrant.

Un billet!...

M. DE RAMIÈRE, lui montrant la date.

De ce matin...

EDMOND.

Oui, oui... (Lisant.) « Ma chère Élise! » (S'interrompant.) Ah! ce
n'est pas d'elle...

M. DE RAMIÈRE.

Poursuis donc...

EDMOND, lisant.

« Ma chère Élise, voilà mon bouquet... il vous rappellera la
« promesse que vous m'avez faite hier soir, au bal, de congé-
« dier notre petit écolier... » (Il s'arrête, et regardant son père.) « La
« promesse que vous m'avez faite... »

M. DE RAMIÈRE.

L'écolier... c'est...

EDMOND, vivement.

Ah! passons... (Lisant.) « Je sais qu'il est trop niais pour me
« donner des craintes; mais finissez-en... si vous voulez éviter
« un éclat qui vous perdrait!... »

M. DE RAMIERE.

Qui la perdrait !...

EDMOND, suffoqué.

« A ce prix, amour et discrétion... Alfred... » (S'efforçant de sourire.) Alfred !... oui... c'est bien cela !... elle avait promis... et sa discrétion... sa... (Il tombe en sanglotant dans les bras de son père.) Ah ! mon père !...

M. DE RAMIÈRE.

Edmond !... mon ami... reviens à toi... c'est affreux !... infâme !... Je comprends ta douleur !... je l'ai connue... mais toi, tu m'as consolé... Viens ! viens, mon fils, je te reste !... je te consolerai. On vient !... sois homme, Edmond.

EDMOND.

Oui... oui ; demande ta voiture... partons... mais dans un instant... Je ne puis... Ah ! mon père !...

(Il tombe accablé dans un fauteuil.)

M. DE RAMIÈRE.

Tout de suite... mes gens sont là !...

(Il sort par la petite porte du fond à droite.)

SCÈNE X.

ALFRED, FLORESTAN, EDMOND.

(L'orchestre joue l'air : *La belle nuit, la belle fête.*)

FLORESTAN.

Certainement, je dîne ici... d'abord, parce qu'on y dîne très-bien... et puis, c'est qu'il me faut une explication... (Cherchant sur lui.) Pourvu que je trouve ce maudit billet... Ah ! tiens... Edmond.

ALFRED, entrant.

Ah ! madame la baronne n'a pas encore paru...

EDMOND, se levant vivement.

C'est lui !...

(L'orchestre s'arrête.)

FLORESTAN.

Hein!... qu'est-ce que tu as?... Dieu! comme il est pâle!...

ALFRED.

Qui donc?... monsieur Edmond...

EDMOND, passant vivement à lui.

Que me voulez-vous, monsieur?...

ALFRED.

Moi... enchanté de savoir de vos nouvelles...

EDMOND.

Vous êtes un insolent!...

ALFRED.

Monsieur!...

FLORESTAN.

Edmond... tu as tort... Edmond!...

EDMOND.

Oui, un insolent!... à qui, tout écolier que je suis, je pourrais bien donner une leçon.

FLORESTAN.

Ah çà!... est-il crâne... est-il crâne!...

ALFRED, avec une froideur dédaigneuse.

Une leçon... soit, monsieur Edmond!... il y a longtemps que je désire en recevoir une de vous.

FLORESTAN.

Allons!... il se fait une affaire...

EDMOND, se rapprochant d'Alfred.

Votre heure... votre arme... le lieu?...

ALFRED.

Dix heures... l'épée... la porte d'Auteuil...

EDMOND.

J'y serai...   (Il s'éloigne d'un air de triomphe.)

FLORESTAN, à Edmond.

Prends garde... il est très-fort...

EDMOND, apercevant son père qui rentre.

Silence !...

M. DE RAMIÈRE, après les avoir tous observés, prenant la main de son fils, et bas.

L'heure ?...

EDMOND.

Mon père !...

M. DE RAMIÈRE, même jeu.

L'heure ? (Hésitation d'Edmond.) L'heure !

EDMOND.

Dix heures !

SCÈNE XI.

LES MÊMES, ÉLISE, parée.

(Un domestique paraît dans le fond une serviette sur le bras. L'orchestre reprend jusqu'à la fin.)

ÉLISE.

Pardon, de grâce... je me suis fait attendre.

(Elle jette un coup d'œil sur Edmond.)

ALFRED, légèrement.

Justement, madame la baronne, on vient vous annoncer que vous êtes servie...

ÉLISE.

Messieurs !... eh ! mais... quel air d'inquiétude !... qu'est-ce donc ?

ALFRED.

Rien, madame... rien.

FLORESTAN, bas à Élise.

Il faut que je vous parle, ma cousine. (Elle le regarde.) Après dîner... les affaires avant tout. (Il remonte.)

ALFRED, très-gaiement.

Allons, du plaisir, de la gaieté... c'est encore un beau jour!

(Il offre la main à Élise.)

M. DE RAMIÈRE, à l'oreille d'Élise, au moment où elle se détourne pour sortir.

Un beau jour... un beau rêve!... et le lendemain, du sang!

ÉLISE, repoussant la main d'Alfred, et jetant un cri d'effroi.

Ah!

(Elle regarde avec inquiétude M. de Ramière et Edmond qu'il retient.
La toile tombe.)

ACTE TROISIÈME

Un petit salon élégant. Au fond un divan; au-dessus des tableaux et deux fleurets
suspendus. A gauche du divan, la porte d'entrée. Au second plan, à droite, porte
de la chambre de Florestan. A gauche, une causeuse. Au premier plan, à droite,
une cheminée élégante. Une pendule; une boîte à cigares, etc. Sur une chaise
au fond, une guitare; fauteuils, etc.

SCÈNE PREMIÈRE.

FLORESTAN, ALEXIS.

(Au lever du rideau, on entend sonner fortement.)

FLORESTAN, de l'appartement à droite.

Mon domestique!... que diable, Alexis!... (On sonne plus fort.)
Attendez donc!... Eh! mais, on attend!... mon domestique!...
(Il paraît achevant de passer une grande robe de chambre à ramages; il a un bonnet
grec, des pantoufles rouges et une chemise de couleur sans cravate.) Pourriez-
vous me faire le plaisir de me dire où est mon domestiqu
Alexis?... (On sonne plus fort.) Eh bien! oui... on y va... Ah! il
ouvre... c'est bien heureux! drôle, il est encore plus paresseux
que moi... (Alexis paraît.) Fainéant!

ALEXIS, entrant par la porte du fond à gauche.

Mais, monsieur, je viens de faire des courses.

FLORESTAN.

Ce n'est pas ce que je vous demande : qui est-ce qui sonnait?

ALEXIS.

C'est Benoit, le domestique du premier, qui venait prévenir monsieur que madame la baronne l'attend ce matin de bonne heure.

FLORESTAN.

Ma cousine... Ah! je sais... c'est pour cet imbécile de duel... Eh! dis-moi, es-tu allé là-bas?...

ALEXIS.

Chez mademoiselle Virginie?... oui, monsieur, j'en arrive... c'est que c'est loin, rue Chapon, au sixième, où elle s'est retirée hier en sortant de chez madame la baronne.

FLORESTAN.

Pauvre ange, va!... Donne-moi un cigare... Ayez donc de la vertu, pour demeurer au sixième... rue Chapon!...

ALEXIS, lui donnant un cigare.

Elle est là, chez sa cousine... mademoiselle Croulebec, une demoiselle très comme il faut, et qui travaille dans les dentelles...

FLORESTAN.

Et Virginie?...

ALEXIS.

Elle se levait quand je suis entré....

FLORESTAN.

Hein!... tu es entré chez Virginie dans le simple appareil?...

ALEXIS.

En me voyant, elle a fondu en larmes...

FLORESTAN.

Je crois bien... elle fond toujours... C'est étonnant comme la femme pleure en général, et Virginie en particulier!

ALEXIS.

Je lui ai dit qu'à la prière de monsieur, madame la baronn
consentait à la reprendre...

FLORESTAN.

Cette bonne cousine... elle a été d'un accommodant !... Ah
çà, Virginie doit être bien heureuse ?

ALEXIS.

Au contraire, monsieur... elle refuse.

FLORESTAN.

Comment ! elle refuse donc toujours ?

ALÈXIS.

Elle prétend que monsieur l'a compromise...

FLORESTAN.

Compromise !... compromise... c'est-à-dire... (Se reprenant av
fatuité.) Eh bien ! oui, je ne dis pas... je l'ai compromise..
(A part.) Ne rougissons pas devant nos gens.

ALEXIS.

Qu'elle ne peut plus entrer en maison... qu'il n'y a plu
qu'une personne à qui elle puisse demander asile... et qu
cette personne c'est vous...

FLORESTAN.

Moi !... par exemple !... L'aimer, l'adorer, à la bonne heure..
je suis même enchanté qu'elle compte sur moi... c'est bo
signe... mais la recevoir... ici, chez moi ?

ALEXIS, à part, l'observant.

Ah ! mon Dieu !... est-ce qu'il ne voudrait pas ?

FLORESTAN.

Et tu ne lui as pas dit que c'était impossible ?

ALEXIS.

Elle prétend que vous devez réparer...

FLORESTAN.

AIR : *Ces postillons sont d'une maladresse.*

Hein !... que dis-tu ?... la demande est nouvelle,
Je ne dois rien réparer... hélas ! rien...
(A part.)
Quand on trouva la vertu casuelle,
Il faut payer les malheurs, c'est très-bien. (*bis.*)
Mais par ses cris, ses soufflets, ses prières,
Lorsque j'ai vu mes efforts repoussés !...
Je rirais trop, si je payais les verres
    Que je n'ai pas cassés.

Mais elle ne viendra pas ?

ALEXIS.

Si fait, monsieur !... ce matin...

FLORESTAN.

Dieu! que c'est bête, ces petites filles !... je serais allé rue
Chapon, c'était bien plus simple... mais se risquer ici... où
tout le monde la connaît... c'est d'un absurde ! d'un stupide !...
Occupe-toi du déjeuner.

ALEXIS.

Pour deux ?

FLORESTAN.

Hein!... Ah! oui.... dame!...si elle vient, il faut bien qu'elle
mange... ce cher amour.

ALEXIS, à part, avec joie.

Ah!... il la recevra... (Haut.) Qu'est-ce que monsieur pren-
dra à son déjeuner?

FLORESTAN.

Du racahout... pour moi, à cause de la poitrine... et pour
Virginie, quelque chose de nourrissant... et de délicat : un
bifteck aux pommes de terre... Donne-moi ma guitare.

ALEXIS.

Oui, monsieur...   (Il sort.)

FLORESTAN, seul, se jetant sur la causeuse a gauche.

Virginie!... chez moi... ici!... une femme!... C'est étonnan
comme je deviens voluptueux!... (Se couchant.) J'ai l'air d'un
pacha, excepté que j'aime les arts... et le vin de Bordeaux
(Il prend la guitare.) Le vin de Bordeaux surtout... (Il prelude.) Ell
va venir!... j'en ai le frisson... mais ce n'est pas désagréa
ble... il y a si longtemps que ça dure!...

AIR de l'*Andalouse de Monpou.*

Connaissez-vous ma Roxelane,
Ma Virginie au front charmant?
C'est pour ses yeux que je me damne,
C'est ma tigresse, ma sultane,
C'est moi qui suis son Sohman.

A moi donc, à moi sans scrupule,
Ses frais appas, son air taquin ;
Et sa taille qui capitule,
Et son beau pied qui dissimule
Dans son soulier de maroquin.

Connaissez-vous, *etc.*

Allons, ne fais plus la sauvage,
Viens, je t'appelle, ange ou démon ;
Mon cœur d'homme avec toi partage
Son existence moyen âge,
Et son déjeuner de garçon.

Connaissez-vous, *etc.*

(On sonne.)

Ah! mon Dieu!... c'est elle!... on carillonne... je la reconnai
à cette douceur... Enfin, la voilà!... j'en perds la respiration.

ALEXIS, annonçant.

Monsieur Edmond de Ramière.

SCÈNE II.

FLORESTAN, EDMOND.

FLORESTAN.

Edmond!...

EDMOND, à Alexis.

Ne laissez entrer personne... (Alexis sort. A Florestan,) Bonjour, mon ami, bonjour.

FLORESTAN, riant.

Ah! ah!... j'ai cru que c'était Virginie !...

EDMOND, prêtant l'oreille.

Je tremble qu'on ne m'ait vu... qu'on ne soit sur mes traces...

FLORESTAN.

C'est que tu ne sais pas... elle vient ce matin... ici... chez ton ami... chez ton scélérat d'ami... vrai, ma parole d'honneur !...

EDMOND, sans l'écouter.

Florestan, je viens te demander un service.

FLORESTAN.

Un service... deux, si tu veux... voilà comme je suis... toujours bon camarade... comme au collége Stanislas !... quand tu me prêtais de l'argent... Assieds-toi donc.

EDMOND.

Merci... merci! je ne reste qu'un instant, car j'étouffe ici...

FLORESTAN, le regardant.

En effet... tu parais mal à ton aise... veux-tu fumer un cigare ?

EDMOND.

Eh! non...

FLORESTAN.

Tu as tort... tout le monde fume... demande plutôt... c'est mauvais ton ; mais c'est bon genre...

EDMOND.

Silence!... je crois entendre... non, rien... Tu sais que je me bats ce matin?...

FLORESTAN.

Ah! oui, à propos... Quelle bêtise !...

EDMOND.

Je ne viens pas te demander ton avis, mais un service... Il

IV. 29

me faut un témoin : tu seras le mien... je compte sur toi !...

FLORESTAN.

Sur moi !... ce vieil ami !... (Il lui donne la main.) C'est impossible.

EDMOND.

Tu me refuses ?...

FLORESTAN.

Mon Dieu ! écoute-moi... je suis d'une assez jolie force à
l'épée... c'est même la seule chose que je sache passable-
ment... (Montrant ses fleurets.) J'en atteste mes fleurets... Il est vrai
que c'est un talent tout à fait stérile avec les femmes de chambre, ce n'est pas le genre... malheureusement, parce que
de l'autre manière (montrant le poing) je ne suis pas fort du tout...
Mais, je vais te dire : monsieur Alfred m'a fait prier d'être son
témoin.

EDMOND.

C'est juste !... je cours chez un autre... qui n'aura point promis à monsieur Alfred.'

FLORESTAN, le retenant.

Attends donc... je le refuserai... ma cousine me l'a ordonné.

EDMOND, revenant.

Élise !...

FLORESTAN.

Oui, hier... on venait de se lever de table, et toi qui avais
disparu avant dîner, les yeux rouges et la figure pâle et défaite,
la baronne te cherchait... elle était fort agitée... elle pleurait,
et je n'ai pas eu le courage de lui parler d'une certaine lettre...
que j'ai égarée... à moins que ton père qui m'avait suivi jusque
chez moi...

EDMOND.

Ah ! une lettre que tu as lue ?

FLORESTAN.

Ah !... par exemple... je l'ai parcourue seulement... Tu n'en
as pas entendu parler ?...

EDMOND.

Non... du tout !...

FLORESTAN.

Tant mieux pour toi !... Enfin ma cousine avait du chagrin, ce qui la rendait plus sensible, je pense... car elle m'a accordé tout de suite la grâce de Virginie... malheureuse victime d'un amour sans résultat ; mais à une condition... c'est que je l'aiderais à empêcher...

EDMOND, sans l'écouter, prêtant l'oreille du côté de la porte.

On vient... j'entends du bruit.

M. DE RAMIÈRE, en dehors.

Il est ici, vous dis-je... il est ici...

EDMOND.

Mon père !... voilà ce que je craignais...

FLORESTAN.

Ton père ! tant mieux !...

M. DE RAMIÈRE, en dehors.

Vous me trompez... j'entrerai...

EDMOND.

Eh ! vite... je me sauve... par ta chambre à coucher...

(Il va pour sortir à droite.)

SCÈNE III.

FLORESTAN, M. DE RAMIÈRE, EDMOND.

M. DE RAMIÈRE, entrant vivement.

J'entrerai... Edmond ! oh ! c'est toi... c'est toi !

EDMOND, qui s'est arrêté à la porte.

Mon père !

M. DE RAMIÈRE, hors de lui et le prenant dans ses bras.

Mon fils !... mon Edmond !... tu voulais m'échapper ?...

EDMOND.

Moi ! non... je t'assure.

FLORESTAN, bas à M. de Ramière.

Si fait !... si fait !...

EDMOND.

J'entrais chez Florestan... je suis à toi.

FLORESTAN, de même.

Prenez garde... il y a une porte de sortie par là...   .

M. DE RAMIÈRE, se jetant entre Edmond et la porte à droite.

Ah ! Edmond !

FLORESTAN.

Permettez, messieurs!... je vais passer un habit plus décent... car je suis à faire peur... (A part.) J'envoie au premier, chez ma cousine... (Haut.) Adieu, Edmond...

(Il sort par la droite.)

SCÈNE IV.

EDMOND, M. DE RAMIÈRE.

EDMOND, voulant le suivre.

Pardon, mon père !

M. DE RAMIÈRE.

Non... tu ne sortiras pas sans moi... Si tu savais, ce matin... quel supplice... lorsqu'en me levant au jour... Oh ! je n'avais pas dormi de toute la nuit ; j'avais écouté... et rien... rien... je te croyais encore là... je cours à ton appartement... personne... J'ai cru que j'en mourrais... cruel ! échapper ainsi à ma surveillance ! oh ! mes pressentiments ne me trompaient pas... Je te revois enfin... tu ne m'échapperas plus... oh non ! non... je ne te quitte pas.

EDMOND.

Mon père ! y penses-tu !... mais mon devoir...

M. DE RAMIÈRE.

Ton devoir est de m'écouter... de m'obéir... tu ne te battras pas !...

EDMOND.

Est-ce toi qui parles ainsi !... toi qui m'as donné des leçons de courage... d'honneur !...

M. DE RAMIÈRE.

D'honneur !... y a-t-il de l'honneur à se battre avec un homme qu'on n'estime pas... pour une coquette que l'on méprise ?

EDMOND.

Élise !... ô mon père !... ne dis pas cela... elle a des torts, sans doute... mais je ne puis croire encore...

M. DE RAMIÈRE.

Comment ?... tu aurais la faiblesse ?...

EDMOND.

Si fait !... si fait... je crois tout... et je cours me venger... Alfred ne m'attendra pas...

M. DE RAMIÈRE.

Que dis-tu ?

EDMOND.

Je le dois pour moi, pour toi-même... oui, dernièrement, chez la baronne, il parlait de toi en termes si légers, que sans elle...

M. DE RAMIÈRE.

Il m'a insulté... Ah !... plût au ciel !... mais toi... il te tuera... il est sûr de lui, je le sais... je les connais, ces braves sans vaillance, ces bretteurs de profession... il te tuera !...

AIR : *J'aime Agnès, etc., etc.*

Tous ces combats pour eux n'ont qu'une chance,
Ce n'est pour eux qu'un métier, un plaisir...
Et provoquant par leur froide insolence
Un pauvre enfant qui ne sait que mourir,
De la famille ils brisent l'avenir !...
Froids magistrats, regardez donc nos femmes,
Pleurant leurs fils, livrés aux spadassins ;
Faiseurs de lois, flétrissez ces infâmes,
Frappez-les donc... ce sont des assassins !...

FLORESTAN, bas à M. de Ramière.

Si fait !... si fait.

EDMOND.

J'entrais chez Florestan... je suis à toi.

FLORESTAN, de même.

Prenez garde... y a une porte de sortie par là...

M. DE RAMIÈRE, se jetant entre Edmond et la porte à droite.

Ah ! Edmond !

FLORESTAN.

Permettez, messieurs !... je vais passer un habit plus décent... car je suis à faire peur... (A part.) J'envoie au premier,
chez ma cousine. (Haut.) Adieu, Edmond...

(Il sort par la droite.)

SCÈNE IV.

EDMOND, M. DE RAMIÈRE.

EDMOND, voulant le suivre.

Pardon, mon père !

M. DE RAMIÈRE.

Non... tu ne sortiras pas sans moi... Si tu savais, ce matin...
quel supplice... lorsqu'en me levant au jour... Oh ! je n'avais
pas dormi de toute la nuit ; j'avais écouté... et rien... rien... je
te croyais encore là... je courus... personne...
J'ai cru que j'en mourrais... surveillance ! oh ! ne...
te revois enfin...
ne te quitte pas.

Mon

EDMOND.

Est-ce toi qui parles ainsi!... toi qui 'as donné des leçons de courage... d'honneur!...

M. DE RAMIÈRE.

D'honneur!... y a-t-il de l'honneur à se battre avec un homme qu'on n'estime pas... pour une coquette que l'on méprise ?

EDMOND.

Élise!... ô mon père!... ne dis pas ca... elle a des torts, sans doute... mais je ne puis croire encore...

M. DE RAMIÈRE.

Comment?... tu aurais la faiblesse?..

EDMOND.

Si fait!... si fait... je crois tout... e je cours me venger... Alfred ne m'attendra pas...

M. DE RAMIÈRE.

Que dis-tu ?

EDMOND.

Je le dois pour moi, pour toi-même... i, dernièrement, chez la baronne, il parlait de toi en termes s légers, que sans elle...

M. DE RAMIÈRE.

Il m'a insulté... Ah!... plût au ciel... mais toi... il te tuera... il est sûr de lui, je le sais, je les connais, ces braves sans vaillance, ces bretteurs e profession... il te tuera!...

tente.

ne chance,

ir...

EDMOND.

Mais, mon père...

M. DE RAMIÈRE.

Oh non ! tu n'iras pas... c'est impossible....

EDMOND.

Songes-y donc... c'est moi qui l'ai provoqué, qui lui ai demandé l'heure, le lieu... et je n'y serai pas !... et partout où il
me trouvera, il pourra me livrer au mépris... et tu veux que
j'entre dans une carrière où l'honneur est la vie !... que je porte
l'épée, moi qui commencerais par être un lâche, un misérable !...

M. DE RAMIÈRE.

Non... non, cela ne se peut pas... Ah ! quel jour affreux ce
moment me rappelle !... lorsque moi-même armé par sa coquette-
querie... car ce malheureux dont je t'ai parlé... qu'elle a
trompé... qu'elle a trahi... c'était moi !...

EDMOND.

Grand Dieu !... toi, toi !... mon père ! et toi aussi, tu ¦t'es
battu !... Ah ! dis-moi, si après avoir provoqué ton rival... il
avait fallu le fuir... vivre infâme !...

M. DE RAMIÈRE.

Oh !... jamais !... jamais !...

EDMOND.

Eh bien ?

M. DE RAMIÈRE, cherchant autour de lui.

Mais rassure-moi donc... dis-moi donc que tu peux lutter
avec lui... revenir à moi... dis-moi donc que tu peux manier
une épée...

EDMOND.

Moi !... j'ai appris...

M. DE RAMIÈRE.

Oui, au collége... comme tout le reste... de brillantes pa-
rades, et voilà tout. (Courant aux fleurets qu'il aperçoit.) Ah ! tiens !...
tiens !... prends ce fleuret... voyons, voyons !...

EDMOND.

Mon père, tu veux?...

M. DE RAMIÈRE.

Va, va, va... ne crains rien... va, mon fils... mon Edmond!...
montre-moi ce que tu sais.

EDMOND.

Pour te rassurer, mon père... et tu me laisseras partir?...

M. DE RAMIÈRE.

Oui, si tu me touches... allons, ton épée. (Ils croisent le fer et
figurent un combat, dont les paroles suivantes expliquent toute la marche.)
Bien!... bien!... courbe-toi... en arrière... c'est cela!... non,
tu trembles, Edmond!... ferme, avance donc... courage, malheureux!... tu te perds... tu recules.

EDMOND.

Non, mon père... non!...

M. DE RAMIÈRE.

Allons... n'aie pas peur... frappe donc!... frappe... (Faisant
ter le fleuret d'Edmond.) Ah! il est perdu!

SCÈNE V.

LES MÊMES, ÉLISE, FLORESTAN.

ÉLISE, à la porte de gauche.

Qu'entends-je?... ces cris!...

FLORESTAN, habillé, à la porte de droite.

Ils se battent...

EDMOND.

Élise!...

M. DE RAMIÈRE, jetant son fleuret et courant à Élise.

Madame... madame!... c'est vous qui êtes cause... venez!...
enez!...

FLORESTAN.

Ah! çà, ils sont fous dans cette famille-là?

M. DE RAMIÈRE, bas à Élise.

Aidez-moi à le sauver... s'il se bat, il est mort!...

ÉLISE, passant à Edmond.

Se battre ! lui, Edmond!...

M. DE RAMIÈRE, changeant de ton.

Eh ! oui, sans doute, il faut... je ne puis m'y opposer.

EDMOND.

Mon père !...

ÉLISE.

Que dites-vous ?

FLORESTAN.

Hein !...

M. DE RAMIÈRE, revenant près d'Edmond.

Seulement, il me permettra bien de le diriger... d'aider son inexpérience... Où sont tes armes ?

EDMOND.

Mes armes !... je n'en ai pas...

M. DE RAMIÈRE.

Il t'en faut... je m'en charge...

ÉLISE.

Quoi ! vous voulez ?...

(M. de Ramière lui saisit la main sans être vu.)

FLORESTAN, à part.

Décidément, ils sont fous !...

M. DE RAMIÈRE, bas à Élise.

Retenez-le... (Haut.) Et ton témoin ?

EDMOND.

Mon témoin !

FLORESTAN, regardant Élise.

J'ai refusé...

M. DE RAMIÈRE, tirant sa montre et retournant à Florestan.

Bien... cela me regarde.

EDMOND.

Quoi ! mon père, te charger...

M. DE RAMIÈRE, bas à Florestan.

Monsieur Alfred... son adresse ?...

FLORESTAN.

Plaît-il ?...

M. DE RAMIÈRE, à Edmond.

C'est pour dix heures !... il en est neuf. (Bas à Florestan.) Son adresse ?

FLORESTAN, bas.

Saint-Lazare, 10.

M. DE RAMIÈRE.

Air *du Siége de Corinthe.*

Sans doute ta cause est la mienne.
(A Élise.)
S'il reste, il est sauvé.
(A Edmond.)
C'est bien !...
Ta force... il faut que j'en convienne...
M'a surpris... je ne crains plus rien...
Reste, mon fils.
(Bas à Élise.)
Ah ! je vous en supplie...
(A Edmond.)
Je suis à toi...

FLORESTAN, à part.

Grand Dieu !... quel embarras !
Quelle avanie !
Si Virginie
En ce moment me tombait sur les bras !...

ENSEMBLE.

FLORESTAN, à part.

Ah ! quelle frayeur est la mienne !
En ce moment par quel moyen
Empêcher qu'elle ne survienne ?
Vite, sortons... guettons-la bien !...

M. DE RAMIÈRE, à part.

Oui, mon fils, ta cause est la mienne...
Je mourrai pour toi.

(A Edmond.)

Je revien...
Ta force, il faut que j'en convienne,
M'a surpris... je ne crains plus rien.

EDMOND, à part.

O ciel! quelle idée est la sienne...
Où va-t-il donc ?...

(A son père.)

Songes-y bien !
Mon père, ma cause est la tienne...
Je suis sûr de moi... ne crains rien !

ÉLISE, à part.

Mais quelle idée est donc la sienne?
Le retenir... par quel moyen ?
Pour qu'en ces lieux je le retienne,
Mon amour, inspire-moi bien !

(Florestan et M. de Ramière sortent par la porte du fond à gauche.)

SCÈNE VI.

EDMOND, ÉLISE.

EDMOND, sans voir Élise.

Quel est son projet ?... m'accompagner, lui!... mon père!...
ah!... je ne l'attendrai pas !...

ÉLISE.

Si fait, Edmond, si fait !... il le faut...

EDMOND.

Est-ce vous, madame, qui devez me retenir ?...

ELISE.

Cette voix, ce regard m'annoncent que je n'en ai plus le
droit... Oh! parlez; depuis hier... ce bruit d'une querelle dans

mon salon... ce combat, ce rendez-vous... j'ai tout appris... sans y croire... Vous battre, vous ! et pourquoi?...

 EDMOND.

Pourquoi !... vous me le demandez ?...

ÉLISE.

Comment ?...

EDMOND.

Pour me venger, madame, d'un insolent qui vous aime... de vous, de vous qui l'aimez.

ÉLISE.

Grand Dieu !... Alfred !... lui que je déteste encore plus que je ne vous aime.

EDMOND, tirant la lettre de sa poche.

Vous le détestez !... mais cette lettre... cette lettre... tenez, tenez... la connaissez-vous ?...

ÉLISE, la prenant.

Cette lettre...

EDMOND.

Qui l'a donc écrite?... A qui était-elle adressée?

ÉLISE.

A moi... oui, à moi... mais je ne l'ai pas reçue... je ne la connais pas...   (Elle l'ouvre.)

EDMOND.

Eh ! qu'importe !... elle est pour vous !... c'est le langage d'un amant à qui je devais être sacrifié.

ÉLISE, lisant.

Vous !

EDMOND.

Oh ! vous l'aviez promis... voyez... voyez donc, on me chasse, ce qu'on refusait à mon père... on le lui accordait à lui... et à ce prix... il promettait à son tour d'être discret... discret !... et sur quoi donc, madame?

ELISE, lisant.

Ah ! l'infâme !

EDMOND.

Infâme !... mais non... S'il a des droits... il peut les réclamer... et ce n'est pas à vous que la plainte est permise...
c'est à moi... à moi... mais aussi la vengeance...

AIR d'Yelva.

Cet écolier en butte à tant d'outrage,
Ne vivra plus pour des nœuds détestés ;
A son orgueil mesurant mon courage,
Je vais mourir pour vous.

ÉLISE, le retenant.

Grand Dieu !... restez !
De vos serments c'est moi qui vous délivre,
Et désormais je n'y puis consentir...
Car pour moi, qui ne peut plus vivre,
Pour moi, monsieur, perd le droit de mourir.

EDMOND.

Si fait !... mais pour me venger, quoi qu'il arrive !... dans
une heure vous apprendrez ou sa mort... ou la mienne...
(Il va pour sortir.)

ÉLISE , poussant un cri et allant tomber à ses pieds.

Ah ! Edmond.

EDMOND, toujours près de la porte.

Laissez-moi...

ÉLISE.

Pas de sang ! Ah ! j'en mourrais.

EDMOND, avec effort.

Laissez-moi... vous me trompiez.

ÉLISE, se levant et l'entraînant sur le devant de la scène.

Non, non !... Que faut-il faire ?... que faut-il dire ?... que je
vous ai toujours aimé... que je vous aime ?

EDMOND.

Et cette lettre...

ELISE, vivement avec explosion.

Eh bien !... cette lettre... Pouvais-je l'empêcher de m'écrire ?...
il m'aime !... il est jaloux !... je le sais... qu'y faire ?...

EDMOND.

Non... mais ce langage ?...

ELISE, avec exaltation.

Ce langage !... (Edmond fait un mouvement.) Oh ! restez !... je suis
tranquille... Je ne crains rien... (A part.) Je me meurs. (Lisant.)
« Ma chère Élise !... » — Le fat ! — « Voici mon bouquet ! »
— Son bouquet ! Eh ! que m'importe ?... m'en suis-je parée ?...
— « Il vous rappellera la promesse... » — Mensonge !... je n'ai
rien promis.

EDMOND, lui montrant du doigt.

« Mais si vous voulez éviter un éclat qui vous perdrait... »
Qui donc... et pourquoi ?...

ELISE.

Un éclat... que sais-je ?... ne lui suffit-il pas de le vouloir...
de faire naître un soupçon ?... puisque sur une simple lettre...
un billet que je n'ai même pas reçu... vous m'accusez, vous,
ingrat !... oh ! vous ne saurez jamais tout ce que j'ai souffert
pour vous !... tout ce qu'un cœur de femme peut expier dans
un pareil supplice !... si tant d'amour ne l'a pas épuré... s'il
n'est pas digne de vous... il faut donc mourir !...

EDMOND, lui arrachant la lettre.

C'en est trop... Vous m'avez dit que j'étais aimé... si j'en
doutais... je serais un lâche de revenir à vous... oui, un lâche...
et cet enfant qu'Alfred méprise... cet enfant serait un homme,
qui aurait le courage de vous oublier en courant le punir !...
Mais parlez... je ne veux rien croire que de vous : vous n'êtes
pas coupable ?... je n'ai pas été trahi... joué ?... répondez !...

ÉLISE, étouffant des sanglots.

Oh ! jamais !...

EDMOND.

En ce moment encore, vous ne me trompez pas ?... répondez

IV.   50

donc! vous n'avez pas donné à Alfred le droit d'écrire cette insolente lettre?

ÉLISE, de même.

Non... non!...

EDMOND, déchirant la lettre.

N'en parlons plus!... je vous crois!... j'ai besoin de vous
croire.

ÉLISE, à part.

Pardon, mon Dieu!... pardon... je le sauve!

EDMOND.

Et maintenant, je puis rejoindre l'infâme!...

ÉLISE.

Edmond!... ah! restez encore!... je l'ai puni, moi... oui...
hier soir, je lui ai écrit aussi... mais pour lui défendre de reparaître devant moi... pour lui dire que je le méprise... que je
brave son dépit, sa colère...

EDMOND.

Quoi!... je ne le verrai plus chez vous... à vos côtés? tout
est fini pour lui... moi seul... moi... ah! je puis le rejoindre à
présent... je suis sûr de moi!...

AIR d'Yelva.

De ces dangers, ne crains rien, mon Élise...
Je suis aimé, je suis heureux... j'y cours...
Lorsqu'au malheur mon âme était soumise,
Je serais mort sans défendre mes jours!...
Mais de bonheur et d'espoir je m'enivre,
Vainqueur, ici, je dois te revenir...
    Désormais pour toi je puis vivre,
    Et maintenant je ne veux plus mourir!

Adieu!...

(Il va prendre son chapeau sur la causeuse.)

ÉLISE.

Malheureux!... et votre père?...

SCÈNE VII.

LES MÊMES, FLORESTAN, qui est entré sans être vu pendant les
derniers mots.

FLORESTAN, bas à Élise à droite.

Monsieur Alfred !

ÉLISE.

Ah !...

EDMOND.

Quoi?

ÉLISE.

Rien... rien !...

FLORESTAN, bas.

Il est chez vous... il me demande.

ELISE, à part.

Pourvu qu'il ne sache pas...

EDMOND, remontant la scène.

Qu'est-ce donc?

ÉLISE, vivement.

Vous sortez ?

EDMOND.

Du courage, Élise... adieu, du courage !

ÉLISE.

Eh bien !... puisqu'il le faut... j'en aurai... Mais un mot à
otre père...

EDMOND.

A mon père ?   (Il saisit un signe d'Élise à Florestan.)

FLORESTAN, qui a compris.

Ah! oui... une lettre... tiens, là... là... dans ma chambre...
u fond... à mon bureau...

ÉLISE.

Un mot !... Edmond... si vous m'aimez... écrivez-lui !...

EDMOND, à part, étonné, allant à la porte de droite.

Ah !... cette résignation soudaine...

FLORESTAN.

Entre... écris vite...

ÉLISE.

Tout à l'heure je vous reverrai ?

EDMOND, les regardant.

Tout à l'heure.

(Il rentre dans la chambre de Florestan; celui-ci ferme vite la porte.)

ÉLISE, apercevant Alfred.

Ciel !

FLORESTAN, à part.

Il était temps !...

SCÈNE VIII.

ALFRED, ÉLISE, FLORESTAN.

(Alfred s'arrête dans le fond. Élise, sans avoir l'air de l'avoir aperçu, se tourne en souriant vers Florestan.)

ÉLISE.

Oui, mon cousin, oui... voilà ce que j'avais à vous apprendre... c'est pour cela que vous me voyez ici... Cette femme de chambre... Virginie, s'est vantée, en sortant de chez moi, d'avoir sur vous un empire absolu.

FLORESTAN, étonné.

Plaît-il ? (A part.) Est-ce qu'elle ne voit pas l'autre ?

ÉLISE, riant.

Elle s'en est vantée... elle espère vous gouverner... faire de vous... que sais-je ?... son mari peut-être...

FLORESTAN.

Son mari... Par exemple !...

ÉLISE.

Prenez garde... cela s'est vu...

FLORESTAN.

Permettez donc... c'est que vous me faites une peur !...

ÉLISE.

Maintenant que vous êtes prévenu... je vais... (Feignant d'apercevoir Alfred.) Monsieur...

ALFRED.

Pardon, madame...

FLORESTAN, à part.

Je ne veux plus qu'elle vienne...

ALFRED.

Monsieur Florestan, puis-je compter sur vous ce matin?...

FLORESTAN.

Merci ! vous êtes trop bon... impossible d'accepter. (A part. Son mari... c'est qu'elle en serait capable...

ALFRED, retenant Élise prête à sortir.

Madame... madame. (A Florestan.) Vous avez tort, monsieur Florestan... c'est une partie de plaisir.

FLORESTAN.

Je vous baise bien les mains ! je vais déjeuner... et après... (A part.) Rue Chapon. (Il sort par le fond à gauche.)

ÉLISE, à Alfred.

Sortons, monsieur... sortons.

SCÈNE IX.

ALFRED, ÉLISE.

ALFRED.

Ne vous dérangez pas, je vous en supplie ; descendre chez vous, cela est impossible... je ne dois plus y reparaître... je n'y reparaîtrai plus !...

ÉLISE. (Elle est occupée de la porte à droite pendant toute la scène.)

En effet !...

ALFRED.

J'ai reçu votre lettre... c'est très-bien ! un congé en forme...
mais si poli... si aimable ! comment donc ! une prière...

ÉLISE.

Ah ! parlez plus bas...

ALFRED.

Eh ! qu'importe !... vous paraissez me craindre... c'est
me faire injure... vous croyez donc à cette réputation de *méchant* que l'on m'a faite ?... vous avez tort... Oh ! j'en conviens,
devant un rival, un amant, veux-je dire... je ne reculerais pas
ainsi... je me vengerais... et de lui et de vous... mais devant
un mari...

ÉLISE.

Monsieur !...

ALFRED.

Il est un peu jeune... Mais du moment que vous consentez à
l'épouser, je vous rends grâce de m'en avoir prévenu... Il ne
me reste qu'à faire des vœux pour votre bonheur et pour le
sien. (Il va pour sortir.)

ÉLISE, le suivant jusqu'à la porte.

Je vous remercie, monsieur... Ah ! ma vie entière ! (Redescen-
dant la scène avec joie.) Ah ! enfin...

ALFRED, revenant.

J'oubliais... vous me redemandez vos lettres ?

ÉLISE, avec effroi.

Ah !... parlez plus bas !...

ALFRED, à part.

Plus bas !.. plus bas !... (Haut.) Vos lettres... je ne vous les
rendrai pas... non... mais je vous laisse les miennes.

ÉLISE.

Ah ! je vous le demande sur l'honneur... rendez-les-moi...

ALFRED.

Elles sont là... et si je reçois le coup mortel...

ÉLISE.

Que dites-vous ?... Mais ce combat... il n'aura pas lieu... vous renoncez...

ALFRED.

C'est impossible... vous le savez bien...

ÉLISE.

Ah ! je vous en prie... je vous en prie à genoux...

(Elle s'incline ; M. de Ramière paraît, elle remonte précipitamment vers la droite.)

SCÈNE X.

ALFRED, M. DE RAMIÈRE, ÉLISE, puis ALEXIS.

M. DE RAMIÈRE, dans le fond.

On m'a dit vrai : c'est lui !...

ÉLISE.

Ah !...

ALFRED.

Monsieur de Ramière !...

M. DE RAMIÈRE.

Madame !... (Bas.) Mon fils !

ÉLISE, bas, montrant la droite à M. de Ramière.

Là !... là...

M. DE RAMIÈRE, à Alfred, baissant la voix.

Je viens de chez vous, monsieur...

ALFRED.

De chez moi ?

M. DE RAMIÈRE.

Oui, j'allais vous demander raison des propos que vous avez tenus sur moi...

ALFRED.

Sur vous !...   (Élise les observe de loin.)

M. DE RAMIÈRE.

Parlez plus bas...

ALFRED, à part.

Ah ! çà... lui aussi... que diable ont-ils donc ?

M. DE RAMIÈRE, à part.

Des propos chez madame... devant mon fils... propos très-légers... que je devrais mépriser comme vous !...

ALFRED.

Monsieur !...

M. DE RAMIÈRE.

Mais il ne me plait pas... et vous m'en rendrez raison, ou vous n'êtes qu'un lâche. (Élise s'approche peu à peu.)

ALFRED.

Encore !... nous nous verrons, puisque cela peut vous être agréable, mais plus tard...

M. DE RAMIÈRE.

Tout de suite...

ALFRED.

Permettez... une affaire...

M. DE RAMIÈRE.

Le premier insulté... j'aurai vengeance le premier...

ALFRED.

C'est que dans une demi-heure...

M. DE RAMIÈRE.

Dans une demi-heure, vous vivrez... vous ou moi... Partons.

ENSEMBLE.

AIR : *C'en est fait.*

M. DE RAMIÈRE.

Le premier, c'est à moi
De venger mon outrage,
Il le faut, je le doi...
De l'honneur, c'est la loi !

ALFRED.

Vous voulez, je le voi,
Essayer mon courage ;

Venez donc, suivez-moi...
De l'honneur, c'est la loi !...

ÉLISE.

Qu'est-ce donc, quel effroi !...
Est-ce encor mon ouvrage !
L'un des deux, je le voi,
Va mourir... et pour moi !

ALEXIS, entrant et avec hésitation.

Il y a là une personne qui demande monsieur Alfred de
Auzzi !...

ALFRED.

Moi?...

ALEXIS.

On est très-pressé.   (Il sort.)

ALFRED.

Ah !... mes armes, sans doute... j'avais indiqué ici... Je suis
à vous, monsieur, je vous attends... (Saluant Élise.) Mille grâces,
madame !...

M. DE RAMIÈRE.

Je vous suis...   (Alfred sort.)

SCÈNE XI.

M. DE RAMIÈRE, ÉLISE, puis ALEXIS.

ÉLISE, courant à lui.

Vous le suivez !... vous !...

M. DE RAMIÈRE.

Silence !... Edmond ne se battra pas... c'est moi...

ÉLISE.

Grand Dieu ! que voulez-vous faire ?

M. DE RAMIÈRE.

Le sauver !...

ÉLISE.

Mais vous !... vous !... ah !... ni lui, ni vous... Il est là... il
ous écrit... il n'a rien entendu... oh ! non, rien !... (A part.) Vous

ne partirez pas... je vous retiendrai... et lui-mêm

M. DE RAMIÈRE.

Vous le perdez !... Sauvez le fils, madame... c'
du père.

ELISE.

O ciel !

M. DE RAMIÈRE.

Je pars.

ÉLISE, s'élançant par la porte à droite.

Edmond !...

M. DE RAMIÈRE, allant pour sortir.

Et partir !... sans l'embrasser... Je ne le verrai

ÉLISE, poussant un cri sans reparaître.

Ah !... (Elle rentre, pâle, défaite, échevelée.) Sorti ! sort
(Elle arrache un cordon de sonnette placé au-dessus du

M. DE RAMIÈRE.

Que dites-vous ?... mon fils !...
(Il court à la chambre à droite.)

ÉLISE.

Il n'y est plus !...   (Alexi

M. DE RAMIÈRE, revenant.

Mon fils !... courons...

ÉLISE, à Alexis.

Edmond !... monsieur Edmond ?...

ALEXIS.

C'est lui qui, sortant par la chambre à coucher,
monsieur Alfred... Il l'a entraîné avec une violen
vait défendu...

M. DE RAMIÈRE.

Mais où donc... où donc ?...   -

ALEXIS.

Je l'ignore ; ils sont partis précipitamment.
malgré lui monsieur Florestan...

M. DE RAMIÈRE.

Ils se battent!...

ÉLISE.

Pour moi... pour moi... ah!...

M. DE RAMIÈRE.

Pour vous... oui... comme autrefois son père... mais moins heureux... comme monsieur d'Offely!... (A Alexis.) Mais par où donc le rejoindre?... de quel côté?

ALEXIS.

Je n'en sais rien. (Il sort.)

M. DE RAMIÈRE.

Je ne me soutiens plus... je me meurs.

(Il tombe sur le divan.)

ÉLISE.

J'avais cru... j'espérais... il m'a trompée... Mais il reviendra... oh! oui... dites-moi qu'il reviendra!...

M. DE RAMIÈRE, d'une voix étouffée.

Oh! que vous importe!... à vous qui lui avez fait prendre en haine et le monde et son père... à vous qui l'avez rendu trop malheureux pour qu'il tienne à la vie!...

ÉLISE.

Que dites-vous?...

M. DE RAMIÈRE.

A vous, qui l'avez trahi, comme moi!...

ÉLISE.

Eh bien! non, non!... vous ne savez donc pas... cette faute... ce crime... dont il m'accusait... je me suis justifiée... ici... ici même... tout à l'heure... et cette lettre... il n'y croit plus...

M. DE RAMIÈRE.

Grand Dieu!...

ÉLISE.

Il m'aime, vous dis-je!... il m'aime plus que jamais : il reviendra!...

M. DE RAMIERE.

Et voilà votre empire sur un malheureux dont le cœur est
livré à vos charmes... à vos caprices !... Ah ! je n'en suis pas
surpris... je connais cette puissance qui le domine !... mais
alors, il fallait donc le retenir... le forcer à m'attendre... à
rester !... il vivrait ! (Regardant autour de lui avec désespoir.) Et ne savoir !...   (Mouvement d'Élise.)

AIR : *Un jeune Grec.*

Regardez-moi !... jouissez de mes pleurs !...
De votre ouvrage êtes-vous satisfaite ?...
Comme mon fils, je vous dus mes malheurs ;
Comme son père, épris d'une coquette,
En cet instant peut-être... ah ! j'en frémis !...
  Mais le ciel juste en sa colère,
Sur votre front où nos maux sont écrits,
Fera tomber, avec le sang du fils,
  La malédiction du père !...

ÉLISE, tombant à genoux.

Ah !... grâce... grâce ! il vivra !... pour des projets de bonheur que je n'ai pas détruits... il fallait le retenir !

M. DE RAMIÈRE.

Eh ! que m'importe ! qu'il vous aime... qu'il vous épouse ?...

ÉLISE.

Qu'entends-je ?...

M. DE RAMIÈRE.

Mais qu'il vive !... qu'il me soit rendu !...

ÉLISE.

Écoutez !... c'est lui !... on vient...

M. DE RAMIÈRE.

Mon fils !... (Florestan ouvre la porte et paraît seul.) Non ! non !

ÉLISE.

Edmond !... où est-il ?...

M. DE RAMIÈRE, allant tomber dans un fauteuil à droite.

Il est mort!...

(Edmond paraît.)

ELISE, poussant un cri.

Ah!...

SCÈNE XII.

LES MÊMES, EDMOND, FLORESTAN.

EDMOND, courant se jeter au cou de son père, qui est comme anéanti.

Mon père!...

FLORESTAN.

Nous voilà!...

EDMOND.

Mon père!... reviens à toi... mon père!

M. DE RAMIÈRE, le parcourant des yeux.

Oh! parle!... parle!... c'est bien toi... tu n'es pas blessé?...
Ah! mon Edmond!...   (Il le serre dans ses bras.)

FLORESTAN.

Embrassez-le, allez... il l'a bien mérité... Dieu! quel ob-
tiné!... une épée se brise... vite, des pistolets!... c'était un
lion... Et moi, qui voulais revenir... ce n'est pas qu'on soit poltron... mais j'avais une peur!... et quand j'ai vu ce pauvre
monsieur Alfred...

ÉLISE, avec un cri étouffé.

Ciel!...

EDMOND, s'arrachant des bras de son père, à Florestan.

Silence!...   (Il s'approche d'Élise.)

FLORESTAN, à M. de Ramière.

Quand il est tombé, et qu'Edmond s'est précipité sur lui...
(M. de Ramière lui impose silence, et observe avec inquiétude Élise et Edmond.)

ÉLISE, tendant la main à Edmond.

Edmond!...

IV.   31

EDMOND, la prenant avec violence, et à demi-voix.

Madame, rassurez-vous... il vivra, je l'espère... Mais je lui ai arraché le prix du combat... les preuves qui pouvaient vous perdre... ce passé que vous croyiez étouffé à jamais... le voici.

(Il lui montre un paquet de lettres.)

ÉLISE.

Ces lettres !...   (M. de Ramière passe entre Edmond et Florestan.)

EDMOND, très-ému, et montrant la porte à droite.

J'étais là, madame !... Lui, amant heureux !... il s'éloignait pour un mari... et moi !... moi... (Avec courage, en mettant les lettres dans la main d'Élise.) Tenez, elles sont bien de vous, celles-là !... (Se jetant dans les bras de M. de Ramière.) Partons !... mon père !... partons !

M. de Ramière entraîne Edmond, qui jette un dernier regard sur Élise. Elle se cache la tête dans ses mains, et tombe sur la causeuse à gauche. On entend un grand coup de sonnette.

FLORESTAN, qui est assis, se levant avec effroi.

Ah !... on sonne... c'est Virginie !...

(La toile tombe.)

FIN D'UN PREMIER AMOUR.

LA LECTRICE,

OU

UNE FOLIE DE JEUNE HOMME,

COMÉDIE-VAUDEVILLE EN DEUX ACTES,

Représentée pour la première fois sur le théâtre du
Gymnase Dramatique, le 16 septembre 1834.

Personnages :

～⟨∽⟩～

LE CAPITAINE SIR COBRIDGE, vieillard aveugle [1].

TONY, domestique de lady Gérald [5].

CLACTOWN, son neveu [2].

LADY GÉRALD, tante d'Arthur [6].

SIR ARTHUR, jeune officier [3].

CAROLINE [7].

EDGAR, son ami [4].

JEUNES GENS, amis d'Arthur.

La scène est en Écosse : au premier acte, chez lady Gérald ; au second acte, chez sir Cobridge.

ACTEURS :

[1] M. FERVILLE. — [2] M. SYLVESTRE. — [3] M. PAUL. — [4] M. RHOZEVIL. [5] M. BORDIER. — [6] Madame JULIENNE. — [7] Madame ALLAN-DESPRÉAUX.

LA LECTRICE

ou

UNE FOLIE DE JEUNE HOMME

ACTE PREMIER

Un salon de la maison de lady Gérald. — Porte au fond et portes latérales. — Une vue d'Écosse dans le fond, qui reste ouvert. — Sur le devant du théâtre à gauche une table et tout ce qui est nécessaire pour écrire.

SCÈNE PREMIÈRE.

ARTHUR, EDGAR, PLUSIEURS JEUNES GENS, sortant de table.
(Ils entrent en scène par la porte latérale à gauche de l'acteur.)

EDGAR.

Bravo, mon cher Arthur, le déjeuner était excellent.

ARTHUR.

C'est vrai ; et le Porto de ma tante est délicieux... Nous voilà bien lestés pour la chasse... par saint Dunstan ! elle sera bonne, je vous le jure.

EDGAR.

Comme hier, mon pauvre Arthur.

(Ils se mettent à rire.)

ARTHUR.

Oh ! hier, c'était différent !... je connaissais à peine ce diable de pays... arrivé ces jours-ci chez milady Gérald, une tante qui me tourmentait depuis longtemps pour que je vinsse jouir d'un congé dans les montagnes de l'Écosse, il faut d'abord que j'étudie le terrain ; et c'est ce que j'aurais dû faire avant de

31.

vous prier, vous, jeunes et riches habitants de la ville voisine,
de venir chasser avec moi... Mais qu'importe ?... je ne regrette
pas de vous avoir invités trop tôt... nous avons battu le pays
ensemble ; et si nous n'avons rien tué, nous avons eu du moins
le temps et le plaisir de nous connaître... car maintenant, entre
nous, c'est à la vie et à la mort, n'est-ce pas ?

(Il leur tend la main.)

EDGAR.

Assurément.

ARTHUR.

Oh ! vous riez ; ma franchise et ma gaieté vous étonnent !
habitués que vous êtes à l'air sombre et réfléchi des officiers
anglais... vous ne comprenez pas que moi, lieutenant au service du roi d'Angleterre, je déroge aux habitudes de mes camarades... c'est que, voyez-vous, je ne suis Anglais que par le
grade et l'uniforme.

AIR : Amis, voici la riante semaine.

Mon père était un soldat de l'Écosse,
Qui prit pour femme une Française ; et moi
Je vis le jour neuf mois après la noce,
En pleine mer, sur un vaisseau du roi.
Ainsi je vais, joyeux cosmopolite,
Sans trop savoir à quels lieux j'appartien...
J'ai mes amis où le plaisir m'invite,
Et ma patrie où je me trouve bien.

EDGAR.

Ce sera dans nos montagnes, sir Arthur.

ARTHUR.

Bien volontiers... et d'abord, héritier présomptif de ma tante,
qui me fera attendre sa succession et ses titres longtemps
encore, si Dieu m'écoute... je suis tout naturellement du pays
de mes espérances et de mes propriétés... et vous me verrez
souvent. J'aime ce château, ces superbes domaines... depuis
que j'y suis arrivé, je n'ai pas eu un moment d'ennui... Si fait,
pourtant... ce matin, en me réveillant.

EDGAR.

Pas possible! vous qui riez toujours.

TOUS.

Qu'est-cc donc ?

ARTHUR.

Ah! voilà... des réflexions philosophiques sur le personnel
château... La race humaine y est dignement représentée, je
dis pas... d'un côté... du nôtre... nous sommes fort bien,
général; mais de l'autre côté...

TOUS, riant.

Ah ! ah ! ah ! ah !

EDGAR.

Voilà les réflexions philosophiques.

ARTHUR.

Que voulez-vous ?... j'aime à voir la nature en beau, moi...
tante n'est pas mal... pour une tante... certainement, je la
respecte trop pour dire le contraire. D'ailleurs, la vieillesse,
st sacré!... (Avec colère.) Mais toutes ces vieilles figures qui
ont autour d'elle... c'est indigne !... c'est affreux !... Cin-
ante ans au moins !... pas un seul petit minois chiffonné !
in ! quelle population! Mais laissons cela; que d'autres plai-
s nous consolent... et partons pour la chasse.

TOUS.

Partons pour la chasse.

ARTHUR.

Je regrette de ne pas avoir avec nous notre voisin... le jeune
Actown, le plus intrépide chasseur du pays.

EDGAR.

Qui?... ce petit fashionable de village que nous avions in-
é ?... Au fait, il parait connaître vos propriétés mieux que
us-même.

ARTHUR.

Je crois bien... ma tante lui abandonne ses terres à dépeu-

pler.... et, comme vous avez pu en juger, il ne s'en acquitt
pas mal... c'est un gai compagnon... du reste, je vais lui fair
dire de nous rejoindre au bois de Saint-André. (Voyant Tony qu
entre par la porte latérale à droite.) Voici ce qu'il me faut pour ça.

SCÈNE II.

TONY, ARTHUR, EDGAR, JEUNES GENS.

TONY, à la cantonade.

Bien, milady... dans une petite heure!... (Arthur le prend au colle
Ah! mon Dieu!

ARTHUR.

Écoute un peu, Tony.

TONY.

Votre seigneurie est d'une gaieté... j'ai cru qu'elle m'étran
glait.

ARTHUR.

Tu connais sir Clactown, qui demeure à deux milles d'ici?

TONY.

Le neveu de l'aveugle?

ARTHUR.

Bah! son oncle est aveugle?

TONY.

Oui, milord... un ancien capitaine de vaisseau qui a per
la vue après la bataille de Navarin, où il fut laissé pour mort
Il habitait l'Angleterre; mais il est venu dans ce pays près
son neveu, il y a bientôt un an.

EDGAR.

Ah! le capitaine Cobridge, qui fait, dit-on, beaucoup de bi
dans le canton.

TONY.

Lui-même!... mais un véritable ours... toujours triste, to
jours farouche... Il est enfermé chez lui, comme dans un cl

au fort où personne n'est admis... et madame, qui l'a invité lusieurs fois, n'a jamais pu le décider à venir chez elle.

ARTHUR.

Je comprendrais ça s'il voyait clair... mais j'irai lui faire isite, moi... j'aime les vieux marins, les vieux soldats... Il n'a as une fille... une nièce auprès de lui ?

TONY.

Il n'a que son neveu, qui ne le quitte jamais... le capitaine ige qu'il soit toujours là, pour lui faire la lecture, ou pour couter le récit de ses voyages sur mer.

ARTHUR.

Eh bien ! il lui donnera congé pour aujourd'hui... Tu vas ionter à cheval.

TONY.

Moi, milord ?

ARTHUR.

Tais-toi... Tu vas te rendre à la résidence du capitaine...

TONY.

Mais...

ARTHUR.

Te tairas-tu !... Pour dire à son neveu...

TONY.

Mais c'est impossible.

ARTHUR.

Hein ?

TONY.

Sans doute... puisque madame m'envoie à la ville voisine.

ARTHUR.

Paresseux... ce n'est pas vrai.

TONY, lui montrant deux lettres.

Tenez, voyez plutôt... je vais porter ces deux lettres... l'une l'homme d'affaires, pour ce grand procès qui va peut-être ous faire partir tous pour Édimbourg ; et l'autre...

ARTHUR, la prenant.

C'est juste... (Lisant l'adresse.) Miss Caroline Volsey... Caroline.
à la bonne heure... voilà un joli nom pour une jeune fille..
(Regardant Tony et avec anxiété), car... elle est... jeune... hein ! au
dessous de quarante ans ?

TONY.

Dame ! j'ai entendu dire à lady Gérald, votre tante, que c'éta
une jeune fille bien jolie.

ARTHUR.

Bah !... et elle habite ce pays-ci !... et ma tante la connaît
et nous ne la voyons pas ?

TONY.

Arrivée de France depuis peu, elle a écrit à milady, et mi
lady lui mande de venir.

ARTHUR.

De venir... ici ?... Et vite, mon garçon, pars... crève ton che
val, s'il le faut.

TONY.

Mais, monsieur...

ARTHUR, le poussant dehors.

Va donc, dépêche-toi... Dis-lui qu'on l'attend... ramène-la
ou je te fais chasser par ta maîtresse... (Tony sort par le fond.) Jeur
et jolie !... Parbleu, je serai enchanté de la voir... ne fût-c
que pour la rareté du fait.

SCÈNE III.

EDGAR, ARTHUR, les Jeunes Gens.

EDGAR.

Eh ! mais, sir Arthur, voilà un petit incident qui va égay
vos réflexions philosophiques.

ARTHUR.

Oh ! ce n'est rien... Partons-nous, messieurs ?... nos fusils
(A part.) Caroline !...

EDGAR.

Ce nom-là vous tient au cœur.

ARTHUR.

Oui, c'est vrai, je l'avoue... Il y a quelques noms comme ça.

AIR *de Turenne.*

Anna, Jenny, Camille, Caroline,
Tous ces noms-là sont pour moi des plaisirs.
C'est singulier...

EDGAR.

Mais non ; car j'imagine,
Ce sont pour vous autant de souvenirs.

ARTHUR.

Eh ! oui, vraiment, j'aime les souvenirs.
Quand chaque nom qui frappe ma mémoire.
Me rappelle, dans mes amours,
Quelque bataille...

EDGAR.

Et ce n'est pas toujours
Le souvenir d'une victoire.

ARTHUR.

Vous croyez ?... En effet, quelquefois... et tenez... il y a un
e ces noms... je ne vous dirai pas lequel... qui m'a rappelé
ne défaite.

EDGAR.

Une jeune fille.

ARTHUR.

Non, celle-là était mariée... c'était en Angleterre... il y a un
n... dans une ville de garnison où je m'ennuyais fort, comme
e matin... lorsque je rencontrai chez un riche négociant une
une femme dont l'air languissant m'inspira d'abord un inté-
êt... (**Edgar se détourne en souriant.**) Non, vrai, un intérêt véritable...
e grands yeux bleus... une figure ravissante... J'appris qu'elle
vait pour mari l'homme le plus jaloux des Trois-Royaumes...
ela ne m'empêcha pas de la revoir... au contraire ; et même

plusieurs fois... je lui parlai avec un air de compassion qui parut la toucher... enfin je lui dis que je l'aimais...

EDGAR.

Allons donc... vous êtes bien lent à en venir là... Elle vous répondit...

ARTHUR.

Rien... mais ces grands yeux, pleins de larmes, me donnaient du courage... J'insistai... je demandai un rendez-vous... elle me le refusa, ce qui ne fit qu'irriter mon amour !... D'ailleurs, un refus, ça ne prouve rien... aussi, la veille de notre départ, je me décidai à brusquer les adieux... Son mari était absent... (Lady Gérald entre par la porte latérale à droite, et descend lentement la scène.) Je me glissai lentement dans le jardin de la maison... et à l'aide d'une échelle de jardinier...

SCÈNE IV.

LES MÊMES, LADY GÉRALD.

LADY GÉRALD, sans être aperçue.

Tu entras par la fenêtre.

ARTHUR.

Ah ! ma tante !

EDGAR.

Madame!

LADY GÉRALD.

N'est-ce pas ainsi que cela commence toujours ?

ARTHUR.

Et que cela finit souvent... mais il faut que la fenêtre s'ouvre d'abord.

LADY GÉRALD.

Elle ne s'ouvrit pas ?

ARTHUR.

Et pourtant je frappai si tendrement !... Ce bruit léger qui veut dire : *c'est moi...* Vous savez, ma tante ?

LADY GERALD.

Mais pas du tout... je ne sais pas.

ARTHUR.

Ah ! pardon... Il faisait petit jour ; l'heure du départ approchait... et je fus obligé de descendre de l'échelle avec une onglée de dix-sept degrés.

EDGAR.

Ah ! ah ! pauvre garçon !

LADY GÉRALD.

Et tu ne craignais pas d'outrager une femme honorable, peut-être !

EDGAR, à Arthur.

Ah ! le sermon.

LADY GÉRALD.

Car vous voilà, messieurs... audacieux, impertinents... vous ne pensez pas seulement qu'à la fin de ces tentatives, il y a trop souvent, pour celles qui en sont l'objet, des larmes, du désespoir !

ARTHUR.

Cela finit plus gaiement, ma tante.

LADY GERALD.

Une existence entière compromise.

ARTHUR.

Jamais... par moi, du moins !... je n'ai pas sur la conscience une seule faute... une seule !

LADY GÉRALD.

L'honneur d'une femme...

ARTHUR.

C'est égal... je réponds de moi.

SCÈNE V.

HUR, CLACTOWN, LA ? GÉRALD.

CLACTOWN, en habit de asse.

angez pas... il n'y a pas e danger.

LADY GÉRALD.

ctown.

ARTHUR.

voisin.

LADY GÉRALD.

voiture...

CLACTOWN.

vous dis-je, c'est mon ncle...

LADY GÉRALD.

obridge !

CLACTOWN.

ident, dont je suis un pe la cause.

ARTHUR.

cela ?

LADY GÉRALD.

ord des secours.

CLACTOWN.

.. il n'y a pas de mal... figuez-vous... c'est une his-
n oncle, le capitaine, tient toujours à ce que je sois
de lui, pour lui faire la lectre, et pour écouter ses
qui m'amuse à me démonter la mâchoire... il
kespeare, et Milton, u autre aveugle comme
société !... c'est genil !... pour moi surtout,
bes... Et puis il ne eut recevoir personne ;
e fâche toujours. enfin, c'est le vieillard

Air du *Piége*.

Jamais remords n'est entré dans mon cœur ;
Toujours discret, toujours tendre et fidèle,
De la beauté je ferais le malheur !
Moi, qui· voudrais donner mes jours pour elle !
Non... bien souvent les femmes m'ont béni,
Et si du moins... ô moments pleins de charmes !
Elles pleuraient... c'est que parfois aussi
    Le bonheur fait couler des larmes.

LADY GÉRALD.

Fou que **tu es** !

ARTHUR.

D'ailleurs, je suis prudent.

LADY GÉRALD.

Tu veux dire : honnête.

ARTHUR.

Parbleu ! et vous auriez ici une belle personne que j'aimerais... que j'adorerais... Eh bien ! vous auriez beau veiller épier... vous ne vous en douteriez même pas.

LADY GÉRALD.

Comment !... mais il me fait peur.

EDGAR.

O ciel ! des cris.... (Il regarde par la fenêtre du fond.) Une voiture qui va verser !...

        (Il sort ; les jeunes gens sortent avec lui.)

ARTHUR.

Ah ! mon Dieu !... c'est peut-être Caroline.

LADY GERALD.

Caroline !... comment sais-tu ?

ARTHUR.

Oui, ma tante, oui... une jeune fille que vous attendez...
(Mouvement de lady Gérald.) Courons au secours...

      (Ils vont pour sortir. Clactown paraît et les arrête.)

SCÈNE V.

ARTHUR, CLACTOWN, LADY GÉRALD.

CLACTOWN, en habit de chasse.

Ne vous dérangez pas... il n'y a pas de danger.

LADY GÉRALD.

Monsieur Clactown.

ARTHUR.

Notre jeune voisin.

LADY GÉRALD.

Mais cette voiture...

CLACTOWN.

Ce n'est rien, vous dis-je, c'est mon oncle...

LADY GÉRALD.

Monsieur Cobridge !

CLACTOWN.

Un petit accident, dont je suis un peu la cause.

ARTHUR.

Comment cela ?

LADY GERALD.

Mais d'abord des secours.

CLACTOWN.

Du tout... il n'y a pas de mal... figurez-vous... c'est une histoire... mon oncle, le capitaine, tient toujours à ce que je sois
là... près de lui, pour lui faire la lecture, et pour écouter ses
batailles... ce qui m'amuse à me démonter la mâchoire... il
ne fait lire Shakespeare, et Milton, un autre aveugle comme
lui... Hein ! quelle société !... c'est gentil !... pour moi surtout,
qui ai des yeux superbes... Et puis il ne veut recevoir personne ;
il ne sort jamais, il se fâche toujours... enfin, c'est le vieillard

le plus... ce qui ne m'empêche pas d'avoir pour lui les égard[
qu'on doit à un oncle qu'on aime et dont on hérite.

ARTHUR, partant d'un éclat de rire.

Ah! ah! ah! vous êtes son héritier?

CLACTOWN.

Seul et unique... c'est une autre histoire, ça... On le croya[
marié dans quelque île déserte, et même père d'un nombr[
prodigieux d'enfants... parce que les marins... Eh bien! pas d[
tout... un jour, il tombe chez nous comme une bombe... je n[
le connaissais pas, je ne l'avais jamais vu. « Je suis seul a[
monde, nous dit-il, je viens mourir près de vous... je vou[
laisserai ma fortune, car je suis riche. » Vous concevez qu'u[
parent qui vous parle comme ça...

LADY GÉRALD.

· Mais enfin, monsieur, ce qui vient de lui arriver... ·

CLACTOWN.

Ah! oui, l'autre histoire... m'y voici. Depuis quelque temp[
il ne veut plus que je le quitte... et je me résignais, lorsqu'hie[
M. Arthur m'a invité à une partie de chasse et à un bon dîner.
moi, j'adore la chasse, et je ne hais pas les bons dîners... Ce[
pendant, le moyen de quitter mon oncle ou de l'amener ici![
Ma foi, tant pis... j'ai une idée... je lui propose une promenad[
il accepte : nous montons dans le char-à-banc, il ordonne d[
prendre à droite : bien, je laisse faire... Mais, arrivé au boi[
de Saint-André, je fais tourner à gauche, sans qu'il s'en aper[
çoive, et nous filons jusqu'à votre château par la traverse. Pa[
malheur, plus nous approchions, plus les chemins étaient a[
freux ; si bien, qu'en vue de votre pigeonnier, v'lan?... notr[
imbécile de cocher nous verse sur des foins qui embaumaien[

ARTHUR.

Sans vous blesser?

CLACTOWN.

Ah! c'est une autre histoire : j'ai une bosse au front.

LADY GÉRALD.

Mais votre oncle ?

CLACTOWN.

Rien, il est tombé sur moi.

AIR : *De sommeiller encor, ma chère.*

Moi, je m'étalais sans colère,
Les pieds en l'air, la tête en bas ;
Mais sans penser que *Bélisaire*
Allait me tomber sur les bras.
Oh ! la bagarre était complète,
Et ce qui le plus m'amusait...
C'est moi qui me cassais la tête,
Et c'est mon oncle qui criait.

Et il crie encore après les ouvriers... il jure, il s'emporte, parce qu'ils ne peuvent pas raccommoder la voiture à l'instant même : j'y ai mis bon ordre.

LADY GÉRALD.

Et il reste ainsi dehors ?

CLACTOWN.

Impossible de le faire entrer avec moi... aussi, je voulais vous prier de le faire inviter.

ARTHUR.

Mais tout de suite... Venez-vous ?

LADY GÉRALD.

Sans doute. Allez ; dites-lui que je l'attends... et, s'il le faut, moi-même...

CLACTOWN.

Certainement, il restera.

(Arthur et Clactown sortent par le fond. Au moment où lady Gérald va les suivre, Tony entre par la porte latérale à gauche.)

SCÈNE VI.

LADY GÉRALD, TONY, ensuite CAROLINE.

TONY.

Milady...

LADY GÉRALD.

Ah! c'est toi ?

TONY.

J'ai remis vos lettres ; votre homme d'affaires doit venir ce soir : il faut que vous partiez cette nuit pour Edimbourg, où votre grand procès doit se juger après-demain jeudi.

LADY GÉRALD.

Ah! mon Dieu !... si tôt !

TONY.

Quant à la jeune personne...

LADY GÉRALD.

Eh bien !

TONY.

Elle a voulu partir sur-le-champ... elle est ici.

LADY GÉRALD.

Ici! dis-tu ?... Ah! j'en suis presque fâchée... à présent que mon neveu...

TONY.

La voilà.

(Caroline entre par la porte latérale à gauche. Tony sort par la droite.)

LADY GÉRALD.

Ah! miss, je ne vous attendais pas si tôt, je l'avoue. . mais je vous remercie d'un empressement...

CAROLINE.

Dont tout me faisait un devoir, milady. Ce billet obligeant que vous m'avez écrit... vous avez daigné vous souvenir de moi.

LADY GÉRALD.

Et comment vous aurais-je oubliée ?... vous qui avez eu pour moi, en France, des soins si touchants... et pourtant vous paraissiez alors bien malheureuse !... et je vous plaignais surtout d'être entrée au service de lady Brown, ma cousine, la femme la plus acariâtre !...

CAROLINE.

Je ne lui dois que de la reconnaissance, milady, pour m'avoir recueillie chez elle, quand je ne savais plus où reposer ma tête.

LADY GÉRALD.

C'est singulier ! A vous entendre, à peine si je vous reconnais... vous avez perdu cet accent irlandais, pour lequel on vous faisait toujours la guerre : mais vous teniez tant...

CAROLINE.

Lady Brown ne pouvait s'y accoutumer.

LADY GÉRALD.

Et vous vous en êtes corrigée ?

CAROLINE.

Elle m'avait prise pour lectrice : il fallait bien qu'elle pût m'entendre.

LADY GÉRALD.

Toujours bonne.

AIR : *Un page aimait la jeune Adèle.*

De vos vertus, de votre caractère,
On me faisait l'éloge avec plaisir ;
Et de la France où vous étiez naguère,
Avec regret on dut vous voir partir.
    Nous vous retiendrons sur la route...
Cet intérêt qui s'attache à vos pas,
Fait que chacun vous aime...
                        (A part.)
                    Et que, sans doute,
Mon neveu n'y manquerait pas.

CAROLINE.

Milady !

LADY GÉRALD.

Mais parlez, mon enfant... vous avez désiré causer avec moi

CAROLINE.

Oui, milady... Après la mort de votre cousine, lady Brown
que j'avais accompagnée en Écosse, je me suis trouvée seule
sans refuge...

LADY GERALD.

Et vous n'avez pas pensé à retourner en Angleterre... dans
votre famille...

CAROLINE.

Ma famille !... je n'en ai pas, milady... mais, quand j'ai entendu prononcer votre nom, je me suis rappelé la bienveillance
dont vous m'aviez honorée... et j'ai cru pouvoir m'adresser à
vous.

LADY GÉRALD.

Et vous avez bien fait... Il s'agira de vous placer quelque
part, comme demoiselle de compagnie... lectrice... je cher-
cherai... je verrai parmi les dames que je connais... par malheur, j'en vois fort peu...

CAROLINE.

Mais on m'avait dit que vous-même, milady...

LADY GÉRALD, avec embarras.

Moi !... sans doute... je serais heureuse... mais plus tard...
en ce moment, je m'éloigne pour un voyage... et puis d'autres
raisons encore... (A part.) Si jolie !... (Caroline paraît essuyer quelques
larmes.) Eh bien !... qu'est-ce donc ?... Je promets de m'occuper
de vous... à mon retour... vous m'attendrez...

CAROLINE.

Milady, je n'ai plus d'asile... je suis seule au monde...

LADY GÉRALD.

Grand Dieu ! oh ! je ne vous abandonnerai pas... j'entends
du bruit... ils reviennent...

CAROLINE.

Vous avez du monde... ma présence est importune.

LADY GÉRALD.

Que dites-vous ? enfant que vous êtes ! vous resterez ici, jusqu'à ce soir, du moins... (Elle sonne.) Je veux absolument trouver ce qu'il vous faut... (Tony paraît.) Conduisez mademoiselle à mon appartement... Allez, miss, allez... je vous rejoins dans un instant.

CAROLINE.

Oui, milady... (A part.) Ah ! ce n'est pas là ce que j'avais espéré. (Elle sort.)

LADY GÉRALD, seule.

A qui puis-je parler pour elle ?... Chez moi, c'est impossible.

SCÈNE VII.

LADY GÉRALD, ARTHUR, SIR COBRIDGE, CLACTOWN, EDGAR, Jeunes Gens, ensuite TONY.

CLACTOWN, entrant le premier.

Milady, voici mon oncle.

ARTHUR, conduisant sir Cobridge.

Allons, capitaine, il faut vous rendre... Laissez-vous conduire.

CLACTOWN.

Oui, laissez-vous faire... le gîte est bon... nous ne pouvions pas mieux tomber.

SIR COBRIDGE, avec colère.

Malheureux !

ARTHUR.

Capitaine, voici lady Gérald, ma tante, qui est heureuse de vous recevoir.

SIR COBRIDGE, ôtant son chapeau.

Lady Gérald !

LADY GÉRALD.

Point de rancune, sir Cobridge, car je pourrais bien vous en vouloir un peu... ce refus obstiné de venir chez moi.

SIR COBRIDGE.

Mais, milady... il me semble que m'y voilà.

ARTHUR, regardant Clactown.

Ah ! ce n'est pas tout à fait votre faute... (Clactown lui fait des signes.) Et sans l'idée de votre neveu...

CLACTOWN, vivement.

Asseyez-vous donc, mon oncle. (Il le fait asseoir.)

SIR COBRIDGE.

Allons... tu vas encore me faire verser... sors, presse un peu les ouvriers.

CLACTOWN.

Oui, mon oncle... (A Arthur, bas.) Soyez donc tranquille.

LADY GÉRALD.

Oh ! ne croyez pas que nous vous laissions partir ainsi, capitaine... vous êtes à moi aujourd'hui... je ne vous quitte pas... c'est moi qui me charge de vous tenir compagnie.

ARTHUR.

Et votre neveu va venir chasser avec nous.

SIR COBRIDGE.

Mon neveu !... mais cela ne se peut... il n'est pas préparé.

CLACTOWN.

Si fait, mon oncle... mon fusil est là, dans la voiture... et j'ai le costume.

ARTHUR.

Rien n'y manque.

SIR COBRIDGE.

Bah ! c'était donc convenu ?

CLACTOWN.

C'était convenu.

SIR COBRIDGE, avec colère.

Comment, drôle! et ce voyage à travers champs ?... cette voiture renversée...

CLACTOWN, bas à Edgar.

Il y voit clair... il y voit clair... (Ils se mettent à rire.)

SIR COBRIDGE.

Misérable!... il rit encore, je crois...

LADY GERALD.

Allons, calmez-vous... je lui rends grâce, moi, d'une idée qui vous arrache enfin de votre retraite pour vous jeter parmi nous.

SIR COBRIDGE.

Jeter!... c'est le mot... mais, milady, vous ne savez pas à quoi vous vous exposez... c'est une triste chose que la compagnie d'un vieillard aveugle, qui gronde souvent, qui ne sourit jamais, et dont le cœur toujours gonflé par les souvenirs qui l'oppressent...

LADY GÉRALD.

Que dites-vous ?

SIR COBRIDGE.

Vous voyez bien... cela commence déjà... mes paroles ont glacé la gaieté de cette folle jeunesse.

ARTHUR.

Nous vous rendrons la vôtre... et ce soir, le verre en main, vous nous conterez quelque chapitre de vos campagnes... ce serait du plaisir pour tout le monde, et de l'instruction pour moi, qui suis lieutenant au service du roi d'Angleterre.

SIR COBRIDGE.

Vous, jeune homme!... vous, soldat, lieutenant... un camarade... ah! donnez-moi donc votre main.

(Il tend sa main à Arthur qui la saisit.)

ARTHUR, qui est passé auprès de lui.

Avec plaisir, mon capitaine.

SIR COBRIDGE.

Votre âge ?

ARTHUR.

Vingt-quatre ans.

SIR COBRIDGE.

Vingt-quatre ans et une épée ! que d'avenir ! que d'espérances !

AIR d'*Aristippe.*

Lorsque parfois un jeune camarade
Vient comme vous, pour me serrer la main,
En souvenir, je descends à son grade,
Je rajeunis... pour moi plus de chagrin...
Mon sang bouillonne et mon cœur bat soudain.
Mes yeux éteints mouillés de douces larmes
Sont rallumés par un plaisir nouveau ;
Car il me semble encore, au bruit des armes,
Que je revois passer mon vieux drapeau.

Oh ! alors, j'ai bien des malheurs de moins.

CLACTOWN.

Des malheurs !... mais je vous demande un peu ce qui vous manque ?... Vous êtes tranquille... vous êtes riche... vous avez un neveu qui ne vous donne que de la satisfaction... c'est votre enfant.

SIR COBRIDGE.

Tais-toi.

CLACTOWN.

Votre famille.

SIR COBRIDGE.

Tais-toi.

LADY GÉRALD, s'approchant de Sir Cobridge.

Allons, capitaine, je suis bien aise qu'Arthur vous convienne... vous resterez au moins pour lui.

SIR COBRIDGE.

Certainement, milady... Il est en congé ?...

ARTHUR.

Pour un mois encore... après cela, il faudra rejoindre mon régiment.

SIR COBRIDGE.

Votre régiment... lequel?

ARTHUR.

Troisième dragons.

SIR COBRIDGE, se levant vivement.

Troisième dragons !

ARTHUR.

Le plus beau et le plus brave de l'armée !

SIR COBRIDGE.

Un régiment de lâches et de misérables !

ARTHUR.

Qu'entends-je !

TOUS.

Ciel !

CLACTOWN.

Mon oncle !

SIR COBRIDGE, hors de lui.

Oui, de lâches et de misérables !... je l'ai dit, je le répète.

ARTHUR.

Capitaine, capitaine !... vous oubliez que ce régiment est le mien.

SIR COBRIDGE.

Tant pis pour vous... je ne vous connais pas... et si vous êtes un de ces infâmes qui se font un jeu de l'honneur...

ARTHUR, l'arrêtant.

Jamais... et si tout autre que vous me tenait un pareil langage, je sais quel serait mon devoir... et il n'y a pas un de mes camarades...

SIR COBRIDGE.

Ah ! puissent-ils m'entendre tous... et venir, jusqu'au dernier, affronter la colère d'un vieillard qui les méprise, qui les défie !

ARTHUR.

Monsieur ! apprenez que tous les officiers de mon régiment

ont droit au respect de leur pays... ils se sont montrés braves ¦
l'étranger et bons citoyens en Angleterre.

SIR COBRIDGE.

Tous !

ARTHUR.

Demandez à toutes les villes qu'ils ont occupées... à Derby
à Worcester, à Lincoln, à Warwick.

SIR COBRIDGE, d'une voix tonnante.

Lincoln !   (Mouvement d'effroi.)

CLACTOWN.

Mon oncle !

TOUS.

Capitaine !

SIR COBRIDGE, d'une voix étouffée et se laissant tomber dans son fauteuil.

Lincoln ! (Il se cache la tête dans ses mains.)

CLACTOWN, à Edgar.

C'est qu'il n'est pas commode, le vieux.
(Moment de silence, pendant lequel les jeunes gens qui entourent Arthur cher
chent à le calmer.)

LADY GÉRALD.

Eh bien ! messieurs, il est tard... vous oubliez votre parti
de chasse.

CLACTOWN.

Milady a raison... Allons courre le daim, cela vaudra mieu
que de se fâcher ainsi...

ARTHUR.

Sans doute; car, en vérité, c'est d'une folie !... (S'approchan
du capitaine et lui prenant la main.) N'est-il pas vrai, capitaine, qu
vous ne pensiez pas ce que vous me disiez là, tout à l'heure
Vous ne vouliez pas m'offenser... moi, cœur franc et pur qu
n'ai rien à me reprocher.

SIR COBRIDGE, revenu à lui, et avec calme.

Non, jeune homme, ni vous, ni aucun de vos amis, sans

doute... mais il y a des lieux, des noms qui vont au fond du cœur remuer tant de haine!... adieu... adieu...

ARTHUR.

A ce soir, capitaine... (A part) Quelle folie ! un vieillard !

SIR COBRIDGE.

Clactown... Clactown !

CLACTOWN.

Mon oncle !

SIR COBRIDGE.

Vois si notre voiture est prête... partons.

CLACTOWN.

Comment! partir?... Ah! çà, et la chasse avec ces messieurs? j'y vais... vous me l'avez permis.

SIR COBRIDGE.

Clactown !

CLACTOWN.

Si fait... Que diable! me couper mes plaisirs comme ça... c'est de l'esclavage, c'est de la servitude !

LADY GÉRALD, à sir Cobridge.

Calmez-vous; je reste ici, près de vous, jusqu'au retour de nos chasseurs.

ARTHUR.

Et nous ne nous ferons pas attendre longtemps... (Seul et à part sur le devant de la scène.) Je ne sais... je n'ai plus envie de courir la campagne... Ah! voyons un peu... (Haut.) Retrouvons notre gaieté, en attendant que notre hôte nous fasse raison... à table.

TONY, entrant.

Tout est prêt, milord.

ARTHUR.

Bien... (Prenant Tony à part.) Et dis-moi, cette jeune fille aux yeux bleus... tu l'as vue... tu lui as remis la lettre!... Où est-elle, arrive-t-elle bientôt ?

LADY GÉRALD, qui a écouté Arthur.

Cela ne te regarde pas. (Embarras d'Arthur.) D'ailleurs, je t'ar
nonçe que cette nuit nous partons pour Édimbourg.

ARTHUR.

Comment ?

LADY GÉRALD.

Mais je te ramène bientôt à ces messieurs.

CLACTOWN, ARTHUR, EDGAR, LES JEUNES GENS.

Air *du Diplomate.* (Chœur des chasseurs.)

Oui, partons pour la chasse,
Cherchons dans les bois
De nouveaux exploits...
Chaque moment qui passe
Échappe au plaisir,
Il faut le saisir.

(Ils sortent tous.)

SCÈNE VIII.

SIR COBRIDGE, LADY GÉRALD.

SIR COBRIDGE, assis.

Ils ne me retrouveront pas ici... mais Clactown qui s'en va
qui me laisse.

LADY GÉRALD.

Non pas seul du moins.

SIR COBRIDGE, se levant.

Ah ! milady, pardon mille fois d'une scène fâcheuse.

LADY GÉRALD.

Que nous avons tous oubliée, sir Cobridge... Il y a là, sans
doute, un secret qu'il faut respecter... et dont je ne vous de
manderai pas compte.

SIR COBRIDGE, lui serrant la main.

Merci, madame.

LADY GÉRALD.

Mais je vous demande grâce pour votre neveu, qui trouve si rarement un moment de plaisir.

SIR COBRIDGE.

Oui... encore un à qui je suis à charge... qui se plaint de moi, qui me maudit tout bas.

LADY GÉRALD.

Ah! quelle pensée!

SIR COBRIDGE.

Eh! milady, quel sentiment peut l'attacher à moi, toujours sombre, toujours grondeur? parce que je porte là un poids qui m'étouffe, qui me tuera bientôt, je l'espère!... alors, il sera libre, et ma fortune que je lui laisserai à lui... à lui... paiera quelques mois d'une complaisance forcée... Voilà mon sort... je n'ai fait que des ingrats... C'en est un de plus.

LADY GÉRALD.

Je conçois... jeune, léger, ami du plaisir, il doit s'ennuyer d'une retraite, d'une solitude, qui vous plaît à vous, mais qu'il ne peut comprendre.

SIR COBRIDGE.

Eh! que lui demandé-je? de guider mes pas... de me lire mes auteurs chéris... mon vieux *Shakespeare*, le seul ami qui me soit resté... de me parler quand je l'interroge... de se taire quand je souffre.

LADY GÉRALD.

Enfin d'avoir pour vous ces soins, cette amitié, qu'on ne peut attendre que d'une femme peut-être.

SIR COBRIDGE.

Oui, c'est vrai... aussi, ce n'est pas sur lui que j'avais compté pour soutenir ma vieillesse, pour égayer un peu mes mauvais jours... Mais maintenant qui voudrait venir partager ma retraite?

LADY GERALD.

Eh!... une personne qui aiderait, qui remplacerait votre neveu.

SIR COBRIDGE.

Mon neveu... qu'à cela ne tienne... je voudrais pouvoir l'envoyer en Angleterre... à Lincoln, pour un mois peut-être... Mais où trouverai-je une personne?

LADY GÉRALD.

J'ai quelqu'un à vous recommander... quelqu'un qui ne peut manquer de vous convenir... ici, ici même... (Elle sonne.) Ah! que je suis contente!

SIR COBRIDGE.

Que dites-vous?

LADY GÉRALD.

Acceptez... C'est un service que je vous demande... C'en est un que vous me devrez.

TONY, entrant.

Milady...

LADY GÉRALD.

Cette jeune fille qui vient d'arriver, faites-la venir, je l'attends.

TONY.

Tout de suite.

SIR COBRIDGE.

Une jeune fille.

TONY, revenant.

Mais, milady, pour avoir des chevaux, ce soir à l'heure de votre départ, il faudrait un mot de vous.

LADY GÉRALD, allant à la table à gauche.

C'est bien... je vais écrire.   (Tony sort.)

SIR COBRIDGE.

Une jeune fille... ça ne se peut pas.   (Il s'assied.)

LADY GÉRALD.

Je vous réponds d'elle .. c'est la sagesse, la vertu même... entourée d'estime et de respect.

SIR COBRIDGE.

Je ne veux pas.

LADY GERALD.

Bien... mon Dieu ! n'en parlons plus.

SCÈNE IX.

LES MÊMES, CAROLINE.

CAROLINE, entrant par la porte latérale à droite.

Milady.

LADY GÉRALD.

Ah ! miss, pardon de vous avoir dérangée... j'espérais vous donner un asile, un ami... Mais cela dépendait de sir Cobridge. (Elle écrit.)

CAROLINE, s'élançant pâle et tremblante.

Sir !... (Elle s'arrête, regarde Sir Cobridge, et fuyant vers la porte à gauche.) Ah ! non, jamais...

SIR COBRIDGE.

C'est impossible.

LADY GÉRALD, allant à Caroline.

Eh bien !... où allez-vous?... ce trouble...

CAROLINE, s'arrêtant dans le fond et à demi-voix.

Moi ! non... mais un étranger... Quand c'était vous qui de-ez... (A part.) Oh ! je ne me soutiens plus... (Elle s'appuie sur un fauteuil)

LADY GÉRALD.

Rassurez-vous... je le voulais... pour un mois seulement..... mais cela ne se peut pas... sir Cobridge refuse.

SIR COBRIDGE.

Certainement, une jeune fille !... des souvenirs qui me brise-ient le cœur... et puis, condamnée à endurer mes caprices, mes brusqueries.

CAROLINE, vivement.

Moi ! n'importe... jamais. (Se contenant et changeant de ton.) J'aurais le courage, et si cela convenait à milady.

SIR COBRIDGE, l'écoutant.

Oh ! oh !

LADY GÉRALD.

Vous dites...

SIR COBRIDGE, à lady Gérald.

Pardon, milady... (A Caroline.) Parlez... vous, mon enfant, p
lez... j'écoute.

CAROLINE.

Soumise à vos lois, j'aurais pour vous, milord, les so
que réclament votre âge et votre état.

(Lady Gérald passe à la droite de Sir Cobridge.)

SIR COBRIDGE, à lady Gérald.

C'est une jeune fille ?

LADY GÉRALD.

Protégée par miss Brown.

SIR COBRIDGE.

Et son nom ?

CAROLINE, vivement au moment où lady Gérald va parler.

Miss Volsey.

SIR COBRIDGE.

C'est singulier... cette voix... par moments... Votre m
miss Volsey. (Caroline lui donne la main.)

CAROLINE, à part.

Je me meurs.

AIR : (Musique de M. Hormille.)

ENSEMBLE.

CAROLINE.

Contrainte cruelle !
Hélas ! à mon cœur
Tout ici rappelle
Des jours de bonheur.

SIR COBRIDGE.

Quels pensers près d'elle
Font battre mon cœur !

Sa voix me rappelle
Des jours de bonheur.

LADY GÉRALD.

Il semble près d'elle
Calmer sa douleur;
Sa voix lui rappelle
Des jours de bonheur.

CAROLINE.

Je respire à peine !

SIR COBRIDGE.

Ah ! ce souvenir
Vient doubler la haine
Qui me fait mourir.

REPRISE DE L'ENSEMBLE

CAROLINE.

Contrainte cruelle, *etc.*

SIR COBRIDGE.

Quels pensers près d'elle, *etc.*

LADY GÉRALD.

Il semble près d'elle, *etc.*

LADY GÉRALD, à sir Cobridge.

Allons, voilà le guide et la lectrice qu'il vous faut.

SIR COBRIDGE.

Vous croyez ?... c'est possible... en effet, jeune fille, votre voix
m'a touché... j'aimerais à l'entendre souvent... mais vous feriez-
vous à ma tristesse... à la solitude qui me plaît ?

CAROLINE.

Je tâcherais...

SIR COBRIDGE.

Et vous me suivriez aujourd'hui même !

CAROLINE.

Aujourd'hui.

SIR COBRIDGE, à lady Gérald.

Elle est libre ?

LADY GÉRALD.

Je vous l'ai dit.

SIR COBRIDGE.

Vous verrez souvent lady Gérald, à son retour.

LADY GÉRALD, à sir Cobridge.

Ainsi vous acceptez ?

SIR COBRIDGE.

Oui... (A Caroline.) Mais vous ne dites rien. Parlez-moi d(
toujours... votre famille... votre pays ?

CAROLINE.

Je suis née dans le comté de Stafford, de parents pauvi
qui m'ont laissée orpheline, sans fortune... et que je ple
encore.

SIR COBRIDGE.

Vous aimiez bien votre père, n'est-ce pas ? il vous avait é
vée avec amour... et si vous étiez sa consolation, son espéran
vous n'avez pas démenti tout cela ?... il n'est pas mort
chagrin.

CAROLINE.

Oh ! non... je l'aime... (Se reprenant.) je l'aimais tant !

SCÈNE X.

LES MÊMES, TONY.

TONY, entrant par le fond.

Milady, encore un malheur ! ces messieurs reviennent...
y en a un qui est tombé de cheval.

SIR COBRIDGE, sortant de sa rêverie.

C'est mon neveu.

LADY GÉRALD.

Il n'est pas blessé ?

TONY.

Non ; mais il boite un peu... votre homme d'affaires vi
aussi d'arriver.

LADY GÉRALD.

Bien... je vais le voir, et m'assurer en même temps... Soyez
ns inquiétude, je vous ramène sir Clactown.

(Elle sort ; Tony la suit.)

CAROLINE, tombant à genoux.

O mon Dieu ! je te rends grâces.

SIR COBRIDGE.

Miss Volsey, je veux partir... je veux quitter cette maison...
s jeunes gens, cette société, tout cela m'est insupportable...

(On entend rire aux éclats en dehors.)

CAROLINE, se levant vivement.

Ah ! quelqu'un.

SCÈNE XI.

SIR COBRIDGE, CAROLINE, ARTHUR.

ARTHUR, entrant en riant aux éclats.

Ah ! ah ! ah ! le pauvre garçon ! (Il voit Caroline.) Ah ! la jeune
ersonne ! (Caroline se retourne, il la reconnaît.) Ciel ! milady ! (Il ôte son
apeau avec respect.)

CAROLINE.

Ah !

(Elle lui impose silence. Arthur reste stupéfait.)

SIR COBRIDGE.

Qu'est-ce donc ?

CAROLINE.

Lady Gérald et toute sa société.

SCÈNE XII.

IR COBRIDGE, CAROLINE, LADY GERALD, CLACTOWN, ARTHUR, EDGAR, Jeunes Gens.

(Ils entrent tous en riant.)

CLACTOWN.

Oh ! quand vous vous moquerez tous de moi... si vous croyez
ue c'est aimable ?

EDGAR.

C'est que vous êtes tombé avec tant de grâce.

LADY GÉRALD.

Rassurez-vous, capitaine... il n'y a pas de danger... votre n
veu en a été quitte pour la peur.

CLACTOWN.

Du tout; je n'ai pas eu peur... c'est le cheval... c'est mon on
bre qui se dessinait devant lui, qui l'a effrayé... j'ai crié...
l'a mis en fureur... alors il s'est dressé sur ses pieds de derrièr
et moi, je suis tombé sur les miens... ou à peu près.

(On rit plus fort, Clactown passe à la droite de sir Cobridge.)

EDGAR, à Arthur.

Demandez à sir Arthur qui vous a relevé... Ah ! mon Dieu.
qu'avez-vous donc? (Apercevant Caroline. Bas à Arthur.) Ah ! chai
mante !

FINALE.

Musique de M. Hormille.

EDGAR et LES JEUNES GENS, bas à Arthur.

C'est la jeune fille, je pense,
Caroline...

ARTHUR, bas.

Messieurs, silence !

CLACTOWN, à sir Cobridge.

Rassurez-vous, je suis très-bien.

SIR COBRIDGE.

Ainsi donc, tu ne sens plus rien?

CLACTOWN.

Non, plus rien...

SIR COBRIDGE.

Tant mieux ; j'ai trop longtemps prolongé ma visite ;
Je vais partir, tu vas m'accompagner.

CLACTOWN.

Partir! y pensez-vous, mon oncle, avant dîner ?

Non, non, je ne pars pas si vite,
Je veux me reposer apres un pareil saut.

LADY GÉRALD.

Pour vous remettre en route,
Vous l'attendez, sans doute ?

SIR COBRIDGE.

Je pars, il le faut ;
Mais je ne suis plus seul... voici mon Antigone.

CLACTOWN.

Hem ! encore une idée !... et celle-là, parbleu!
Elle est gentille et bonne.

LADY GÉRALD, à Arthur.

Toi, mon neveu, reconduis...

CAROLINE, à part.

Son neveu !

ENSEMBLE.

ARTHUR, à part.

Quel est ce mystère ?
Que faut-il que j'espère ?
Hélas ! j'ai beau faire,
Je tremble malgré moi.

CAROLINE, à part.

Il saura se taire,
Ah ! du moins je l'espère.
Helas ! j'ai beau faire,
Moi, je tremble d'effroi.

CLACTOWN, à part.

Bientôt, je l'espère,
Assure de te plaire,
Fraîche ménagère,
Je serai près de toi.

SIR COBRIDGE.

A bientôt, j'espere...
Allons, partons, ma chère,
Pour me satisfaire,]
Venez et guidez-moi.

LADY GÉRALD, à sir Cobridge.

Oui, moins solitaire,
Ici l'on peut vous plaire ;
Bientôt, je l'espère,
Vous reviendrez chez moi.

EDGAR et LES JEUNES GENS.

Quel air de mystère !
Qui donc peut lui déplaire?
Mais il a beau faire,
On devine pourquoi.

CAROLINE, seule.

Grand Dieu ! protège-moi.

REPRISE DE L'ENSEMBLE.

(Sir Cobridge, conduit par Clactown et Caroline, sort par le fond ; lady Géra
l'accompagne ; Arthur, Edgar et les Jeunes gens le saluent.)

ACTE SECOND

La chambre à coucher de sir Cobridge. Porte à droite et à gauche. Au fond un
alcôve, où se trouve le lit du capitaine.

SCÈNE PREMIÈRE.

CAROLINE, SIR COBRIDGE, CLACTOWN.

(Au lever du rideau, le capitaine est assis dans un grand fauteuil, à côté d'un
table. Clactown est assis de l'autre côté de la table, à la gauche du capitain
Caroline, assise à sa droite, auprès d'un petit gueridon qui est entre eux deux, fa
la lecture.)

CAROLINE, lisant.

LE ROI LÉAR, a sa fille.

Par les rayons sacrés du soleil qui m'éclaire,
J'abjure ici les droits et le titre de père ;
Nos liens sont rompus, tu n'es plus rien pour moi...
Hélas! et je t'aimais, et j'espérais en toi,
Pour livrer à tes soins ma paisible vieillesse.

CLACTOWN.

Ah ! mon oncle dort !

SIR COBRIDGE.

Tais-toi, ou va-t'en.

CLACTOWN.

Merci.

CAROLINE, lisant.

CORDÉLIA.

Mon père !...

LE ROI LÉAR.

Laisse-moi... renonce à ma tendresse.
Puissé-je, de mes jours déposant le fardeau,
M'endormir doucement dans la paix du tombeau !
Comme il est vrai, mon Dieu, que, prêt à la maudire,
Mon cœur qu'elle a brisé loin d'elle se retire !

CLACTOWN.

Oh ! comme sa voix tremble !

SIR COBRIDGE.

Te tairas-tu !.... on ne peut pas lire deux vers sans qu'il in-
rompe !... Depuis que cette scène est commencée, c'est la
tième fois.

CLACTOWN.

Mon Dieu ! mon oncle, s'il ne m'est pas permis de faire la
indre observation... que diable ! je ne suis pas un *quaker !*
t déjà si agréable d'être enfermé dans cette maison, qui est
véritable château fort, d'où vous n'êtes pas sorti depuis
t jours, et où personne n'est admis que votre *Shake-*
re !...

SIR COBRIDGE.

ui, certes... et je ne veux pas d'autre compagnie que la
ne.

AIR : *T'en souviens-tu ?*

Mon vieux Shakespeare est un ami fidèle
Que je retrouve à chaque instant du jour :
Il a sans cesse une verdeur nouvelle :
C'est mon premier, c'est mon dernier amour !
Quand j'étais jeune, à la ville, à la guerre,

LA LECTRICE.

LADY GÉRALD, à sir Cobridge.

Oui, moins solitaire,
Ici l'on peut vous plaire ;
Bientôt, je l'espère,
Vous reviendrez chez moi.

EDGAR et LES JEUNES GENS.

Quel air de mystère !
Qui donc peut lui déplaire?
Mais il a beau faire,
On devine pourquoi.

CAROLINE, seule.

Grand Dieu ! protège-moi.

REPRISE DE L'ENSEMBLE.

(Sir Cobridge, conduit par Clactown et Caroline, sort par le fond ; lady Gérald
l'accompagne ; Arthur, Edgar et les jeunes gens le saluent.)

ACTE SECOND

La chambre a coucher de sir Cobridge. Porte à droite et à gauche. Au fond un
alcôve, où se trouve le lit du capitaine.

SCÈNE PREMIÈRE.

CAROLINE, SIR COBRIDGE, CLACTOWN.

(Au lever du rideau, le capitaine est assis dans un grand fauteuil, à côté d'une
table. Clactown est assis de l'autre côté de la table, à la gauche du capitaine.
Caroline, assise à sa droite, auprès d'un petit gueridon qui est entre eux deux, fait
la lecture.)

CAROLINE, lisant.

LE ROI LÉAR, à sa fille

Par les rayons sacrés du soleil qui m'éclaire,
J'abjure ici les droits et le titre de pere ;
Nos liens sont rompus, tu n'es plus rien pour moi...
Hélas ! et je t'aimais, et j'espérais en toi,
Pour livrer à tes soins ma paisible vieillesse.

CLACTOWN.

Ah ! mon oncle dort !

SIR COBRIDGE.

Tais-toi, ou va-t'en.

CLACTOWN.

Merci.

CAROLINE, lisant.

CORDÉLIA.

Mon père!...

LE ROI LÉAR.

Laisse-moi... renonce à ma tendresse.
Puissé-je, de mes jours déposant le fardeau,
M'endormir doucement dans la paix du tombeau !
Comme il est vrai, mon Dieu, que, prêt à la maudire,
Mon cœur qu'elle a brisé loin d'elle se retire !

CLACTOWN.

Oh! comme sa voix tremble !

SIR COBRIDGE.

Te tairas-tu !.... on ne peut pas lire deux vers sans qu'il interrompe!... Depuis que cette scène est commencée, c'est la ptième fois.

CLACTOWN.

Mon Dieu ! mon oncle, s'il ne m'est pas permis de faire la moindre observation... que diable ! je ne suis pas un *quaker* ! est déjà si agréable d'être enfermé dans cette maison, qui est véritable château fort, d'où vous n'êtes pas sorti depuis uit jours, et où personne n'est admis que votre *Shakespeare !...*

SIR COBRIDGE.

Oui, certes... et je ne veux pas d'autre compagnie que la nne.

AIR : *T'en souviens-tu ?*

Mon vieux Shakespeare est un ami fidèle
Que je retrouve à chaque instant du jour :
Il a sans cesse une verdeur nouvelle :
C'est mon premier, c'est mon dernier amour !
Quand j'étais jeune, à la ville, à la guerre,

Dans mes plaisirs il venait se mêler...
J'ai tout perdu... tout, jusqu'à la lumière,
Il est encor là... pour me consoler !

CLACTOWN.

C'est amusant !... ce diable d'auteur, avec ses batailles, s
coups de poignard et ses tirades.... il me donne toujours]
chair de poule... tenez, tout à l'heure encore, la voix d
miss Volsey m'a touché !... elle dit cette malédiction du r
Léar, avec une émotion !...

CAROLINE.

C'est qu'en effet un père qui maudit sa fille !... cela serre]
cœur !

SIR COBRIDGE.

Il a raison.

CLACTOWN.

On voit bien que vous n'avez jamais eu d'enfant.

SIR COBRIDGE, avec humeur.

Clactown, laissez-nous !... vous ne pouviez pas rester u
instant près de moi... et depuis une semaine que miss Vols
est ici, et que, grâce à son zèle et à sa bonté, je n'ai plus b
soin de vous, vous êtes toujours là.

CLACTOWN.

C'est que je ne puis pas vous quitter, mon cher oncle...
tiens à vous entendre, et... (Regardant Caroline.) à vous regarder !
avec ça que lady Gérald n'est pas encore revenue d'Édimbour
et que j'ai promis d'attendre sir Arthur et ses amis pour cha
ser avec eux... ce qui ne m'a pas empêché de chasser hier sa
eux... En les attendant, j'ai fait un carnage... comme vot
Shakespeare.

SIR COBRIDGE

Veux-tu lasser ma patience !

CLACTOWN.

Au contraire... on doit vous servir mon gibier ce matin

(Il se lève) Il faut que je donne un coup d'œil au déjeuner.

(Il passe à la droite de Caroline.)

AIR du *Pot de fleurs.*

Un chasseur sans peur, sans reproche,
Frappe tout ce qui s'offre a lui ;
Il met son butin à la broche,
Et ne le quitte que rôti.
Voilà quels plaisirs sont les nôtres :
Il est à table le premier,
Tout fier...

CAROLINE.

De manger son gibier...

CLACTOWN.

Non... de le voir manger aux autres.
Non pas de manger son gibier,
Mais de le voir manger aux autres.

(Il va pour sortir.)

SIR COBRIDGE.

C'est bien... va-t'en.

CLACTOWN, revenant jusqu'au fauteuil de sir Cobridge.

C'est égal... je suis de l'avis de miss Volsey... un père qui maudit sa fille...

SIR COBRIDGE.

Encore !

CLACTOWN.

Oh ! ne vous fâchez pas... je m'en vais. (Il sort.)

SCÈNE II.

CAROLINE, SIR COBRIDGE.

(Ils sont toujours assis.)

SIR COBRIDGE.

Il a raison de la maudire, s'il la croit coupable.

CAROLINE.

Ah ! il me semble à moi, monsieur le capitaine, qu'un père pardonne toujours.

SIR COBRIDGE.

Toujours !... et si sa fille avait déshonoré le nom qu'il porte...

si elle le forçait à rougir, lorsque peut-être il avait tout sacrifié pour elle, lorsqu'il avait mis en elle toute sa gloire, toutes ses espérances.

CAROLINE.

Si c'est le monde qui l'accuse... le monde est souvent injuste.

SIR COBRIDGE.

Injuste... injuste... voilà ce qu'il faut prouver.

CAROLINE.

Et c'est pour cela qu'il condamne sa fille au désespoir, à la misère.

SIR COBRIDGE, devenant rêveur.

A la misère!... Oh! non... à la misère !... cela ne se peut pas... Clactown partira demain... ce soir.

CAROLINE, vivement.

Sir Clactown !... il partira !... et pourquoi ?

SIR COBRIDGE, revenant à lui.

Oh ! rien, rien... un voyage... je veux l'éloigner... il me fatigue... il m'ennuie.

CAROLINE.

Votre neveu ? il vous aime pourtant.

SIR COBRIDGE.

Il aime ma succession.

CAROLINE.

Vous n'avez que lui de parent ?

SIR COBRIDGE.

Que lui.

CAROLINE.

Ah! que lui... un autre aurait eu peut-être pour vous des soins encore plus désintéressés, plus tendres !... par exemple une.... (Mouvement de sir Cobridge ; Caroline se reprenant.) une nièce.

SIR COBRIDGE, s'attendrissant.

Je suis seul... seul au monde... je le veux du moins... je mourrai seul, oublié... je n'ai de parents, d'amis, que ceux qui

...nt pitié du vieux Cobridge... comme vous... (Après un moment de silence.) Eh bien! vous ne lisez donc plus?

CAROLINE.

Si fait.

SIR COBRIDGE, lui tendant la main.

Miss Volsey, je suis bien malheureux. (Caroline lui saisit la main.) Allons, allons, lisez... j'écoute.

CAROLINE, lisant.

CORDÉLIA.

Monseigneur, c'est de vous que je reçus le jour :
J'eus vos soins les plus doux, votre plus tendre amour,
Pour prix de vos bontés, votre fille, ô mon père,
Du cœur le plus soumis vous aime et vous révère...
Je refuse aujourd'hui d'accepter...

(Sir Cobridge laisse retomber sa tête, et paraît s'endormir. Caroline s'arrête et le regarde.)

SIR COBRIDGE, à moitié endormi.

A la misère !

CAROLINE, reprenant vivement sa lecture.

D'accepter un époux,
Pour vous garder ce cœur et pour n'aimer que vous.

LE ROI LEAR.

Tu refuses...

(Caroline s'arrête et se penche vers sir Cobridge.)

Il dort !... ah ! si j'osais... (Caroline se lève, regarde autour d'elle et s'approche.) si j'osais l'embrasser... il y a si longtemps... (Elle va pour embrasser sir Cobridge, et au moment où elle se penche sur lui, Clactown entre en parlant. Elle s'éloigne vivement.) Ah !...

SCÈNE III.

CAROLINE, CLACTOWN, SIR COBRIDGE, endormi.

CLACTOWN.

Me voilà... c'est prêt... je...

CAROLINE, lui faisant signe.

Chut !   (Elle porte le guéridon au fond du théâtre.)

CLACTOWN, à demi-voix.

Ah ! il dort !... ça ne m'étonne pas... il n'en fait jamais d'autres... Quelquefois nous nous endormions tous les deux, et alors il se fâchait... car il se fâche toujours.

CAROLINE.

Lui, qui est si bon !... c'est que peut-être vous n'avez pas pour lui les égards...

CLACTOWN.

Dame !... ce n'était pas comme vous qui êtes aux petits soins... qui prévenez tous ses caprices... je ne pouvais pas m'y faire... Heureusement nous voilà deux auprès de lui... et j'y resterai avec plaisir, quand vous serez là.

CAROLINE.

Monsieur...

CLACTOWN.

Vous êtes aimable ! et moi aussi.

SIR COBRIDGE, rêvant.

Eh bien ! non, non.

CAROLINE.

Ciel !...

CLACTOWN.

Ne faites pas attention... il rêve... (A Caroline.) Je ne veux plus le quitter, puisque vous...

SIR COBRIDGE, rêvant.

Laissez-moi !... ma fille !

CLACTOWN.

Hein ? sa fille !

CAROLINE, dans le plus grand trouble.

Sa fille!   (Clactown l'arrête.)

SIR COBRIDGE, rêvant.

Ma fille !... je l'aimais tant !

CLACTOWN.

Hein ?... une héritière.

(Caroline fait un mouvement, il l'arrête encore.)

SIR COBRIDGE, de même.

Qu'elle ne vienne pas !... Un mari si bon... tué... ma fille...
je n'en ai plus... je l'ai maud...

(Caroline tremblante laisse retomber la chaise sur laquelle elle s'appuyait.)

CLACTOWN.

Silence, donc !

SIR COBRIDGE, réveillé en sursaut.

Qu'est-ce?... Qui est là ?...

CLACTOWN.

C'est nous, mon oncle, qui vous écoutions dormir... vous
disiez des choses...

SIR COBRIDGE, se levant.

J'ai parlé... Et comment ?... de qui ?

CLACTOWN.

Vous avez dit : Ma fille... ma fille !

SIR COBRIDGE.

Ma f... non, non... cela ne se peut pas.

CLACTOWN.

Si fait.

CAROLINE, qui s'était éloignée, allant à lui vivement.

Ou plutôt, c'était sans doute la lecture de tout à l'heure qui
vous préoccupait.

SIR COBRIDGE.

C'est cela... Ce ne peut être que cela.

CLACTOWN.

Bah !... au fait, c'est vrai... que je suis bête ! vous m'avez
fait une peur... Le déjeuner est prêt.

SIR COBRIDGE, lui prenant le bras.

Bien... écoute-moi... (Faisant signe à Caroline de s'éloigner.) Tout à
l'heure, miss Volsey. (Tirant Clactown à part, et à demi-voix.) Écoute-

moi... j'ai une mission importante à te confier... Je voudrais mieux m'adresser... mais je n'ai que toi.

CLACTOWN.

Merci de la préférence.

SIR COBRIDGE, de même.

Demain tu partiras.

CLACTOWN.

Comment, je partirai!... quand les autres arrivent:... car je viens d'entendre des coups de fusil, qui m'annoncent le retour de sir Arthur et de ses amis.

•CAROLINE, à part.

Sir Arthur!

SIR COBRIDGE, de même.

Eh ! que m'importe... tu partiras pour l'Angleterre... pour le comté de Lincoln.

CLACTOWN.

Pour le comté de Lincoln !

CAROLINE, se rapprochant.

Comment !

SIR COBRIDGE.

AIR de Victorine.

Mais, silence! on peut nous entendre,
Quand tu seras seul avec moi,
Tout à l'heure je vais t'apprendre
Quel service j'attends de toi.

CAROLINE, à part.

Je tremble... quel est ce mystère ?

CLACTOWN.

Ces jours derniers, sans résister,
J'aurais visité l'Angleterre.
(Regardant Caroline.)
Aujourd'hui j'aime mieux rester.

ENSEMBLE.

SIR COBRIDGE.

Mais, silence! on peut nous entendre, *etc.*

CLACTOWN.

Personne ne peut nous entendre ;
Quel est donc ce secret ?... Pourquoi
Miss Volsey ne peut-elle apprendre
Quel service on attend de moi?

CAROLINE.

Craint-il que je puisse l'entendre ?
A son neveu, seul et sans moi,
Quel secret veut-il donc apprendre?
Mon cœur bat de trouble et d'effroi !

(Clactown sort le premier par la droite. Caroline et sir Cobridge vont sortir aussi,
quand Arthur entre vivement par la gauche, et va vers Caroline)

CAROLINE, étouffant un cri.

Ah !

SIR COBRIDGE.

Qu'est-ce donc?

CAROLINE, emmenant sir Cobridge.

Rien... rien.

(Elle se tourne vers Arthur et d'un signe lui commande de rester.)

SCÈNE IV.

ARTHUR, seul.

C'est elle !... et toujours ce vieillard!... Heureusement il ne
peut me voir... mais Caroline... c'est-à-dire lady Preston...
car c'est bien lady Preston, de Lincoln... si riche, si honorée,
si digne de l'être... trop digne!... Pourquoi ce mystère dont
elle s'environne ?... Ah ! depuis que je l'ai revue, je ne sais
quel trouble est le mien; aussi, à Edimbourg, où lady Gérald
m'avait emmené malgré moi, avec quelle impatience je pres-
sais notre retour !... A peine arrivé, j'échappe à ma tante, à
mes joyeux amis, que j'ai égarés à la chasse ! je veux absolument savoir... elle !... miss Volsey, demoiselle de compagnie!... et son mari... elle en avait un... ma foi, je m'y
perds.

AIR : *Ces postillons sont d'une maladresse.*

Eh ! que m'importe... ou dame ou demoiselle,
Je la retrouve enfin... et le roman

Que sans succès je commençai près d'elle,
Pour l'achever j'arrive en ce moment.
En la voyant, je me sens plus d'audace :
N'a-t-elle pas, pour mériter mes soins,
Plus de candeur encore et plus de grâce,
Et son mari de moins ?

(Il regarde vers la porte à droite.)

La voici... une figure pâle, mélancolique.

SCÈNE V.

CAROLINE, ARTHUR.

(Elle entre en regardant derrière elle avec effroi.)

ARTHUR, allant à elle.

Milady.

CAROLINE.

Silence, sir Arthur, je viens vous le demander en grâce...
Sortez, sortez de ces lieux, pour n'y rentrer jamais.

ARTHUR.

Qu'exigez-vous de moi?... oh ! non, je reste, vous m'enten-
drez.

CAROLINE.

Malheureux !... vous voulez donc m'ôter ma dernière res-
source... ma dernière espérance !

ARTHUR.

Moi!... moi, qui donnerais ma vie pour vous... Oh ! dites,
quel est ce mystère ?... je le respecterai... le passé vous répond
de moi.

CAROLINE.

De vous ?

ARTHUR.

Oh! ne craignez rien, Caroline... vous savez si je vous aime.

CAROLINE.

Je sais que vous m'avez avilie...

ARTHUR.

Grand Dieu !

CAROLINE.

Je sais que par vous... à cause de vous... j'ai été condamnée aux larmes... à la misère, à la honte...

ARTHUR.

Oh! ne parlez pas ainsi.

CAROLINE.

Vous vous êtes joué de mon honneur.

ARTHUR.

Caroline... Je ne puis vous comprendre... moi qui n'ai jamais fait verser de larmes... qui ai toujours couvert d'un voile discret mes amours, mon bonheur, mes projets.

CAROLINE.

Et cette nuit fatale... cette nuit où, vous élevant jusqu'à la fenêtre de mon appartement, en l'absence de mon mari...

ARTHUR.

Eh bien! vous ne m'avez pas entendu; ou plutôt, toujours inexorable, vous avez repoussé mes prières avec dédain... et cependant, depuis quelques jours, votre cœur semblait s'attendrir... vos yeux, plus doux, laissaient surprendre aux miens un trouble qui vous trahissait.

CAROLINE.

Et de quel droit interprétiez-vous ainsi mon silence ?... (Mouvement d'Arthur.) Fidèle à mes devoirs, je ne pouvais vous aimer... je ne vous aimais pas : et je vous adjure de le dire ici... Ai-je jamais autorisé d'une espérance, d'un mot, cette audace qu'il m'a fallu expier, moi, monsieur... oui, moi!... car on vous avait vu vous glisser jusqu'à ma demeure !... et plus tard, aux premiers rayons du jour, quand il fallut vous éloigner, on vous vit descendre de ma fenêtre, escalader le mur du jardin, fuir comme un amant que l'on croyait heureux... bientôt, ce fut le bruit du quartier... de la ville tout entière !... On me regardait avec mépris... les sociétés se fermaient pour moi... ou, si parfois j'y étais admise, on s'entretenait de moi tout bas... on se

taisait à mon approche!... Sir Preston finit par tout appren.
dre... j'étais déshonorée, je fus perdue...

ARTHUR.

O ciel!... mais du moins, il fallait m'appeler à vous... il fal
lait...

CAROLINE.

Il fallait me taire... on ne me croyait pas... Qui donc eût
voulu vous croire?... et mon mari si fier, si implacable...

ARTHUR.

Nous nous serions battus...

CAROLINE.

C'est ce qu'il voulait... c'est ce que je devais empêcher au
prix de mon sang, de ma vie tout entière... Je l'aimais, non
pas d'amour peut-être... c'était l'estime, le respect le plus tendre!... et pourtant, si vous saviez comme il repoussait mes
prières... avec quelle soif de vengeance il me demandait votre
nom!... Je refusai, en pleurant.... j'embrassai ses genoux, mais
en vain!... il allait partir... lorsque le soir, en passant sur les
remparts, il entend prononcer mon nom... il s'approche, un
officier racontait à quelques étourdis cette aventure où j'étais
cruellement nommée... Sir Preston s'élance vers lui, et par les
mots les plus injurieux le provoque à un combat qui devait
lui être fatal. On le rapporta pâle, défait... la poitrine déchirée!... il était blessé à mort!... Je voulus l'entourer de mes
soins; il les rejetait avec horreur... Dans l'espoir de prolonger
ses jours, on le transporta sur le continent... Je le suivis malgré
lui, et il mourut dans mes bras sans m'avoir pardonné... Son
sang était retombé sur moi avec la malédiction de mon père.

ARTHUR.

Votre père !

CAROLINE.

Oui, mon père, que je n'avais pas vu depuis cinq ans... qui,
jusque-là, fier du mari qu'il m'avait donné, comptait sur nous
pour embellir sa vieillesse... pour l'entourer de bonheur et de
joie!... Mon père ! un dieu pour moi, sir Arthur!... il avait

uitté l'Angleterre où ma honte semblait peser sur lui... il m'a-
ait déshéritée, maudite !...

(Elle cache sa figure dans ses mains, et s'assied à droite du théâtre.)

ARTHUR.

Malheureux !... et c'est moi...

AIR de *Téniers.*

Voila ce qu'une étourderie
Après moi laissait de malheur !
Livrant mes jours a la folie,
J'étais en paix avec mon cœur...
Du passé qui me deshonore,
Sans regret comme sans effroi,
En riant j'outrageais encore
La beauté qui souffrait pour moi.

CAROLINE.

Je n'avais plus d'appui sur la terre... sans fortune, sans
ile... forcée de cacher mon nom, qui m'aurait perdue peut-
re... je fus trop heureuse de trouver en France lady Brown,
ii voulut bien accepter mes services... Soumise, pendant
x mois, à son humeur dure et capricieuse, je la suivis à
limbourg, où nous l'avons perdue... et je venais chez votre
nte que j'avais connue à Paris, lui demander sa protection....
rsque tout à coup, mon père, dont j'avais perdu les traces...

ARTHUR.

Votre père !... dites-moi son nom, sa demeure, et j'irai...

CAROLINE, se levant.

Vous êtes chez lui.

ARTHUR.

Sir Cobridge ?... le capitaine !... ah ! je comprends sa fureur,
uand le nom de mon régiment lui a rappelé... mais je cours
ès de lui, me justifier... vous justifier vous-même.

(Il fait quelques pas pour sortir.)

CAROLINE, le retenant.

AIR : *Un jeune Grec.*

Non, arrêtez... vous nous perdez tous deux !
Il vous tuerait ! Une fois reconnue,
 Il me chassera de ces lieux,
Sans qu'à mes pleurs son âme soit émue.

ARTHUR.

Laissez-moi... je veux dans son cœur
Réveiller l'amour, la justice.   .

CAROLINE.

Comment dissiper son erreur ?

ARTHUR, lui prenant la main.

On en croit un homme d'honneur.

CAROLINE.

Mais on n'en croit pas un complice...
Et n'êtes-vous pas mon complice ?

ARTHUR.

Ah, pardon ! pardon !

SIR COBRIDGE, en dehors.

Miss Volsey.

CAROLINE.

C'est lui...

SCÈNE VI.

SIR COBRIDGE, ARTHUR, CAROLINE.

ARTHUR, allant à lui.

Capitaine.

SIR COBRIDGE.

Qui m'appelle ?

ARTHUR.

Moi... le neveu de lady Gérald.

SIR COBRIDGE.

Sir Arthur... Je croyais miss Volsey ici.

     (Caroline fait un mouvement, Arthur l'arrête.)

ARTHUR.

Comment, vous me quittez ainsi, capitaine ?... vous oubliez donc que vous me devez une explication.

SIR COBRIDGE, se retournant vivement.

Une explication ?

ARTHUR.

Ah ! je savais bien que vous resteriez.

SIR COBRIDGE.

Une explication, monsieur ?

ARTHUR.

Sans doute... la manière dont vous m'avez parlé, il y a huit jours, dans le château de ma tante, du régiment auquel j'ai l'honneur d'appartenir.

SIR COBRIDGE, avec impatience.

Ah ! pourquoi me rappeler... je crois vous avoir dit, sir Arthur, que je n'avais pas l'intention de vous offenser personnellement... En effet, dois-je vous rendre responsable des fautes d'un lâche ?

ARTHUR, vivement.

Vous dites... (Caroline s'elance sur lui, il se calme.) Non, sans doute, ce ne peut être moi qui réponde pour un autre... mais je tiens à vous prouver qu'il n'y a pas un de mes camarades...

SIR COBRIDGE.

Assez, sir Arthur, assez... permettez...

ARTHUR, le retenant.

Vous m'écouterez, capitaine... vous m'écouterez... il n'y a pas un de mes camarades qui ne soit digne de votre estime... je les connais tous... (Caroline ecoute avec anxieté.) Et si parmi eux il s'en est trouvé un... assez malheureux pour commettre une faute, même involontaire... je suis sûr que pour la réparer...

SIR COBRIDGE.

Et ce qui est irréparable, monsieur ?

ARTHUR.

Je vous comprends... à Lincoln...

SIR COBRIDGE, tres-agité.

Que parlez-vous de Lincoln ?...

ARTHUR.

Des malheurs de lady Preston...

SIR COBRIDGE, lui prenant vivement le bras.

Sir Arthur, silence... silence... silence sur votre honneur et sur le mien !

(Caroline remonte doucement et va fermer la porte à gauche.)

ARTHUR.

Pourquoi?.. on ne peut nous entendre, et je puis...

(La porte se ferme. Caroline fait un pas pour revenir.)

SIR COBRIDGE, montant.

Écoutez... (Caroline s'arrête.)

ARTHUR.

Rien, rien... ses malheurs, vous dis-je, je les ai connus.

SIR COBRIDGE.

Ah !... mais que m'importe !... Pourquoi venez-vous, ici, me tenir un pareil langage ?... Lincoln... lady Preston !... qui vous a dit que je prisse à cela quelque intérêt ?

ARTHUR.

Mais j'avais cru.... d'ailleurs, cet officier que vous accusez, il m'a dit un nom.

SIR COBRIDGE.

Ce n'est pas le mien... je ne le connais pas... Mais, vous... vous qui le connaissez..... vous êtes brave, dites-vous?... vous avez de l'honneur au fond de l'âme... et vous ne l'avez pas puni?... et vous n'avez pas vengé la femme qu'il a déshonorée?... l'honnête homme dont il causa la mort? le vieillard qu'il a couvert d'opprobre ?... vous ne lui avez pas arraché ses épaulettes? vous ne lui avez pas dit : « Mais viens donc, que je « lave dans ton sang la tache que tu as faite à cet uniforme « qui est le mien, et que tu es indigne de porter. »

ARTHUR.

Ne parlez pas ainsi... il n'était pas coupable... il me l'a juré.

SIR COBRIDGE.

Il a menti.

ARTHUR.

Sir Cobridge !

(Caroline s'élance vers Arthur et le retient.)

SIR COBRIDOE.

Il a menti, te dis-je... Pourquoi n'est-il pas venu trouver sir
eston... et moi-même ?... il me devait raison...

ARTHUR.

Mais il n'a rien su.

SIR COBRIDGE.

Et il vous a dit...

ARTHUR.

Il n'a rien su que par votre fille.

SIR COBRIDGE , avec éclat.

Ma fille !... (Il est hors de lui. Caroline s'éloigne avec effroi. Arthur paraît dé-
d'avoir laissé échapper ce mot.) Ma fille !

ARTHUR.

Pardon, capitaine... je ne voulais pas...

SIR COBRIDGE.

Qui vous a dit que ce fût ma fille ? car vous l'ignoriez... qui
us a révélé ?... mais parlez donc !...

ARTHUR, regardant Caroline.

Qui me l'a dit ?... c'est... (Caroline effrayée lui fait un signe suppliant.)
st votre neveu.

SIR COBRIDGE.

Mon neveu !... et qui donc a pu lui apprendre ?... Mais tout
'heure, en effet, ce que je viens de lui confier... est-ce qu'il
urait compris ? Il faut que je l'interroge.   (Effroi de Caroline.)

ARTHUR, prenant la main de sir Cobridge et l'arrêtant.

Doutez-vous de ma discrétion ?

SIR COBRIDGE, très-agité.

SIR COBRIDGE.

Non pas de la vôtre, je veux y croire. Vous êtes un brave jeune homme, vous ne ferez pas rougir un vieux soldat qui n'a pas eu le bonheur de mourir un jour de bataille. Ce n'est pas ma faute !... Puisque vous savez nos malheurs, ah ! vous ne me les rappellerez jamais, n'est-ce pas, sir Arthur ?

ARTHUR, faisant approcher Caroline.

Ils doivent finir, capitaine... et si lady Preston tombait à vos pieds, et vous demandait...

SIR COBRIDGE, froidement.

Je ne lui dois plus rien, je l'ai maudite !

ARTHUR.

Mais si elle revenait ?

SIR COBRIDGE, de même.

Je la maudirais...   (Caroline recule effrayée.)

ARTHUR.

Si elle se justifiait... si l'officier qui l'a offensée...

SIR COBRIDGE.

Ah ! qu'il vienne, lui ! qu'il vienne... je l'attends.

ARTHUR.

Si, pour réparer sa faute, il vous demandait votre fille...

(Mouvement de Caroline.)

SIR COBRIDGE.

Lui ! mon fils ? l'infâme ! Oh ! jamais !... plutôt le dernier des hommes... et s'il osait paraître devant moi...

ARTHUR.

Eh bien ! que feriez-vous ?

SIR COBRIDGE.

Ce que je ferais ?... je vous demanderais votre épée... ou plutôt, mon jeune camarade, je vous confierais la mienne.

ARTHUR.

Capitaine !

(On entend en dehors un bruit de crosses de fusils et la voix d'Edgar.)

EDGAR, en dehors.

Eh ! il n'y a personne.

(Caroline va ouvrir la porte à gauche et sort un moment.)

SIR COBRIDGE.

Qu'est-ce donc ?... qui vient ainsi ?

CAROLINE, rentrant.

Sir Cobridge, ce sont des jeunes gens... les jeunes chasseurs
u château.   (Elle est très-émue, Arthur lui serre la main.)

ARTHUR, bas.

Du courage.

SCÈNE VII.

LES MÊMES, EDGAR, JEUNES GENS.

EDGAR, entrant.

Sir Arthur ! nous devions le trouver ici.

SIR COBRIDGE, encore ému.

Messieurs...

ARTHUR.

Ah ! de grâce !...

SIR COBRIDGE.

Qu'est-ce donc ?

EDGAR.

Rien, rien.

AIR : *Des maris ont tort.*

Nous venons ici. capitaine,
Pour réclamer un déserteur,
Qui nous a laissés dans la plaine
Morts de fatigue et de chaleur.
C'était à nous mettre en fureur.
Le gibier, je crois, nous devine :
Sur ses traces nous courons tous
Sans le trouver... Mais j'imagine,
D'autres sont plus heureux que nous.

ARTHUR, vivement, passant auprès de sir Cobridge.

Messieurs, je ne voulais pas passer si près de sir Cobridge sans le saluer... il me parlait de ses campagnes.

EDGAR.

Oui, je sais... vous veniez pour ça... Vous aimez beaucoup les campagnes, et les conquêtes.

(Rire étouffé. Arthur fait un signe suppliant.)

SIR COBRIDGE.

Soyez les bienvenus, messieurs... vous n'êtes pas ici dans le château de lady Gérald... mais le vieux Cobridge peut encore offrir l'hospitalité à des chasseurs malheureux.

ARTHUR, bas à Edgar et aux jeunes gens.

Refusez.

EDGAR.

Du tout... du tout... Nous acceptons avec plaisir, capitaine...

ARTHUR.

Ces messieurs gagneront bien vite le château.

EDGAR.

Vous en parlez bien à votre aise, vous qui étiez paisiblement à l'ombre, tandis que le soleil donnait en plein sur nos têtes.

SIR COBRIDGE.

Ces messieurs ont raison, et je vais donner des ordres... (A part.) J'ai besoin d'être seul. (A Caroline.) Venez... Sir Arthur et ses amis me pardonneront... Mon neveu doit être ici... (A sir Arthur, qui, à son nom, lui tend la main ; bas.) Sir Arthur, soyez plus discret que lui... mais je lui parlerai.

CAROLINE, à part.

Ciel! comment empêcher...

SIR COBRIDGE.

Venez, miss Volsey...

(Il sort avec Caroline par la porte a droite. Edgar et les jeunes gens le suivent jusqu'à la porte)

ARTHUR, seul sur le devant de la scène.

Et c'est une étourderie de jeune homme qui a plongé dans
le deuil cette femme... sa famille... Ah! c'est un remords qui
me pèse là...

(Quand sir Cobridge est sorti, les jeunes gens reviennent auprès d'Arthur.)

EDGAR.

Ah çà! sir Arthur, quelle diable de physionomie vous avez!...
On dirait que les campagnes du capitaine ne vous ont pas beaucoup égayé... ou que peut-être la jeune miss est un peu farouche...

TOUS, gaiement.

Oui, oui, c'est cela.

ARTHUR.

Messieurs, messieurs, pas un mot de plus... Songez que
l'honneur d'une femme... sa réputation...

EDGAR.

Bravo! un sermon... comme votre respectable tante.

ARTHUR, à part.

Ma tante!... Mais comment prouver au capitaine... Ma tante!
Je veux la voir... il le faut... lui parler.

EDGAR.

Quelle agitation!

ARTHUR.

Pardon, messieurs... je vous quitte un instant... mais je vous
rejoindrai bientôt.

TOUS, le suivant.

Comment...

EDGAR.

Vous nous laissez encore ?...

ARTHUR.

Adieu, adieu...

(Il sort par la gauche ; au même instant Clactown entre par la droite.)

SCÈNE VIII.

CLACTOWN, EDGAR, Jeunes Gens.

CLACTOWN, deux lettres à la main.

Ah ! sir Arthur est ici !... je viens... Eh bien ! eh bien ! si Arthur s'en va ?

EDGAR.

On ne peut pas traiter ses hôtes avec moins de cérémonie.

TOUS.

C'est très-mal.

CLACTOWN.

Et moi qui avais à lui parler.

EDGAR.

Quoi donc ? Une lettre à lui remettre ?

CLACTOWN.

Eh ! non... Vous ne savez pas... une autre histoire... je vai voyager.

EDGAR.

Il se pourrait !

CLACTOWN.

Encore une idée de mon oncle... Il veut que je prenne en se cret, et sans me faire connaître, des renseignements sur un femme... je ne sais qui... à laquelle, quoi qu'il en dise, il m' l'air de prendre beaucoup d'intérêt.

TOUS.

Pas possible !

CLACTOWN.

Mais ce n'est pas tout !... Il lui fait passer de l'argent... il veu que j'en remette de sa part à un homme d'affaires de Lincoln

EDGAR.

Comment ! c'est à Lincoln ?

CLACTOWN.

Eh ! oui... et vous concevez... une inconnue, qui tire à ell l'argent de la succession... c'est inquiétant... pour moi... seul et unique héritier... seul et unique...

EDGAR, riant avec les autres.

Ah ! ah ! c'est juste... vous dites que c'est dans le comté de Lincoln ?...

CLACTOWN.

Que cet argent doit lui parvenir... et comme sir Arthur a habité ce pays-là, il m'aurait donné des renseignements.

EDGAR.

Que je vous donnerai peut-être aussi bien que lui... j'y ai passé six mortels mois, l'hiver dernier.

CLACTOWN.

Vrai !... Alors, vous avez peut-être entendu parler de lady Preston ?

EDGAR.

Parbleu !... C'est d'elle qu'il s'agit ?

CLACTOWN.

Eh ! oui... cette femme inconnue... vous la connaissez ?

EDGAR.

Non pas elle... mais sa réputation, qui était détestable... son mari est mort de chagrin... et le scandale de ses amours...

CLACTOWN.

Bravo !... vous allez me conter ça... c'est charmant... je vais faire mon voyage sans sortir de chez moi... et si les renseignements sont bons... c'est-à-dire s'ils sont mauvais, je déclarerai à mon oncle... Chut ! voici le vieux... voici le vieux.

SCÈNE IX.

LES MÊMES, SIR COBRIDGE, CAROLINE.

SIR COBRIDGE, entrant.

Pardon, messieurs... Sir Arthur, si vous voulez passer...

CLACTOWN.

Sir Arthur... mais il est sorti...

SIR COBRIDGE.

Clactown, c'est vous ?

CLACTOWN.

Oui, mon oncle, moi et deux lettres à votre adresse...

(Il les lui donne.)

SIR COBRIDGE, lui prenant la main ; à demi-voix.

Clactown, vous m'expliquerez comment il se fait qu'un secret... que vous avez pénétré...

CLACTOWN.

Hein ! plaît-il ?... un secret...

SIR COBRIDGE, de même.

Silence !... Ce que vous avez dit à sir Arthur.

CLACTOWN.

Moi !

CAROLINE, vivement à sir Cobridge.

Sir Cobridge, ces messieurs attendent.

SIR COBRIDGE, à Clactown.

Allez, allez... mais après leur départ, vous m'expliquerez...

CLACTOWN, retirant son bras.

Tout ce que vous voudrez... (A part) Il m'a démis le poignet...
(A sir Cobridge.) Tout ce que vous voudrez... Et quant aux renseignements que vous me demandez sur lady Preston, vous en
aurez, bientôt... et sans sortir d'ici.

SIR COBRIDGE.

Que veux-tu dire ?

CAROLINE, à part.

Ciel !

CLACTOWN, allant au fond et s'adressant à Edgar et aux jeunes gens.

AIR : *Venez, mon père, ah ! vous serez ravi.*

De la maison, si je fais les honneurs,
    Vous, messieurs, qui m'aime me suive ;

Et pour ma part, je vais, joyeux convive,
Défier la soif des chasseurs.
(Revenant auprès de son oncle.)
Avec vous je m'expliquerai !...
(A part.)
Car je suis sûr de ma ruine,
S'il me faut payer l'arriéré
D'un capitaine de marine.

ENSEMBLE.

CLACTOWN.

En attendant, si je fais les honneurs, *etc.*

EDGAR et LES JEUNES GENS.

De la maison puisqu'il fait les honneurs,
Allons, et qui l'aime le suive ;
Car, pour sa part, il va, joyeux convive,
Défier la soif des chasseurs.

SIR COBRIDGE, à part.

Que veut-il dire ? ah ! dans le fond du cœur,
Je sens la crainte la plus vive ;
Faut-il qu'ici la honte me poursuive,
Et vienne irriter ma douleur ?

CAROLINE, à part.

Que veut-il dire ?... Ah ! dans le fond du cœur
Je sens la crainte la plus vive ;
Faut-il qu'ici la honte me poursuive,
Et vienne irriter sa douleur ?

lactown, Edgar et les jeunes gens entrent dans la chambre à droite de l'acteur.)

SCÈNE X.

CAROLINE, SIR COBRIDGE.

SIR COBRIDGE.

Des renseignements !

CAROLINE, à part.

S'il apprenait !... ô mon Dieu ! inspire-moi.

SIR COBRIDGE, avec humeur.

Miss Volsey...

CAROLINE.

Me voici, monsieur le capitaine.

SIR COBRIDGE.

Tenez, ouvrez ces lettres... voyez ce qu'elles renferment. (Brusquement.) Prenez donc.

CAROLINE.

Oui, monsieur le capitaine.

SIR COBRIDGE.

Lisez-les-moi.

CAROLINE.

Tout de suite... (Elle ouvre une lettre.)

SIR COBRIDGE, grondant, a part.

Il m'expliquera comment il a pu apprendre à sir Arthur...

CAROLINE, qui l'a écouté.

Je suis perdue!

SIR COBRIDGE, avec impatience.

Eh bien! vous ne lisez pas?

CAROLINE.

Si fait... si fait.. celle-ci est de l'amirauté... elle vous annonce que votre pension est échue.

SIR COBRIDGE.

De l'argent, de l'argent! que veulent-ils que j'en fasse maintenant?.. est-ce tout?

CAROLINE, ouvrant l'autre lettre.

Celle-là est d'un vieux marin, John Campbell, qui se recommande à vous.

SIR COBRIDGE.

Il fait bien... j'aurai soin de lui... les vieux marins, c'est ma famille!... je n'en ai plus d'autre... (A lui-même.) Clactown! un fat!... Mais je me sens tourmenté, ému... je l'attends ici... (A Caroline.) Laissez-moi.

CAROLINE, tremblant ; n'ayant aucune autre lettre dans les mains.

C'est que j'ai là... encore... une lettre.

SIR COBRIDGE.

Ah ! une troisième !... je croyais... voyons, voyons... (Moment de silence.) Vous ne dites rien ?

CAROLINE.

Si fait... je vais vous la lire, si vous voulez.

SIR COBRIDGE, très-brusquement.

Eh ! parbleu ! qu'avez-vous donc ?

CAROLINE, effrayée.

C'est que... vous me parlez avec une brusquerie... j'ai peur.

SIR COBRIDGE.

Ah !... c'est possible !.. au fait, j'ai des moments d'humeur... mais avec vous, j'ai tort, miss Volsey... pardonnez-moi... c'est que, voyez-vous, j'ai des chagrins.

CAROLINE.

Vous !

SIR COBRIDGE.

Mais cela ne vous regarde pas... Voyons, mon enfant, lisez... de quel pays ?

CAROLINE.

C'est du comté de Lincoln.

SIR COBRIDGE.

Du comté de... et qui peut m'écrire ?... le nom ?

CAROLINE, hesitant.

Caroline...

SIR COBRIDGE, très-agité.

Caroline !... Ah ! cette lettre... ce papier... donnez...

CAROLINE, avec embarras.

Monsieur le capitaine !...

SIR COBRIDGE.

Donnez donc... (Caroline se baisse vivement, ramasse une des deux lettres et la lui donne.) Elle m'écrit !.. elle ose... (Regardant cette lettre comme

56.

s'il pouvait lire, puis la montrant à Caroline.) C'est bien Caroline, n'est-ce pas ?

CAROLINE, d'une voix etouffee.

Oui, oui... rendez-la-moi.

SIR COBRIDGE.

Je ne veux pas... une pareille audace !... qui donc lui a révélé ma demeure ?... je ne pourrai donc pas mourir tranquille !... (Dechirant la lettre.) Qu'on me laisse !... (Après un silence.) Mais, dans cette lettre, que peut-elle me dire ?... quel peut être son langage ?... je veux le savoir... je veux...

CAROLINE.

Donnez.

SIR COBRIDGE.

Je l'ai déchirée... vous ne pourrez peut-être pas...

CAROLINE.

Si fait, si fait... en rapprochant...

SIR COBRIDGE.

Ah ! bien... tenez... (Retenant la lettre.) Mais vous ne savez pas quelle est cette femme, cette Caroline ?... (L'attirant à lui et très-bas.) C'est ma fille... (Mouvement de Caroline.) Oui, ma fille !... Silence !... n'en dites rien... elle était déshonorée... et moi... qui l'avais tant aimée... (D'une voix étouffee.) Je l'ai..... je l'ai... (Ne pouvant achever.) Tenez, tenez... lisez bas... bien bas.

CAROLINE prend le papier, le laisse tomber... et avec un effort.

Mon père !... mon vénéré père !... je suis accusée, condamnée, sans qu'il me soit permis de voir mon juge... et cependant, je le sens au fond de mon âme, il se laisserait attendrir par mes prières et par mes larmes.

SIR COBRIDGE.

Non, non...

CAROLINE.

Car je ne suis pas coupable du crime dont on m'accuse.

SIR COBRIDGE.

Si fait.

CAROLINE.

Non, mon père, non... je vous le jure par la mémoire de
a mère.

SIR COBRIDGE.

Sa mère ?... c'était une brave et digne femme, elle. (A Caroline.)
sez.

CAROLINE.

Je vous le jure par vos cheveux blancs, que je baise avec
spect... Je ne suis pas coupable... la calomnie m'a perdue...
après m'avoir enlevé le cœur d'un mari, qui ne sut pas com-
endre le mien... elle a fait tomber sur ma tête votre malé-
ction, qui me tue.

SIR COBRIDGE.

Assez.

CAROLINE.

Ah ! retirez-la, mon père... me voilà errante, sans refuge, sans
pui.

SIR COBRIDGE.

Elle doit être bien malheureuse.   (Il se jette sur son fauteuil.)

CAROLINE.

Et vous-même, seul, délaissé... quand votre fille devrait
uider vos pas... et vous entourer d'amour et de bonheur.

SIR COBRIDGE.

Assez.... assez...

CAROLINE, plus vivement.

Aussi, je pars... j'arriverai avant cette lettre, peut-être...
cours au fond de votre retraite... vous ne me repousserez
s, ou je mourrai à vos genoux.

SIR COBRIDGE.

Oh ! Caroline... jamais.

CAROLINE, se précipitant à ses pieds.

Mon père !

SIR COBRIDGE, dans le plus grand désordre.

Ce cri !... qui donc ? qui donc ?

CAROLINE, d'une voix étouffée.

C'est elle... c'est elle... la voilà.

SIR COBRIDGE.

Elle était ici !

CAROLINE, de même.

Oui... elle est à vos pieds... mais elle n'ose se jeter dans v
bras... elle attend un mot de vous...

SIR COBRIDGE.

Miss Volsey... miss Volsey.

CAROLINE.

Que me voulez-vous?... me voici.

SIR COBRIDGE.

Vous ! mais elle... elle ?

CAROLINE.

Elle, c'est moi, mon père...

SIR COBRIDGE.

Ma fille !

CAROLINE, se levant vivement et se jetant à son cou.

Mon père !... (L'embrassant.) Oui, c'est moi... moi, qu'on a c
lomniée, perdue ! mais je reviens, digne de vous... mon pèr
je n'ai jamais cessé de l'être.

SIR COBRIDGE, avec abandon.

Toi, Caroline... oui, oui... tu es ma fille... que j'ai pleurée,
ma fille... je t'attendais, n'est-cc pas ?

CAROLINE.

Ah ! revenez à vous...

Au bruit que font Clactown et les jeunes gens qui rentrent, elle s'éloigne.)

SCÈNE XI.

Les Mêmes, CLACTOWN, EDGAR, Jeunes Gens.

CLACTOWN.

Ah ! ah ! c'est délicieux... c'est vous, mon oncle... je vo
cherchais.

SIR COBRIDGE, sans se lever.

Qu'est-ce donc? qu'avez-vous?

CLACTOWN.

Demandez à sir Edgar et à ces messieurs... **Ah!** vous vouliez es renseignements sur lady Preston...

CAROLINE.

Grand Dieu!

SIR COBRIDGE.

Eh bien!

CLACTOWN.

J'en ai à votre service... j'en ai d'excellents... je les tiens de ir Edgar, ici présent, qui était, il y a six mois, à Lincoln... il ous dira si elle a mérité vos bienfaits... Ah! ah! ah!

SIR COBRIDGE.

Clactown!

CLACTOWN.

Une réputation affreuse!... un scandale... son mari...

CAROLINE.

Monsieur...

SIR COBRIDGE.

Et moi, j'allais l'oublier... Ah! c'est trop d'infamie!... je ne saurais supporter...

EDGAR.

On disait que, partout repoussée...

SIR COBRIDGE.

Vous l'entendez, miss Volsey.

CAROLINE.

Malheureuse!

SCÈNE XII.

Les Mêmes, Sir ARTHUR, entrant par la gauche.

SIR ARTHUR.

Qu'est-cc, messieurs... que se passe-t-il ?

CAROLINE.

Sir Arthur, ah ! venez, venez... ils' outragent... ils condamnent...

ARTHUR.

Qui donc ?

CAROLINE.

La fille de sir Cobridge !

TOUS.

Sa fille !

CLACTOWN.

Une héritière !

EDGAR.

C'est-à-dire qu'à Lincoln on accusait lady Preston.

ARTHUR.

Et moi, je la défends, messieurs... c'est la vertu même, je vous le jure à tous... Et s'il se trouvait quelqu'un d'assez lâche, d'assez infâme pour l'accuser d'un crime dont, sur l'honneur, je la déclare innocente... il m'en rendrait raison jusqu'à la dernière goutte de mon sang.

CLACTOWN, vivement.

Ce n'est pas moi qui l'ai dit.

SIR COBRIDGE, à Arthur.

Bien, jeune homme.

ARTHUR.

Capitaine, je viens, au nom de lady Gérald, ma tante, vous demander pour moi, Arthur de Bury, comte de Gérald, héritier de ses domaines, la main de votre fille.

CAROLINE.

Grand Dieu !

TOUS.

Que dit-il ?

ARTHUR.

Oui, messieurs.

AIR : *C'était Renaud de Montauban.*

Je vois partout mes titres enviés,
Eh bien ! je mets, pour m'élever encore,
Mon nom, mon rang, ma fortune à ses pieds...
En acceptant, c'est elle qui m'honore.
  Oui, messieurs, retenez-le bien,
Ainsi que moi, le respect l'environne,
Et désormais le nom que je lui donne
Met son honneur sous la garde du mien.

CAROLINE.

Arthur !

ARTHUR, allant à sir Cobridge.

Voilà mes preuves, capitaine... et maintenant, mon père,
n'en croirez-vous ?

SIR COBRIDGE.

Oui, j'en crois ce langage, plus encore que ses larmes. (Ici l'orchestre commence le morceau du premier acte, *Contrainte cruelle*, qu'il continue
jusqu'à la fin.) Caroline, ma fille...

CAROLINE.

Mon père.   (Elle se jette à son cou.)

SIR COBRIDGE.

Venez, sir Arthur.

(Sir Cobridge se trouve entre Caroline et Arthur qui le pressent dans leurs bras.

CLACTOWN.

Hem !... voilà bien une autre histoire !

SIR COBRIDGE.

Et l'auteur de sa honte... le misérable...

CAROLINE.

Grâce !

ARTHUR.

Vous ne le connaîtrez jamais... quand celui qui répare malheurs rentrera au régiment, celui qui les a causés n'y plus.

FIN DE LA LECTRICE.

FRÉTILLON,

ou

LA BONNE FILLE,

VAUDEVILLE EN CINQ ACTES,

eprésenté pour la première fois sur le théâtre du Palais-Royal,
le 13 décembre 1834.

———

En société avec M. A. Decomberousse.

———

En chemise, à la croisee,
Il lui faut tendre ses lacs.....

Deux fois elle eut equipage,
Dentelles et diamants.....

Mais que vient-on de m'apprendre?
Quoi' le peu qui lui restait,
Fretillon a pu le vendre
Pour un fat qui la battait '...

Seigneurs, banquiers et notaires]
La feront encor briller.
Puis encor des mousquetaires
Viendront la deshabiller.,

Ma Fretillon,
Cette fille,
Qui fretille,
Est si bien sans cotillon !

Beranger.

Personnages :

~~⟨✠⟩~~

CAMILLE ou FRÉTILLON [1]. *
LUDOVIC [2]. **
MARENGO, soldat [3]. ***
GODUREAU, courtier [4].
M. DE CÉRAN, jeune élégant [5].
AUGUSTA, jeune danseuse [6]. ****
ERNEST [7].
JOSEPH, porte-clefs de Sainte-Pélagie [8].
M. LEGRAS, huissier [9].

(Au 1er acte.)
LE JOCKEY de Godureau.

(Au 2e acte.)
JOHN, jockey de M. de Céran.
UNE FEMME DE CHAMBRE.

(Au 3e acte.)
ANASTASIE, femme de chambre
PLUSIEURS JEUNES GENS ÉLÉGANTS.
DAMES, invitées chez Camille.

(Au 4e acte.)
QUATRE JEUNES GENS détenus
pour dettes.
DEUX GARÇONS de fournisseurs.
Un caporal et deux soldats.

LA SCÈNE EST A PARIS :

Aux 1er, 2e, 3e et 5e actes chez Camille ; au 4e à Sainte-Pélagie.

ACTEURS :

[1] Mademoiselle DÉJAZET. — [2] M. ACHARD. — [3] M. LEMÉNIL. —
[4] M. SAINVILLE. — [5] M. ANATOLE. — [6] Madame LEMÉNIL. —
[7] M. VICTOR. — [8] M. BOUTIN. — [9] M. OCTAVE.

---

* En grisette au premier acte. Neglige elegant au deuxieme. Toilette recherchee au troisieme. Toilette legere, voile, bijoux et cachemire au quatrieme. Robe blanche tres-simple au cinquieme.

** Habit râpe et casquette au premier acte; costume plus soigne d'acte en acte.

*** Habit bourgeois au premier acte, militaire dans les autres actes.

**** En grisette au premier acte. Toilette tres-elegante dans les autres actes.

FRÉTILLON

OU

LA BONNE FILLE

———————◇————————

ACTE PREMIER

ne mansarde ; au fond, à gauche, une fenêtre ; à droite, la porte d'entrée. Portes latérales. Une armoire, une table, des chaises, etc.

SCÈNE PREMIÈRE.

AUGUSTA, CAMILLE.

CAMILLE, seule, en jupon et en train de s'habiller.

Que c'est ennuyeux de s'habiller toute seule !... là... voilà mon lacet parti. (Se retournant et regardant par la fenêtre.) Ah ! mon Dieu ! ce petit monsieur à sa fenêtre... toujours là !... il me salue. (Elle croise ses bras sur sa poitrine en saluant.) Monsieur, j'ai bien l'honneur... Il est gentil ! Allons, en voilà un autre qui se met à sa lucarne. Ah ! l'horreur !... par exemple, si je veux qu'il me regarde celui-là !... (Elle prend un châle et l'attache en guise de rideau.) J'en suis bien fâchée pour le petit.

AUGUSTA, entrant pendant que Camille est montée sur une chaise.

Camille ! Camille ! Eh bien ! est-ce qu'il n'y a personne ici ?

CAMILLE, descendant.

Si fait... Bonjour, Augusta. Tu arrives à propos... agrafe-moi donc ma robe.

AUGUSTA.

Tiens ! qu'est-ce que tu faisais là ?

CAMILLE.

Je tirais le rideau; il y a, en face, des gens qui, sous prétexte
qu'ils sont plus élevés que moi... ont toujours les yeux sur ce
qui ne les regarde pas.

AUGUSTA.

Ça te contrarie?

CAMILLE.

Certainement, quand ils sont laids; et il y en a un...

AUGUSTA, ôtant le châle.

Voyons... Le grand... je sais, il m'envoie aussi des douceurs :
un garçon apothicaire.

CAMILLE.

Vrai?

AIR : *De sommeiller encor, ma chère.*

Les sentiments d'apothicaire
Ne me tentent pas, j'en convien,
Et pourtant, j'en ai vu, ma chère,
Qui devaient aimer assez bien.
Mais avec eux, j'ai des scrupules,
Cet état-là me fait trembler.
Et leurs amours sont des pilules
Que je ne peux pas avaler !

Et l'autre, sais-tu ce que c'est? Non... il a un petit air éveillé...
j'aime mieux ça...

AUGUSTA, achevant d'agrafer la robe de Camille.

Là! c'est fini... et je m'assois, car je ne puis plus me tenir
sur mes jambes.

CAMILLE.

Est-ce que tu as couru ce matin?

AUGUSTA.

Il y a deux heures que je fais des battements et des pirouettes ;
car, tu ne sais pas... je débute la semaine prochaine dans *le
Dieu et la Bayadère*... Monsieur Véron me l'a promis... je n'ai pas
dormi de la nuit... Quand je pense que je vais paraître devant
ces messieurs de l'orchestre, qui ont le coup d'œil si difficile !
Heureusement, j'ai le cou-de-pied délicieux.   (Elle se met à danser.)

CAMILLE.

Tu as beau dire, c'est un état que je n'aime pas... se déman-cher le corps devant tant de monde...

AUGUSTA.

C'est là qu'est l'avantage.

CAMILLE.

J'aime mieux danser à la Chaumière... avec quelqu'un tout seul.

AUGUSTA.

Là! encore! Monsieur Alfred peut-être... il faut avouer que tu as des attaches bien singulières. Un garçon qui avait mauvais genre...

CAMILLE.

Oh! tu dis ça parce qu'il n'avait pas un tilbury.

AUGUSTA.

Tiens! un tilbury... c'est aimable... et, si tu voulais, je con-nais quelqu'un qui ne demanderait pas mieux que de t'en don-ner un... il te trouve si gentille, monsieur Godureau.

CAMILLE.

Ce gros pataud! il a l'air bête!

AUGUSTA.

Il roule sur l'or, ma chère... c'est le neveu d'un marchand de comestibles.

CAMILLE.

Dieu! moi qui aime tant les dindes truffées!

AUGUSTA.

Et le vin de Champagne donc! A propos de ça, je viens te de-mander à déjeuner, et j'apporte mon plat... un fromage de Neufchâtel qui est délicieux !   (Elle le tire de son panier.)

CAMILLE.

Ça se trouve bien... j'en ai un là qui est tout frais.

37.

AUGUSTA.

Ça fait deux plats... Mais est-ce que monsieur Godureau ne t'a pas écrit?

CAMILLE.

Je n'ai rien reçu.

AUGUSTA.

Il doit te faire part de ses intentions... Quelque cadeau, j'en suis sûre... il fait très-bien les choses.

CAMILLE, mettant le couvert.

Ça m'est égal... je n'y tiens pas ; ce que je veux, c'est un sentiment.

AUGUSTA, faisant des battements.

Un sentiment... mon Dieu ! Camille, tu ne pourras donc jamais avoir de l'ordre ! Tu es d'un décousu, ma chère, qui me fait trembler pour toi... Comme me dit mon excellente mère : Quand on est jeune, il faut penser à l'avenir... mettre de côté... le sentiment tout seul, ça passe et ça ne laisse rien... mais quand il y a quelque chose avec... quinze, vingt, quarante mille livres de rente, il en reste toujours un peu... c'est ce qui s'appelle plumer l'amour ! et avec ces plumes-là, on a des rentes, un hôtel, une voiture... voilà comme on fait son chemin. Tra, la, la, la. (Elle danse.)

CAMILLE.

Oh ! je sais... tu fais de l'arithmétique... Eh bien ! moi, je ne peux pas... le cœur emporte la tête... je partage avec ceux qui n'ont rien... les autres partagent avec moi, j'ai des hauts et des bas... tantôt en indienne, tantôt en mousseline...

Air de *Partie et Revanche.*

L'or, vois-tu bien, je n'y tiens guère,
Je m'en passe, mais de l'amour !
Il m'en faut, il m'est nécessaire ;
Par malheur, les amants du jour
Sont perfides, pleins de détour ;

Ils nous trahissent, il me semble
Que c'est tous les jours plus commun.
Et j'en aime plusieurs ensemble,
Pour qu'il m'en reste toujours un.

Oh! tu ne comprends pas ça, toi?

AUGUSTA.

Si fait! si fait! et tiens, il vient quelquefois ici un militaire
qui a fini son temps...

CAMILLE.

Marengo?...

AUGUSTA.

Eh bien! ma chère, il me plaît... il me plaît beaucoup... j'y
pensais encore ce matin, en répétant mon pas de deux toute
seule, mais il ne me ferait pas faire des bêtises... oh! bien oui...

CAMILLE.

Tu te possèdes, toi... tu es bien heureuse.

(Un billet jeté par la fenêtre tombe sur la scène.)

AUGUSTA.

Tiens, qu'est-ce donc qu'on jette là? un billet! c'est pour toi.

CAMILLE.

Ça vient d'en face, pourvu que ce soit du petit. Voyons...
(Elle l'ouvre et lit.) « Tant pis, mamzelle, je ne sais pas qui... mais
c'est égal... je vous aime, je n'y tiens plus... ça m'étouffe!...
je vous l'écris, et je vas chercher la réponse..... » (S'interrompant.)
Ah! mon Dieu! il va venir.

AUGUSTA.

Eh bien! comme il va!

CAMILLE, lisant.

« Je porte avec moi mon déjeuner, que je vous offre comme
un à-compte sur les sentiments d'estime que je vous voue
pour tout le temps de votre existence et de la mienne. »
(S'interrompant.) Il écrit bien. (Lisant.) « LUDOVIC. » Oh! le joli
nom! je n'en ai pas encore rencontré comme celui-là.

AUGUSTA.

Est-ce que tu vas le recevoir, ma chère ?

CAMILLE.

Je n'ai jamais refusé à déjeuner à personne.

SCÈNE II.

LES MÊMES, LUDOVIC.

LUDOVIC, entrant.

Me voilà !

CAMILLE.

C'est lui !

LUDOVIC, s'arrêtant à la vue d'Augusta.

Tiens ! elle n'est pas seule... tant mieux !

AIR : *Vivent les grisettes.*

Vive un tête-à-tête,
Lorsque, content et joyeux,
Au lieu d'un' grisette
On en trouve deux !
(A Camille.)
Bonjour, ma voisine...
Qu' d'attraits, quel trésor,
Et ce qu'on devine
Vaut bien mieux encor.
Vive un tête-à-tête, *etc.*

CAMILLE.

Il est un peu leste !

LUDOVIC.

Vous avez reçu ma lettre, n'est-ce pas ?

AUGUSTA.

Elle est arrivée d'une drôle de manière. Est-ce qu'on jett ainsi, par la fenêtre ?

LUDOVIC.

Tiens ! tant qu'on ne casse pas les vitres ! et du moment qu

mademoiselle Camille ne s'en fâche pas... Je viens chercher la
réponse.

CAMILLE, allant chercher un couvert dans l'armoire et le mettant sur la table.

La voilà, monsieur Ludovic.

LUDOVIC.

Mon couvert !... vrai !... c'est pour moi ?... vous n'en attendiez pas un autre ?... je vais déjeuner avec vous ?... Dieu ! que
vous êtes bonne !... que vous êtes gentille !

CAMILLE.

Dame !... notre déjeuner n'est pas à deux services, vous concevez... une jeunesse qui travaille de son aiguille...

AUGUSTA.

Et une danseuse qui travaille de ses...   (Elle fait des battements.)

LUDOVIC.

Et moi, qui ne travaille pas du tout... comme ça se trouve !...
Voilà mon plat... un Neufchâtel !... et puis... Tiens !... il y en a
déjà deux... (Il rit.) Ah ! ah ! ah !

AUGUSTA, riant.

Ah ! ah ! ah !... c'est drôle !

CAMILLE, riant.

Ah ! ah ! ah! ça fait trois plats variés.

LUDOVIC.

Moi, j'adore le fromage ! j'avais bien envie de monter quelque chose de mieux avec moi : une dinde, une volaille, un
pâté ; mais j'étais si pressé d'arriver... avec ça que je n'avais
pas le sou...

AUGUSTA.

Vous n'aviez...

LUDOVIC.

Pas le sou !... (Frappant sur sa poche.) Personne.

CAMILLE.

Eh bien ! il ne prend pas en traître, au moins !

LUDOVIC.

Moi, jamais ! je suis franc comme l'or... que je n'ai pas... et quand je vous dirais que je suis millionnaire, vous me croiriez joliment, moi qui demeure dans la mansarde en face, au cinquième au-dessus de l'entresol... cent soixante-trois marches !

CAMILLE.

Dix de plus que chez nous.

LUDOVIC.

Bah ! vous me faites l'effet d'être logée comme une banquière... et meublée...

AUGUSTA.

C'est bien mesquin !

LUDOVIC.

Et moi, donc !

AIR *du Petit Corsaire.*

> Une table à trois pieds boiteux,
> Un coffre où mon linge est à l'aise,
> Un lit de sangle où l'on tient deux,
> Et pas de chaise...

CAMILLE.

> Pas de chaise...
> Comment faites-vous donc asseoir
> Ceux qui chez vous peuvent se rendre ?

LUDOVIC.

> C'est mon secret... venez me voir,
> Et je jure de vous l'apprendre.

AUGUSTA.

Ah ! si vous faites de l'esprit de Gymnase ! Et le déjeuner...

LUDOVIC, à part.

Elle n'aime pas les phrases, la danseuse... (Haut) Oui, oui, déjeunons ! ça donne des idées. (Il place des chaises autour de la table.)

AUGUSTA, a demi-voix.

Dis donc, c'est bien commun !

CAMILLE, a demi-voix.

Tiens ! il est amusant... (Haut.) Attends, j'ai là une bouteille
le vin blanc : c'est encore de la provision de Ferdinand, tu
ais !...

LUDOVIC.

Ferdinand, ce grand fat que je voyais toujours à votre fenê-
re... avec des moustaches blondes ?

CAMILLE.

Non, non.

LUDOVIC.

Ah ! c'est un autre... Dieu ! que ce déjeuner a bonne mine !
A table, mesdemoiselles, pendant que c'est chaud ! (Ils se mettent à
able, Ludovic toujours entre elles.) Dame ! je vous préviens que je suis
ressé... Excusez-moi, il faudra que je vous quitte bientôt pour
ller chez M. le maire. Voulez-vous du fromage ?

CAMILLE.

Qu'est-ce que vous avez à faire avec les autorités ?

LUDOVIC.

Ah ! voilà... je suis conscrit !

CAMILLE.

Ah ! mon Dieu !

LUDOVIC.

J'ai tiré il y a six mois ; et, comme j'ai la main heureuse,
j'ai attrapé le numéro trois, sur deux cent cinquante-six ! Voulez-vous du fromage ?

AUGUSTA.

Comme ça, vous pourriez partir ?

LUDOVIC.

Je crois que oui ; il en faut cent cinquante... alors... Mais
nous n'en sommes pas là, je l'espère bien !... Par exemple ! m'en
aller à présent... pas si bête !

CAMILLE.

Vous n'aimez peut-être pas l'état militaire ?

LUDOVIC.

Je le déteste ! Je ne fais pas mon service de garde national! ainsi... Je voulais bien acheter un remplaçant à crédit... je n'en ai pas trouvé à ce prix-là... J'ai pourtant un oncle qui pourrait m'avancer des pièces de cent sous... un oncle qui roule sur l'or, et qui nage dans les pâtés de foies gras... un fameux marchand de comestibles, qui enfonce monsieur Corcellet!

CAMILLE.

Vous le nommez?

LUDOVIC.

Godureau... monsieur Godureau.

CAMILLE.

Le parent de ce jeune Godureau qui fait des affaires à la Bourse?

LUDOVIC.

Juste ! c'est le neveu de mon oncle.

CAMILLE.

Nous le connaissons.

LUDOVIC.

Mon oncle.

AUGUSTA.

Non, votre cousin ; et on pourrait peut-être lui parler...

LUDOVIC.

Lui ! ah bien, oui ! il a encore sur le cœur un coup de poing que je lui ai donné sur l'œil.

CAMILLE.

Vous l'avez battu?

LUDOVIC.

A plate couture! Pif! paf! lui en ai-je donné ce jour-là!

CAMILLE.

Et à cause?

LUDOVIC.

A cause ! parce que c'est un capon, un câlin ! il fait la cour à mon oncle pour lui faire avaler des couleuvres... Voulez-vous du fromage?

CAMILLE.

Comme ça vous êtes brouillé avec votre oncle aussi ?

LUDOVIC.

Moi, je ne suis brouillé avec personne ; c'est lui qui m'a mis à la porte pour une bêtise. Figurez-vous, mesdemoiselles... Si nous buvions un peu pour faire passer... Dieu ! que ça bourre, le pain et le fromage ! j'étouffe !... (Il boit.) Figurez-vous que mon oncle était en voyage... du côté d'Amiens... pour des pâtés... et il m'avait confié sa boutique, parce que je suis homme d'ordre et d'économie... Alors, moi, j'ai profité de ça pour donner un dîner aux amis, un grand dîner : en avant les volailles, le gibier, les truffes, les vins fins et les liqueurs.

AUGUSTA.

Ah ! si nous vous avions connu !

LUDOVIC, à part.

Est-elle gourmande, la danseuse ! (Haut.) Bref, il y avait trois services, sans compter le dessert ; aussi ça s'est prolongé indéfiniment, et le lendemain nous étions encore à table, c'est-à-dire dessous... Pendant trois jours, les amis sont venus manger les restes, et on entamait toujours du nouveau... si bien qu'à son retour, mon oncle n'a plus trouvé que des caisses vides et des bouteilles cassées ; il a eu la petitesse de s'en fâcher, comme si un oncle qui a des entrailles devait tenir à quelques dindes truffées. Moi, je n'y tiens pas, je donne tout aux amis.

CAMILLE.

C'est dans mon genre.

AIR :

PREMIER COUPLET.

Fair' des heureux, c'est ma devise,
Tu n'as rien, moi j'ai, touche là !
Compter toujours c'est d'la bêtise,
Bonn' fille, on donne ce qu'on a.
Quand d'un peu d'or je suis maîtresse,
Ou qu' l'amour seul fait ma richesse,

A celui qui souffre, soudain,
Moi, j'ouvre mon cœur ou ma main.
Prendre ou donner toujours gaîment,
Voilà comm' j'entend
L'sentiment.

TOUS LES TROIS.

Prendre ou donner, *etc.*

LUDOVIC.

Eh ben ! v'là une femme qui me comprend.

CAMILLE.

DEUXIÈME COUPLET.

La fortune est comm' la jeunesse,
C'est un beau jour qui doit passer ;
Un bien du ciel... et la sagesse
Est de savoir le dépenser.
J'trouv' plus d'un ingrat sur ma route,
Mais qu'importe !... coûte que coûte,
J'fais un heureux... ce bonheur-là,
Quelqu'jour, un autre me l'rendra.
Prendre ou donner toujours gaîment,
Voilà comm' j'entend
L'sentiment.

TOUS LES TROIS.

Prendre ou donner, *etc.*

SCÈNE III.

LES MÊMES, MARENGO, en habit bourgeois.

MARENGO, entrant.

Bonjour, tout le monde... bon appétit !...

AUGUSTA.

Ah ! monsieur Marengo !

MARENGO.

Je vous dérange peut-être ?

CAMILLE.

Du tout ! du tout ! Encore une visite ; il parait que je suis ans mon jour de réception.

MARENGO, regardant Ludovic.

Encore un olibrius !

LUDOVIC.

Qu'est-ce que c'est que ce monsieur ?

CAMILLE.

Un de mes amis, monsieur Marengo, un brave soldat qui a fini son temps.

LUDOVIC.

Il est bien heureux !

AUGUSTA.

Approchez, monsieur Marengo ; les vieilles connaissances ne gênent jamais !

CAMILLE.

Avez-vous déjeuné ?

MARENCO.

Non, je n'ai plus faim.

CAMILLE.

Ah ! mon Dieu ! est-ce que vous êtes malade ?

MARENGO.

Au contraire, je crève de santé ; mais il est des temps où l'estomac ne fait pas ses fonctions.

AUGUSTA.

Allons, allons, mettez-vous là, je vais vous servir.

LUDOVIC.

Voulez-vous du fromage ?

CAMILLE.

Asseyez-vous donc.

MARENGO, s'asseyant.

Merci, mademoiselle Frétillon.

LUDOVIC.

Hein ? comment qu'il vous appelle ?

MARENGO.

Mademoiselle Frétillon. (A part.) Qu'est-ce qu'il a donc, ce pékin-là ?

LUDOVIC.

Frétillon! est-ce que c'est votre nom de famille ou votre nom de baptême ?

CAMILLE.

Non, c'est un petit nom d'amitié que son régiment m'avait donné.

LUDOVIC.

Tiens ! est-ce que vous avez servi ?

CAMILLE.

Eh non! est-il bête! c'est quand je demeurais en face de la caserne; c'était à qui serait de faction à la porte, pour me voir plus longtemps à ma croisée ; je ne sortais pas de fois qu'on ne me portât les armes ; et la musique en rentrant à la tête du régiment ne manquait jamais de me régaler de sa plus jolie fanfare ; il n'y avait pas jusqu'à ces imbéciles de tambours qui battalent aux champs à me fendre la tête !

AIR *du Carnaval.*

Lors, Frétillon fut le nom de baptême
Dont au quartier gaîment on m'appela ;
Et Marengo, cet autre nom que j'aime,
Comme le mien date de ce temps-là.
A ces deux noms d'amour et de victoire,
Dans la caserne on devait s'attendrir ;
Car si le sien rappelait une gloire,
Le mien, toujours, rappelait un plaisir.

MARENGO, la bouche pleine.

Dame! vous étiez si gentille! si bonne! souriant à tout le monde.

LUDOVIC.

Pour un estomac qui ne fait pas ses fonctions, il a une mâchoire qui ne travaille pas trop mal, le soldat.

AUGUSTA.

Buvez donc un coup, monsieur Marengo.

MARENGO.

Merci! il est des temps où le gosier n'est pas avide d'être humecté.

LUDOVIC.

C'est ça, comme l'estomac tout à l'heure ; farceur de soldat, va!

CAMILLE.

Ah ! c'est égal, vous ne refuserez pas de boire à ma santé.

MARENGO, tendant son verre.

Ceci équivaut au commandement de porter armes! pour vous obéir, purement et simplement !... (Après avoir bu.) Et derechef. (Il tend son verre.)

AUGUSTA.

Décidément, monsieur Marengo, vous avez pris votre retraite ?

MARENGO.

J'ai fait mon temps, et comme mon sabre se rouillait dans le fourreau, j'ai fait demi-tour à droite, et je suis rentré dans la vie civilisée.

CAMILLE.

Et vous avez bien fait.   (Marengo se sert encore à boire.)

LUDOVIC.

Vous serviez dans les pompiers?...

MARENGO, après avoir bu.

Troisième de ligne... grenadier... mais il y a un autre régiment où c'que je voudrais servir sous le commandement d'un aimable capitaine.

LUDOVIC.

C'est comme moi... et ça me fait penser que M. le maire attend l'honneur de ma visite..... Dieu! que c'est vexant !(Il se lève.)

CAMILLE, se levant aussi.

Moi, j'ai de l'ouvrage à reporter.... Je vous laisse avec Augusta... (Bas.) Dis donc, il va te faire sa déclaration. (Haut.) Voulez-vous me donner votre bras, monsieur Ludovic?'

LUDOVIC.

Avec ravissement, mademoiselle... mademoiselle Frétillon.

CAMILLE.

Eh bien ! va pour Frétillon !... Adieu, monsieur Marengo...
je reviens bientôt.

LUDOVIC et CAMILLE.

AIR *des Gascons.*

Est-il heureux qu'on l'laisse ainsi,
          Avec un' belle
          Demoiselle !
Est-il heureux qu'on l'laisse ainsi,
Hein ! quelle campagne pour lui !

MARENGO.

Ça m'est bien égal !

CAMILLE.

          C'est dommage !

LUDOVIC.

Laissez donc !... c'est comm' l'appétit,
Il n'en avait pas, il l'a dit...
Mais il ne reste plus d'fromage !

                              (Ils rient.)

ENSEMBLE.

CAMILLE et LUDOVIC.

Est-il heureux, *etc.*

MARENGO.

Ça m'est égal qu'on m'laisse ainsi
Tête-à-tête avec une belle...
          J'aime mieux qu'elle,
          Dieu merci !

AUGUSTA.

Qu'a-t-elle donc à rire ainsi?
          Mieux qu'elle,
Et sans être infidèle,
Je ne trahis personne ici,
Je puis bien l'aimer, Dieu merci !

                    (Camille et Ludovic sortent.)

SCÈNE IV.

AUGUSTA, MARENGO.

MARENGO, à part.

Encore un! d'où sort-il, celui-là?

AUGUSTA, a part.

Il a l'air bon enfant, monsieur Marengo, et un bel homme...
il me fait l'effet de monsieur Albert dans le *Dieu Mars*...
(S'approchant.) Comme vous paraissez triste?

MARENCO.

C'est possible, mamzelle..... j'ai là, sur le cœur, un pain de
munition qui m'étouffe!

AUGUSTA.

Ah! mon Dieu! qu'est-ce donc? Pardon, c'est un secret
peut-être?

MARENGO.

Non, mamzelle... c'est de l'amour et du fromage.

AUGUSTA, minaudant.

De l'amour?... eh bien! il n'y a pas de mal... si vous avez
bien choisi.

MARENCO.

Oui, mamzelle, et vous pourriez m'aider tout de même.

AUGUSTA.

Oui! en ce cas, voyons, qu'est-ce que je puis faire pour vous?

MARENGO.

Vous pouvez parler en ma faveur à Frétillon.

AUGUSTA.

Camille!... (A part.) Allons, elle n'en manquera pas un!

MARENGO.

Oui, mademoiselle, c'est elle que j'aime, que j'idole... si
bien que je n'en dors ni jour ni nuit... et la nourriture aussi
que je m'en prive... enfin, faut qu'elle le sache... faut qu'elle

corresponde à mon sentiment ou je deviendrai fou... et si vous
vouliez...

AUGUSTA.

Mais, dame ! vous êtes assez grand pour parler de vous-même,
naturellement et en personne.

MARENGO.

Je ne peux pas... Non, parole !... quand je m'adresse à une
particulière, l'histoire de rire et de causer, ça va-t-encore ;
mais quand le cœur est pris, là, sérieusement, je suis timide,
ainsi que l'enfant qui vient de naître.

AUGUSTA.

C'est étonnant, près d'elle, surtout... Oh ! ce n'est pas pour
dire du mal de Camille, nous sommes amies intimes... mais,
elle est d'une légèreté, d'un laisser aller...

MARENGO.

Le fait est qu'elle est furieusement volatile !...

AUGUSTA.

Et quand on est aussi aimable que vous, il me semble qu'on
pourrait trouver mieux que ça.

MARENGO.

Mieux que Frétillon !... mille z'yeux !... une fille si bonne, si
obligeante, qui n'a rien à elle, absolument rien !... Dès qu'on
souffre... dès qu'on est malheureux, elle est là, près de vous, et
pour obliger les gens, elle donnerait jusqu'à ses hardes... Oui,
mademoiselle, oui, elle les a mises en gage une fois, pour un
camarade qui était à l'hôpital... dont il a été si reconnaissant
que ça fendait le cœur... pourquoi il en est mort, ainsi !... et je
pourrais trouver mieux que ça... moi, Marengo ?... jamais !
jamais !...

AUGUSTA.

Écoutez donc, monsieur Marengo... ce que je vous en dis est
par intérêt, par amitié pour vous... car j'en ai beaucoup.

MARENGO.

Oui... Eh bien ! je vas vous demander un service... Dites-moi, là, en conscience, si je peux me déclarer... C'est-à-dire, si je peux espérer...

AUGUSTA.

Rien du tout.

MARENCO.

Ah ! mon Dieu !... il y en a donc un autre ?...

AUGUSTA.

Il ne faut plus y penser.

MARENGO.

Vrai !... Alors, si fait, j'y penserai toujours !... mais je ne la verrai plus, ça fait trop de mal... Je m'en irai.

AUGUSTA.

Qu'est-ce que vous dites ?

MARENGO.

Qu'on me presse de reprendre du service. Il y a même des brocanteurs de chrétiens qui m'offrent de me payer comme remplaçant... Eh bien ! c'est dit !...

AUGUSTA.

Y pensez-vous, monsieur Marengo ! Vous êtes trop sensible...

MARENCO.

Et quel est donc celui qui est là en pied ? Dieu !... si je pouvais rafraîchir mon vieux briquet !... Serait-ce par hasard ce gringalet qui était ici tout à l'heure... Il ne me revenait pas.

AUGUSTA.

Non, non... c'est un autre, un Crésus qui est dans les comestibles.

MARENCO.

Celui qui a payé le déjeuner ! En ce cas, je conçois l'avantage, moi qui n'ai rien !... rien du tout ! enfant de troupe !... Il y a bien un vieux général qui me veut du bien. On a même prétendu... Le fait est qu'il avait commencé par être soldat, et que ma mère tenait la cantine où c' qu'il allait souvent... Je lui ressemble comme deux gouttes de cassis.

AUGUSTA.

Il fera peut-être quelque chose pour vous.

MARENGO.

Ma mère me l'a toujours dit. Bonne et vertueuse femme, va ! En attendant je vas écrire que, moyennant un bon prix... Y a-t-il de l'encre, du papier, quelque part ?

AUGUSTA.

Dans la chambre, là ; mais ne prenez pas ce parti... il y a mieux à faire, et je sais quelqu'un...

MARENCO.

Merci, mademoiselle, merci. Oh ! mais ! patience... il y a quelque chose qui me dit d'espérer.

AIR : *Ah ! si mon mari me voyait.*

Quand mon régiment partira,
Au Crésus ell' sera fidèle ;
Mais bientôt, préféré par elle,
Un autre lui succédera,
Quand mon régiment marchera.
Riche ou pauvre, commis ou maître,
Au train dont Frétillon y va,
Mon tour sera venu, peut-être,
Quand mon régiment reviendra !

AUGUSTA.

C'est possible !

MARENGO, sortant.

Adieu ! je vas écrire.   (Il entre à gauche.)

SCÈNE V.

AUGUSTA, puis CAMILLE.

AUGUSTA, seule.

Encore une passion pour elle, et celle-là, j'en ai le cœur serré. Un si brave homme, que j'avais la faiblesse d'aimer contre mes

principes, puisqu'il n'a rien. Par exemple, parler à Camille...
non ! J'aime mieux qu'il s'en aille... Ça me fera moins de mal.
D'ailleurs c'est une bêtise que cet amour-là ! ça me détournerait
de mon état. (Elle fait des battements.) Une danseuse doit viser à
quelque chose de plus élevé. (Elle saute.)

CAMILLE, entrant.

C'est affreux ! c'est une indignité !

AUGUSTA.

Quoi donc ?... Qu'est-ce que tu as ?

CAMILLE.

C'est une lettre de monsieur Godureau... d'une inconvenance...

AUGUSTA.

Bah ! qu'est-ce qu'il te dit ?... montre un peu.

CAMILLE.

Oh ! mon Dieu !... ce qu'ils disent tous. Il m'aime... il me
demande un rendez-vous. (Lisant.) « Ce soir, un souper fin que
« je fais porter chez votre amie Augusta. »

AUGUSTA.

Chez moi ? c'est charmant !

CAMILLE.

« Une dinde et du vin de Champagne mousseux pour griser
« nos amours. » (S'interrompant.) Jusque-là il n'y a pas grand
mal, c'est même délicat. (Lisant.) « Je ne veux pour réponse
« qu'un mot à mon domestique : Oui ou non. » (S'interrompant.)
Il est là !

AUGUSTA, prenant la lettre.

Ah çà ! je ne vois pas ce qui a pu te déplaire... Ah ! le post-
scriptum... « Je joins ici un faible à-compte sur les sentiments
« respectueux avec lesquels je suis...» Tiens, (Ouvrant la lettre.) Des
billets de banque ! des billets de 1,000 francs ! Il y en a deux...

CAMILLE.

De l'argent ! de l'argent ! S'imaginer qu'il obtiendra de moi,
avec ces deux chiffons de papier...

AUGUSTA.

Et voilà ce qui te met en colère?

CAMILLE.

Certainement l'argent est agréable, je ne le dédaigne pas, au contraire. C'est gentil d'en manger ensemble, mais s'annoncer par là, c'est insultant!... c'est d'un Crésus qui n'a pas d'autre moyen d'arriver.

AUGUSTA.

Par exemple! écoute donc, il y a des endroits où ça commence toujours ainsi.

CAMILLE.

C'est possible... Mais moi je n'ai pas le cœur dans les jambes.

AUGUSTA.

Aussi tu iras loin. Et qu'est-ce que tu vas faire à présent?

CAMILLE.

Lui renvoyer son argent.

AUGUSTA.

Tu refuses la dinde et le Champagne?...

CAMILLE.

Je ne regrette que ça... D'ailleurs je crois que j'aime quelqu'un.

AUGUSTA.

Bah! Monsieur Ludovic, peut-être?

CAMILLE.

Ce n'est pas lui qui débuterait par de l'argent.

AUGUSTA.

Je crois bien, il y a de bonnes raisons pour ça. Mais songé donc, un jeune homme qui n'a rien... qu'un mauvais ton et des manières très-lestes. Et puis, tu peux le réconcilier avec sa famille... Et si tu l'aimes, c'est un service à lui rendre.

CAMILLE.

Laisse donc!

Air *des Scythes.*

Mon Ludovic s'en passera, j'espère,
Et je m'en vais lui renvoyer son bien,
Ses deux billets...

AUGUSTA.

Y penses-tu, ma chère ?

CAMILLE.

Ne donnant rien, moi, je n'accepte rien. (*Bis.*)

AUGUSTA.

Mais c'est un trait digne d'une vestale !
En fait d'argent, de bijoux, de billets,
A l'Opéra, voilà notre morale :
On prend toujours et l'on ne rend jamais !

CAMILLE.

C'est égal ; son jockey attend là sur l'escalier, et je vais...
(Elle va pour sortir et se trouve en face de Ludovic qui entre.) Ah ! mon
Dieu ! quelle figure !

SCÈNE VI.

Les Mêmes, LUDOVIC.

LUDOVIC, jetant sa casquette.

Que le diable emporte le maire, les adjoints, la mairie et la
municipalité !

CAMILLE.

Qu'est-ce que vous avez donc, Ludovic ?

LUDOVIC.

J'ai... que j'ai du malheur ! Je suis abimé, assommé, assas-
siné.

CAMILLE.

Ludovic ! O ciel ! il se trouve mal !

(Augusta approche un siége, il s'assied.)

LUDOVIC.

Le fait est que je ne me trouve pas bien. Une tuile, une cheminée, tout ce que vous voudrez, qui vient de me tomber sur la tête!

CENTER AUGUSTA.

Ah çà! est-ce qu'il fait du vent aujourd'hui? c'est peut-être un pot de fleurs?

LUDOVIC.

Un pot de fleurs... Est-elle bête, la danseuse. Je parle au figuré, ma chère. (Riant.) Ah! ah! ah!

CAMILLE.

Allons, le voilà qui rit à présent.

LUDOVIC.

Je ris, je ris... Oui, je ris, mais de rage, de désespoir. Je ris jaune... Il faut que je rejoigne un régiment.

CAMILLE.

Pourquoi ça?

LUDOVIC.

Pardine! parce que je suis conscrit... Imbécile de numéro trois, va! (Il se lève.)

AUGUSTA.

Et il faut que vous partiez bientôt?

LUDOVIC.

Demain... rien que ça.

CAMILLE.

Demain!... non, ce n'est pas possible! ça me fait trop de peine!

LUDOVIC.

Et à moi donc!

CAMILLE.

Vous ne partirez pas.

LUDOVIC.

Moi, qui espérais cultiver votre connaissance.

CAMILLE.

Vous la cultiverez.

AUGUSTA, à demi-voix.

Dame ! il n'aurait tenu qu'à toi... si tu avais amadoué sa famille.

LUDOVIC.

Quoi donc ?

AUGUSTA.

Ça ne vous regarde pas.

SCÈNE VII.

LES MÊMES, MARENGO, puis LE JOCKEY.

MARENGO.

Ma foi, au petit bonheur !

CAMILLE.

Monsieur Marengo, d'où sortez-vous donc par là ?

MARENGO.

D'écrire ma correspondance, avec votre permission, mademoiselle.

AUGUSTA.

Tiens ! ça se trouve bien... il part aussi, monsieur Marengo... vous ferez route ensemble

LUDOVIC.

Oh ! lui... c'est son métier, ça lui est bien égal.

CAMILLE.

Comment, vous partez ?

LUDOVIC.

Sans y être forcé !... il est bien bon, toujours.

CAMILLE.

Ah çà ! mais vous disiez que vous étiez amoureux.

MARENGO, avec intention.

Je voulais me donner, mademoiselle... et maintenant je veux me vendre ! et dès que j'aurai trouvé un petit bourgeois à remplacer...

LUDOVIC.

Gratis ?

MARENGO.

Quelle bêtise ! puisque je pars, autant que ça me rapporte.

CAMILLE.

Ah ! mon Dieu ! Ludovic !... quelle idée !... monsieur Marengo...

MARENGO.

Mademoiselle Frétillon ?...

CAMILLE.

Vous voulez partir ?

MARENGO.

Dame !... à moins que ça ne vous fasse de la peine.

CAMILLE.

Non... au contraire, et ça vous arrangerait de trouver quelqu'un à remplacer ?... Seriez-vous bien cher ?

MARENGO.

Dame !... c'est selon le tarif... douze, quinze cents francs.

CAMILLE, lui donnant les billets qui sont dans la lettre.

En voilà deux mille.

TOUS.

Deux mille francs !

ENSEMBLE.

AIR : *Il ne peut s'en défendre* (du DIEU ET LA BAYADÈRE).
(1er acte des Trois Maîtresses.)

AUGUSTA.

Quel est donc ce mystère?
Que veut dire ceci?
Deux mille francs, ma chère...
Te dépouiller ainsi!

LUDOVIC.

Quel est donc ce mystère?
Que veut dire ceci?
Souffrirai-je, ma chère,
Qu'on me rachète ainsi?

MARENGO.

Quel est donc ce mystère?
Expliquez-nous ceci.
Et pour qui, pourquoi faire,
Me payez-vous ainsi?

CAMILLE.

Que viens-je donc de faire
Qui les surprenne ainsi?
Je suis heureuse et fiere
De sauver un ami!

AUGUSTA.

Elle est folle, vraiment!

MARENGO.

Pour qui donc ces billets?

CAMILLE.

Ils sont à Ludovic... et je vous les remets.

LUDOVIC, à part.

Deux mille francs!... jamais je ne les eus en caisse!

CAMILLE, à Marengo.

Prenez, prenez...

AUGUSTA.

Mais c'est d'une faiblesse!...

CAMILLE.

Parlez pour lui... voulez-vous?

MARENGO.

J'y consens,
Puisqu'ils sont au conscrit, volontiers je les prends,
Marché conclu... je pars!

(A Camille.)

Vous, pensez aux absents.

(Le jockey entre et reste au fond.)

AUGUSTA.

Eh! mais... le jockey... il attend...

CAMILLE.

Ah! la réponse... je n'y pensais plus!...

AUGUSTA.

Les billets... et le souper qu'il a promis... c'est fini... décide-toi...

CAMILLE, hésitant.

Dame !...

AUGUSTA, élevant la voix, au jockey.

Le dindon peut venir !   (Mouvement de Marengo et de Ludovic.)

ENSEMBLE.

LUDOVIC.

Quel est donc ce mystère ?
D'où vient cet argent-ci ?
Ma foi ! laissons-la faire,
Je reste, Dieu merci !

MARENGO, passant près de Ludovic.

Me voilà militaire !
Il faut partir d'ici ;
Mais, quelque jour, j'espère
Avoir mon tour aussi !

CAMILLE.

Il restera, j'espère !
Je donne tout pour lui !
Je suis heureuse et fière
De sauver un ami !

AUGUSTA.

Du courage, ma chère,
Allons, prends ton parti ;
Pour ton bonheur, j'espère,
Et pour le sien aussi.

(Le jockey sort. — Le rideau tombe.)

ACTE SECOND

n petit salon. Appartement à droite, entrée au fond. Sur le premier plan, a droite, un cabinet ; à gauche, une armoire à porte-manteau ; du même côte, une table couverte d'un tapis ; un canapé, des fauteuils, etc.

SCÈNE PREMIÈRE.

CAMILLE, puis LUDOVIC.

CAMILLE, entrant par la droite, une lettre à la main.

Encore une lettre du comte de Céran... pauvre jeune iomme... il n'y a pas à dire, il m'aime véritablement, c'est sûr ! ette idée qu'il a été se mettre dans la tête, lui, si riche, si joli arçon !... à qui toutes les femmes font des avances... Eh bien ! ion, il ne pense qu'à moi... il ne veut que moi, il s'ennuie de iairc sa cour dans le grand monde.

AIR : *J'ai vu le Parnasse des dames.*

Parmi les dames à la mode,
L'usage est de perdre du temps ;
Pour moi, ce n'est pas ma méthode,
J'ai des principes différents.
Pourquoi si longtemps faire attendre
Ce qu'un jour on accordera ?
Puisqu'on doit finir par se rendre,
Il vaut mieux commencer par là.

Ah ! ce n'est pas lui qui se conduirait comme monsieur Ludovic ! l'ingrat, il m'a oubliée !

LUDOVIC, dans le fond , à la cantonade.

Voulez-vous bien me laisser tranquille... pas un mot, ou je vous fais chasser...

CAMILLE, se retournant.

Ludovic ! enfin c'est lui ! mais, comment osez-vous vous présenter ici, chez moi ?...

C'est que je ne peux plus y tenir... c'est que je suis rong
d'amour et de jalousie... quand je songe au bonheur de ce G
dureau !...

CAMILLE.

C'est ça !... faites-moi des reproches, il valait peut-être mieu
vous laisser partir !

LUDOVIC.

Ah ! les maudits billets !

CAMILLE.

J'avais accepté... fallait bien tenir compte...

LUDOVIC.

Pauvre Camille ! j'ai eu tort de te bouder... mais ça n'a pa
duré longtemps !... voilà quinze jours que je rôde autour d'ic
que je passe devant tes fenêtres... Enfin, j'ai su que mon cou
sin était parti pour Rouen, et je me suis dit : Vite, c'est le mo
ment... chez ma cousine... car tu es ma cousine, ou c'est tou
comme, de la main gauche.

CAMILLE.

Et je ne la serai pas longtemps... décidément, Godureau es
trop bête !... et sans son tilbury qui est assez commode, et s
table dont je fais part à mes amis...

LUDOVIC.

A tes amis... ah ! bien, fais-moi donc faire un joli dîner au
jourd'hui... mais pas de fromage... (Ils rient.) Ah ! ah ! ah ! ainsi
tu as du moins pour te consoler toutes les jouissances de l
vie...

CAMILLE.

Il faut bien se rattraper un peu, et pourtant, je ne serais plu
ici, si je ne m'étais pas mis dans la tête de te faire faire un
pension par ta famille.

LUDOVIC.

Comment, tu aurais pensé... es-tu aimable, donc !... Ah
va... que mon oncle me fasse seulement l'amitié de me laisse

a succession... je te rendrai ça, et avec les intérêts... les ferons-nous danser, les écus!... à propos, sais-tu comment il se porte, mon respectable oncle?

CAMILLE.

On dit qu'il ne va pas bien.

LUDOVIC.

Tant mieux!... c'est-à-dire, non... tant pis!... mais tâche donc que ma pension ne tombe pas dans l'eau, hein?... vois-tu, je suis pressé qu'elle vienne et mon propriétaire aussi... et mon restaurateur aussi, et mon estaminet aussi, et mon tailleur idem, et une foule de gens ennuyeux que j'envoie à tous les diables et qui ne veulent pas y aller... Quand recevrai-je le premier quartier?

CAMILLE.

Nous verrons à son retour... pourvu qu'il ne sache pas que tu es venu ici... Dieu! avec les idées qu'il a...

LUDOVIC.

Il a des idées, mon cousin Godureau?...

CAMILLE.

Oui, par extraordinaire... et des idées de jalousie encore!...

LUDOVIC.

Vrai! il est jaloux!... c'est stupide à lui!... mais j'y pense... ça ne peut pas être de moi... il y en a donc un autre?

CAMILLE.

Non, mais quand cela serait... Nous recevons ici monsieur le comte de Céran, un charmant jeune homme, bien tendre, bien aimable et bien pressant!... car les hommes!...

LUDOVIC, stupefait.

Eh bien!... est-elle franche!

CAMILLE.

Dame!... je croyais que vous m'aviez oubliée, et demain peut-être vous seriez arrivé trop tard!

LUDOVIC.

Oui, mais je suis arrivé aujourd'hui, et alors, attention !...
pas de plaisanterie !

CAMILLE.

Oh! moi, je n'ai jamais trompé personne...je t'aime, touche
là !... tu me déplais, bonsoir !... voilà mes principes !

LUDOVIC.

Honnête fille !..... alors, dis donc, comme tu as dû t'ennuyer
avec mon cousin Godureau ! ·

CAMILLE.

Je crois bien... un homme qui ne vient s'asseoir auprès de
moi que pour digérer son argent et boire du Champagne.

LUDOVIC.

Du Champagne !... près de toi : quelle âme ignoble !... dis
donc, est-il bon votre Champagne ?

CAMILLE.

Excellent !

LUDOVIC.

Veux-tu m'en faire donner, seulement pour voir... (Il sonne.)
Tu permets ?.....

CAMILLE.

Il est temps !

LUDOVIC, à la bonne qui paraît à droite.

Du Champagne ! petite... et deux verres... (La bonne sort.)

CAMILLE.

Air *du Charlatanisme.*

Vraiment tu ne te gênes pas!

LUDOVIC.

Y penses-tu, ma chère amie ?
Se gêne-t-on en pareil cas?
Entre parents, quelle folie !

Pour lui faire honneur me voilà !
Il faut que la parenté brille,
Et tout ici m'appartiendra,
Son vin, sa table...

(L'embrassant.)

Et cætera....

Ça ne sort pas de la famille.

(On entend parler et rire au dehors.)

CAMILLE.

Qu'est-ce que j'entends là !... quelqu'un qui entre... Ciel ! est Godureau !

LUDOVIC.

Mon cousin ! il est à Rouen.

CAMILLE.

Il parait que non ; Dieu ! s'il te voit... avec sa jalousie...

LUDOVIC.

Voilà ma pension flambée. Il vient ! je me cache !...

(Il ouvre l'armoire, à gauche.)

CAMILLE.

C'est une armoire à portemanteau. Tu vas étouffer !

LUDOVIC.

Bah ! qu'est-ce que ça fait... J'y suis.

CAMILLE, refermant la porte.

Ah ! il était temps !

SCÈNE II.

CAMILLE, GODUREAU, LUDOVIC, caché.

GODUREAU, en riant.

Ah ! ah ! ah ! me voilà... c'est aimable, n'est-ce pas ?

LUDOVIC, dans l'armoire.

Et de deux...

CAMILLE.

Je vous croyais sur la route de Rouen.

GODUREAU.

Et je n'y suis pas... Ah! ah! ah!... pour une bonne raison; ce pauvre ami, que j'allais voir pour affaires...

ᐧ CAMILLE.

Monsieur Dourville...

GODUREAU.

Eh bien! il est mort!... c'est drôle!... Ah! ah! ah! Nous avions rendez-vous pour le soir; il ne pouvait peut-être pas attendre... Ah! ah! ah!

CAMILLE, à part.

Il me paraît encore plus bête, depuis que j'ai revu l'autre.

GODUREAU.

Ça m'a fait de la peine, vrai!... c'était un ami! aussi, je me suis dit : Au diable les affaires! il faut que j'organise pour ce soir avec Camille un petit souper gentil et amusant.

CAMILLE, inquiète.

Aujourd'hui?... ça se trouve bien!

GODUREAU.

N'est-ce pas? (Riant.) Ah! ah! ah!

LUDOVIC, qui a entr'ouvert la porte.

Ah! ah! ah!

CAMILLE, vivement.

Et ce souper...

GODUREAU.

En avant, j'ai couru chez les amis, tu sais, ces jeunes gens, comme moi, si aimables, si spirituels... qui m'aiment tant, et à qui je prête de l'argent... ils viendront tous... Nous chanterons, nous rirons, nous boirons.

CAMILLE, à part.

Ah! mon Dieu! et Ludovic, et M. de Céran qui doit venir!

GODUREAU.

Tiens... qu'est-ce que tu as?

CAMILLE.

Rien, rien!... mais ce souper me contrarie... j'ai un mal de tête affreux.

GODUREAU.

C'est égal, tu en seras; il n'y a pas de fête sans toi... A quoi servirait d'avoir une maîtresse bien jolie et bien folle, si ce n'est pour s'en faire honneur devant ses amis et connaissances?

CAMILLE.

Comme c'est galant!

GODUREAU.

N'est-ce pas?... Ah! ah! ah!

LUDOVIC, riant aussi.

Ah! ah! ah!

CAMILLE, effrayee.

Ah! ah! ah!...

GODUREAU.

Ah! voilà ta gaieté qui revient, à la bonne heure! Quant au souper, ne t'inquiète pas, j'ai tout commandé au café Anglais; un excellent café où je dine souvent; c'est le rendez-vous de tous les gens d'esprit... hier encore, je m'y trouvais près d'un journaliste; un grand homme, qui m'a fait l'honneur de me passer la carte. Ah! l'esprit, j'adore ça! l'esprit, c'est ma passion!

CAMILLE, à part.

C'est une passion diablement malheureuse!

GODUREAU.

Il me reste encore une invitation à faire... plus tard... A la Bourse.

CAMILLE.

Ah! vous irez à la Bourse?

GODUREAU.

Pour gagner de l'argent, ma chère; l'argent et l'esprit, je ne sors pas de là! (Il rit.) Ah! ah! ah!

CAMILLE.

Prenez garde de vous ruiner !

GODUREAU.

Il n'y a pas de danger ; je fais des affaires d'or, ma parole d'honneur ! ça vient! ça vient! tu me portes bonheur ; aussi, je suis généreux; tu en sais bien quelque chose.

CAMILLE.

Pas pour tout le monde ; il y a dans votre famille des personnes... monsieur Ludovic, par exemple... un bon enfant...

GODUREAU.

Oui, un bon enfant, qui m'a crevé l'œil, et malgré ça j'ai obtenu pour lui, de mon oncle, une pension dont j'ai là le premier terme.

CAMILLE.

Il se pourrait ?

GODUREAU.

Mais il ne l'aura pas, il a tenu des propos sur moi ; il dit partout qu'il me fera...

CAMILLE.

Quoi donc?

GODUREAU.

Je suis sûr qu'il ment. Mais c'est égal... il n'aura rien !

LUDOVIC, qui entr'ouvre la porte.

Ladre, va !

GODUREAU.

Hein ?   (La bonne entre avec du Champagne.)

CAMILLE.

C'est Élisa qui apporte...

GODUREAU.

Ah! ah! ah! des rafraîchissements... du Champagne... c'est aimable à toi d'y avoir pensé... Dis donc... si tu venais verser toi-même...

CAMILLE.

Merci !...

GODUREAU.

Viens donc !... allons !... (Ludovic fait des signes à Camille.) Vas-tu m'en vouloir à cause de ce Ludovic ?

CAMILLE.

Oh !... ce n'est pas votre dernier mot... je l'ai mis dans ma tête, vous lui ferez faire une pension...

GODUREAU.

Non...

CAMILLE.

Si fait !

SCÈNE III.

LES MÊMES, M. DE CÉRAN.

M. DE CÉRAN, entrant vivement.

Ma foi, je suis exact... et je viens... (Apercevant Godureau.)Ciel !...

CAMILLE, apercevant M. de Céran.

Ah !...

GODUREAU.

Eh ! monsieur le comte de Céran... par quel hasard ?...

M. DE CÉRAN, à part.

Et moi qui le croyais à Rouen... (Haut.) Ma foi, mon cher Godureau, je suis heureux de vous trouver... car je n'y comptais guère ! (A Camille.) Bonjour, belle Camille... je vous demande pardon d'entrer ainsi chez vous sans être attendu... mais j'étais pressé de parler à monsieur.

CAMILLE.

Et vous savez qu'il est toujours ici à l'heure de la Bourse.

M. DE CÉRAN.

C'est l'heure de ses amours.

GODUREAU.

C'est vrai !... Vous avez besoin de mon amitié ?...

M. DE CÉRAN.

Oui... j'ai besoin d'argent pour me tirer d'embarras.

CAMILLE, à part.

Il devrait bien nous en tirer aussi...

LUDOVIC, dans l'armoire.

Et de trois !...

GODUREAU.

Je sais ce que c'est... (Riant.) Ah! ah! ah! tenez, monsieur
le comte, cette petite Lolotte vous ruinera... ces déesses de
l'Opéra mangeraient le diable !

CAMILLE.

Monsieur le comte sait-il ce qu'est devenue Augusta, la dé-
butante du mois dernier?

M. DE CERAN.

Sa fortune est faite, elle vient d'entrer dans le corps diplo-
matique. Pour moi, j'ai quitté l'Olympe... je tourne mes vœux
d'un autre côté... (Regardant Camille.) sur la terre.

LUDOVIC.

Oui... à gauche.

GODUREAU.

Vrai !... une autre passion !... contez-nous donc cela.

CAMILLE.

Il y a peut-être de l'indiscrétion...

M. DE CÉRAN.

Non, non... il y a des gens devant lesquels on peut tout
dire, des gens d'esprit... comme Godureau...

LUDOVIC.

Oh !...   (Godureau salue.)

M. DE CÉRAN.

C'est une adorable fille qui m'a tourné la tête par sa franchise, son laisser aller... la meilleure créature... aussi, je le
sens, désormais je ne pourrais pas vivre sans elle, et si je ne
parviens pas à m'en faire aimer comme je l'aime, je suis capable de me brûler la cervelle... (A part) Effrayons-la... elle est si
bonne fille...

CAMILLE.

Comment ! monsieur...

M. DE CÉRAN.

Oh ! mon Dieu !... c'est tout simple... je ne perdrais pas grand'-chose !...

GODUREAU.

Mais c'est absurde ce que vous dites là... (Mouvement de M. de Céran.) Pardonnez-moi l'expression... il y a toujours moyen de s'entendre.

M. DE CÉRAN.

Oh ! celle-là a des scrupules... elle se croit liée à un certain imbécile... un de vos confrères qu'elle pourrait tromper !...

GODUREAU.

Vraiment ?...

CAMILLE.

AIR de la Petite Sœur.

Mais s'il est quelque engagement,
Des conditions qu'elle ait faites !...
Jamais de trahisons secrètes...
Rompre toujours ouvertement
C'est la probité des grisettes...
Des grisettes.

M. DE CÉRAN.

A la bonne heur' !... malgré cela,
Comme moi, vous savez sans doute,
Qu'ainsi qu'ailleurs, dans ce corps-là,
On fait quelquefois banqueroute.

CAMILLE, regardant M. de Céran.

Quelquefois... ça s'est vu !

M. DE CÉRAN.

Et moi, je lui offre avec mon cœur, mon hôtel, ma voiture... ma voiture qui doit être en route pour venir... (Il se reprend.) Pour aller la chercher.

CAMILLE, à part.

Ah ! mon Dieu !...

M. DE CÉRAN.

Nous devions faire une promenade... agréable, où j'espérais
la décider...

GODUREAU.

Pendant que l'autre sera à la Bourse!... (Riant.) Ah ! ah! ah!

M. DE CÉRAN.

C'eût été drôle, n'est-ce pas?...   (Ils rient tous les trois.)

' LUDOVIC, riant aussi.

Jobard de cousin, va! Ah! ah! ah!

GODUREAU.

Vous la déciderez, monsieur le comte... vous la déciderez...
c'est charmant!... dites donc... un de mes confrères, vous me
direz son nom!... Ah! ah! ah!... Il vous faut de l'argent...
voulez-vous passer dans mon petit boudoir... Camille va vous
donner ce qu'il vous faut pour le billet... la reconnaissance...

LUDOVIC, à Camille.

N'y va pas!...

CAMILLE.

Air : *On prétend qu'en ce voisinage.*

Mourir pour moi!... pauvre jeune homme!

GODUREAU.

Vous allez me faire un reçu,
Et je vous apporte la somme...

M. DE CÉRAN.

Cinq mille francs...

GODUREAU.

          C'est convenu ;
Je vous les promets, et pour cause,
Un confrère qu'on dupe ainsi!
J'y veux être pour quelque chose.
          (Il donne la main à Camille.)

M. DE CÉRAN.

Et moi j'y compte bien aussi.

ENSEMBLE.

GODUREAU.

Attendez-moi, je suis votre homme !
Vous allez me faire un reçu,
Et je vous apporte la somme...
Cinq mille francs... c'est convenu.

M. DE CÉRAN.

Ne vous pressez pas... le brave homme !
Nous allons vous faire un reçu...
Comptez, recomptez bien la somme...
Cinq mille francs... c'est convenu...

CAMILLE.

Et Ludovic... pauvre jeune homme !
Ah ! si Godureau l'avait vu !
Il le traiterait, Dieu sait comme !
Plus d'espoir, il serait perdu !

(Ils sortent.)

SCÈNE IV.

LUDOVIC, puis MARENGO.

LUDOVIC, seul, sortant de l'armoire qu'il laisse ouverte.

Eh bien ! elle m'écoute joliment... pourvu que le jobard de Godureau ne les fasse pas trop attendre ! La probité des grisettes... comptez là-dessus ; et cet autre aussi, qui va lui parler de se tuer, s'il ne faut que ça, je me jetterai bien par la fenêtre ; pourvu qu'il y ait un peu de paille dessous.

MARENGO, en soldat, entrant par le fond.

Ce doit être par ici.

LUDOVIC.

Qu'est-ce que c'est que ça ?... eh ! mais, je ne me trompe pas, c'est mon remplaçant !

MARENGO.

C'est mon bourgeois !

LUDOVIC.

Depuis quand à Paris ?

MARENGO.

Depuis hier.

LUDOVIC.

Et vous venez?...

MARENGO.

Voir Frétillon.

LUDOVIC.

Elle vous attend?

MARENGO.

Pas du tout !

LUDOVIC.

Vous l'aimez?

MARENGO.

Comme un fou!

LUDOVIC.

Et de quatre.

MARENGO.

Quand j'ai su qu'elle était ici, chez monsieur...

LUDOVIC.

Godureau.

MARENGO.

Un banquier.

LUDOVIC.

Un imbécile.

MARENGO.

Raison de plus...

LUDOVIC.

Vous vous êtes mis en route?

MARENGO.

A marche forcée...

LUDOVIC.

Et vous arrivez?...

MARENGO.

De la caserne Popincourt... Peut-on parler à la bourgeoise?

LUDOVIC.

Gardez-vous-en bien.

MARENGO.

Le particulier est jaloux?

LUDOVIC.

Comme une bête !

MARENGO.

Sortira-t-il bientôt ?

LUDOVIC.

Dans un instant.

MARENGO.

Alors, je reste.

LUDOVIC, écoutant.

Et moi aussi, silence ! (Il va regarder à la porte du boudoir.) Ah ! le comte est parti.

MARENCO.

Quel comte ?

LUDOVIC, apercevant la bouteille.

Tiens ! le Champagne... voulez-vous en boire un coup ?

MARENGO.

Volontiers.

LUDOVIC.

Vous avez un congé ?

MARENGO.

Oui, par la recommandation du général.

LUDOVIC.

A qui vous ressemblez tant !... à votre santé !

MARENGO.

A la vôtre !... En restant, je pouvais avoir des galons tout de suite... mais j'ai mieux aimé...

LUDOVIC.

On vient, je me cache.

MARENGO.

Sauve qui peut !

(Il se jette dans l'armoire que Ludovic a laissée entr'ouverte, et tire la porte.)

LUDOVIC.

Dites donc, c'est mon logement ; ah !... (Il gagne la porte en face.) ce cabinet...

(Il entre vite et tire la porte. On entend Godureau se disputer avec Camille.)

SCÈNE V.

Les Mêmes, CAMILLE, JOHN.

CAMILLE, entrant.

Comme vous voudrez, monsieur. Allons, il a des soupçons sur le comte, à présent... il a fini par comprendre.

MARENGO, dans le cabinet à gauche.

La guérite est diablement étroite.

CAMILLE.

Ah ! sans la pension de Ludovic !

LUDOVIC, dans l'armoire à droite.

C'est elle !...   (Il va pour sortir.)

JOHN, entrant avec mystère.

Mademoiselle Camille, nous voilà.

LUDOVIC, rentrant.

Encore un !

CAMILLE.

Qu'est-ce que c'est ?

JOHN.

La voiture qui vient vous chercher... monsieur le comte vous attend.

CAMILLE.

Silence !... Dieu ! s'il le voyait ; après ce qu'a dit monsieur de Céran.

GODUREAU, en dehors.

Eh bien ! Camille ! Camille !

(Les deux portes de l'armoire et du cabinet se referment.)

CAMILLE, à John.

Va-t'en !... non, il te verrait !

(Godureau entre, elle cache le jockey en se plaçant devant lui ; il se baisse et se glisse doucement sous la table.)

SCÈNE VI.

LES MÊMES, GODUREAU, portant un sac d'argent.

GODUREAU.

Où diable es-tu donc ?..... est-ce que tu m'en veux encore de ette idée ?

CAMILLE.

Oh ! cela m'est bien égal... croyez tout ce que vous voudrez.

GODUREAU.

Eh bien ! non, non... j'avais tort ! c'est que, lorsque je suis entré, le comte avait un air si tendre... mais je me trompais... ı n'aimes que moi ?

CAMILLE.

Je ne dis pas ça... Qu'est-ce que c'est que ce sac d'argent ? la ension de monsieur Ludovic ?

GODUREAU, posant le sac sur le fauteuil qui est près du cabinet.

Que je vais rendre à mon oncle.

LUDOVIC, à part.

Cousin marâtre..... va !

GODUREAU.

Ah çà ! mais, sais-tu que tu t'intéresses bien à ce drôle-là ?

CAMILLE.

Allez-vous en être jaloux aussi ?...

GODUREAU.

De Ludovic ? par exemple ! je m'estime trop pour ça ; un pa-ıaud qui n'a ni ma grâce, ni mon esprit. (Ludovic cherche à prendre ı sac.) Je te demande un peu s'il est bâti comme ça ; s'il a une ambe, une tournure comme la mienne.

CAMILLE, apercevant Ludovic qui retire son bras sans avoir attrapé le sac.

Ah !

GODUREAU.

Quoi donc ?

CAMILLE.

Rien, rien, j'ai cru que vous alliez tomber.

GODUREAU.

Oh! je suis solide. Dis donc! petite, je ne t'ai jamais vue si jolie que ce matin?

MARENGO, à part.

Il n'est pas beau, le particulier.

CAMILLE.

Mais partez donc, monsieur, partez donc, vous arriverez trop tard à la Bourse.

GODUREAU.

Ne crains rien... et d'abord (Passant à la table,) un verre de Champagne, ça échauffe la conversation... tiens, la bouteille est à moitié!

CAMILLE, regardant la porte du cabinet.

Bah! mais oui, puisque nous l'avons entamée...

LUDOVIC.

Oh!

MARENGO.

Oh!

CAMILLE, à part, regardant des deux côtés.

Tiens, il y a de l'écho!

GODUREAU.

Non! le diable m'emporte, si je m'en souviens; c'est égal, j'en bois encore. (Il remplit le verre qui est du côté de l'armoire.) C'est bon, le Champagne, ça rend aimable; (Allant à Camille et lui prenant la taille.) et je veux l'être avec toi.

MARENGO, entr'ouvrant la porte.

J'étouffe!...

(Il prend le verre, le vide, le remet sur la table et rentre dans sa cachette.)

CAMILLE, à Godureau.

Buvez donc votre Champagne, et partez.

GODUREAU.

Sois tranquille, j'ai bien le temps. (Revenant à son verre.) Tu me boudes encore? Tiens! qui est-ce qui a vidé mon verre?

CAMILLE.

Votre verre! (A part.) Par exemple!

GODUREAU.

Allons, fais donc l'étonnée, c'est toi!

CAMILLE.

Moi!

GODUREAU.

C'est toi! ah! ah! ah!

CAMILLE.

Ah, ah, ah! oui, oui, c'est... (A part.) Je n'y suis plus du tout! (Haut.) En voulez-vous un autre?

GODUREAU.

Merci, merci! un baiser, et je m'en vais. (Ludovic a fini par attraper le sac.) Ah! et mon argent!... Eh bien? il n'y est plus...

CAMILLE, stupefaite.

Il n'y est plus!

GODUREAU.

Camille! Camille!

CAMILLE.

Ah! est-ce que votre jalousie va vous reprendre?

GODUREAU.

Du tout, du tout! mais il y a ici quelqu'un qui vole mon Champagne, qui boit mon argent... c'est-à-dire...

CAMILLE.

Est-ce que je sais...

(Marengo ferme la porte avec bruit. On l'entend rire dans l'armoire.)

GODUREAU.

C'est là... il y a quelqu'un là dedans!

CAMILLE, étonnée.

Dame!... il parait, c'est possible... mais, si je sais qui...

GODUREAU.

Laissez donc... c'est quelqu'un que vous aimez...

CAMILLE.

Eh bien! quand cela serait! est-ce que ça m'est défendu, est-ce que je ne puis pas aimer qui je veux?... et d'abord ce n'est pas vous...

GODUREAU.

Ah! vous le prenez sur ce ton-là. Eh bien! nous allons voir... Et d'abord, je veux que le misérable qui est là en sorte sur-le-champ, qu'il me rende ce qu'il m'a volé... le scélérat... le lâche! il a peur!

CAMILLE, entre l'armoire et lui.

Monsieur...

GODUREAU.

Laisse-moi... qu'il sorte! ou j'enfonce l'armoire.

MARENGO, se montrant.

AIR : Me voilà.

Me voilà!

GODUREAU.

Un soldat!...

CAMILLE.

Marengo!

MARENGO, continuant.

Me voilà!
Prêt à vous satisfaire!
Me voilà! (bis.)
A vos ordres je suis là!

ENSEMBLE.

CAMILLE et GODUREAU.

Il est là!
Qu'est cela?
Quel mystère
Est-ce là?

CAMILLE, courant a lui.

Marengo! ma vieill' connaissance!

MARENGO.

Quel plaisir! mamzell' Frétillon!

GODUREAU.

Eh! mais, voyez quelle insolence!
Ils s'embrassent là tout de.bon!
Allons, morbleu! sans plus attendre
Rendez ce que vous m'avez pris!

MARENGO.

C'est un baiser! mais, entre amis,
C'n'est pas à vous qu'je veux le rendre.

GODUREAU.

Ah! garde-le! mais mon argent, voleur!

MARENGO, voulant dégaîner.

Mille-z'yeux!

CAMILLE.

Ce n'est pas lui!

GODUREAU.

Qui donc?

LUDOVIC, sortant du cabinet.

Reprise de l'air.

Me voilà!

GODUREAU.

Ludovic!

LUDOVIC, continuant.

Me voilà !
Prêt à te satisfaire!

ENSEMBLE.

Me voilà! (*bis.*)
Plus d'colere,
Je suis là!

TOUS.

Il est là! *etc.*

GODUREAU.

Ah çà! c'est donc une caverne que cette maison.

LUDOVIC.

C'est l'argent de mon oncle, mon quartier de pension, cousin... et si tu veux un reçu?

GODUREAU.

Pas de coups de poing !

MARENGO.

Quand vous voudrez...

GODUREAU.

Je ne vous parle pas... c'est à mademoiselle qui m'a trompé, et que je priverai de toutes mes bontés... je lui déclare...

CAMILLE.

Je vous déclare, moi, qu'il faut que ça finisse... il y a assez longtemps que je m'ennuie ici !

GODUREAU, furieux.

Me parler ainsi ! après tout ce que j'ai fait pour toi !

CAMILLE.

Ah ! c'est à cause de ton tilbury que tu fais le fier ! laisse donc, j'ai mieux que ça. (Allant à la table, et appelant.) John ! John !...

JOHN, sortant de dessous la table.

Reprise du chant.

Me voilà !
(L'air continue en sourdine jusqu'à la fin.)

GODUREAU, l'interrompant.

Eh bien ! d'où sort-il, celui-là ?

MARENGO.

V'là l'autre !

CAMILLE.

Mon jockey, faites approcher ma voiture !

TOUS.

Sa voiture !

CAMILLE.

Marengo, donnez-moi la main jusqu'à mon équipage. (A John.)
A mon hôtel !

GODUREAU.

Monsieur de Céran !

MARENGO.

Ça me recule joliment !

(Marengo lui donne la main. Godureau reste stupéfait, à gauche. Ludovic est à droite. John s'arrête dans le fond. Le rideau tombe.)

ACTE TROISIÈME

Un riche boudoir garni de meubles élégants. La salle à manger, à gauche. Entrée au fond.

SCÈNE PREMIÈRE.

CAMILLE, ANASTASIE, ERNEST, plusieurs JEUNES GENS à la mode assis sur les fauteuils et sur le divan autour de Camille, qu'Anastasie achève de coiffer devant une riche toilette.

CAMILLE.

Non, messieurs ; non... je suis plus franche que vos dames... à présent que je suis libre et riche, ma maîtresse enfin, je ne regrette pas le temps où je n'avais rien... au contraire..... alors, je ne pouvais rien donner ; au lieu que maintenant il y en a un peu pour tout le monde.

TOUS.

Vous êtes charmante !

CAMILLE.

Ah ! ce n'est pas qu'en robe d'indienne, et quand j'arrangeais mes cheveux moi-même, je ne fusse aussi bien qu'avec cette robe de velours ; demandez à Ludovic, votre ami, qui vous fait bien attendre... (A part.) Et moi aussi !

ERNEST, debout près de Camille.

Nous ne nous en plaignons pas.

CAMILLE.

Quand je paraissais à l'œil-de-bœuf de ma mansarde, au

41.

cinquième, ce n'était qu'un cri sur toutes les gouttières des environs... Dieu ! qu'elle est jolie !... aussi, c'était à qui m'offrirait, non pas son équipage... pour raison... mais son bras et son parapluie.

ERNEST.

Quoi ! ce pied si mignon ?...

CAMILLE.

Ah ! dame !... il n'a pas toujours été dans du satin... mais, j'étais toujours bien chaussée... j'aime ça... et en marchant un peu sur la pointe, j'arrivais au bal de la Chaumière sans avoir une mouche à mon bas de coton.

ERNEST.

Vrai ! vous alliez à la Chaumière ?... comme un étudiant en droit ?

CAMILLE.

Et au bal de Sceaux... en coucou.

TOUS, riant.

En coucou ! Ah ! ah ! ah !

CAMILLE.

Oui, en coucou ! je suis moins secouée et moins chiffonnée dans ma voiture... mais c'était plus amusant.

ERNEST.

Dieu ! si j'avais été là, comme je vous aurais fait danser.

CAMILLE.

Mais, je le crois bien. (A Anastasie.) Non, mademoiselle... un autre bandeau, je vous l'ai déjà dit..... celui-là me rappelle cet imbécile de Godureau... Ah ! celui-ci, à la bonne heure, ce sont des opales... elles me viennent d'un héros... qui me les a rapportées d'Alger, de la Casauba, où il en avait rempli ses mains et ses poches.

ERNEST.

Cela devait retourner aux infidèles. (Regardant l'écrin.) Oh ! que de bijoux ! quel éclat ! et surtout, quelle variété !... il doit y en avoir pour bien de l'argent ?

CAMILLE.

A qui le dites-vous ?

Air *de la Robe et des Bottes.*

Mais de mon bien j'ai le droit d'être fière,
Car c'est à moi, moi seule, qu'il est dû...
Et je serais, je crois, millionnaire,
Si l'avarice eût été ma vertu'
Mais au malheur je donnais sans escompte,
Jugez, alors, par ce qui m'est resté,
Ce que j'aurais, si je portais en compte
    Tous mes actes de charité !

ERNEST.

Ah ! qu'on serait heureux de pouvoir ajouter là quelque brillant !

CAMILLE.

Ah ! vous êtes venu trop tard... comme ces lettres que je viens de recevoir... des lettres d'amour, j'en suis sûre... aussi, je ne les ai même pas ouvertes.

ERNEST.

Cela doit être curieux !

CAMILLE.

Dame ! vous pouvez voir.

TOUS, se rapprochant.

Ah !. oui ; lisons la correspondance.

CAMILLE.

Allons, Ernest... prenez les billets doux... soyez mon secrétaire, ce matin.   (Anastasie sort.)

ERNEST, Ouvrant les lettres.

Volontiers. (Lisant.)

Air *du Pot de fleurs.*

« Oh! miss Camille, je vous aime !
« Hier, vous m'avez plu si fort !
« J'en suis d'une folie extrême ! »

CAMILLE.

Eh ! mais, vraiment, c'est un milord !

ERNEST.

« J'ai beaucoup de sterlings, ma chère.... »

CAMILLE.

Eh ! que m'importe son argent !
J'accepte tout du continent,
Je ne veux rien de l'Angleterre !

(Lui prenant la lettre.)

A une autre !

ERNEST.

Diable ! voilà du papier un peu gros !... et quelle écriture !

CAMILLE.

Lisez... lisez...

ERNEST, lisant.

« Mademoiselle Frétillon, c'est pourquoi je vous écris, at-
« tendu que je ne vais pas vous voir...

TOUS, riant.

Ah ! ah ! ah !

CAMILLE.

Qu'est-ce que c'est que ça ?

ERNEST, continuant.

« Vous êtes riche, à présent, et moi, je ne suis toujours qu'un
« troupier, malgré les promesses de mon protecteur, le général,
« qui est bien malade pour le quart d'heure. La présente est
« donc pour vous dire que je ne vous oublie pas, et que si je
« n'ose pas aller vous intéresser en personne, je n'en suis pas
« moins toujours en ligne, en attendant le bonheur..... par la
« grâce de Dieu..... avec lequel j'ai celui de vous porter armes,
« et d'être votre très-humble et très-obéissant serviteur.

« MARENCO. »

CAMILLE.

Marengo !

ERNEST, continuant.

« Soldat, rue de l'Oursine, à la caserne... »

TOUS, riant.

Ah ! ah ! ah !

CAMILLE, se levant.

Ce pauvre Marengo !... mais je le verrai... j'aurais tant de laisir !...

ERNEST.

On dirait qu'il est plus heureux que moi !

CAMILLE.

Lui !... oh ! le pauvre garçon ! il n'y a jamais songé.

DEUXIÈME JEUNE HOMME.

Cependant...

CAMILLE.

Taisez-vous, et occupez-vous de notre loge pour ce soir.

DEUXIEME JEUNE HOMME.

A l'Opéra ?

ERNEST.

Aux Bouffes ?

CAMILLE.

Non, non, c'est trop grand seigneur tout ça, c'est ennuyeux comme les Français, Ludovic y dort toujours..... au Palais-Royal, plutôt... parlez-moi de ce théâtre-là ! il n'est pas bégueule..... une avant-scène...

ERNEST.

J'y vais tout de suite.

TOUS.

Attends-nous donc...

SCÈNE II.

LES MÊMES, LUDOVIC.

LUDOVIC, entrant vivement une cravache à la main.

Ah ! mon Dieu ! je n'ai pas une goutte de sang dans les veines !

TOUS.

Ludovic !

CAMILLE.

Enfin, monsieur, qu'êtes-vous donc devenu depuis deux jours?

LUDOVIC.

Moi, je ne sais pas... j'ai eu des affaires... (A part.) Il y a surtout le grand nez... je suis sûr que c'est un garde du commerce.

CAMILLE.

Hein? qu'est-ce que tu dis?

LUDOVIC.

Rien, rien... (A part.) Arrêté! arrêté!

ERNEST.

Mon Dieu! vous avez la figure toute bouleversée!

LUDOVIC.

Vous trouvez? ce sont les rideaux qui font cet effet-là.....
(Il les tire et regarde.) Les scélérats y sont toujours!

CAMILLE.

Mon ami, ces messieurs dînent ce soir ici... après dîner,
nous irons au spectacle.

LUDOVIC.

Je n'irai pas.

ERNEST, à part.

Tant mieux!

CAMILLE.

Et pourquoi ça?

LUDOVIC.

Parce que je n'irai pas.

ERNEST, aux autres jeunes gens.

Comme c'est aimable!

CAMILLE, à part.

Il lui est arrivé quelque chose.

ERNEST.

C'est égal... allons louer la loge.

LES JEUNES GENS et CAMILLE.

ENSEMBLE.

AIR : *Petit Blanc.*

A ce soir ! (*bis.*)

Que le plaisir { vous } ramène.
{ nous }

A ce soir ! (*bis.*)

Adieu, reine !

Qu'on revienne...

Au revoir !

SCÈNE III.

CAMILLE, LUDOVIC.

CAMILLE.

Maintenant que nous sommes seuls, dites-moi un peu, monsieur, ce que signifie cette conduite-là ? je ne te vois plus, tu n'as plus confiance en moi... ce n'est pas bien, cela me fait de la peine... est-ce que tu ne m'aimes plus, Ludovic ?

LUDOVIC.

Quelle bêtise ! est-ce que je dis ça ?

CAMILLE.

Tu aurais tort, vrai !... Moi, vois-tu, je t'aime toujours comme autrefois, et même beaucoup mieux ; car, alors, la vanité, l'ambition ; mais aujourd'hui que je suis riche, ce que j'ai là, pour toi, ce n'est pas une attache de passage, c'est du solide !

LUDOVIC.

Oh ! si tu vas faire un sermon.

CAMILLE.

Voyons, monsieur, vous me négligez, vous faites le mari..... prenez garde... vous deviez venir hier au soir, vous me l'aviez promis, et je ne vous ai pas vu !

LUDOVIC.

Ah bien ! j'ai oublié l'heure.

CAMILLE.

Vrai? c'est que tu avais peut-être laissé ta montre quelque part... (Elle va à sa toilette.) avec la chaîne...

LUDOVIC, à part.

Ah! mon Dieu! est-ce qu'elle saurait...

CAMILLE.

Tenez, monsieur, n'est-ce pas celle-ci?

LUDOVIC.

Ma montre!

CAMILLE, la lui présentant.

Prenez donc! je vaux bien le Mont-de-Piété, pour la reconnaissance.

LUDOVIC.

Mais qui a pu te dire...

CAMILLE, la lui passant autour du cou.

Est-ce là ce qui t'inquiétait?

LUDOVIC.

Oh! ça..... et puis, autre chose.

CAMILLE.

Mais enfin, quoi donc?

LUDOVIC.

Apprends... que j'ai des dettes, qu'on me poursuit... qu'on veut me mettre à Sainte-Pélagie... (A part.) Là! coup sur coup! ça va plus vite!

CAMILLE.

Des dettes, c'est impossible!... à moins que vous ne fassiez des folies ailleurs.

LUDOVIC.

Allons, te voilà encore avec tes idées!

CAMILLE.

Ah! j'ai droit d'exiger que vous m'aimiez sans partage... Ce serait affreux!...

LUDOVIC.

Si tu vas faire du sentiment... à présent!

CAMILLE.

atre quel;

Eh bien! non, non... je te croirai sur parole, tu me conteras cela plus tard ; mais d'abord allons au plus pressé. Tu dois?

LUDOVIC.

Plus que je ne puis payer.

CAMILLE.

C'est donc plus que je n'ai ?

LUDOVIC.

Que dis-tu ?

ir la ret:

Air : A soixante ans.

Rendre pour moi ta bourse plus légère,
Y penses-tu, ma pauvre Frétillon?
Je suis bien fou, mauvais sujet, ma chère,
Je ne veux pas mériter d'autre nom.

CAMILLE.

Ah! c'est fini, si tu parles raison.
Heureux amants, sans craindre de scandale,
Nous partagions, et jamais de refus! (*bis.*)
Mais à présent, tu fais de la morale...
(Lui tendant la main.)
Mon ami, vous ne m'aimez plus !

iit... qu:
sur coup

LUDOVIC.

Mais, écoute-moi donc !

CAMILLE.

: ue fass:

Du tout! du tout! je me fâcherai à mon tour! et je te déclare bien, qu'après un pareil refus, je manquerais du nécessaire que je n'accepterais pas un centime de vous... Aller en prison! y passer ses jours et ses nuits! mais a-t-ou vu une bêtise pareille!

LUDOVIC.

flage... l

Eh bien! nous verrons ; plus tard, je ne dis pas.

ANASTASIE, annonçant.

Mademoiselle Augusta, de l'Opéra, descend de voiture.

CAMILLE.

Augusta! par quel hasard!

LUDOVIC, à part.

La danseuse! Dieu! si elle allait bavarder! (Haut.) Est-ce que tu vas la recevoir?

CAMILLE.

Je vais la renvoyer et te rejoins... entre là, et fais-moi ton compte, entends-tu!

LUDOVIC.

Mon compte!... Oh! bien oui!... (A part.) Ne me voyant pas, elle ne songera peut-être pas à faire des cancans sur moi, la danseuse. (Camille se retourne.) J'y vais.   (Il entre à gauche.)

SCÈNE IV.

CAMILLE, AUGUSTA.

AUGUSTA, entrant.

Eh! bonjour, ma chère... embrassons-nous donc.

CAMILLE.

Ah! quelle tendresse! ça t'est donc revenu?

AUGUSTA.

Hein!... pourquoi me dis-tu ça?... parce que je ne viens pas te voir... Ah! ma chère, il ne faut pas m'en vouloir, j'ai tant de travaux!... l'Opéra me tue!... tiens, je viens d'étudier, chez notre maitre de ballets, un pas que je ne puis me mettre dans la tête.

CAMILLE.

C'est-à-dire dans les jambes.

AUGUSTA.

Tu es heureuse, n'est-ce pas? J'ai appris que tu étais riche... que tu avais une voiture, des rentes...

CAMILLE.

Je ne sais pas comment cela s'est fait, je n'ai rien pris...

AUGUSTA.

Mais tu as accepté, c'est une autre manière, ce n'est pas la mienne..... tu sais, j'ai toujours eu des principes d'économie. A propos, tu aimes toujours Ludóvic ?

CAMILLE.

Toujours !

AUGUSTA, à elle-même.

L'infâme !

CAMILLE.

Tu dis ?...

AUGUSTA.

Rien... je t'expliquerai ça... c'est un service que je veux te rendre... à charge de revanche... je viens t'en demander un.

CAMILLE.

A moi ?

AUGUSTA.

Laisse-moi le cœur de monsieur Malbroug ?

CAMILLE.

Monsieur Malbroug... mais, il est mort !

AUGUSTA.

Oh ! tu sais bien ce que je veux te dire, ce n'est pas celui-là... c'est lord Malbroug, cet aimable jeune homme, attaché à l'ambassade anglaise..... je sais qu'il t'a vue à ce bal d'artistes où tu as eu tant de succès..... depuis cette nuit-là, il t'aime, je le sais, il te l'a écrit... Oh ! ne joue pas la surprise... avoue, ne fais pas de la diplomatie..... je suis plus forte que toi... je vis là dedans.

CAMILLE.

Ah ! sois tranquille, ce n'est pas mon genre. Mais je te jure que je n'ai rien reçu... à moins que ce ne soit le billet de ce matin.   (Elle passe à la toilette.)

AUGUSTA.

Ce billet... donne... juste !... c'est cela... une déclaration, quand il me jurait... Oh ! que ces Anglais sont perfides !

CAMILLE.

Je ne les ai jamais aimés.

AUGUSTA.

Ni moi non plus... mais ça n'empêche pas... au contraire.

CAMILLE.

Eh bien !... je te livre monsieur Malbroug... je n'y prétends rien... j'ai mieux que ça.

AUGUSTA.

Un prince russe ?

CAMILLE.

Mieux encore... mon Ludovic.

AUGUSTA.

Ah! c'est juste... mais, service pour service... Apprends donc qu'il te fait des traits, ma chère !

CAMILLE.

Qui ?... Ludovic !

AUGUSTA.

Avec Lolotte, une de nos demoiselles des chœurs... une petite brune, maigre et bancale, qui danse comme ça, tiens...

(Elle danse d'une manière ridicule)

CAMILLE.

Allons donc !... c'est impossible.

AUGUSTA.

Il y a deux mois que cela dure ; elle lui mange un argent fou.

CAMILLE.

Ludovic !... Ludovic !... Oh ! l'indigne !... Si tu savais ce que j'ai fait pour lui... depuis le remplaçant qui m'a tant coûté !...

AUGUSTA.

Ah ! Marengo !... je l'ai vu dernièrement qui montait la garde rue Grange-Batelière.

CAMILLE.

Et pour ménager sa délicatesse, cette pension sous le nom de son oncle... tout à l'heure encore, j'allais... (Essuyant des larmes.) Oh! les hommes ! les hommes ! moi qui les ai tant aimés !

AUGUSTA.

Ils ont du bon !... mais ce sont des monstres ! Tiens, par exemple, ce vieux général Darcourt qui m'adorait, il devait me laisser toute sa fortune ; il n'avait pas d'héritier, à ce qu'il disait... et pas du tout !... il se meurt, et j'apprends qu'il laisse sa fortune à des inconnus... des enfants naturels... un homme sans mœurs, quoi !

CAMILLE, sans l'ecouter.

Ah ! il lui faut une Lolotte !...

AUGUSTA.

J'ai voulu t'ouvrir les yeux en bonne camarade... pour te prouver que je t'aime toujours.

CAMILLE, regardant la porte à gauche.

Oh ! il me tarde de le revoir !

AUGUSTA.

C'est comme moi, monsieur Malbroug... Dis-moi donc, dînes-tu chez toi ?

CAMILLE.

Oui, oui, j'ai du monde encore...

AUGUSTA.

Eh bien ! je m'invite... je n'ai pas d'Opéra... (A part.) Je veux savoir si elle me trompe.   (Elle va pour sortir par le fond.)

SCÈNE V.

LUDOVIC, AUGUSTA, CAMILLE.

LUDOVIC, entrant.

Oh ! ma foi, je suis pressé... et je crois qu'ils ne sont plus là !

CAMILLE.

C'est lui !

AUGUSTA, apercevant Ludovic et rentrant.

Ah ! monsieur Ludovic !...

LUDOVIC, à part.

Encore la danseuse !...

AUGUSTA.

Comment ça va-t-il depuis hier ? car je vous ai aperçu... à l'Opéra.

CAMILLE.

Ah ! tu étais à l'Opéra... hier.

LUDOVIC.

Oui, oui, un instant... (A part.) Que le diable l'emporte !

AUGUSTA.

Oh ! nous voyons quelquefois monsieur Ludovic dans les coulisses, et chez notre maitre de ballets... Est-ce que vous n'y allez pas en ce moment ?... (Bas à Camille.) C'est l'heure de Lolotte.

LUDOVIC.

En ce moment... j'ai affaire.

CAMILLE.

Oui, nous avons un compte à régler.

AUGUSTA.

Tant pis ! moi j'y vais pour un pas nouveau ; il est horriblement difficile. Mais je reviens bientôt... Nous dînerons ensemble. Adieu, monsieur Ludovic. (A Camille.) Adieu, ma petite.

LUDOVIC, l'accompagnant.

Adieu, mademoiselle.

AUGUSTA, à part et en sortant.

Une scène, ça va être gentil !

LUDOVIC, descendant la scène.

Bavarde !

SCÈNE VI.

CAMILLE, LUDOVIC.

CAMILLE.

Enfin nous sommes seuls... Je te remercie d'être resté.

LUDOVIC.

Il faut que je sorte... (Mouvement de Camille.) mais pas avec elle.

CAMILLE.

Sortir ! et pourquoi donc ?... Et ce mémoire que tu dois me donner ?

LUDOVIC, prenant sa cravache et son chapeau.

Il est dans ta chambre. Adieu !

CAMILLE, le retenant.

Où vas-tu ?

LUDOVIC.

Chez un ami.

CAMILLE.

Chez mademoiselle Lolotte...

LUDOVIC.

Lolotte !... Qui t'a dit... c'est Augusta !

CAMILLE.

Je le sais... ça suffit ! mademoiselle Lolotte, que tu aimes... pour qui tu fais des folies...

LUDOVIC.

Ob ! ma foi, puisque tu le sais... dame ! oui... je vais chez Lolotte, elle est drôle... Mais, pour de l'amour, c'est toi seule... ainsi, sois tranquille...   (Il va pour sortir.)

CAMILLE.

Vous ne sortirez pas !

LUDOVIC.

Oh ! oh ! c'est du sérieux !... à ce qu'il paraît...

CAMILLE.

C'est comme j'ai l'honneur de vous le dire.

LUDOVIC.

Est-ce que tu me prends pour un enfant ?

CAMILLE.

Je vous prends... je vous prends pour un ingrat !... pour

un homme sans loyauté!... et c'est ce que vous êtes... Vous ai-je jamais trompé, moi?... Dès que je l'ai pu... n'ai-je pas tout sacrifié pour vous?... parce que je t'aime, parce que c'est plus fort que moi, et tu pourrais... Mais, voyons!... qu'avez-vous à dire?

LUDOVIC, voulant s'en aller.

Je te répondrai plus tard.

CAMILLE, le retenant.

Non!... tout de suite... il faut que tu t'expliques... tu m'appartiens... Moi aussi, j'ai reçu des déclarations, des offres brillantes... j'ai tout rejeté... Ce qu'il me fallait, c'était de l'amour, et le tien, surtout!... Malgré tes brusqueries, j'ai résisté à tout!... je n'en avais que plus de mérite... Mon cœur, ma fortune, tout est à toi! et vous, monsieur, voilà qu'au premier petit nez de travers que vous rencontreriez, vous pourriez!... Non pas! non pas! s'il vous plaît... Te céder, te perdre!... c'est impossible!...   (Elle se jette dans ses bras.)

LUDOVIC.

Frétillon!... que c'est bête de s'attendrir comme ça!

CAMILLE.

Oh! oui, c'est bien bête!... Voyons, monsieur... mettez là votre cravache et votre chapeau, je vous le pardonne pour cette fois... mais ne recommencez plus, car ça se gâterait!

LUDOVIC, tirant sa montre.

C'est bien!... c'est bien!... parbleu! entre nous, est-ce qu'on doit se tourmenter comme ça... quand je te dis que je dînerai avec toi... (Il l'embrasse.) Mais je suis pressé...

CAMILLE.

Ludovic! je vous défends de sortir...   (Elle remonte.)

LUDOVIC.

Allons donc!... tu vas finir par m'impatienter!...

CAMILLE.

Ludovic!... tu resteras...

LUDOVIC.

Non...

CAMILLE.

Si fait...

LUDOVIC.

Ah ! c'est comme ça !...   (Il se dispose à sortir)

CAMILLE.

Je fermerai plutôt la porte...   (Elle retire la clef.)

LUDOVIC, remontant.

M'enfermer ! me traiter comme un esclave !... un valet !...
Donnez-moi cette clef !

CAMILLE.

Non, monsieur.

LUDOVIC.

A l'instant ! je la veux !

CAMILLE.

Vous ne l'aurez pas !

LUDOVIC.

Si fait !...

CAMILLE.

Non !...

LUDOVIC, levant sa cravache.

Frétillon...

CAMILLE, le fuyant.

Ah !

LUDOVIC, jetant avec violence sa cravache par terre.

Aussi, tu me fais sortir de mon caractère...

CAMILLE.

Je crois, au contraire, que vous venez d'y rentrer.

LUDOVIC.

Mais enfin... ce n'est pas ma faute...

CAMILLE.

Tenez, monsieur, voilà votre clef. (Elle la jette par terre.) Prenez-la !

LUDOVIC, la ramassant.

Pourquoi aussi m'y a-t-elle forcé !... (Camille est dans un fauteuil, un

mouchoir sur ses yeux. Il la regarde et fait un pas vers elle.) Allons, voyons,
Frétillon ! (Frétillon le fixe avec hauteur. Il va pour sortir et se retourne.)
Hein... (Il se decide.) Ah ! ma foi, tant pis !...   (Il sort.)

SCÈNE VII.

CAMILLE, ERNEST.

CAMILLE, regardant de côté.

Ah ! il s'en va ! il s'en va ! Ah ! c'est fini ! je ne l'aime plus !...

ERNEST.

Eh bien ! où court-il donc comme ça, monsieur Ludovic ? Justement il y a en bas du monde qui le demande... (Présentant un
billet à Camille.) Voici, mademoiselle, la loge que... Ah ! mon
Dieu !... qu'avez-vous, mademoiselle ? des larmes !

CAMILLE.

Rien, rien, monsieur Ernest : je vous remercie... (Elle se lève.)

SCÈNE VIII.

Les Mêmes, AUGUSTA.

AUGUSTA.

Camille ! Camille ! oh ! mon Dieu ! tu ne sais pas...

CAMILLE.

Qu'as-tu donc ?... que t'est-il arrivé ?

AUGUSTA.

Oh ! ce n'est pas à moi, c'est à Ludovic...

CAMILLE.

Ludovic !

AUGUSTA.

On vient de l'arrêter...

CAMILLE et ERNEST.

L'arrêter !

AUGUSTA.

Oui, ma chère, comme j'arrivais avec ces messieurs et ces dames qui dînent chez toi, j'ai vu des gardes du commerce, des huissiers, que sais-je? moi !... des hommes affreux le faisaient poliment monter dans un fiacre, et il n'a eu que le temps de me crier en m'apercevant : « Dites à Frétillon qu'elle est ven-« gée, et que je l'aime toujours !... »

CAMILLE.

Il a dit cela ?...

AUGUSTA.

Oui... et maintenant il roule pour la rue de la Clé...

ERNEST, à part.

Bon voyage !...

CAMILLE, dans le plus grand desordre.

Ah ! mon Dieu ! on va le renfermer ! il sera malheureux !... mais je ne peux pas l'abandonner ainsi ; non ! c'est impossible ! je ne puis pas le laisser en prison ! je ne le puis pas ! (Sonnant, et à Ernest.) Donnez-moi votre bras. (A Anastasie qui paraît.) Eh ! vite, un châle, faites approcher une voiture, une citadine... (A part.) Là ! faut-il que ça lui arrive juste quand je commençais à ne plus l'aimer !

SCÈNE IX.

LES MÊMES, JEUNES GENS, DAMES INVITEES.

CHŒUR.

AIR du Camarade.

A table !... à table ! il faut qu'on la retienne...
A table... et loin de la laisser partir,
Il faut qu'ici Frétillon appartienne
A l'amitié qui promet du plaisir.

CAMILLE.

Grâce, Augusta ; mon Dieu ! comment donc faire ?
De ce repas ordonne les apprêts.

AUGUSTA.

Attends, attends... réfléchis donc, ma chère...

CAMILLE.

Obliger d'abord, et réfléchir après...

REPRISE DU CHŒUR.

Quelle folie... il faut qu'on la retienne, *etc.*

(Un domestique paraît à gauche, la serviette sous le bras. Camille met son châle et son chapeau, prend le bras d'Ernest, et sort précipitamment. Les jeunes gens donnent la main aux dames et se dirigent du côte de la salle à manger. Le rideau tombe.)

ACTE QUATRIÈME

Une cour de Sainte-Pelagie. Dans le fond, un mur de clôture et une guerite au milieu. A droite, le quartier de la dette, avec un perron ; à gauche, celui de la politique. L'entrée du dehors à gauche.

SCÈNE PREMIÈRE.

MARENGO, JOSEPH, M. DE CERAN, Garçons DE FOURNISSEURS.

(Au lever du rideau, un factionnaire se promène dans le fond. On entend des éclats de rire du côté de la dette.)

LUDOVIC, en dehors, du côté de la dette.

Air *de E. Thénard.*

Joyeux prisonnier, comme nous,
    Champagne qui pétilles,
Fais-nous oublier les verrous,
    Les geôliers et les grilles.
Des créanciers, le verre en main,
    Nous bravons la colere !
Au diable regrets et chagrins !
Amis, chantons jusqu'a demain,
    Et buvons à plein verre !
        A plein verre !

CHOEUR.

Au diable regrets et chagrins ! *etc.*

JOSEPH, faisant sortir M. de Ceran du quartier de la politique.

Ils n'engendrent pas la mélancolie, les prisonniers !... (A M. de Céran) Par ici, monsieur, puisqu'on vous permet de passer à la dette pour déjeuner.

M. DE CÉRAN.

Merci, Joseph.

JOSEPH, le conduisant, après avoir fermé la porte.

Passez là, au numéro 6. (Ils passent du côté de la dette ; pendant ce temps on relève la sentinelle. Joseph rentre, une lettre à la main. A la cantonade.) Tout de suite, monsieur, elle va être portée... allons, qu'est-ce qui nous arrive? (Se retournant.) Ah! c'est la sentinelle de l'intérieur qu'on relève.

PREMIER GARÇON, un panier de vin sur la tête.

Du Champagne pour le numéro 6.

JOSEPH, à la sentinelle.

Laissez passer... (Au garçon.) A gauche, baissez la tête... vous allez casser vos bouteilles...

MARENGO, prenant la faction.

Allons, m'en v'là pour deux heures. Je vas me dépêcher. (Il se promène très-vite.)

JOSEPH.

Quel gaillard que ce numéro 6! il a mis toute la prison sens dessus dessous... (Présentant du tabac à Marengo.) En usez-vous, camarade ?...

MARENGO.

Merci, geôlier...

JOSEPH.

Porte-clefs!...

MARENGO.

Va pour porte-clefs! il paraît qu'il y a beaucoup d'oiseaux dans la cage ?

JOSEPH.

Mais, oui, suffisamment... à la dette ça va assez bien, et du côté de la presse, encore mieux... ça nous amène du monde et des profits... moi, d'abord, en fait de politique, je ne connais que les gros sous.

MARENGO.

C'est la celle d'aujourd'hui.

JOSEPH.

C'est la bonne... (A un deuxieme garçon qui entre avec un panier.) Qu'est-ce que tu veux, toi ?

DEUXIÈME GARÇON.

C'est une volaille, monsieur, pour le numéro 6, avec un pâté.

JOSEPH, l'arrêtant et examinant le pâté.

Un moment !... (Il le laisse passer.) A gauche... baissez la tête... quelle odeur !... ça embaume ! Oh ! les truffes, je les adore... aussi, de temps en temps, je me fais truffer une oie avec des marrons.

MARENGO.

Il paraît, geôlier...

JOSEPH.

Porte-clefs.

MARENGO.

Eh bien ! porte-clefs... il paraît qu'on ne jeûne pas du côté de la dette.

JOSEPH.

On y fait bombance aujourd'hui... c'est un nouveau qui paie sa bienvenue , ils appellent ça une bienvenue !... c'est un gros prisonnier pour dettes qui m'a l'air d'être furieusement à son aise, et puis, aimé des dames... il y en a une qui est déjà venue hier soir, c'était trop tard... elle est revenue ce matin, c'était trop tôt !

MARENGO.

Le sexe entre donc ici ?

JOSEPH.

Considérablement... le sentiment donne beaucoup en prison, et voilà une lettre que ce monsieur envoie à l'adresse d'une demoiselle... c'est un homme à femmes... il est adoré...

MARENGO, soupirant.

Il est bien heureux!

JOSEPH.

Hein! quel soupir! est-ce que vous auriez aussi un amour...

MARENGO.

Une amour! et une fameuse encore!... touché à mort, quoi!

JOSEPH.

Il n'y a pas d'affront!...

MARENGO.

On s'y conformera.

JOSEPH.

Faut toujours se conformer à l'amour, troupier fini que ce-lui-là! (Ou sonne au dehors.) Ah! voilà une visite... à revoir!

MARENGO.

Bonsoir!... (Il reprend son fusil.) Pas accéléré, je vas penser à elle; marche!...   (Il se promène très-vite dans le fond.)

SCÈNE II.

LES MÊMES, CAMILLE.

CAMILLE, à la cantonade.

Merci, mon ami... tiens, voilà pour ta peine... (A Joseph.) C'est vous, Joseph?... le geôlier, le porte-clefs, n'importe, je demande Ludovic... voilà mon permis, je veux le voir...

JOSEPH.

Monsieur Ludovic... c'est qu'il est bien occupé en ce moment.

CAMILLE.

C'est égal, dites-lui qu'il vienne, que je l'attends, moi, Camille.

MARENGO, s'arrêtant dans le fond.

Hein?

JOSEPH.

Mademoiselle Camille... permettez, voici une lettre que j'allais envoyer...

CAMILLE.

Une lettre pour moi, donnez ; pauvre garçon ! il y a pensé, il
doit être bien malheureux !... allez, allez le prévenir.

JOSEPH.

J'y vais tout de suite.

MARENGO, qui s'est rapproche.

Ce nom, cette tournure...

CAMILLE, qui a Ouvert la lettre, lisant :

« Ma bonne Camille, j'y suis !... des barreaux aux fenêtres,
« des verrous aux portes, c'est affreux, je ne conçois pas qu'on
« puisse vivre là dedans... j'y mourrai, j'en suis sûr... » (Essuyant
des larmes.) Oh ! non, non !... (Lisant.) « Mais, j'ai mérité mon
« malheur. »

CHOEUR, en dehors.

J'espère
Que le vin opère,
Oui, tout est bien, même en prison !
Le vin m'a rendu ma raison.

CAMILLE, se tournant du côté de la dette.

Qu'est-ce que c'est que ça ?

MARENGO, laissant tomber son fusil.

C'est elle !...

CAMILLE, qui s'est retournée du côté de Marengo.

Un soldat... je ne me trompe pas, c'est Marengo !...

MARENGO.

Je vous ai fait peur, mamzelle Frétillon... c'est-à-dire, madame... je ne sais pas comment dire...

CAMILLE.

Bah ! comme vous voudrez... je n'y tiens pas. De faction ici !
ah ! j'en suis bien contente !... il y a si longtemps que je ne
vous ai vu !...

MARENGO.

Dame ! oui, depuis le jour de l'armoire, rue de l'Échiquier...

CAMILLE.

Air : *Ces postillons.*

Qu'avec plaisir toujours je le retrouve !
Bon Marengo !... les amants ont leur tour,
Mais c'est pour moi d' l'amitié qu'il eprouve.

MARENGO, a part.

Et ça ressembl' diablement à d' l'amour ! (*bis*)

CAMILLE.

Aussi, j'y tiens plus qu'aux autres, peut-être ;
Un seul ami, lorsqu'on a tant d'amants,
Ça change un peu... puis, on dit qu' c'est moins traître,
Et qu' ça dur' plus longtemps !

Mais pourquoi n'êtes-vous pas venu me voir, Marengo ?...
c'est mal à vous !

MARENGO.

Oh ! je le voulais bien, mamzelle ; en arrivant à Paris... je
suis été rue de la Paix...

CAMILLE.

J'avais changé.

MARENGO.

On m'a renvoyé rue de Ménars...

CAMILLE.

J'avais changé.

MARENGO.

De là, rue de Rivoli.

CAMILLE.

J'avais encore changé...

MARENCO.

Je suis été comme ça, je ne sais où, vous aviez toujours
changé, c' n'est pas comme mon amitié, qui était toujours logée
au même numéro, invariable comme ma consigne... enfin, j'ai
découvert que vous étiez dans la rue de mon pauvre général
qu'est en train de partir pour l'autre monde, rue du Mont-Blanc,
heureuse et riche, une grande dame, enfin... alors, je n'ai pas
osé monter, moi, troupier sans conséquence, et je vous ai écrit...

CAMILLE.

Ah! c'est juste! votre lettre... je l'ai lue... (Marengo se détourne.)
elle m'a fait plaisir... j'ai vu que vous ne m'aviez pas oubliée.

MARENGO.

Vous oublier! oh! jamais! et il paraît, mamzelle, que vous
venez ici...

CAMILLE.

Oh! pour quelqu'un qui est bien malheureux! je viens sécher
ses larmes, lui rendre l'espérance, et...

LUDOVIC, en dehors.

C'est bien! c'est bien!

CAMILLE.

Ah! c'est lui... Ludovic...   (Elle court à lui.)

SCÈNE III.

Les Mêmes, LUDOVIC, M. DE CÉRAN, ANATOLE,
FERDINAND, EDMOND.

LUDOVIC, une serviette à sa boutonnière et un verre de Champagne à la main.

Camille! (Il s'arrête.) Attends, que je vide mon verre.

CAMILLE.

Comment, monsieur...   (Ludovic a vidé son verre et le jette.)

MARENGO, reprenant son fusil avec humeur.

Encore lui!   (Il remonte dans le fond.)

LUDOVIC.

Maintenant, embrassons-nous; tiens... voilà des amis, des
connaissances... en voilà...   (Ils entrent tous le verre à la main.)

CHOEUR.

Air : *C'est le plaisir.*

C'est Frétillon! (*bis.*)
Qu'elle vienne,
Qu'on nous l'amène!
C'est Frétillon! (*bis.*)
Le plaisir arrive en prison!

CAMILLE.

Edmond, Frédéric, Anatole !
Ferdinand !... venez tous, venez.

M. DE CÉRAN.

Toujours aimable, toujours folle !

CAMILLE.

Est-ce vous qui m'environnez ?
Camarades, comme naguère,
Je vous revois tous... ah ! j'espère
Que j'ai du bonheur, mes amis,
J'en cherche un et j'en trouve six.

REPRISE DU CHŒUR.

C'est Frétillon ! (*bis.*) *etc.*

CAMILLE.

Ma foi, je ne m'attendais pas à trouver tant de plaisir sous les
verrous !

M. DE CÉRAN.

Ni moi non plus...

LES JEUNES GENS.

Ni moi... ni moi !

CAMILLE.

Jusqu'à ce bon Marengo qui est là en faction ; ces pauvres
amis !... les voilà donc ruinés !... Vous, Anatole, c'est à la
Bourse, je le parierais ! Toi, Frédéric, à l'Opéra, dans ce qu'Augusta appelle le guêpier... Et Edmond, qui est-ce qui a pu
l'envoyer rue de la Clef, à moins que ce ne soit son tailleur?

LUDOVIC.

Juste ! tu as deviné...

CAMILLE.

Mais, monsieur de Céran, avec votre fortune ?...

M. DE CÉRAN.

Aussi, mon enfant, ce n'est pas une affaire d'argent qui m'a-
mène ici... je suis d'un autre quartier.

CAMILLE.

Ah ! oui... vous faites des brochures, de la politique... Quelle

bêtise ! de mon temps, vous étiez plus drôle ! (Éclatant de rire.)
Ah ! ah ! ah ! c'est original, tout de même, de les voir tous là
rassemblés autour de moi ! heureusement, ce n'est pas ma
faute, car si j'accepte des riches..

M. DE CÉRAN.

Vous ne refusez rien aux autres.

CAMILLE.

Et la preuve c'est que je viens délivrer quelqu'un.

LUDOVIC.

Allons, encore !

M. DE CÉRAN.

J'en étais sûr !

AIR de Téniers.

O mes amis, c'est un ange adorable
Qui vient ici consoler le malheur.

CAMILLE.

Un ange... eh ! mais, vous êtes bien aimable...
A mes vertus vous faites trop d'honneur !
N'en croyez rien... car si j'étais un ange
Qu'au monde, alors, les cieux enlèveraient,
Peut-être, moi, je gagnerais au change,
Mais, à coup sûr, les mortels y perdraient.

(A Ludovic.) Eh ! vite, monsieur, préparez-vous à me suivre, à
quitter si mauvaise compagnie... L'infâme ! moi qui le croyais
dans le chagrin !

M. DE CÉRAN.

Vous allez nous l'enlever ?

LES JEUNES GENS.

Ludovic !

LUDOVIC.

Moi ! est-elle drôle ! il faut de l'argent pour ça !

CAMILLE.

J'attends l'huissier pour compter avec lui.

LUDOVIC.

Allons donc, Frétillon... c'est impossible... ça ne se peut pas !

CAMILLE.

Comment, tu refuses?

LUDOVIC.

Parole d'honneur ! je ne fais pas le difficile ; mais il y a des circonstances...

CAMILLE.

Ah! si tu m'aimes encore...

LUDOVIC.

Si je t'aime ! après un trait pareil... quand tu ne m'as pas abandonné... Oui, messieurs, Frétillon est mon ange gardien... tout à elle, tout pour elle ! Ah ! si je pouvais être couché sur le testament de mon oncle ! si je pouvais faire ma paix avec le cousin Godureau qui est ici !

CAMILLE.

Vrai ! Godureau... il est aussi en prison? Je le croyais trop bête pour ça !

LUDOVIC, bas à Camille.

Et cette pension que je recevais sous le nom de mon oncle... tu me trompais !

CAMILLE.

Silence !

LUDOVIC.

Ah! Frétillon ! mais il ne vient pas me voir... il me fuit ! il a refusé mon invitation.

CAMILLE.

Godureau ! où est-il?

LES JEUNES GENS, appelant.

Godureau ! Godureau !

SCÈNE IV.

LES MÊMES, GODUREAU.

GODUREAU, paraissant a la porte de la dette.

Hein? qui est-ce qui m'appelle?

CAMILLE.

Comment... est-ce qu'on ne reconnait pas ses amis ?...

GODUREAU.

Camille ! (Éclatant de rire.) Ah ! ah ! ah !... elle aussi, en prison
pour dettes !... c'est charmant !

CAMILLE.

Moi, en prison !... du tout !

AIR *du Piége.*

Je fais mieux, j'accours parmi vous,
Toujours folle et toujours légère,
Quand vous êtes sous les verrous,
Égayer ce lieu de misère !...
Prodiguant d'égales bontés,
Je viens consoler, en amie,
Les fidèles que j'ai quittés,
Les volages qui m'ont trahie.

LUDOVIC.

Ne parle plus de ça...

GODUREAU.

Vous me rappelez que je suis des premiers...

EDMOND.

Et moi aussi.

ANATOLE.

Et moi aussi.

CAMILLE.

Bah ! quand c'est tout le monde, ce n'est personne... d'ailleurs, la constance, vois-tu, c'est une autre Sainte-Pélagie ! le
plaisir, c'est la liberté... fais comme les autres... Est-ce que tu
me gardes rancune ?

GODUREAU, lui tendant la main.

Moi !... tu es trop bonne fille pour ça !

CAMILLE.

A la bonne heure !... c'est déjà quelque chose... mais je demande mieux encore... c'est votre amitié pour votre cousin, ce
bon Ludovic.

GODUREAU.

Laissez-moi donc tranquille.

LUDOVIC.

Il me garde rancune pour les coups de poing...

CAMILLE.

Ah ! ah !... vous lui donnerez la main, vous l'embrasserez, ous ferez sa paix avec l'oncle aux dindes truffées...

GODUREAU.

Jamais !

LUDOVIC, à Camille.

Tu vois bien...

CAMILLE.

Si fait, morbleu !... qu'est-ce que ça signifie ? la haine doit-elle désunir encore ceux que le malheur a rapprochés, et que la prison rend égaux ?... ce serait d'un mauvais cœur... d'un petit esprit, et le tien est trop beau... (A part.) Il faut le flatter...

AIR de la Vieille.

Allons donc, un peu de courage,
Et soyez cousins aujourd'hui ;
Vous voilà tous les deux en cage,
Qu'il soit bon pour vous, vous pour lui.

LUDOVIC.

C'est bien dit... lorsqu'on est en cage,
Devrait-on se bouder ainsi ?

TOUS, excepté Godureau.

Devrait-on se bouder ainsi ?...

CAMILLE.

Imite-moi... dans ces lieux, il me semble
Que mes ingrats se trouvent tous ensemble ;
Mais je bénis le sort qui nous rassemble,
Oui, je bénis le sort qui nous rassemble ;
Plus de rancun'... mets ta main sur mon cœur,
Il ne bat plus que de bonheur !...

(Elle leur tend la main.)

M. DE CERAN.

C'est ça... paix générale !

LUDOVIC.

Je ne demande pas mieux.

GODUREAU.

Non, Camille, non !

LUDOVIC.

Il ne veut pas... Eh bien ! tant pis pour lui !

CAMILLE.

Allons, morbleu ! plus de grimace,
Tous deux, approchez-vous d'ici,
Et sur-le-champ que l'on s'embrasse,
Car c'est moi qui l'ordonne ainsi !

TOUS, excepté Godureau.

Oui, sur-le-champ, que l'on s'embrasse,
C'est elle qui l'ordonne ainsi !

GODUREAU.

Y pensez-vous ?

LUDOVIC.

Non, sa haine est trop grande.

CAMILLE.

Il a beau faire, il faudra qu'il se rende !
A la priėr' faut-il que je descende ?
Refuse-t-on quand Frétillon demande ?

(Bien tendrement.)

Oui, je demande !

Allons ! allons !   (Elle prend la main de chacun d'eux.)

LUDOVIC.

Godureau !   (Godureau lui tend les bras, ils s'embrassent.)

CAMILLE.

Je me retrouve, allons, point de refus,
Et j'ai fait deux heureux de plus !

TOUS.

Embrassez-vous, allons, point de refus,
Elle a fait deux heureux de plus !

CAMILLE.

Bravo ! nous voilà tous amis ! tous cousins.

M. DE CÉRAN.

Vite à table !... et le verre à la main, pour cimenter la paix générale.

LUDOVIC.

Avec du Champagne.

GODUREAU.

Sous la présidence de Frétillon.

CAMILLE, effrayée.

Du Champagne ! non ! non !

M. DE CÉRAN.

En attendant votre huissier, laissez du moins à Sainte-Pélagie, pour ceux qui restent, un air de fête et de gaieté.

CAMILLE.

Eh bien ! je n'ai jamais refusé de faire une bonne action... au Champagne !

LES JEUNES GENS.

Au Champagne !

CHŒUR.

C'est Frétillon ! (*bis.*)
Faisons-lui fête,
Tenons-lui tête !
C'est Frétillon ! (*bis.*)
Le plaisir arrive en prison.

(Ils entrent à droite, et entraînent Camille.)

SCÈNE V.

JOSEPH, MARENGO, GODUREAU, LEGRAS.

MARENGO.

Mille-z'yeux ! et on n'aimerait pas cette fille-là ! la crème des femmes de son sexe !... elle rapproche les ennemis... elle embrasse tout le monde, elle boit du Champagne ! créature adorée, va... Ah ! si jamais... Dieu de Dieu !...

JOSEPH, entrant.

Qu'est-ce qui lui prend ? est-ce qu'il est fou ?...

IV.   44

MARENGO.

C'est qu'elle pense à tout, elle n'oublie personne, personne, excepté moi, le pauvre soldat !

GODUREAU, revenant avec une bouteille et un verre.

Marengo ! Marengo !

JOSEPH.

Marengo, qu'est-ce que c'est que ça ?

MARENGO, s'avançant.

Présent !

GODUREAU.

Eh ! mais, Dieu me pardonne ! c'est l'uniforme de l'armoire... Ah çà ! ils se sont donc tous donné rendez-vous ici ? Tenez, mon brave, tenez... voilà ce que Frétillon vous prie de boire à sa santé.

MARENCO.

Vrai ! elle a aussi pensé à moi. Suffit.

TOUS, appelant du dehors.

Godureau ! Godureau !　　　　　　(Godureau rentre.)

MARENGO.

Au milieu des prisonniers, elle envoie la goutte à l'ancienne connaissance qui a celui de les garder. (S'essuyant les yeux. — Il boit.) Obéissance passive.

JOSEPH.

Dites donc, monsieur Marengo... c'est un beau nom de baptême que vous avez là.

MARENGO.

N'est-ce pas? Je suis un enfant de troupe... et les anciens m'ont appelé Marengo, parce que je suis venu au monde le jour de la bataille d'Austerlitz.

JOSEPH.

C'est fameux ça..... Eh ! voilà monsieur Legras l'huissier !

LEGRAS.

Moi-même, mon ami, moi-même. Je viens pour une affaire... une affaire très-pressée... une dame qui m'a donné rendez-vous pour la créance de monsieur Ludovic.

MARENGO.

C'est elle... toujours elle... du Champagne à l'un, des gros sous à l'autre... c'est une âme pétrie dans le bienfait, quoi!

LEGRAS.

Vous connaissez cette dame?

MARENGO, d'un ton sentimental.

Si je la connais, ô huissier! voyez-vous, j'aimerais mieux toucher d'amour une personne favorable à l'humanité comme celle que vous allez voir, que toutes les pièces d'un franc cinquante qui, dans le courant d'une année, peuvent vous glisser dans les doigts, ô huissier que vous êtes... A votre santé.

(Il boit.)

LEGRAS.

Ah çà! qu'est-ce qu'il me dit, ce monsieur?

JOSEPH.

Venez, monsieur Legras, venez, je vas vous mener vers mademoiselle Camille, ou mademoiselle Frétillon. Les drôles de noms qu'ils ont, ces gens-là! (Ils s'acheminent du côté de la dette.)

MARENGO.

Des noms respectables, entends-tu, pékin?

JOSEPH, se retournant.

Porte-clefs.   (Il sort.)

MARENGO, seul.

Il y a quelque chose à dire sur Frétillon, je ne dis pas, mais ça regarde ceux qu'elle aime. Dieu! si c'était moi, ne fût-ce que pour vingt-quatre heures!..... je suis jaloux d'abord...

AIR: *Sans mentir.*

Si jamais j'arrive en ligne,
Si j'suis heureux à mon tour,
Il faudra changer d'consigne!
Voilà mon ordre du jour:
Je veux qu'ell' me soit fidèle,
Sinon... et quant au galant

Qui viendra rôder près d'elle...
Ce s'ra comme au régiment,
    Rantanplan ! (*bis.*)
Je l'men'rai tambour battant !

            (On entend des eclats de rire a droite.)

        JOSEPH, rentrant.

Ah ! ah ! ah !

        MARENCO.

Qu'est-ce qu'il y a ?

        JOSEPH.

Il y a que c'est une bonne fille, tout de même ; ils se rappellent là dedans des choses à mourir de rire... ou à pleurer comme une bête !... les tours qu'elle a joués aux uns... les services qu'elle a rendus aux autres ; il y a un petit pâle qui raconte qu'étant pauvre et malade, Frétillon a vendu pour lui absolument tout, quoi ! Et là-dessus, ils remplissent son verre et elle le vide en riant, et elle a des yeux qui brillent comme des diamants, mais qui sont petits... petits...

        MARENGO, vidant son verre.

Femme céleste !

        JOSEPH.

Quand monsieur Legras est entré... elle a jeté sur la table un gros portefeuille, en criant : C'est mon reste... et on lui a donné un verre pour le griser.

        MARENCO.

L'huissier ?...

        JOSEPH.

Et moi aussi... Tenez, entendez-vous ?...

        CHŒUR, en dehors.

      AIR *de Ramponneau.*

    Force Champagne
    A Frétillon !
Que sa gaîté nous gagne ;
    Force Champagne
    A Frétillon !
Mes amis, faisons-lui raison !

FRÉTILLON, entrant, suivie du chœur.

Non, laissez-moi, je le veux,
　　Au bruit d' ce vin joyeux,
　　Ma tête déménage.
Je vais quitter la prison,
　　Mais je crains qu' ma raison
　　Ne reste dans la cage.

CHŒUR.

Force Champagne, *etc.*

SCÈNE VI.

Les Mêmes, CAMILLE, LUDOVIC, M. DE CÉRAN, ANATOLE, EDMOND, FREDÉRIC, FERDINAND, LEGRAS.

(Ils entrent tous sur le chœur.)

LUDOVIC, offrant un verre à Frétillon.

Encore un verre !...

CAMILLE, à peu près grise.

Merci ! merci ! assez, assez. Dieu ! que c'est amusant le vin de Champagne ! en prison ! ça échauffe le cœur, la tête... Eh ! vite, Ludovic, puisque le Champagne t'a rendu raisonnable, partons !...

LUDOVIC, tout à fait gris.

Au fait, puisque tu y tiens... liberté ! c'est délicat ce que tu fais là, je crois que le grand air me fera du bien !

CAMILLE.

Et, pendant que j'y suis...... écoute, geôlier, mon amour.

JOSEPH.

Présent !

CAMILLE.

Je délivre tes prisonniers... (S'interrompant.) C'est drôle, la prison tourne... Je paie pour tous !

LEGRAS.

Pour tous !

JOSEPH.

Vous avez donc le budget dans votre sac ?

44.

LEGRAS.

Mais d'abord, pardon, je suis un honnête homme.

MARENGO, dans le fond.

Il est dedans, l'huissier.

CAMILLE.

Qu'est-ce que vous voulez encore, monsieur Legras ? les créanciers, qu'est-ce qu'ils veulent ? (Éclatant de rire.) Dieu ! que les huissiers sont laids ! c'est le seul corps que je n'aurais jamais pu souffrir.

LEGRAS.

Vous êtes bien bonne ; mais, mamzelle, ce n'est pas mon compte.

CAMILLE.

Comment, Ludovic n'est pas libre ! il vous manque...

LEGRAS.

Quinze cents francs, dont neuf cents pour les frais.

CAMILLE.

Les frais ! et le portefeuille est vide ! (Donnant sa chaîne, ses bracelets, etc.) Mais voilà de l'or, des bijoux ; vous êtes payé.

LEGRAS.

Permettez...

CAMILLE.

Encore ? Ah ! tiens... (Lui jetant son châle.) pur cachemire, mon cher... mais rien de plus..... Dame ! la plus belle fille du monde ne peut donner... Quant à toi, Anatole, à toi, Ferdinand... à demain, je suis riche, et il ne sera pas dit que je ferai tort de ce que je possède à de pauvres diables qui m'ont aimée ; comptez sur moi, tant que je pourrai payer des rançons, j'en paierai... Quant à vous, monsieur de Céran, demain, vous sortirez d'ici, je verrai les autorités, je les attendrirai, ou j'y perdrai mon nom de Frétillon !

AIR du Cabaret.

Ainsi, comme une enchanteresse,
Chassant le malheur de ces lieux,
Sous ces tristes verrous, je laisse
L'espérance... faute de mieux !

Comme ce Champagne efficace,
Qui, pour nous, vient tout embellir,
Je veux que partout où je passe
Il ne reste que du plaisir.

Adieu, adieu, partons.   (Elle va pour sortir avec Ludovic.)

JOSEPH, se plaçant entre eux. A Camille.

Vous, à la bonne heure! mais, monsieur, ça ne se peut pas.

LUDOVIC.

Comment? ça ne se peut pas!

JOSEPH.

Il faut qu'on lève son écrou.

LEGRAS.

Et pour cela, il faut que la somme soit liquide.

LUDOVIC.

Qu'est-ce qu'il parle de liquide... est-ce qu'il n'en a pas assez, l'huissier?

JOSEPH.

Faut qu'il reste.

CAMILLE, passant à Ludovic.

Et moi, je vous dis que Ludovic ne restera pas ici... mon Ludovic!   (On entend un roulement de tambour.)

M. DE CÉRAN.

Entendez-vous? les portes vont être fermées; je retourne à la politique.

LUDOVIC.

Et moi, je reste à la dette.

CAMILLE.

Pauvre garçon! encore une nuit! ça doit être triste, une nuit en prison; mais elle ne sera pas mauvaise, je l'espère; vous rêverez à moi. Allons, à demain, à demain!

AIR du *Philtre.* (Premier acte du Paysan amoureux.)

Adieu donc ! loin de vous
Je pars, mais bientôt, je l'espere,
A ma table vous serez tous,
Je vous y donne rendez-vous.

CHŒUR.

Adieu donc! loin de nous
Ell' part, mais bientôt, je l'espéré,
A sa table nous serons tous ;
Et nous y prenons rendez-vous.

(Ils vont tous pour rentrer à droite et à gauche et laissent la scène libre.)

MARENGO, la prenant à part, dans le fond.

Mamzell' Frétillon...

CAMILLE.

Quel mystère!

MARENGO.

Le froid pince, il fait mauvais temps.

CAMILLE, montrant la capote suspendue à la guérite.

Eh bien ! ta capote, et j'espère
T' la rendre à toi, viens aussi, viens d'main, je t'attends.

(Marengo place la capote sur les épaules de Camille.)

TOUS.

A demain !

LE CHŒUR et CAMILLE.

Adieu donc, *etc.*

ACTE CINQUIÈME

Un petit boudoir très-simple. Dans le fond, une cheminée, et devant un gueridon et deux couverts. A gauche, l'entrée du dehors, à droite la porte qui mene à l'appartement.

SCÈNE PREMIÈRE.

CAMILLE, seule.

(Elle entre par la gauche, et parlant à la cantonade.)

Eh! mon Dieu!... je vous abandonne l'appartement. Prenez, saisissez tout, puisque je ne puis plus payer... Je ne garde que ce petit boudoir et ce couvert!... (Montrant le couvert.) Pour mon Ludovic et pour moi!... Eh! mais, j'y pense, et tous ces messieurs que j'avais invités pour aujourd'hui!... à une grande table; ma foi, tant pis!... bien fâchée, messieurs, il n'y a place que pour un.

SCÈNE II.

CAMILLE, AUGUSTA.

AUGUSTA.

Eh bien! personne pour annoncer, pas un domestique?

CAMILLE, gaiement.

Comme tu vois; ils sont tous partis... avec la fortune, et ils reviendront avec elle, quand je descendrai de ma mansarde, où je vais remonter comme autrefois, tu sais? m'y revoilà!

AUGUSTA.

Ah! mon Dieu! que me dis-tu là? qu'est-ce que cela signifie, ma chère?

CAMILLE.

Cela signifie, ma chère, que j'avais de l'or, de l'argent, des billets, qui m'étaient venus, Dieu sait comme, et qui s'en allaient de même, je prenais toujours sans compter; si bien qu'à mon retour de Sainte-Pélagie, je me suis aperçue que j'étais

au bout de mon rouleau... Mon propriétaire s'est rappelé que
je lui devais cinq termes, seulement ! il a mis les huissiers partout... et moi, je me suis réfugiée ici, dans ce boudoir, en attendant.

AIR : *Restez, restez, troupe jolie.*

Ce soir, pour le cinquième étage,
D'ici, je prendrai mon congé !
C'est ainsi, déjà, sans bagage,
Que trois fois j'ai déménagé.
Du haut en bas j'ai voyagé.
A prendre un parti je suis prompte,
Sans oublier, depuis cinq ans,
Ni ma gaîté, quand je remonte,
Ni mes amis, quand je descends !

AUGUSTA.

Comment ! tu as tout mangé ?

CAMILLE.

Mieux que ça.... j'ai tout donné.

AUGUSTA.

Alors, je vois, à ta nouvelle fortune, que ce qu'on m'a dit
pourrait bien être vrai.

CAMILLE.

Qui?... qu'est-ce qu'on t'a dit ?

AUGUSTA.

Oh !.. quelque chose d'inconcevable... ton mariage.

CAMILLE, riant.

Mon mariage !...

AUGUSTA.

Et moi qui venais t'en détourner, te conseiller de n'en rien
faire... un mauvais parti, ma chère...

CAMILLE.

Un mauvais parti... mais qui donc ?

AUGUSTA.

Eh! tu le sais bien... ton Ludovic... puisqu'il l'a dit... c'est

avec toi, assurément... il l'a annoncé à Lolotte!... cette pauvre
fille, elle s'est trouvée mal!

CAMILLE.

Mon mariage! Ludovic!... as-tu perdu la tête? je n'y ai jamais pensé!

AUGUSTA.

Eh bien! il y a pensé, lui!

CAMILLE.

Pas possible?.. c'est une surprise qu'il me ménage... une bêtise!... c'est d'un bon cœur... ce cher Ludovic!... hier, en sortant
de prison, il m'a bien juré qu'il n'aimerait que moi, et que jamais une autre... ah, ah, ah! ce serait drôle, n'est-ce pas?...
mon mariage!... Il me semble que je me vois déjà passer avec
un voile et de la fleur d'oranger! Tu n'as jamais pensé au mariage, toi?

AUGUSTA.

Si fait, quelquefois, souvent même, mais avec quelqu'un de
riche, de cossu... un fils de pair de France... un général ou un
danseur. Mais un jeune homme comme ton Ludovic, fi donc!

CAMILLE.

Bah! il fera son chemin. (Riant.) Et si j'étais sa femme....

AUGUSTA.

Oh! sa femme!.. Lolotte y mettrait bon ordre.

CAMILLE.

Lolotte, comment ça?

AUGUSTA.

Certainement... elle a une lettre de change de mille francs...
Elle a juré par tout l'Olympe de l'Opéra, qu'elle poursuivrait
son infidèle!...

CAMILLE.

Ah! mon Dieu!... encore.... pauvre garçon! Mais il n'en sera
rien... Ah! ma chère!... je t'en prie... vois cette Lolotte... en
ta qualité de diplomate, arrange cette affaire-là... paie et que
tout soit fini!

AUGUSTA.

Désolée!... je n'ai pas d'argent!... tu ne sais pas? mon vieux général est mort!... et il ne m'a rien laissé, le traître!

CAMILLE, mystérieusement, tirant un billet de son sein.

Tiens!... tiens!... c'est mon dernier... je l'avais sauvé pour lui... qu'il serve à cela!

AUGUSTA.

Mais, pense donc...

CAMILLE.

Non... non... je ne veux penser à rien... ce n'est pas dans mes habitudes... c'est mon ami! mon amant, mon mari!... (Riant.) mon mari!.. la drôle d'idée! Oh! jamais!..

AUGUSTA.

Qu'est-ce que j'entends là!

CAMILLE.

Chut!... c'est mon propriétaire, peut-être... avec ses huissiers, ses estafiers, que sais-je?... va vite, va... par ici... je t'attends...

AUGUSTA.

Dame!... tant pis pour toi!... ça te regarde... (Camille la fait sortir par la droite, pendant le chœur suivant.)

SCÈNE III.

M. DE CERAN, CAMILLE, GODUREAU, FRÉDÉRIC, ANATOLE, EDMOND.

CHŒUR.

Chez Frétillon,   (bis.)
Le plaisir fidele
M'appelle.
C'est Frétillon
Qui gaîment paya ma rançon!

CAMILLE.

Eh ! non, je ne me trompe pas... ce sont tous ces messieurs que j'avais invités à dîner.

M. DE CÉRAN.

Et, comme vous voyez, nous sommes exacts... ce sont des heureux qui viennent vous remercier de votre visite.

GODUREAU.

Et vous la rendre... Eh bien ! eh bien !... et le couvert... où est-il donc ?

CAMILLE.

Le voilà !...

M. DE CÉRAN.

Bah ! il n'y a place que pour deux... et moi ?...

GODUREAU.

Et moi ?

TOUS.

Et moi ?

CAMILLE.

Bien fâchée... le couvert est pour quelqu'un qui tarde bien à venir... ce cher Ludovic !

GODUREAU, riant.

Et ce mariage !... Ludovic ?...

CAMILLE.

Vous savez... Silence ! entre nous, c'est à la vie et à la mort !

GODUREAU, étonné.

Bah !

M. DE CERAN, aux jeunes gens.

Eh ! Ludovic !... est-ce que ce n'est pas lui qui s'est disputé hier pour elle avec ce soldat ?...

FRÉDÉRIC.

Et qui a dû se battre ce matin ?

CAMILLE.

Il s'est battu !... et comment?... pourquoi?... Dieu! Ludovic!

IV.   45

SCÈNE IV.

Les Mêmes, LUDOVIC.

LUDOVIC.

Air *anglais*. (de Camilla.)

Tra, la, la, la, la.
Bonjour, mes camarades.
Tra, la, la, la, la.
Encore un coup je viens grossir
Vos joyeuses brigades !
Je viens faire, pour en finir,
Mes adieux au plaisir !
Tra, la, la, la, la.

CAMILLE.

Tu n'as pas été blessé ?

LUDOVIC.

Blessé ?... moi !... Ah ! par exemple !... et comment ça, donc ?

CAMILLE.

Mais... en te battant.

LUDOVIC.

Me battre !... pas si bête !...

Tra, la, la, la, la.
Je n'aime pas la guerre.
Tra, la, la, la, la, etc.

M. DE CÉRAN.

Comment ! ce n'est pas vous qui vous êtes battu, ce matin... avec ce soldat ?...

LUDOVIC.

Ah ! oui... ce soldat, un camarade de Marengo qui attaquait la vertu de Frétillon... (Riant.) Ah ! ah !... il paraît qu'il t'a reconnue... en sortant de Sainte-Pélagie... Je lui ai dit que c'était un manant, il m'a répondu que j'étais un imbécile... j'ai passé mon chemin, nous sommes quittes.

CAMILLE.

Je te reconnais là...

GODUREAU.

C'est singulier! mais on s'est disputé... on s'est battu...

LUDOVIC.

Ce n'est pas moi, ma parole d'honneur!... quelle bêtise!
pour la vertu de Frétillon... elle ne le souffrirait pas... elle est
trop bonne fille pour ça!... Frétillon ne veut que mon bonheur.

CAMILLE.

Certainement!

LUDOVIC.

Elle me l'a dit cent fois... aussi, je viens lui en apprendre
un... et un fameux!... à vous aussi... parce que vous êtes ses
amis... et que les amis des amis...

GODUREAU, riant.

Sont nos amis...

LUDOVIC, à Camille.

Tu ris... est-ce que tu te douterais...

CAMILLE.

Peut-être... tu es un bon enfant!

TOUS.

Qu'est-ce donc? qu'est-ce donc?

CAMILLE.

Allons, n'en parlons pas... c'est bête!...

LUDOVIC.

Bah! tu sais... et ça t'arrange! tant mieux!

CAMILLE, lui prenant la main.

On peut bien s'aimer sans cela!... (Souriant.) Oh! tu as de
drôles d'idées.

LUDOVIC.

Oh! l'idée n'est pas de moi... elle est de mon oncle... car me
voilà rentré en grâce auprès de lui... et il ne veut plus voir
mon cousin... chacun son tour... (A Godureau.) Mais je ferai ta
paix avec lui, sois tranquille... si bien donc que mon oncle me
marie.

TOUS.

Pas possible !

CAMILLE.

Quoi !... c'est ton oncle...

LUDOVIC.

Lui-même. D'abord, il paiera mes dettes... il me l'a promis. (Pressant la main de Camille, et bas.) Il les paiera toutes... c'est sacré... (Haut.) et puis ce respectable oncle m'offre une petite femme qui est rousse... ça m'est égal... j'ai la vue basse... (A Godureau) mademoiselle Joséphine, tu sais...

CAMILLE, émue.

Ah ! mademoiselle... et tu acceptes !

LUDOVIC.

Tiens, si j'accepte... cent mille francs, dans dix-huit mois... et des espérances, comptant... d'abord, ça ne pouvait pas durer comme ça, il faut faire une fin, c'est ce que tu m'as toujours souhaité... et puis, j'ai vu ma future, elle est gentille... je l'aime déjà.

CAMILLE.

Comment, tu... (A part.) Encore un ingrat !

LUDOVIC.

Hein !... ça te fait plaisir... n'est-ce pas ?... aussi, je n'ai pas voulu passer sans t'en faire part... et aux amis que j'invite à la noce !... la boutique de l'oncle y passera !... (Chantant.) Tra, la, la, les liqueurs et les dindes truffées... tra, la, la... (A Camille.) Par exemple !... toi, tu ne peux pas en être... parce que, tu conçois... la morale... mais je t'enverrai quelque chose en cadeau...

CAMILLE.

A moi !... (A part.) Oh !...

LUDOVIC.

Mais adieu... adieu !... car, moi, je parle de mon mariage... mais il y a un diable de billet à ordre en circulation... on me menace de me poursuivre... une certaine personne...

CAMILLE.

Oui, mademoiselle Lolotte...

LUDOVIC.

Chut!... Oh ! ce n'est pas la somme, mais j'en devrais trente
fois autant, je n'en serais pas plus vexé... Si la famille de Joséphine savait que j'ai fait des billets aux danseuses !... va te pro-
mener la dot et le mariage !... Ah!... c'est qu'elle a des principes, la belle-mère... je vais tâcher de rattraper mon billet.
Adieu, les amis... adieu, Frétillon... à revoir... Tra, la, la, la,
je me marie !...

TOUS.

Adieu, adieu !...

LUDOVIC, s'éloignant.

Tra, la, la, la...   (On cesse de l'entendre peu à peu.)

SCENE V.

LES MÊMES, hors LUDOVIC.

CAMILLE, a part, avec émotion.

Me quitter ainsi !... moi qui l'aimais tant !... Oh ! les hommes !... les hommes ! je crois que je vais les haïr...

GODUREAU, revenant à gauche.

Hein !... qu'est-ce que nous avons ?...

CAMILLE, essuyant une larme.

Rien, rien...

M. DE CERAN, revenant à droite.

Bah ! Frétillon... est-ce que tu le regretterais ?

CAMILLE.

Ah ! bien oui !... (A part.) Mais ce billet qu'il redoute, je vais
l'avoir, et nous verrons !

GODUREAU.

Ah çà !... le couvert du cousin me revient de droit.

45

TOUS.

Non !... c'est à moi !...

GODUREAU, s'approchant de Camille.

C'est à moi, n'est-ce pas ?...

M. DE CERAN, même jeu.

C'est à moi !...

CAMILLE.

Eh ! que m'importe ! à qui le voudra !...

GODUREAU.

Ma foi, à moins de le tirer au sort...

M. DE CÉRAN.

C'est ça !... c'est ça !... une loterie !...

TOUS.

Bravo !... une loterie !

GODUREAU.

Oh !... nous allons rire...

CAMILLE.

Hein ! que dites-vous ?

AIR *du Premier prix.*

Ici, quoi ! mettre en loterie ?
Mon souper ?

TOUS.

Oui, oui, c'est charmant !

CAMILLE.

Mais c'est une plaisanterie !...
Vous n'en ferez rien...

TOUS.

Si vraiment.

CAMILLE.

Si, dans le monde, l'aventure
Allait avoir quelques échos !...

GODUREAU.

Oh! dans ce cas, vous seriez sûre
De placer tous les numéros.

CAMILLE.

Mais vous êtes fous!... je ne veux pas!...

M. DE CÉRAN.

Si fait, c'est convenu!

GODUREAU.

Il faut écrire nos noms.

M. DE CÉRAN.

Et le premier qui sortira...

TOUS.

De l'encre... du papier...

M. DE CÉRAN, montrant la porte à droite.

Là! là!... messieurs...   (Ils sortent.)

CAMILLE:

Mais, messieurs, je ne veux pas! (Godureau lui envoie un baiser.)

SCÈNE VI.

CAMILLE, AUGUSTA.

AUGUSTA, entrant.

Me voilà, ma chère, me voilà!

CAMILLE.

Ah! c'est toi!

AUGUSTA.

J'ai vu Lolotte.

CAMILLE.

Et le billet?

AUGUSTA.

Elle n'y a pas tenu... Tiens, le voici!

CAMILLE, le prenant.

Donne... Ah! nous verrons maintenant!... qu'il vienne le chercher...

AUGUSTA.

A propos, tu n'as pas vu Marengo?

CAMILLE.

Marengo!...

AUGUSTA.

Quand je suis sortie, je l'ai vu qui causait avec ton propriétaire, tes huissiers, et en revenant je ne l'ai plus trouvé... je le croyais ici.

SCÈNE VII.

AUGUSTA, MARENGO, CAMILLE.

MARENGO, arrivé entre elles.

Pardon, excuse.

AUGUSTA.

C'est lui!

CAMILLE.

Marengo!...

MARENGO.

Vous m'avez invité, mamzelle... et, pour manquer à l'appel, il faudrait que je fusse été mort, et je n'en ai pas été bien loin.

AUGUSTA.

Comment, ma chère! est-ce qu'il t'aime toujours depuis le temps?

CAMILLE.

S'il m'aime... Qui?

MARENGO, à Augusta.

Chut!... taisez-vous donc, mamzelle.

AUGUSTA.

Pas possible... elle n'en a jamais rien su... le pauvre garçon!

CAMILLE.

Mais parle donc... qui est-ce qui m'aime?

AUGUSTA.

Mais lui... Marengo.

CAMILLE.

Marengo!...

MARENGO, s'en allant.

Bonsoir !... je m'en vas.

CAMILLE, le retenant vivement.

Non, non, restez. (Lentement.) Il m'aimait, c'est une plaisanterie.

AUGUSTA.

Eh ! non... c'est parce que tu en aimais un autre qu'il s'est
refait soldat, et pourtant, il y avait une personne qui aurait eu
un faible pour lui, il n'en a rien su.

MARENGO.

Si fait, mamzelle, mais ce n'était pas Frétillon...

CAMILLE.

Quoi! Marengo, est-il bien vrai?

MARENGO.

Je ne vous l'aurais jamais dit, je n'aurais jamais osé,
quoique, ce matin, je ne vienne pas à autre intention... mais
puisque la petite a bavardé... Eh bien ! oui, mamzelle, oui :
il y a six ans que ça me tient là. Dame! le fantassin y est
exposé tout comme les autres... c'était pour vous revoir que
j'avais quitté le service, c'est pour ne pas voir le bonheur des
autres que je l'ai repris... toujours fidèle, toujours en ligne,
en attendant mon tour qui n'a pas voulu venir... j'ai été bien
malheureux.

AUGUSTA.

Oh ! si les soldats font du sentiment !...

CAMILLE.

Pauvre garçon ! il m'aimait plus que les autres, et c'est le
seul qui ne m'ait rien demandé.

MARENGO.

Aussi!... Mais c'est égal... ça n'a fait qu'augmenter la fièvre
que j'ai là, dans le cœur; si bien qu'hier soir, quand on m'a dit
qu'il m'était arrivé...

AUGUSTA.

Hein ?

MARENGO, se reprenant.

C'est-à-dire rien... Pour vous, mamzelle ! je me jetterais au feu, je me ferais tuer.

CAMILLE, lui saisissant le bras.

Mon ami !

MARENGO, poussant un cri.

Ah !

AUGUSTA.

Il se trouve mal.

CAMILLE.

Marengo ! qu'est-ce donc ? qu'avez-vous ? cette pâleur...

MARENGO, s'asseyant.

Rien... rien... c'est un coup de sabre... qui est encore tout frais. C'est de ce matin...

CAMILLE.

Un coup de sabre ! Vous vous êtes battu !...

MARENGO.

Oui, mamzelle...

CAMILLE.

Avec un soldat ?

MARENGO.

Oui, mamzelle.

CAMILLE.

Qui m'a insultée devant Ludovic ?...

MARENGO.

Comment ! vous savez ?...

CAMILLE.

Oui, tout ! Et c'est vous qui m'avez vengée ?

AUGUSTA.

Il se pourrait ?

MARENGO.

Et pourquoi pas ? Est-ce que vous croyez que je laisserai insulter comme ça une femme que j'aime? (Se levant vivement.) Sacré nom!... Pardon du mot.

CAMILLE.

Il n'y a pas de mal.

MARENGO.

Et puis je voulais être tué... j'avais du chagrin... j'avais appris un malheur !

CAMILLE.

Et lequel ?

MARENGO.

Ce sera un bonheur peut-être... Si bien qu'il m'a donné un coup de sabre... je lui en ai donné deux à votre intention. Maintenant il vous respectera, soyez tranquille... et tant que je vivrai... je ne souffrirai pas qu'on dise, sur votre compte, un mot, un seul qui ne soit pas catholique.

CAMILLE.

Oh ! mon pauvre Marengo !

AIR : *Pour le chercher je passe en Allemagne.*

Comment jamais pourrai-je reconnaître
Tant de bonté, d'amour, de dévoûment?

MARENGO.

Ah ! ce matin, je m' s'rais fait tuer, peut-être...
Mais j' suis heureux d' n'êt' pas mort, à présent.
Si vous m'aimiez un peu.

CAMILLE.

C'est impossible.

MARENGO.

Là, rien qu'un peu.

CAMILLE.

Je ne puis, car enfin,
Aimer un peu, voyez-vous, c'est terrible,
Je ne sais pas m'arrêter en chemin.

MARENCO.

Eh bien! beaucoup! oui, mamzelle... C'est ce que j'attendais pour vous apprendre...

SCÈNE VIII.

Les Mêmes, GODUREAU.

GODUREAU, mystérieusement.

Me voilà! me voilà! chut! silence! les autres sont de l'autre
côté à dire des folies... et pendant ce temps-là, Frétillon, je
viens te conter une idée bouffonne qui m'est venue... tu sais,
j'ai toujours eu des idées...

CAMILLE.

Quelle idée?

GODUREAU.

On fait une loterie... ils ont écrit leurs noms; mais c'est moi
que tu aimes, n'est-ce pas? c'est moi que tu préfères, j'en suis
sûr... et tu as raison... parce que, moi. vois-tu, je te radore.
(A Augusta.) Je la radore!... Eh! eh! eh! alors, voilà mon projet... c'est d'écarter les billets qu'ils vont t'apporter, et d'en
mettre à la place d'autres sur lesquels il n'y aura qu'un nom,
le mien!

AUGUSTA.

Comme c'est ingénieux!

GODUREAU.

Fameux! hein? eh! eh! eh!

CAMILLE.

Excellente idée!... Donnez ce papier, je vais écrire votre
nom. (Elle va à la table à droite.)

AUGUSTA.

Comment! tu consens?

MARENGO.

Elle consent!...

AUGUSTA.

Le marchand de comestibles.

MARENGO.

Encore ! Ah ! à présent, je suis fâché de ne pas avoir été tué !

GODUREAU, épiant l'arrivée des jeunes gens.

Ecrivez Godureau, Godureau, sept fois Godureau ! et je serai heureux... Tu m'aimes...

AUGUSTA.

Est-ce qu'elle aurait encore un faible pour les dindons ?

GODUREAU.

Voilà les autres !   (Camille se lève en cachant les billets.)

SCÈNE IX.

LES MÊMES, M. DE CERAN, LUDOVIC, FREDÉRIC, LES JEUNES GENS.

TOUS, entrant.

Voilà les billets !...

AUGUSTA, voyant Ludovic, qui entre par la gauche.

Tiens, Ludovic aussi !...

CAMILLE.

Ludovic !

M. DE CERAN.

Il en sera !

LUDOVIC.

Comment, j'en serai ! et de quoi ?

CAMILLE.

Du tout ! monsieur Ludovic se marie, et il est trop honnête homme pour manquer à ses serments.

LUDOVIC.

Comme tu dis cela... quand j'accours te remercier de ce que tu viens de faire pour moi. (Aux autres.) Vous savez bien, cet obstacle à mon mariage... ce maudit billet qui pouvait tout perdre...

46

TOUS, l'entourant.

Eh bien?

LUDOVIC.

Elle l'a retiré pour m'empêcher d'être poursuivi.

CAMILLE, sévèrement.

Et qui vous dit, monsieur, qu'on ne veuille pas vous poursuivre!

LUDOVIC, déconcerté.

Ah!

CAMILLE.

Allons! vos billets...

M. DE CÉRAN.

Oui, vos billets!

CAMILLE.

Donnez-les tous. (Passant à Marengo.) Et le vôtre?

MARENGO, bas.

Je ne mets pas à la loterie.

LUDOVIC, remontant, aux jeunes gens.

Qu'est-ce que c'est? une loterie?

CAMILLE, bas à Godureau en lui remettant les billets qu'on vient de lui donner.

Faites-les disparaître... avalez-les.

GODUREAU.

Encore une idée et c'est la plus drôle!

M. DE CÉRAN.

Un chapeau!

MARENGO, se levant.

Je m'en vas.

CAMILLE, retenant Marengo.

Le schako du soldat!

GODUREAU.

C'est ça! secouez bien les billets!

M. DE CÉRAN.

Qui est-ce qui va tirer?

GODUREAU, la bouche pleine.

Le plus innocent de la compagnie... la danseuse.

M. DE CERAN.

Mademoiselle Augusta !

AUGUSTA.

Méchant !

CAMILLE.

Non ! non ! une personne qui n'y ait aucun intérêt... monsieur Ludovic.

TOUS.

Ah ! oui... Ludovic !... Ludovic !...

LUDOVIC.

Tirer un billet ?... très-volontiers ! (A part.) Si c'était mon billet à ordre...

MARENGO, à part.

Quelle indignité ! l'épreuve m'a joliment réussi !

LUDOVIC, tirant un billet.

Voilà !

TOUS.

Voyons !...

CAMILLE.

Un instant !... Et d'abord... il faut faire disparaître ces autres bulletins... (A Godureau, bas.) Avalez-les.

GODUREAU, à Camille.

Merci, j'en ai assez... les autres sont encore là. (Haut.) Je les brûle ! (Il les jette dans la cheminée.)

AUGUSTA, passant et prenant le billet.

Silence !... je vais l'ouvrir... (Elle le déroule, et lit :) « Marengo ! »

MARENGO.

Moi !

TOUS.

Marengo !

GODUREAU, à la gauche d'Augusta.

Du tout, du tout !... c'est Godureau... lisez bien...

M. DE CERAN, prenant le papier.

C'est bien Marengo... il a gagné.

LUDOVIC.

Bah !... mon remplaçant ?...

MARENGO.

Hein ? j'ai gagné... mais je n'avais pas...

CAMILLE, passant vivement à Marengo.

Comment ! est-ce que vous refusez votre lot ?

GODUREAU, qui a couru à la droite de Marengo.

Voulez-vous vendre votre billet ?

MARENGO.

Moi ! mille-z'yeux !... on ne me l'arrachera qu'avec la vie... si mademoiselle Frétillon ne casse pas la loterie. (Il lui tend la main.)

CAMILLE, se jetant dans ses bras.

Moi ! bien au contraire... je n'aurais pas mieux fait... car, de tous ceux qui sont ici, personne n'a plus d'amour et n'en mérite plus que monsieur Marengo.

GODUREAU, à part.

Je suis sûr qu'elle n'avait mis que des Marengo au lieu des Godureau dans le schako. (Haut.) Et moi, qui ai eu la bêtise de brûler les autres billets !

CAMILLE.

Il n'y en a plus qu'un seul... un seul !... et le voici...

(A Ludovic.)

AIR d'Aristippe.

Tenez, monsieur, pouvez-vous reconnaître
Ce billet-là ?

LUDOVIC.

Que vois-je ?... c'est le mien...

CAMILLE.

Et je devrais vous poursuivre, peut-être...
(Mouvement de résignation de Ludovic.)
Rassurez-vous, car il n'en sera rien.   (bis.)
(Elle lui présente le billet, il le refuse du geste.)

Mes mains, pour vous, de bienfaits étaient pleines,
Jamais, monsieur... on le sait trop ici...
    Je ne fus pour rien dans vos peines...
                        (Déchirant le billet.)
    Je ne veux pas commencer aujourd'hui.

LUDOVIC.

Ah ! c'en est trop !... il en arrivera ce qui pourra !... je te
reviens, à toi... à toi seule... et, puisqu'il faut te le dire, je
n'épousais l'autre que pour sa fortune ; eh bien ! toi, ce sera
pour ton amour, ta bonté.

CAMILLE, souriant.

Un mariage !... merci... c'est bien à toi... le fond est toujours bon... ça me fait plaisir... mais moi, vois-tu, amour et
liberté ! c'est ma devise... va, sois heureux à ta manière, comme
moi, à la mienne. (Tendant la main à Marengo.) Et maintenant je re-
monterai gaiement à mon cinquième.

MARENGO.

Non, morbleu ! Vous êtes une brave fille... vous avez préféré
le simple troupier... c'est ce que je voulais ; eh bien ! vous êtes
ici chez vous... Grâce à mon pauvre général, qui est parti, j'ai
tout racheté pour toi.

GODUREAU.

Oh ! il la tutoie !

(Sur les derniers mots, Camille et Marengo font un mouvement vers la gauche,
Ludovic entraîné par les jeunes gens, se trouve avec eux et Augusta, sur le second
plan, près de la porte à droite ; Godureau va les rejoindre.)

MARENGO, donnant le bras à Camille.

Et maintenant le bonheur, l'amour, les écus... ça durera...

CAMILLE.

Tant que ça pourra !

LUDOVIC, regardant Camille avec regret.

C'est dommage !

FIN DE FRÉTILLON.

TABLE DES MATIÈRES

CONTENUES DANS LE QUATRIÈME VOLUME.

FIN DU QUATRIÈME VOLUME.

CORBEIL, typ. et stér. de CRETE.